ÜBUNGSBUCH BETRIEBSWIRTSCHAFTSLEHRE

REPETITIONSFRAGEN · AUFGABEN · FALLSTUDIEN · LÖSUNGEN

Prof. Dr. Jean-Paul Thommen

2., durchgesehene Auflage

Versus · Zürich

Kommentare und Anregungen zu diesem Buch richten Sie bitte an
info@versus.ch

Weitere Informationen über Bücher aus dem Versus Verlag finden Sie unter http://www.versus.ch

Die Deutsche Bibliothek – CIP-Einheitsaufnahme
Thommen, Jean-Paul:
Betriebswirtschaftslehre / Jean-Paul Thommen. – Zürich : Versus
Literaturangaben
ISBN 3-908143-40-3
Übungsbuch. Repetitionsfragen, Aufgaben, Fallstudien, Lösungen. – 1999
ISBN 3-908143-67-5

Umschlagbild und Zeichnungen: Mario Comensoli
Fotografische Arbeiten: Christine Seiler
Satz und Herstellung: Versus Verlag · Zürich
Druck: Comunecazione · Bra
Printed in Italy

ISBN 3 908143 67 5

VERSUS

Hinweise

Dieses Werk stellt eine Ergänzung der *dreibändigen* «Betriebswirtschaftslehre» des gleichen Autors dar.

- **Band 1: Unternehmung und Umwelt, Marketing, Material- und Produktionswirtschaft**
- **Band 2: Rechnungswesen, Finanzierung, Investition**
- **Band 3: Personal, Organisation, Führung, Spezielle Gebiete des Managements**

Das Buch ist in fünf Teile gegliedert:

Teil 1 Die **Repetitionsfragen** (mit **R** bezeichnet) dienen der Überprüfung des Wissens. In den entsprechenden Kapiteln der Bücher sind die nötigen Informationen enthalten, um die Fragen zu beantworten.

Teil 2 Mit den **Aufgaben** (mit **A** bezeichnet) kann der Stoff vertieft und angewendet werden.

Teil 3 Die **Fallstudien** erlauben die integrierte Betrachtung umfassender betriebswirtschaftlicher Problemstellungen aus der Praxis.

Teil 4 In einem separaten Teil sind die **Prüfungsaufgaben** der eidgenössischen Bücher-, Steuer- und Treuhandexperten-Prüfungen sowie Berufsprüfungen für Treuhänder und Steuerexperten-Vorprüfungen zusammengestellt. Für die freundliche Genehmigung der Wiedergabe in diesem Buch danke ich Prof. Dr. Carl Helbling als Präsident der Kommission der Schriftenreihe der Treuhand-Kammer herzlich.

Teil 5 Für einen grossen Teil der Aufgaben gibt es **Lösungen** (mit **L** bezeichnet). Diese Aufgaben sind jeweils mit einen Hinweis – wie z.B. **L▶ S. 437** – versehen, der angibt, auf welcher Seite im farbigen Teil des Buches die Lösung zu finden ist.

Alle, die an diesem Buch mitgearbeitet haben, sind sehr dankbar für Verbesserungsvorschläge für Aufgaben und Lösungen. Gerade die Herausgabe von Musterlösungen für betriebswirtschaftliche Aufgaben erweist sich aufgrund der Komplexität betrieblicher Probleme als besonders schwierig. Deshalb ist auch vor allem bei nichtquantitativen Lösungen zu beachten, dass es sich dabei um Lösungsvorschläge und nicht um die einzig möglichen Lösungen handelt. Wir freuen uns über Ihre Anregungen, die Sie direkt an den Verlag schicken können.

Ich hoffe, mit diesem umfassenden Übungsbuch einen nützlichen Begleiter für den Unterricht, für die Prüfungsvorbereitung sowie für das Selbststudium bereitgestellt zu haben.

Viel Spass und Erfolg mit diesem Buch wünscht

Jean-Paul Thommen

Inhaltsverzeichnis

Teil 1 Repetitionsfragen

Teil 2 Aufgaben

Teil 3 Fallstudien

Teil 4 Prüfungsaufgaben

Teil 5 Lösungen zu Teil 2 «Aufgaben»

Comensoli
89

Teil 1

Repetitionsfragen

Inhalt

Unternehmung und Umwelt

Grundlagen

R 1 Grenzen Sie die Begriffe «Bedürfnis», «Bedarf» und «Nachfrage» voneinander ab.

R 2 Welche Arten von Bedürfnissen können unterschieden werden?

R 3 Was versteht man unter Wirtschaft?

R 4 Umschreiben und diskutieren Sie die Begriffe «freie Güter» und «knappe Güter».

R 5 Welche Arten von Wirtschaftsgütern gibt es?

R 6 Was versteht man in der Betriebswirtschaftslehre unter einem Produktionsfaktor?

R 7 Beschreiben Sie die verschiedenen Produktionsfaktoren.

R 8 Wodurch unterscheiden sich Haushalte und Unternehmungen?

R 9 Welche Kriterien können zur Abgrenzung der öffentlichen von den privaten Unternehmungen verwendet werden?

R 10 Charakterisieren Sie die unterschiedlichen Arten von Nonprofit-Organisationen und geben Sie jeweils Beispiele.

R 11 Beschreiben Sie Unterschiede und Gemeinsamkeiten von Profit- und Nonprofit-Organisationen.

R 12 Welche Überlegungen führen zur Bildung einer Unternehmungstypologie?

R 13 Nach welchen Merkmalen können Unternehmungen gegliedert werden?

R 14 Welche Branchen können unterschieden werden?

R 15 Welche Merkmale dienen zur Charakterisierung der Unternehmungsgrösse?

R 16 Nach welchen Merkmalen lässt sich die technisch-ökonomische Struktur einer Unternehmung unterteilen?

R 17 Welche Gesellschaftsformen werden unterschieden und welche Bedeutung kommt ihnen zu?

R 18 Wodurch wird der Umfang der rechtlichen und wirtschaftlichen Selbständigkeit bei einer Unternehmungskooperation bestimmt?

R 19 Welche Internationalisierungsstufen können unterschieden werden?

R 20 Was versteht man unter einer Unternehmung und was ist deren Zweck?

R 21 Beschreiben Sie die Phasen des betrieblichen Umsatzprozesses.

R 22 Erläutern Sie die einzelnen Schritte des Problemlösungsprozesses.

R 23 Welche Funktionen zur Steuerung des Umsatzprozesses werden unterschieden?

R 24 In welcher Beziehung stehen die Steuerungsfunktionen zum Problemlösungsprozess?

R 25 Was versteht man unter dem Rechnungswesen und welche Aufgaben kann das Rechnungswesen in einer Unternehmung übernehmen?

R 26 Wie lässt sich die Umwelt der Unternehmung charakterisieren?

R 27 Warum hat die Umwelt für die Unternehmung eine ständig zunehmende Bedeutung?

R 28 Erläutern Sie die verschiedenen Motive, die zu einem Unternehmungszusammenschluss führen können.

R 29 Charakterisieren Sie die verschiedenen Formen von Unternehmungsverbindungen.

R 30 Welche Formen von Kartellen werden unterschieden?

R 31 Wie können vertikale Wettbewerbsbeschränkungen gestaltet werden?

R 32 Was versteht man unter einer strategischen Allianz?

R 33 Welches sind die Gründe für die zunehmende Bildung von Allianzen?

R 34 Welche Stellung nimmt die Holdinggesellschaft in einem Konzern ein?

R 35 Was unterscheidet eine reine Holdinggesellschaft von einer gemischten?

R 36 Was versteht man unter einem Joint-venture? Nennen Sie Beispiele.

R 37 Grenzen Sie die verschiedenen Formen von Unternehmungsverbindungen nach mehreren Kriterien voneinander ab.

R 38 Wann sieht sich eine Unternehmung dem Problem der Standortentscheidung gegenübergestellt?

R 39 Was ist ein optimaler Standort? Was wäre das theoretisch richtige Verfahren und wie wird in der Praxis vorgegangen?

R 40 Nach welchen Kriterien lässt sich die Betriebswirtschaftslehre als Lehr- und Forschungsgebiet gliedern?

R 41 Welche Unternehmungsfunktionen lassen sich aufgrund der funktionellen Gliederung der Betriebswirtschaftslehre unterscheiden?

R 42 Was versteht man unter den Grundfunktionen, was unter den Querfunktionen?

R 43 Welche Tätigkeiten umfasst die Querfunktion Führung?

R 44 Welche Phasen beinhaltet der «Lebenslauf» einer Unternehmung?

R 45 Charakterisieren Sie die konstitutiven Entscheidungen einer Unternehmung.

R 46 Beschreiben Sie die wichtigsten unternehmerischen Entscheidungen in der Umsatzphase bei einer genetischen Betrachtung der Betriebswirtschaftslehre.

R 47 Was versteht man unter der Speziellen Betriebswirtschaftslehre?

R 48 Versuchen Sie, den Handwerksbetrieb von der Industrieunternehmung abzugrenzen.

Ziele der Unternehmung

R 49 Welche sozialen Gruppen sind am Zielbildungsprozess der Unternehmung beteiligt und wie beurteilen Sie deren Einflussmöglichkeiten?

R 50 Was versteht man unter den Sachzielen, was unter den Formalzielen?

R 51 Auf welche Bereiche können sich die Sachziele einer Unternehmung beziehen? Geben Sie eine kurze Charakterisierung.

R 52 Umschreiben Sie die Begriffe «Liquidität», «Produktivität», «Wirtschaftlichkeit» sowie «Rentabilität» und geben Sie Beispiele.

R 53 Welche Zieldimensionen kennen Sie? Erläutern Sie die verschiedenen Dimensionen.

R 54 Geben Sie Beispiele für begrenzt bzw. unbegrenzt formulierte Ziele.

R 55 Wovon hängt es ab, ob ein Ziel

- kurzfristig, mittelfristig oder langfristig,
- statisch oder dynamisch

formuliert wird?

R 56 Nennen Sie Beispiele für Unternehmungs-, Bereichs- und Mitarbeiterziele.

R 57 Wodurch unterscheiden sich entscheidungsfeldbedingte und entscheidungsträgerbedingte Zielbeziehungen? Suchen Sie Beispiele.

R 58 Beschreiben Sie mit Beispielen folgende Zielbeziehungen:

- Komplementarität – Konkurrenz – Indifferenz,
- Hauptziele – Nebenziele,
- Oberziel – Zwischenziel – Unterziel.

Rechtsform der Unternehmung

R 59 Erläutern Sie die drei wesentlichen Kriterien der Definition der Gesellschaft nach Obligationenrecht.

R 60 Erklären Sie den Unterschied zwischen einer Einzelunternehmung und einer Gesellschaft.

R 61 Beschreiben Sie den Unterschied zwischen

- einer Körperschaft und einer Rechtsgemeinschaft sowie
- einer Personen- und einer Kapitalgesellschaft.

Teilen Sie die verschiedenen Gesellschaftsformen nach den obengenannten Kriterien ein.

R 62 Unterscheiden Sie die Kollektiv-, Kommandit-, Aktiengesellschaft und die Genossenschaft nach den wesentlichen Merkmalen.

R 63 Wodurch unterscheidet sich die Stellung der Komplementäre von jener der Kommanditäre in einer Kommanditgesellschaft?

Betriebswirtschaftslehre als Wissenschaft

R 64 Beschreiben Sie den Problemlösungsprozess wissenschaftlicher Forschung.

R 65 Was versteht man unter dem Erfahrungs- und Erkenntnisobjekt
- einer Wissenschaft im allgemeinen,
- der Betriebswirtschaftslehre im speziellen?

R 66 Warum können ein theoretisches und ein praktisches Forschungsziel oft nicht voneinander getrennt werden?

R 67 Erläutern Sie die zwei grundsätzlichen Methoden, mit denen wissenschaftliche Erkenntnisse gewonnen werden können.

R 68 Warum ist es in der Betriebswirtschaftslehre schwierig, im Rahmen der empirischen Forschung allgemeingültige Gesetze zu finden?

R 69 Zeigen Sie an einem einfachen Beispiel das ideallogische Vorgehen.

R 70 Welche Arten von Aussagen können sich aufgrund wissenschaftlicher Arbeit ergeben?

R 71 Erklären Sie die Werturteilsproblematik in der Betriebswirtschaftslehre.

R 72 Wodurch zeichnet sich ein managementorientiertes Wissenschaftsverständnis aus?

R 73 Wodurch unterscheiden sich die beiden Forschungsphasen Normalwissenschaft und ausserordentliche Wissenschaft (wissenschaftliche Revolutionen)?

Geschichte der Betriebswirtschaftslehre

R 74 Erläutern Sie die Kriterien, mit deren Hilfe beurteilt werden kann, ob die Betriebswirtschaftslehre ein wissenschaftliches Lehr- und Forschungsgebiet darstellt.

R 75 Charakterisieren Sie den
- faktortheoretischen Ansatz von Gutenberg,
- entscheidungsorientierten Ansatz von Heinen und
- systemorientierten Ansatz von Ulrich.

Marketing

Grundlagen

R 1 Welche zwei grundsätzlichen Bedeutungen können dem Marketing zugeordnet werden?

R 2 Beschreiben Sie die verschiedenen Phasen des Marketing aus historischer Sicht.

R 3 Was versteht man unter dem Societal Marketing?

R 4 Beschreiben Sie den Problemlösungsprozess des Marketing.

R 5 Worin besteht der Unterschied zwischen einer Marketing-Konzeption und dem Marketing-Management?

R 6 Zeigen Sie an Beispielen, was unter einem Absatzmarkt zu verstehen ist.

R 7 Nennen Sie die Typen von Kaufentscheidungen, mit denen das Konsumentenverhalten charakterisiert werden kann.

R 8 Nach welchen Kriterien lassen sich die Einflussfaktoren auf eine Kaufentscheidung klassifizieren? Nennen Sie jeweils Beispiele.

R 9 Beschreiben Sie das Konsumenten-Verhaltensmodell von Howard/Sheth.

R 10 Welche Absichten verfolgt eine Unternehmung mit einer Marktsegmentierung?

R 11 Beschreiben Sie die Voraussetzungen für eine sinnvolle Anwendung einer Marktsegmentierung.

R 12 Welches sind die wichtigsten Marktsegmentierungskriterien?

R 13 Was versteht man unter den Begriffen «Marktpotential», «Marktvolumen» und «Marktanteil»?

R 14 Welche Elemente berücksichtigen Sie bei der Bestimmung des Marktvolumens einer Unternehmung?

R 15 Welche Voraussetzungen müssen gegeben sein, um ein geschätztes Marktpotential zu realisieren?

R 16 Worauf kann eine Erhöhung des Marktpotentials zurückgeführt werden?

R 17 Was versteht man unter dem Sättigungsgrad eines Marktes?

R 18 Welchen Einfluss kann eine Veränderung des Marktanteils oder des Marktvolumens auf den Umsatz einer Unternehmung haben?

Marktforschung

R 19 Beschreiben Sie das Ziel der Marktforschung.

R 20 Nach welchen Kriterien lässt sich die Marktforschung abgrenzen?

R 21 Welche Marktforschungsmethoden gibt es?

R 22 Was versteht man unter der Primär-, was unter der Sekundärmarktforschung?

R 23 Welche Datenquellen stehen der Sekundärmarktforschung zur Verfügung?

R 24 Beschreiben Sie die einzelnen Erhebungstechniken im Rahmen der Primärmarktforschung.

R 25 Was versteht man unter einem Test und welche Formen kennen Sie?

R 26 Was versteht man unter einem Experiment? Geben Sie ein einfaches Beispiel.

R 27 Wie lassen sich die Informationsträger im Rahmen der Marktforschung grundsätzlich auswählen?

R 28 Erklären Sie an Beispielen die drei Kriterien Objektivität, Reliabilität und Validität.

R 29 Welchen Zwecken dienen Absatzprognosen?

R 30 Welche Informationen sind nach Ihrer Meinung wichtig als Entscheidungsgrundlage für Absatzprognosen?

R 31 Beschreiben Sie die Verfahren, die zur Herleitung von Absatzprognosen zur Verfügung stehen.

R 32 Beschreiben Sie den Problemlösungsprozess der Marktforschung.

Produktpolitik

R 33 Was versteht man unter der Produktpolitik?

R 34 Nach welchen Kriterien lässt sich ein Produkt charakterisieren?

R 35 Grenzen Sie die Programmtiefe von der Programmbreite ab.

R 36 Grenzen Sie die Produktgruppe von der Produktlinie ab.

R 37 Charakterisieren Sie den Grundnutzen, den Zusatznutzen und die Zusatzleistungen eines Produktes.

R 38 Wann werden Produkte als Markenartikel, wann als «Weisse Produkte» bezeichnet?

R 39 Was versteht man unter Handelsmarken (Eigenmarken), was unter Herstellermarken?

R 40 Welche Absichten verfolgen Handelsunternehmungen mit der Einführung von Eigenmarken?

R 41 Erläutern Sie den Unterschied zwischen Produktalteration und Produktablösung.

R 42 Erklären Sie den Unterschied zwischen Produktdifferenzierung und Diversifikation.

R 43 Welche Möglichkeiten der Diversifikation kennen Sie?

R 44 Beschreiben Sie die verschiedenen Phasen des Produktlebenszyklus.

R 45 Wozu ist die Kenntnis von Produktlebenskurven nützlich?

R 46 Wo liegt die grundsätzliche Problematik von Produktlebenskurven?

R 47 Was versteht man unter der Produktentwicklung?

R 48 Worauf ist die stark steigende Zahl an Neuentwicklungen von Produkten zurückzuführen?

R 49 Beschreiben Sie die Phasen des Produktentwicklungsprozesses.

R 50 Was ist der Zweck und der Inhalt der Anregungsphase im Rahmen der Produktentwicklung?

R 51 Welches sind die grundlegenden Prinzipien des Brainstorming?

R 52 Wie kann man bei der Beurteilung von Produktideen vorgehen?

R 53 Beschreiben Sie die Hauptphasen bei der Konkretisierung neuer Produktideen.

R 54 Was gilt es bei einer Produkteinführung zu beachten?

Distributionspolitik

R 55 Was versteht man unter der Distribution?

R 56 Geben Sie eine Zusammenfassung über die distributionspolitischen Entscheidungen.

R 57 Wie unterscheiden sich die Entscheidungen über die Absatzmethode (akquisitorische Distribution) von denjenigen über die physische Distribution (Distributionslogistik)?

R 58 Beschreiben Sie mögliche Einflussfaktoren auf die Absatzmethode.

R 59 Erläutern Sie die Vor- und Nachteile des direkten wie auch des indirekten Absatzweges.

R 60 Was versteht man unter Franchising? Kennen Sie Beispiele für das Franchising-System?

R 61 Welche Leistungen kann der Franchise-Nehmer vom Franchise-Geber erwarten?

R 62 Wo liegen beim Franchising die Vorteile für den Franchise-Geber und den Franchise-Nehmer?

R 63 Nennen Sie Verkaufsorgane oder -organisationen, die eine Unternehmung für den Absatz ihrer Produkte wählen kann.

R 64 Beschreiben Sie die Funktionen des Handels.

R 65 Worin bestehen die Unterschiede zwischen dem Einzel- und dem Grosshandel?

R 66 Schildern Sie neuere Formen des Grosshandels.

R 67 Welche Formen der Kooperation zwischen Hersteller, Gross- und Einzelhandel kennen Sie?

R 68 Beschreiben Sie die physische Distribution als Teil der Logistik.

R 69 Worin liegt die heutige Bedeutung der Distributionslogistik?

R 70 Worin liegt das Ziel der physischen Distribution?

R 71 Welche Aspekte spielen bei der Beurteilung der Lieferzuverlässigkeit eine Rolle?

R 72 Was drückt der Lieferbereitschaftsgrad aus?

R 73 Welches sind die Komponenten der physischen Distribution?

Konditionenpolitik

R 74 Was versteht man unter der Konditionenpolitik?

R 75 In welche Teilpolitiken gliedert sich die Konditionenpolitik?

R 76 Nennen Sie Anlässe, bei denen der Preis bestimmt werden muss.

R 77 Wie ist ein vollkommener Markt definiert?

R 78 Zeichnen und erläutern Sie zwei mögliche Preis-Absatzfunktionen.

R 79 Was versteht man unter der Preiselastizität der Nachfrage?

R 80 Welches sind mögliche Bestimmungsfaktoren der Preiselastizität der Nachfrage?

R 81 Wie lassen sich vollkommene Märkte einteilen?

R 82 Wie lassen sich in der Praxis die Preise für bestimmte Produkte festsetzen?

R 83 Beschreiben Sie die kosten- und gewinnorientierte Preisbestimmung.

R 84 Wie gehen Sie bei der nachfrageorientierten Preisbestimmung vor?

R 85 Welches sind die wesentlichen Merkmale einer konkurrenz- und branchenorientierten Preisfestsetzung?

R 86 Charakterisieren Sie die preispolitischen Strategien, die eine Unternehmung wählen kann.

R 87 Welches sind die Voraussetzungen für die Anwendung einer Preisdifferenzierung?

R 88 Welche Arten der Preisdifferenzierung können unterschieden werden?

R 89 Stellen Sie mögliche Gründe für Preisänderungen dar.

R 90 Welche Kundenreaktionen sind auf Preisänderungen denkbar?

R 91 Welche Möglichkeiten stehen einer Unternehmung bei der Preisgestaltung im Produkt-Mix zur Verfügung?

R 92 Was sind die Ziele der Rabattpolitik?

Kommunikationspolitik

R 93 Was ist das Ziel der Kommunikationspolitik?

R 94 Nennen Sie die Teilgebiete der Kommunikationspolitik.

R 95 Was versteht man unter Public Relations?

R 96 Welche Funktionen erfüllen die Public Relations?

R 97 Nennen Sie mögliche Adressaten und Botschaften der Public Relations.

R 98 Welche Aufgaben kommen der Werbung zu?

R 99 Nach welchen Kriterien lässt sich die Werbung charakterisieren?

R 100 Beschreiben Sie die Elemente einer Werbekonzeption.

R 101 Welche Zielgruppen lassen sich nach der Intensität der Werbebotschaft unterscheiden?

R 102 Nennen Sie mögliche Werbeziele.

R 103 Worauf kann sich der Inhalt einer Werbebotschaft beziehen?

R 104 Worin besteht der Unterschied zwischen Werbemittel und Werbeträger?

R 105 Nennen Sie die wichtigsten Werbemittel und Werbeträger.

R 106 Was versteht man unter Tausenderpreisen?

R 107 Von welchen Kriterien hängt die Bestimmung einer Werbeperiode ab?

R 108 Welche Möglichkeiten zur Bestimmung des Werbebudgets kennen Sie und welches sind jeweils die damit verbundenen Probleme?

R 109 Warum ist die Erfassung des Werbeerfolges oft mit grossen Schwierigkeiten verbunden?

R 110 Wie lässt sich der Werbeerfolg ermitteln?

R 111 Was versteht man unter Verkaufsförderung?

R 112 Welche Formen der Verkaufsförderung gibt es?

R 113 Erstellen Sie eine sinnvolle Gliederung der Massnahmen der Verkaufsförderung und führen Sie jeweils Beispiele auf.

R 114 Welches sind mögliche Aufgaben des persönlichen Verkaufs?

R 115 Erläutern Sie den dyadischen Ansatz des Käufers-Verkäufers-Systems.

R 116 Welche Organisationsformen des persönlichen Verkaufes lassen sich unterscheiden?

Marketing-Mix

R 117 Was versteht man unter dem Marketing-Mix?

R 118 Welche Probleme treten beim Versuch der optimalen Gestaltung des Marketing-Mix auf?

R 119 Beschreiben Sie mögliche heuristische Prinzipien, die bei der Bestimmung des optimalen Marketing-Mix angewendet werden können.

Material- und Produktionswirtschaft

Einführung in die Material- und Produktionswirtschaft

R 1 Welches sind die wichtigsten Prinzipien industrieller Produktion?

R 2 Was ist unter Arbeitsteilung zu verstehen?

R 3 Nennen Sie Ursachen für den Erfolg der Arbeitsteilung.

R 4 Welches waren die wichtigsten Perioden in der historischen Entwicklung der Produktion?

R 5 Welche Konzepte sind derzeit für die Material- und Produktionswirtschaft von zentraler Bedeutung?

R 6 Erläutern Sie den Unterschied zwischen einer Globalisierung und einer Internationalisierung der Produktion.

R 7 Beschreiben Sie Merkmale des Just-in-Time-Konzeptes.

R 8 Welches sind die zentralen Bausteine des Computer Integrated Manufacturing (CIM)?

R 9 Nennen Sie wichtige aktuelle Trends in der Beschaffung.

R 10 Welche Ebenen müssen bei der Einordnung der Material- und Produktionswirtschaft in die Unternehmung berücksichtigt werden?

R 11 Nennen Sie die Teilbereiche der betrieblichen Logistik.

R 12 Charakterisieren Sie das gesamtlogistische System einer Unternehmung.

Materialwirtschaft

R 13 Erläutern Sie den Gegenstand und die Bedeutung der Materialwirtschaft.

R 14 Unter welchen Umständen ist die Materialwirtschaft auch für Dienstleistungsbetriebe bedeutsam?

R 15 Nennen und beschreiben Sie die wesentlichen Materialarten.

R 16 Was versteht man unter dem Begriff «Materialwirtschaft»?

R 17 Was versteht man unter den originären und derivativen Aufgaben der Materialwirtschaft?

R 18 Welches sind abgeleitete Aufgaben der Materialwirtschaft, die auf Management-, Abteilungs- und Fabrikebene anfallen?

R 19 Erläutern Sie die Teilaufgaben der Materialbereitstellung.

R 20 Welches sind die Ziele der Materialwirtschaft?

R 21 Erläutern Sie mögliche Gründe für eine Lagerhaltung.

R 22 Welche Lagerbestandsarten können unterschieden werden?

R 23 Welche technischen Systeme sind für die Materialwirtschaft von Bedeutung?

R 24 Nennen Sie grundlegende Entscheide, die bei der Materialbereitstellung berücksichtigt werden müssen.

R 25 Welche Bedarfsarten werden bei der Planung der Materialbereitstellung unterschieden?

R 26 Erläutern Sie die Kriterien, die bei einem Make-or-Buy-Entscheid zu berücksichtigen sind.

R 27 Was versteht man unter der ABC-Analyse?

R 28 Grenzen Sie die XYZ-Analyse von der ABC-Analyse ab.

R 29 Welches sind die verschiedenen Möglichkeiten der Materialbereitstellung?

R 30 Welche Informationen werden bei der Bewirtschaftung der Lager benötigt?

R 31 Erläutern Sie den Unterschied zwischen Bestellpunktmodellen und Bestellrhythmusmodellen.

R 32 Welche Daten benötigt die Materialbedarfsplanung?

R 33 Was sind Stücklisten und wie können diese graphisch dargestellt werden?

R 34 Erläutern Sie den Vorgangs-Knoten-Netzplan.

R 35 Was wird unter dem kritischen Weg verstanden?

R 36 Welche Modelltypen werden in der Materialbeschaffung unterschieden?

R 37 Welche Instrumente gehören zum Beschaffungsmix?

R 38 Welche Arten von Informationen sind für die Materialwirtschaft wichtig und wie gelangt man zu diesen?

R 39 Kennzeichnen Sie den traditionellen Beschaffungsvorgang.

R 40 Welche Wege zur Materialbeschaffung lassen sich unterscheiden?

R 41 Wie sollte eine Beschaffungskontrolle durchgeführt werden?

R 42 Erläutern Sie den Zusammenhang zwischen der Just-in-Time-Beschaffung und dem Single Sourcing.

R 43 Welche Kennzahlen eignen sich zur Kontrolle der Materialbereitstellung?

Produktionswirtschaft

R 44 Worin unterscheidet sich die Produktionswirtschaft von der Materialwirtschaft?

R 45 Nennen und beschreiben Sie unterschiedliche Klassen von Produktionsbetrieben.

R 46 Was versteht man unter dem Begriff «Produktion»?

R 47 Welches sind die wesentlichen Produktionsfaktoren?

R 48 Unterscheiden Sie Operationen von Prozessen.

R 49 Erläutern Sie den Begriff «Produktionswirtschaft».

R 50 Was versteht man unter den originären, technischen und den derivativen, wirtschaftlichen Aufgaben in der Produktionswirtschaft?

R 51 Nennen Sie wichtige Aufgaben der Produktionswirtschaft auf Managementebene.

R 52 Welche abgeleiteten Aufgabengruppen sind auf Abteilungsebene zu erfüllen?

R 53 Grenzen Sie Forschung, Entwicklung und Konstruktion voneinander ab.

R 54 Welches sind die Aufgaben der Produktionsplanung und der Produktionssteuerung?

R 55 Nennen Sie die Aufgabenbereiche der Qualitätssicherung.

R 56 Welche Tätigkeiten umfasst die Arbeitsvorbereitung?

R 57 Unterscheiden Sie die Begriffe «Instandhaltung», «Wartung», «Inspektion» und «Instandsetzung».

R 58 Welche Verfahren werden in der Teilefertigung und in der Montage verwendet?

R 59 Welche Eigenschaften bestimmen die Qualität eines Produktes?

R 60 Welche Ziele verfolgt das Time-based Management?

R 61 Welche technischen Systeme werden in der Produktionswirtschaft eingesetzt?

R 62 Welche grundlegenden Entscheide müssen in der Produktionswirtschaft getroffen werden?

R 63 Grenzen Sie Einzel-, Serien- und Massenfertigung voneinander ab.

R 64 Auf welchen Wegen kann die Beschaffung von technologischem Knowhow erfolgen?

R 65 Erläutern Sie die verschiedenen Kapazitätsbegriffe.

R 66 Welches sind die wichtigsten Stufen in der logistischen Kette?

R 67 Welche Organisationsformen der Fertigung können unterschieden werden?

R 68 Welche Vorteile besitzt die Zentrenfertigung gegenüber der Werkstattfertigung?

R 69 Erläutern Sie die Materialbedarfsrechnung.

R 70 Erläutern Sie die Zusammensetzung der Vorlaufzeiten.

R 71 Unterscheiden Sie im Rahmen der Kapazitätsplanung das Splitting von der Überlappung.

R 72 Stellen Sie den Ablauf der Produktionssteuerung dar.

Anhang: Modelle, lineare Programmierung und Simulation

R 73 Was versteht man unter dem Modellbegriff?

R 74 Wozu dienen Modelle in der Wissenschaft?

R 75 Welche Darstellungsformen von betriebswirtschaftlichen Modellen lassen sich unterscheiden?

R 76 Nennen Sie verschiedene Arten von Simulationen.

Rechnungswesen

Grundlagen

R 1 Welches sind die Funktionen des Rechnungswesens?

R 2 Welche Teilbereiche des Rechnungswesens werden unterschieden?

R 3 Wodurch unterscheiden sich Finanz- und Betriebsbuchhaltung?

R 4 Welches sind die Aufgaben einer Betriebsstatistik?

Finanzbuchhaltung

R 5 Wie lauten die Grundsätze ordnungsmässiger Buchführung?

R 6 Was bedeutet das «Prinzip der Bilanzklarheit»?

R 7 Was versteht man unter dem «Prinzip der Bilanzvorsicht»? Geben Sie einige Beispiele für die Anwendung dieses Prinzips im Rahmen der Rechnungslegung.

R 8 Welcher Gedanke prägt die gesetzlichen Vorschriften zur kaufmännischen Buchführung?

R 9 Erläutern Sie die wesentlichen allgemeinen Buchführungsvorschriften.

R 10 Welche Ziele verfolgt man mit den Buchführungsvorschriften des Aktienrechtes?

Bilanz

R 11 Was zeigt die Bilanz und wie ist sie gegliedert?

R 12 Wie lautet die betriebswirtschaftliche Interpretation von Aktiven und Passiven?

R 13 Wodurch unterscheidet sich der originäre Goodwill vom derivativen Goodwill?

R 14 Welches sind die Unterschiede zwischen einer Handelsbilanz, einer Steuerbilanz und einer internen Bilanz?

R 15 Erläutern Sie die Begriffe
- Umlaufvermögen,
- Anlagevermögen,
- Fremdkapital,
- Eigenkapital.

R 16 Wie lauten die Buchungsregeln für Bilanzkonten?

Erfolgsrechnung

R 17 Was zeigt die Erfolgsrechnung und wie ist sie gegliedert?

R 18 Zeigen Sie anhand von Beispielen den Unterschied zwischen
- Einzahlungen und Auszahlungen,
- Einnahmen und Ausgaben,
- Ertrag und Aufwand.

R 19 Weshalb kann man die Erfolgsrechnung als «Hilfsrechnung zur Bilanz» bezeichnen?

R 20 Erläutern Sie folgende Begriffe:
- betriebliche Aufwendungen (bzw. Erträge),
- nichtbetriebliche Aufwendungen (bzw. Erträge),
- ausserordentliche Aufwendungen (bzw. Erträge).

R 21 Wie gliedert sich eine Erfolgsrechnung in Staffelform?

R 22 Wie gliedert sich eine dreistufige Erfolgsrechnung?

R 23 Wie lauten die Buchungsregeln für Erfolgskonten?

Buchführung und Jahresabschluss in der doppelten Buchhaltung

R 24 Was ist ein Kontenrahmen, was ein Kontenplan?

R 25 Wie entstehen transitorische Aktiven bzw. transitorische Passiven?

R 26 Erläutern Sie folgende Begriffe:
- Inventar,
- Wertberichtigung,
- Abschreibungen,
- Delkredere,
- Rückstellungen,
- stille Reserven.

R 27 Beschreiben Sie die verschiedenen Abschreibungsverfahren.

R 28 Welche Möglichkeiten bestehen zur Bildung von stillen Reserven?

R 29 Wie können stille Reserven aufgelöst werden?

Analyse von Bilanz und Erfolgsrechnung

R 30 Auf welchen Grundsätzen beruht eine betriebswirtschaftliche Bewertung der Bilanzpositionen?

R 31 Wie werden Aktiven und Passiven nach betriebswirtschaftlichen Grundsätzen bewertet?

R 32 Welche Kennzahlengruppen können unterschieden werden?

R 33 Nennen Sie Kennzahlen, die zur Grobanalyse der Vermögensstruktur verwendet werden können.

R 34 Welche Kennzahlen dienen zur Analyse der Debitoren und der Lagerbestände?

R 35 Anhand welcher Kennzahlen kann das Ausmass der Verschuldung verdeutlicht werden?

R 36 Erläutern Sie die Funktionen des Eigenkapitals.

R 37 Welche Anlagedeckungsgrade werden unterschieden?

R 38 Wie würden Sie die Liquidität einer Unternehmung analysieren?

R 39 Erläutern Sie das Nettoumlaufvermögen.

R 40 Nennen Sie wichtige umsatzbezogene Kennzahlen.

R 41 Grenzen Sie den verbuchten Aufwand von den effektiven Kosten ab.

R 42 Erläutern Sie die Bedeutung der Rentabilität im Rahmen der Bilanz- und Erfolgsanalyse.

R 43 Welche Faktoren werden zur Bestimmung des Kapitalisierungszinssatzes verwendet?

R 44 Die Eigenkapitalrendite und die Gesamtkapitalrendite können jeweils brutto oder netto bestimmt werden. Worin liegen die Unterschiede?

Kapitalflussrechnung

R 45 Was zeigt eine Kapitalflussrechnung? Wie kann sie gegliedert werden?

R 46 Was versteht man unter einem Fonds im Zusammenhang mit der Kapitalflussrechnung?

R 47 Welche Fonds können im Rahmen der Kapitalflussrechnung gebildet werden?

R 48 Welche Informationen liefert der Liquiditätsnachweis?

R 49 Der Cash-flow ist eine der wichtigsten Kennzahlen zur Beurteilung der Ertragskraft einer Unternehmung.
- Welche Aussagekraft hat der Cash-flow?
- Wie kann er berechnet werden?

R 50 Erläutern Sie den Unterschied zwischen dem Cash-flow und dem Free Cash-flow.

Finanzielle Führung

R 51 Was ist ein Budget?

R 52 Beurteilen Sie das Budget als Führungsinstrument.

R 53 Wann findet der Business-Plan seine Verwendung?

R 54 Erstellen Sie eine Liste unternehmungs- und umweltbezogener Einflussfaktoren auf den Kapitalbedarf einer Unternehmung.

R 55 Was sind die Aufgaben einer Kapitalbedarfsrechnung?

R 56 Zeigen Sie die Aufgaben von kurzfristigen und langfristigen Finanzplänen und beschreiben Sie deren Unterschiede.

R 57 Welches sind die Aufgaben einer Finanzkontrolle?

Betriebsbuchhaltung

R 58 Wozu dient die Betriebsbuchhaltung (Kostenrechnung)?

R 59 Welche Bereiche einer Betriebsbuchhaltung (Kostenrechnung) können unterschieden werden und was sind deren Aufgaben?

R 60 Wodurch unterscheiden sich Einzelkosten und Gemeinkosten?

R 61 Welche Kriterien müssen bei der Bildung von Kostenstellen beachtet werden?

R 62 Welche Kostenrechnungssysteme lassen sich grundsätzlich zur Bewertung der Kostenträger unterscheiden? Wie wird dabei vorgegangen?

R 63 Wozu dient die Kalkulation? Welche Arten können unterschieden werden?

R 64 Kosten spielen eine wichtige Rolle bei unternehmerischen Entscheidungen. Nennen Sie solche Tatbestände.

Kostentheoretische Grundlagen

R 65 Worin besteht der Unterschied zwischen entscheidungsfeld- und entscheidungsträgerbedingten Kosteneinflussfaktoren? Geben Sie Beispiele.

R 66 In welchem Verhältnis stehen Kapazität und Beschäftigung einer Anlage zueinander?

R 67 Was versteht man unter

- proportionalen Kosten?
- fixen Kosten?
- sprungfixen Kosten?
- degressiven Kosten?
- progressiven Kosten?

R 68 Was versteht man unter remanenten Kosten?

R 69 Auf welche Ursachen lässt sich die Kostenremanenz zurückführen?

R 70 Was ist unter den Grenzkosten zu verstehen?

R 71 Warum sind die Grenzkosten für betriebswirtschaftliche Betrachtungen oft von grosser Bedeutung?

R 72 Was versteht man unter den substitutionalen und den limitationalen Produktionsfaktoren?

R 73 Geben Sie Beispiele für eine partielle, totale und partiell-totale Substitution.

R 74 Beschreiben Sie die Produktionsfunktion vom Typ A.

R 75 Welches sind die kritischen Kostenpunkte bei der Produktionsfunktion vom Typ A?

R 76 Was versteht man unter zeitlicher, intensitätsmässiger, rein quantitativer und quantitativ-selektiver Anpassung und wie verändern sich dabei jeweils die Kosten?

R 77 Wie kann langfristig die Betriebsgrösse durch eine Veränderung des Potentialfaktorbestandes angepasst werden?

Finanzierung

Grundlagen

R 1 Was versteht man unter finanziellen Mitteln und auf welchen Märkten können diese beschafft werden?

R 2 Beschreiben Sie die Begriffe «Kapital» und «Vermögen».

R 3 Charakterisieren Sie die Begriffe «Finanzierung» und «Investierung».

R 4 Zeigen Sie die Zusammenhänge zwischen Kapital, Vermögen, Finanzierung und Investierung.

R 5 Wie lassen sich Finanzierungsvorgänge charakterisieren?

R 6 Erläutern Sie die Hauptformen der Unternehmungsfinanzierung.

R 7 Schildern Sie den Problemlösungsprozess der Finanzierung.

R 8 Beschreiben Sie die Ziele der Finanzierung.

R 9 Was versteht man unter dem Begriff «Finanzmanagement»?

Beteiligungsfinanzierung

R 10 Was versteht man unter dem Eigenkapital einer Unternehmung?

R 11 Welche Funktionen kommen dem Eigenkapital zu?

R 12 Nennen Sie die wichtigsten Vorschriften, die im Zusammenhang mit dem Aktienkapital zu beachten sind.

R 13 Welche Arten von Aktien können unterschieden werden?

R 14 Welches sind die Unterschiede zwischen Inhaber- und Namenaktien?

R 15 Beschreiben Sie das Partizipationskapital.

R 16 Nennen Sie die wichtigsten Gründe, die zu einer Kapitalerhöhung führen können.

R 17 Was versteht man unter dem Agio und wozu kann es verwendet werden?

R 18 Welche Rechtsvorschriften und Emissionsbedingungen sind bei einer Kapitalerhöhung zu beachten?

R 19 Was stellt das Bezugsrecht dar?

R 20 Nennen Sie Vor- und Nachteile einer Kapitalerhöhung aus Gesellschaftsmitteln.

R 21 Bei der Kapitalbeteiligung der Mitarbeiter und Mitarbeiterinnen an der Unternehmung stellen sich aus betriebswirtschaftlicher Sicht verschiedene Fragen:

- Welche Ziele sollen damit verfolgt werden?
- Wer ist bezugsberechtigt?
- In welcher Form sollen die Mitarbeitenden beteiligt werden?
- Wovon hängt das Ausmass einer solchen Beteiligung ab?
- Welche Faktoren bestimmen den Ausgabekurs?
- Nach welchen Kriterien soll der Grad der Verfügbarkeit festgelegt werden?

R 22 Wann kann eine Emission von Genussscheinen vorgenommen werden?

R 23 Welches können die Gründe für ein Going Private sein? Wie beurteilen Sie in diesem Zusammenhang einen sogenannten Leveraged Buyout?

R 24 Was versteht man unter einem Going Public und was wird damit bezweckt?

R 25 Beschreiben Sie Voraussetzungen für ein Going Public.

R 26 Wie gehen Sie bei der Planung und Durchführung eines Going Public vor?

R 27 Worin bestehen die Probleme und Gefahren eines Going Public?

Innenfinanzierung

R 28 Welche Formen der Innenfinanzierung kennen Sie?

R 29 Beschreiben Sie die Finanzierung aus Abschreibungsgegenwerten.

R 30 Was ist der Kapazitätserweiterungseffekt?

R 31 Welche Voraussetzungen und Einflussfaktoren müssen bei der Ausnutzung des Kapazitätserweiterungseffekts beachtet werden?

R 32 Was versteht man unter der Selbstfinanzierung und welches sind die Voraussetzungen für diese Finanzierungsform?

R 33 Welche Motive können eine Unternehmung veranlassen, die Finanzierungsform der Selbstfinanzierung zu wählen?

R 34 Welches sind die Vor- und Nachteile der Selbstfinanzierung?

R 35 Beschreiben Sie die verschiedenen Dividendenformen.

R 36 Charakterisieren Sie die dividendenpolitischen Systeme.

Kreditfinanzierung

R 37 Nach welchen Merkmalen kann das Fremdkapital einer Unternehmung charakterisiert werden?

R 38 Welche Funktionen erfüllt das Fremdkapital?

R 39 Beschreiben Sie die Problematik des Lieferanten- und des Kundenkredits.

R 40 Erläutern Sie die verschiedenen Formen des Bankkredits.

R 41 Was versteht man unter Forfaitierung?

R 42 Was versteht man unter Factoring?

R 43 Stellen Sie die Forfaitierung dem Factoring gegenüber.

R 44 Welche Formen des mittelfristigen Fremdkapitals kennen Sie?

R 45 Grenzen Sie das «gewöhnliche» Darlehen vom partiarischen Darlehen und von der Einlage des stillen Gesellschafters ab.

R 46 Welche Möglichkeiten kennen Sie, sich langfristig über Fremdkapital zu finanzieren?

R 47 Beschreiben Sie die «gewöhnliche» Obligationenanleihe.

R 48 Erklären Sie den Unterschied zwischen Wandel- und Optionsanleihe.

R 49 Was versteht man unter dem Leasing?

R 50 Welche Arten von Leasing kennen Sie?

R 51 Wie wird das Financial-Leasing abgewickelt?

R 52 Worin sehen Sie die betriebswirtschaftliche Bedeutung des Leasing?

Optimale Finanzierung

R 53 Welche Fragen müssen im Rahmen der Bestimmung der optimalen Vermögens- und Kapitalstruktur der Unternehmung beantwortet werden?

R 54 Wie verhalten sich Unterbilanz und Überschuldung zueinander?

R 55 Nach welchen Kriterien kann eine optimale Vermögens- und Kapitalstruktur gestaltet werden?

R 56 Beschreiben Sie den Leverage-Effekt und die damit verbundenen Probleme.

R 57 Beschreiben Sie das traditionelle Modell zur Gestaltung der kostenoptimalen Kapitalstruktur.

R 58 Beschreiben Sie das Modigliani/Miller-Modell zur Gestaltung der kostenoptimalen Kapitalstruktur.

R 59 Beschreiben Sie die Bedeutung der Liquidität und der Rentabilität im Hinblick auf die Existenzsicherung der Unternehmung.

R 60 Beurteilen Sie die Finanzierungsregeln in bezug auf die Liquiditätssicherung.

R 61 Charakterisieren Sie den Grundsatz der risikogerechten Finanzierung.

R 62 Was heisst flexibilitätsorientierte Finanzierung?

R 63 Wann stellt sich in einer Unternehmung die Frage, ob weiteren Personenkreisen Einfluss auf die Geschäftsführung gewährt werden soll?

R 64 Welche Funktionen erfüllt ein positives Finanzimage bei der Erreichung der Unternehmungsziele?

Derivative Finanzinstrumente

R 65 Was versteht man unter einem Finanzmarkt-Derivat?

R 66 Worin unterscheiden sich symmetrische von asymmetrischen derivativen Instrumenten?

R 67 Charakterisieren Sie die Termingeschäfte.

R 68 Was wird unter einem Swap verstanden? Welche Typen können unterschieden werden?

R 69 Unterscheiden Sie die Position des Käufers einer Option von derjenigen eines Verkäufers.

R 70 Was beschreibt das Options-Delta?

R 71 Welche Typen von standardisierten Derivaten können unterschieden werden?

R 72 Was versteht man unter einem OTC-Geschäft?

R 73 Welche Anwendungsmöglichkeiten gibt es für Finanzmarktderivate?

R 74 Welche Voraussetzungen sind auf der operativen Stufe im konkreten Einsatz von Derivaten zu erfüllen?

R 75 Erläutern Sie Methoden zur Risikokontrolle bei Derivaten.

Investition

Grundlagen

R 1 Was versteht man unter dem Begriff «Investition»?

R 2 Erläutern Sie die verschiedenen Investitionsarten.

R 3 Investitionsentscheidungen werden in der Praxis eine grosse Bedeutung zugemessen. Wie können Sie sich diese Tatsache erklären?

R 4 Beschreiben Sie den Problemlösungsprozess der Investition.

R 5 Nennen Sie die vier Hauptphasen des Investitionsentscheidungsprozesses.

R 6 Beschreiben Sie die Teilphasen der Investitionsplanung im Rahmen des Investitionsentscheidungsprozesses.

R 7 Was versteht man unter den Imponderabilien im Zusammenhang mit Investitionsrechnungen? Geben Sie Beispiele.

R 8 Wie können Sie die quantitativ nur schwer oder überhaupt nicht erfassbaren Einflussfaktoren beim Investitionsentscheid berücksichtigen?

R 9 Wo liegen die Probleme bei der Realisierung eines Investitionsprojektes, nachdem der Investitionsentscheid gefallen ist?

R 10 Welche Funktionen erfüllt die Investitionskontrolle?

Investitionsrechenverfahren

R 11 Geben Sie einen Überblick über die Investitionsrechenverfahren.

R 12 Beschreiben und beurteilen Sie die Kostenvergleichsrechnung.

R 13 Charakterisieren Sie die Gewinnvergleichsrechnung.

R 14 Was sind Differenzinvestitionen?

R 15 Was versteht man unter der Rentabilitätsrechnung?

R 16 Beschreiben Sie das Du Pont-Schema und zeigen Sie seine Verwendungsmöglichkeiten.

R 17 Charakterisieren Sie die Pay back-Methode.

R 18 Beurteilen Sie die statischen Verfahren der Investitionsrechnung.

R 19 Welche Aspekte werden mit den dynamischen Rechenverfahren im Gegensatz zu den statischen Verfahren berücksichtigt?

R 20 Beschreiben Sie die Kapitalwertmethode.

R 21 Stellen Sie das Verfahren des internen Zinssatzes dar.

R 22 Zeigen Sie die Zusammenhänge zwischen der Kapitalwertmethode und dem Verfahren des internen Zinssatzes.

R 23 Was ist der Zweck der Annuitätenmethode?

R 24 Beurteilen Sie die dynamischen Verfahren der Investitionsrechnung.

R 25 Welche Möglichkeiten hat eine Unternehmung, um die mit einer Investition verbundenen Risiken zu berücksichtigen?

Unternehmungsbewertung

R 26 Was ist den Investitionsrechenverfahren und den Methoden der Unternehmungsbewertung gemeinsam und wo bestehen Unterschiede?

R 27 Beschreiben Sie mögliche Anlässe, die zu einer Unternehmungsbewertung führen.

R 28 Welche Funktionen einer Unternehmungsbewertung können Sie unterscheiden?

R 29 Was versteht man unter dem Substanzwert?

R 30 Welche Möglichkeiten zur Bestimmung des Substanzwertes kennen Sie?

R 31 Was versteht man unter dem Ertragswert?

R 32 Welche Probleme sind mit der Berechnung des Ertragswertes verbunden?

R 33 Was will man mit dem Goodwill ausdrücken?

R 34 Welche Arten des Goodwill können unterschieden werden?

R 35 Worin besteht der Unterschied zwischen dem Brutto- und dem Nettosubstanzwert?

R 36 Stellen Sie die Möglichkeiten dar, wie der Unternehmungswert in der Praxis bestimmt werden kann.

Personal

Grundlagen

R 1 Begründen Sie, warum der Mensch nicht als ein Produktionsfaktor (wie z.B. die Potentialfaktoren) angesehen werden kann.

R 2 Stellen Sie die Theorie X der Theorie Y gegenüber und beschreiben Sie die Annahmen über die Natur des Menschen, die hinter diesen Theorien stehen.

R 3 Beschreiben und beurteilen Sie das Scientific Management.

R 4 Was versteht man unter dem Hawthorne-Effekt?

R 5 Welche Schlussfolgerungen können aus den Hawthorne-Experimenten gezogen werden?

R 6 Worin besteht die Problematik des Human Relations-Ansatzes?

R 7 Charakterisieren Sie die Anreiz-Beitrags-Theorie in ihren Grundzügen.

R 8 Beschreiben Sie den Problemlösungsprozess im Personalbereich.

R 9 Was versteht man unter dem Personalmanagement?

Personalbedarfsermittlung

R 10 Welches sind die Aufgaben der Personalbedarfsermittlung?

R 11 Worin besteht der Unterschied zwischen dem Brutto- und Nettopersonalbedarf?

R 12 Nennen Sie externe Einflussfaktoren auf den Nettopersonalbedarf.

R 13 Welche innerbetrieblichen Faktoren haben einen Einfluss auf den Nettopersonalbedarf?

R 14 Welche Schwierigkeiten stellen sich bei der quantitativen Ermittlung des Nettopersonalbedarfs?

R 15 Worauf können Fehlzeiten zurückgeführt werden?

R 16 Nennen Sie Faktoren, welche die Fehlzeiten beeinflussen können.

R 17 Wie kann die Fluktuation statistisch erfasst werden?

R 18 Wie kann der quantitative Personalbedarf berechnet werden?

R 19 Wie gehen Sie bei der qualitativen Personalbedarfsermittlung vor?

R 20 Was beinhaltet die Arbeitsanalyse?

R 21 Erläutern Sie die drei wesentlichen Elemente einer Stellenbeschreibung.

Personalbeschaffung

R 22 Was versteht man unter der Personalbeschaffung?

R 23 Welche Gründe sprechen für die Besetzung freier Stellen mit betriebseigenen, welche für die Besetzung mit betriebsfremden Arbeitskräften?

R 24 Vergleichen Sie die Aufgaben der mittelbaren mit denjenigen der unmittelbaren Personalwerbung.

R 25 Welche Abklärungen treffen Sie im allgemeinen bei einer Personalauswahl?

R 26 Wie gehen Sie bei der Auswahl von Bewerbern und Bewerberinnen vor?

R 27 Welche Testverfahren können bei der Personalauswahl eingesetzt werden?

R 28 Wo liegen die Probleme beim Einsatz von Testverfahren?

R 29 Was versteht man unter einem Assessment Center?

Personaleinsatz

R 30 Beschreiben Sie die Problembereiche der Aufgabe Personaleinsatz.

R 31 Erläutern Sie die Vor- und Nachteile einer Arbeitsplatzspezialisierung.

R 32 Beurteilen Sie die folgenden Massnahmen, die mit einer bestimmten Arbeitsstrukturierung die zu starke Stellenspezialisierung zu verhindern beabsichtigen:
- Job enlargement,
- Job enrichment,
- Job rotation,
- teilautonome Arbeitsgruppen.

R 33 Welche Bereiche umfasst die Arbeitsplatzgestaltung?

R 34 Welche Regelungen sind bei der Arbeitszeitgestaltung festzulegen?

R 35 Welche Kriterien sind bei der Festlegung von Arbeitspausen zu berücksichtigen, um für die Mitarbeiter einen möglichst hohen Erholungswert zu erreichen?

Personalmotivation und -honorierung

R 36 Welches sind die Aufgaben der Personalmotivation und -honorierung?

R 37 Geben Sie einen Überblick über die materiellen und immateriellen Anreize, die eine Unternehmung anbieten kann.

R 38 Klären Sie die Begriffe «Bedürfnis», «Motiv» und «Motivation».

R 39 Worin bestehen die Unterschiede zwischen Inhalts- und Prozesstheorien im Zusammenhang mit den Motivationstheorien?

R 40 Beschreiben Sie die Motivationstheorie von Maslow.

R 41 Erläutern Sie den Inhalt der Zweifaktoren-Theorie von Herzberg.

R 42 Beschreiben Sie das Zirkulationsmodell von Porter/Lawler.

R 43 Charakterisieren Sie die Gleichgewichtstheorie von Adams.

R 44 Welche Probleme stellen sich bei der Festlegung der absoluten, welche bei der relativen Lohnhöhe?

R 45 Warum ist es schwierig, den gerechten Lohn zu definieren?

R 46 Wie kann eine Objektivierung des Lohnes erreicht werden?

R 47 Welches sind die Aufgaben der Arbeitsbewertung?

R 48 Was versteht man unter der Normalleistung einer Arbeitskraft?

R 49 Beschreiben Sie die quantitative und qualitative Analyse der Arbeitsbewertung.

R 50 Nennen Sie die Methoden der quantitativen und qualitativen Analyse der Arbeitsbewertung.

R 51 Beschreiben und beurteilen Sie die summarischen Verfahren der Arbeitsbewertung.

R 52 Beschreiben und beurteilen Sie die analytischen Methoden der Arbeitsbewertung.

R 53 Welche Möglichkeiten der Lohnsatzdifferenzierung gibt es?

R 54 Welche Schwierigkeiten ergeben sich bei der Leistungsbewertung und wie kann diesen begegnet werden?

R 55 Charakterisieren Sie den Zeitlohn.

R 56 Beschreiben und beurteilen Sie den Akkordlohn.

R 57 Welches sind die Vor- und Nachteile des Prämienlohnes?

R 58 Welche Ziele verfolgt man mit den betrieblichen Sozialleistungen?

R 59 Was ist bei der Einführung eines betrieblichen Vorschlagswesen zu beachten?

R 60 Welches sind die Merkmale und Aufgaben von Qualitätszirkeln?

R 61 Welches sind die Bedürfnisse, die durch eine Gruppenmitgliedschaft befriedigt werden können?

Personalentwicklung

R 62 Was versteht man unter der Personalentwicklung?

R 63 Weshalb kommt der Personalentwicklung im Rahmen der Personalpolitik eine grosse Bedeutung zu?

R 64 Nennen Sie Faktoren, welche die sogenannte Laufbahnlinie beeinflussen.

R 65 Nach welchen Kriterien lassen sich Ausbildungsmethoden charakterisieren?

Personalfreistellung

R 66 Erläutern Sie die Aufgaben der Personalfreistellung.

R 67 Welches sind mögliche Ursachen für Personalfreistellungsmassnahmen?

R 68 Geben Sie einen Überblick über Massnahmen zur Personalfreistellung.

R 69 Welche Aspekte sind bei Arbeitszeitverkürzungen zu berücksichtigen?

R 70 Welche Probleme sind mit Versetzungen verbunden?

R 71 Welche Folgen können mit einer unfreiwilligen Kündigung für die Arbeitnehmer und Arbeitnehmerinnen verbunden sein?

Organisation

Grundlagen

R 1 Was ist die Aufgabe der Organisationslehre?

R 2 Wo liegen die Grenzen der Arbeitsteilung?

R 3 Beschreiben Sie die drei Bedeutungen des Begriffs «Organisation».

R 4 Was sind formale und was sind informale Organisationsstrukturen?

R 5 Nennen Sie mögliche Ursachen der Bildung informaler Organisationsstrukturen.

R 6 Beschreiben Sie den Problemlösungsprozess der Organisation.

R 7 Nennen Sie die formalen Elemente der Organisation.

R 8 Was versteht man unter einer Aufgabe und durch welche Merkmale lässt sie sich charakterisieren?

R 9 Wie stehen die Begriffe «Stelle», «Arbeitsplatz» und «Abteilung» zueinander?

R 10 Was sind Instanzen?

R 11 Grenzen Sie die zentralen Dienste von den Stabsstellen ab.

R 12 Wann wird eher personenbezogen und wann wird eher sachbezogen organisiert?

R 13 Was versteht man unter den Begriffen «Kompetenz» und «Verantwortung»?

R 14 Was besagt die Kongruenz von Aufgabe, Kompetenz und Verantwortung?

R 15 Grenzen Sie Anrufungs-, Mitsprache- und Anordnungswege voneinander ab.

R 16 Welches sind die Aufgaben der Aufbauorganisation?

R 17 Welches Vorgehen kann man bei der Bildung einer Aufbauorganisation wählen?

R 18 Was versteht man unter der Kontrollspanne?

R 19 Welche Faktoren beeinflussen die Grösse der Kontrollspanne?

R 20 Welche Aufgaben umfasst die Ablauforganisation?

R 21 Beschreiben Sie das Vorgehen bei der Ablauforganisation.

R 22 Welches sind die Ziele der Ablauforganisation?

R 23 Erläutern Sie das Dilemma der Ablaufplanung.

R 24 Nennen Sie Organisationsinstrumente der Aufbau- und Ablauforganisation.

R 25 Wozu dient das Organigramm und welche Formen kennen Sie?

R 26 Welche Informationen kann ein Organigramm enthalten?

R 27 Welche Aufgaben hat die Stellenbeschreibung aus organisatorischer Sicht?

R 28 Wo liegen die Hauptschwierigkeiten beim Einsatz von Stellenbeschreibungen?

R 29 Was versteht man unter einem Funktionendiagramm?

R 30 Erklären Sie das Substitutionsprinzip der Organisation.

R 31 Beschreiben Sie die Vor- und Nachteile, die sich aus dem Substitutionsprinzip der Organisation für eine Unternehmung ergeben.

Organisationstheoretische Ansätze

R 32 Beschreiben Sie das Scientific Management aus organisatorischer Sicht.

R 33 Charakterisieren Sie den Ansatz von Fayol.

R 34 Welche organisatorischen Erkenntnisse lassen sich aus dem Human Relations-Ansatz ableiten?

R 35 Welches sind die Grundhypothesen des situativen Ansatzes?

R 36 Worin besteht der Unterschied zwischen dem analytischen und dem handlungsorientierten Grundmodell des situativen Ansatzes?

R 37 Beschreiben Sie das handlungsorientierte Grundmodell von Kieser/Kubicek.

R 38 Was verstehen Burns/Stalker unter dem Managementsystem und der Umwelt einer Unternehmung?

R 39 Stellen Sie das mechanistische dem organischen Managementsystem gegenüber.

R 40 Wann ist gemäss Burns/Stalker die Anwendung des mechanistischen Systems angemessen, wann diejenige des organischen Systems?

R 41 Beschreiben Sie die Hypothesen, die Lawrence/Lorsch ihren Untersuchungen zugrunde gelegt haben.

R 42 Zeigen Sie graphisch das Grundmodell des Kontingenz-Konzeptes von Lawrence/Lorsch.

R 43 Zeigen Sie mögliche Beziehungen zwischen Umweltsektoren und Unternehmungsbereichen einer Unternehmung auf.

R 44 Welches sind die empirischen Resultate aus der Untersuchung von Lawrence/Lorsch?

R 45 Was ist der wesentliche Inhalt der Untersuchung von Lawrence/Dyer?

R 46 Beschreiben Sie den Ansatz von Woodward.

R 47 Welches sind die Erkenntnisse der Untersuchung von Perrow?

Organisationsformen

R 48 Welche Prinzipien zur Strukturierung einer Organisation gibt es?

R 49 Nach welchen Kriterien können Stellen gebildet werden?

R 50 Worin bestehen die Vorteile einer funktionalen Struktur?

R 51 Welches sind die Vorteile einer divisionalen Organisationsstruktur?

R 52 Beurteilen Sie das Einlinien- und das Mehrliniensystem.

R 53 Was versteht man unter Entscheidungszentralisation?

R 54 Charakterisieren Sie die Stablinienorganisation.

R 55 In der Praxis ergeben sich oft Konflikte zwischen Stabs- und Linienstellen. Wo können die Ursachen liegen?

R 56 Was versteht man unter einer Spartenorganisation?

R 57 Nennen Sie Gründe, die für die Einführung einer Spartenorganisation sprechen.

R 58 Grenzen Sie die Cost-Center-, Profit-Center- und Investment-Center-Organisation voneinander ab.

R 59 Welches sind die Vor- und Nachteile einer Spartenorganisation?

R 60 Was versteht man unter einer Matrixorganisation?

R 61 Welches sind Voraussetzungen für die Wahl einer Matrixorganisation?

R 62 Worin liegt die Hauptproblematik der Matrixorganisation und wie kann sie gelöst werden?

R 63 Worin liegen die Vor- und Nachteile der Matrixorganisation?

R 64 Was versteht man im organisatorischen Sinne unter einem Team?

R 65 Nach welchen Kriterien lassen sich Teams charakterisieren?

R 66 Wofür eignet sich der Einsatz von Teams besonders gut?

R 67 Welche Faktoren sind beim Entscheid für oder gegen die Teamarbeit zu beachten?

R 68 Welches sind die Vor- und Nachteile der Teamorganisation?

R 69 Beschreiben Sie die Teamkonzeption von Likert.

R 70 Welche Formen der Projektorganisation können unterschieden werden?

R 71 Erläutern Sie den Unterschied zwischen einer Finanz-Holding und einer Management-Holding.

R 72 Charakterisieren Sie die verschiedenen Organisationsformen anhand der drei Prinzipien zur Strukturierung einer Organisation.

Organisation als geplanter organisatorischer Wandel

R 73 Erläutern Sie das Grundmodell der organisatorischen Gestaltung.

R 74 Worin unterscheiden sich Vor-, Haupt- und Teilstudien im Rahmen der Reorganisation voneinander?

R 75 Erläutern Sie das Konzept des Business Reengineering.

R 76 Welche Gestaltungsvariablen zeichnen das Business Reengineering aus?

R 77 Beschreiben Sie die grundlegenden Prinzipien der Organisationsentwicklung.

R 78 Erläutern Sie die Phasen des Prozesses der Organisationsentwicklung nach Lewin.

R 79 Vergleichen Sie die Konzepte des Business Reengineering und der Organisationsentwicklung miteinander.

R 80 Worin liegen die Stärken und Schwächen des Business Reengineering und der Organisationsentwicklung?

Führung

Grundlagen

R 1 Grenzen Sie die Führungsgrundsätze von den Unternehmungsgrundsätzen ab.

R 2 Was versteht man unter einer Führungstechnik?

R 3 Umschreiben und beurteilen Sie das Management by Objectives.

R 4 Umschreiben und beurteilen Sie das Management by Exception.

R 5 Umschreiben und beurteilen Sie das Management by Delegation.

R 6 Umschreiben und beurteilen Sie das Management by System.

R 7 Was versteht man unter einem Führungsmodell?

R 8 Beschreiben Sie die konstitutiven Elemente der Führung gemäss Zürcher Ansatz zur Führungslehre.

R 9 Welche Aspekte der Führung können bei einer führungstechnischen Betrachtungsweise unterschieden werden?

R 10 Welche Aspekte müssen bei der Betrachtung der zwischenmenschlichen Beziehung in einer Führungssituation berücksichtigt werden?

R 11 Nennen Sie die konstitutiven Elemente der Menschenführung, die in jeder Führungssituation auftreten.

R 12 Was ist der eigentliche Inhalt, d.h. was sind die zu lösenden Aufgaben und Probleme der Führung?

R 13 Welche vertikalen Dimensionen werden im St. Galler Management-Konzept unterschieden?

R 14 Womit beschäftigt sich die Ebene des normativen Managements?

R 15 Charakterisieren Sie die Ebene des strategischen Managements.

R 16 Umschreiben Sie die Ebene des operativen Managements.

R 17 Welches sind die horizontalen Dimensionen des St. Galler Management-Konzeptes?

R 18 Welches sind die wichtigsten Bestimmungsfaktoren der Führung?

Führungsfunktionen

R 19 Beschreiben Sie die Beziehungen der Planung zu den anderen konstitutiven Elementen des Führungsprozesses.

R 20 Welche Aufgaben kommen der Planung im Rahmen der Steuerung des Problemlösungsprozesses zu?

R 21 Nennen Sie die Elemente einer Planungskonzeption.

R 22 Welche Grundsätze müssen bei der Gestaltung einer Planungskonzeption berücksichtigt werden?

R 23 Charakterisieren Sie mögliche Ausgestaltungen eines Planungssystems.

R 24 Grenzen Sie die strategische von der operativen Planung ab.

R 25 Wie verhält sich die dispositive Planung zu der strategischen und operativen Planung?

R 26 Beschreiben Sie den Planungsprozess in bezug auf die organisatorische Eingliederung und die Periodizität.

R 27 Was versteht man unter Planungszentralisation, was unter Planungsdezentralisation?

R 28 Unter welchen Fragestellungen kann die Entscheidung bei Berücksichtigung des führungstechnischen Aspektes betrachtet werden?

R 29 Welche Entscheidungsarten kennen Sie?

R 30 Was versteht man unter echten Führungsentscheidungen?

R 31 Was versteht man unter einer Entscheidung im weiteren Sinne?

R 32 Aus welchen Elementen setzt sich eine Entscheidung im weiteren Sinne zusammen?

R 33 Beschreiben Sie die Entscheidungsregeln, die bei Unsicherheit und in Risikosituationen angewendet werden können.

R 34 Welche Problembereiche der Anordnung können unter Berücksichtigung von führungstechnischen Aspekten unterschieden werden?

R 35 Welche Grundsätze sind bei Anordungen zu beachten?

R 36 Wie können Unklarheiten bei einer Anordnung vermieden werden?

R 37 Was versteht man unter dem Begriff «Autorität»?

R 38 Auf welchen Ursachen kann in der betrieblichen Praxis die Autorität beruhen?

R 39 Was versteht man unter einem Soll-Ist-Vergleich und unter einem Ist-Ist-Vergleich?

R 40 Welche Problembereiche der Kontrolle können unter führungstechnischen Aspekten unterschieden werden?

R 41 Welche Kontrollbereiche können unterschieden werden?

R 42 Welche Grundsätze sind bei der Kontrolle zu beachten, um ihre Zweckmässigkeit und ihren Erfolg zu garantieren?

R 43 Beschreiben Sie die Unterschiede zwischen Revision und Kontrolle.

R 44 Was umfasst die externe Revision und was die interne Revision?

R 45 Welches sind die Aufgaben der internen Kontrolle?

R 46 Geben Sie einen Überblick über das Instrumentarium der internen Kontrolle.

R 47 Charakterisieren Sie das Controlling.

Unternehmungskultur und Führungsstil

R 48 Was versteht man unter der Unternehmungskultur?

R 49 Welches sind die Kernfaktoren der Unternehmungskultur?

R 50 Wie lässt sich die Ausprägung einer Unternehmungskultur charakterisieren?

R 51 Beschreiben Sie die Unternehmungskultur-Typologie von Deal/Kennedy.

R 52 Welches sind die Vor- und Nachteile von starken Unternehmungskulturen?

R 53 Wie kann die Kultur einer Unternehmung erfasst werden?

R 54 Beschreiben Sie, wie Unternehmungskulturen verändert werden können.

R 55 Was versteht man unter dem Führungsstil?

R 56 Grenzen Sie den autoritären vom kooperativen Führungsstil ab.

R 57 Was versteht man unter dem situativen Führungsstil und welches sind seine wichtigsten Bestimmungsfaktoren?

R 58 Welches sind die Vor- und Nachteile des situativen Führungsstils?

R 59 Beschreiben Sie das Modell des Verhaltensgitters von Blake/Mouton.

Unternehmungspolitik

R 60 Was versteht man unter der Unternehmungspolitik?

R 61 Welche charakteristischen Merkmale einer Unternehmungspolitik lassen sich unterscheiden?

R 62 Definieren Sie den Begriff «strategische Erfolgsposition».

R 63 Welche allgemeinen Anforderungen sind an unternehmungspolitische Entscheide zu stellen?

R 64 Beschreiben Sie die Elemente des strategischen Problemlösungsprozesses.

R 65 Welche drei Bereiche umfasst die Analyse der Ausgangslage im Rahmen des strategischen Problemlösungsprozesses?

R 66 Welche Teilanalysen können im Rahmen einer Umweltanalyse vorgenommen werden?

R 67 Welche Probleme stellen sich bei einer Umweltanalyse?

R 68 Charakterisieren Sie die wichtigsten Aspekte einer Unternehmungsanalyse.

R 69 Welche Aspekte müssen bei der Erfassung der Grundorientierung einer Unternehmungskultur im Rahmen einer Unternehmungsanalyse beachtet werden?

R 70 Beschreiben Sie Schwierigkeiten, die sich bei einer Unternehmungsanalyse ergeben können.

R 71 Wie gehen Sie bei der Analyse von Wertvorstellungen vor?

R 72 Worauf müssen Sie bei der Erfassung von Wertvorstellungen achten?

R 73 Was versteht man unter der Management-Philosophie?

R 74 Auf welche Bereiche bezieht sich die Management-Philosophie?

R 75 Nennen Sie Methoden, mit denen sich die Unternehmungs- und Umweltentwicklung analysieren lässt.

R 76 Beschreiben Sie die fünf Triebkräfte des Branchenwettbewerbs nach Porter.

R 77 Welche Schlüsselfaktoren, die den ROI beeinflussen, ergeben sich aus der PIMS-Studie?

R 78 Was besagt das Erfahrungskurven-Konzept der Boston Consulting Group?

R 79 Welche Ursachen können zu Kostensenkungen aufgrund des Konzeptes der Erfahrungskurve führen?

R 80 Welche Konsequenzen ergeben sich aus der Erfahrungskurve für die Wettbewerbsposition einer Unternehmung?

R 81 Was ist das Ziel der Produkt-Portfolio-Analyse?

R 82 Wie stehen die beiden Begriffe «strategische Geschäftseinheit» und «strategisches Geschäftsfeld» zueinander?

R 83 Beschreiben Sie das Marktwachstums-/Marktanteils-Portfolio der Boston Consulting Group.

R 84 Charakterisieren Sie die Gap-Analyse.

R 85 Was versteht man unter einem Unternehmungsleitbild?

R 86 Welche Funktionen hat ein Unternehmungsleitbild?

R 87 Was ist der Inhalt eines Unternehmungsleitbildes?

R 88 Schildern Sie das Vorgehen bei der Entwicklung und Umsetzung einer Unternehmungsstrategie.

R 89 Beschreiben Sie die Produkt/Markt-Matrix von Ansoff.

R 90 Erläutern Sie die Wettbewerbsstrategien nach Porter.

R 91 Welche idealtypischen Normstrategien ergeben sich aus der Marktwachstums-/Marktanteils-Matrix?

R 92 Nennen Sie die Voraussetzungen für eine erfolgreiche Implementierung einer Unternehmungsstrategie.

R 93 Beschreiben Sie direkte und indirekte Massnahmen zur Realisierung einer neuen Unternehmungsstrategie.

R 94 Welche Bereiche sind bei der Überwachung der Strategieumsetzung regelmässig zu überprüfen?

R 95 Was ist die Aussage des 7-S-Modells?

Spezielle Gebiete des Managements

Informationsmanagement

R 1 Welche Aufgabe hat das Informationsmanagement?

R 2 Erläutern Sie die verschiedenen Bestandteile der Informationstechnik.

R 3 Was versteht man unter Standardsoftware?

R 4 Zeigen Sie Unterschiede zwischen einem manuellen und einem computerunterstützten Informationssystem auf.

R 5 Welche Anwendungstypen können in Unternehmungen unterschieden werden?

R 6 Welche Zielsetzungen stehen hinter dem Einsatz der Informationstechnik?

R 7 Worin unterscheiden sich die Aufgaben der Informatiker von denen der Anwender in einer Unternehmung?

R 8 Stellen Sie den Problemlösungsprozess des Informationsmanagements dar.

R 9 Was sind die wichtigsten Inhalte eines Leitbildes für das Informationsmanagement?

R 10 Worin unterscheidet sich eine Informationssystem-Architektur von einer Informationstechnik-Architektur?

R 11 Erläutern Sie den Zusammenhang zwischen Projekten und dem Projektportfolio.

R 12 Welche Beziehungen bestehen zwischen dem Entwicklungs-, dem Migrations-, dem Finanz- und dem Personalplan?

R 13 Welche Aufgaben hat das Projektmanagement?

R 14 Welche Arten von Evaluationen sind im Rahmen des Informationsmanagements notwendig?

Qualitätsmanagement

R 15 Erläutern Sie zentrale Aspekte des Qualitätsbegriffes.

R 16 Was versteht man unter den Begriffen
- Klasse,
- Qualitätsforderung,
- Fehler?

R 17 Wie lassen sich die Prozesse in der Unternehmung einteilen?

R 18 Welche operativen Aufgaben kann man im Qualitätsmanagement unterscheiden?

R 19 Erläutern Sie den Prozess der Qualitätsplanung.

R 20 Welches sind die Ziele und Aufgaben der Qualitätslenkung?

R 21 Nennen Sie die Ziele der Qualitätssicherung.

R 22 Welche Aufgaben hat die Beschaffung im Rahmen der Qualitätssicherung?

R 23 Welches sind die Voraussetzungen für das Gelingen von Verbesserungsprogrammen?

R 24 Unterscheiden Sie das Qualitätsteam vom Qualitätszirkel anhand mehrerer Kriterien.

R 25 Beschreiben Sie mögliche Probleme im Rahmen von Verbesserungsprojekten.

R 26 Erläutern Sie die Bestandteile des «Konzeptes Integriertes Qualitätsmanagement».

Dienstleistungsmanagement

R 27 Welche Sektoren und Hauptabteilungen werden gemäss dem Statistischen Jahrbuch der Schweiz unterschieden?

R 28 Erläutern Sie das Nachfrage- und das Produktivitätsargument im Rahmen des Dienstleistungsmanagements.

R 29 Erklären Sie, weshalb Dienstleistungen heute als integraler Bestandteil aller drei Wirtschaftssektoren angesehen werden sollten.

R 30 Welches sind die Bewertungskomponenten für Dienstleistungen?

R 31 Wann werden Dienstleistungen als Produkte, wann als Prozesse verstanden? Geben Sie jeweils Beispiele.

R 32 Nennen Sie die wesentlichen Merkmale von Dienstleistungen.

R 33 Strukturieren Sie den Dienstleistungsbereich anhand der Anbieter/Nachfrager-Beziehung.

R 34 Erläutern Sie den funktionellen Dienstleistungsbegriff.

R 35 Worin unterscheidet sich das Produktionsmodell der Dienstleistung vom Interaktionsmodell der Dienstleistung?

R 36 Welche Elemente beeinflussen die Dienstleistungsinteraktion?

R 37 Welches sind die drei Grundformen der Dienstleistung?

R 38 Nennen und erläutern Sie die unterschiedlichen Funktionen des Kunden im Dienstleistungsprozess.

Unternehmungsethik

R 39 Welche Funktionen einer Ethik können unterschieden werden?

R 40 Charakterisieren Sie mögliche ethische Verhaltenstypen im Management.

R 41 Erläutern Sie, welche ethischen Problemstellungen auf den unterschiedlichen wirtschaftlichen Handlungsebenen im Vordergrund stehen.

R 42 Nennen Sie ethische Grundsätze, nach denen sich unternehmerisches Verhalten ausrichten kann bzw. mit deren Hilfe unternehmerisches Handeln beurteilt werden kann.

R 43 Beschreiben Sie das Glaubwürdigkeitskonzept in seinen Grundzügen.

R 44 Was versteht man unter rationalem Handeln?

R 45 Beschreiben Sie die verschiedenen Komponenten einer unternehmerischen Rationalität.

ANATOMI
Comensoli
89

Teil 2

Aufgaben

Inhalt

Unternehmung und Umwelt

Grundlagen

A 1 Zeigen Sie, mit welchen Arten von Wirtschaftsgütern ein Maschinenhersteller, eine Bank und ein Warenhaus vorwiegend zu tun haben.

A 2 Jedes Jahr werden in den Fachzeitschriften (z.B. Forbes, Fortune, Schweizerische Handelszeitung) Listen mit den grössten Unternehmungen veröffentlicht.

a) Wozu dient die Charakterisierung von Unternehmungen nach dem Kriterium Unternehmungsgrösse?

b) Welche Schwierigkeiten ergeben sich bei der Messung der Unternehmungsgrösse?

c) Nennen Sie weitere Kriterien, die neben dem Umsatz, dem Gewinn und der Anzahl Beschäftigten eine Beurteilung der Unternehmungsgrösse erlauben.

d) Erläutern Sie branchenspezifische Kriterien zur Messung der Unternehmungsgrösse, die Ihnen als sinnvoll erscheinen.

A 3 Die einfache Gesellschaft stellt die Grundform einer Gesellschaft nach Schweizerischem Obligationenrecht dar.

a) Welche Merkmale unterscheiden die einfache Gesellschaft von allen anderen Gesellschaften?

b) Charakterisieren Sie die stille Gesellschaft und zeigen Sie auf, wo deren Problematik liegt.

A 4 Die Genossenschaft bezweckt nach Gesetz die Förderung oder Sicherung bestimmter wirtschaftlicher Interessen ihrer Mitglieder in gemeinsamer Selbsthilfe. Inwieweit entsprechen Grossgenossenschaften (z.B. Migros, Coop) noch dieser gesetzlichen Formulierung?

A 5 Suchen Sie nach Gründen für die unterschiedlich starke Verbreitung der verschiedenen Rechtsformen.

A 6 Durch eine Fusion entsteht aus zwei oder mehreren Unternehmungen eine neue wirtschaftliche Einheit.

a) Welche Formen einer Fusion können unterschieden werden?

b) Nennen Sie einige Probleme, die sich durch eine Fusion ergeben können.

A 7 Der Umsatzprozess einer Unternehmung kann in einen güter- und in einen finanzwirtschaftlichen Umsatzprozess unterteilt werden.

a) Versuchen Sie, den Finanzkreislauf in der Unternehmung graphisch darzustellen.

b) Wie und wo hängen der güter- und finanzwirtschaftliche Umsatzprozess zusammen?

A 8 Erläutern Sie den Problemlösungsprozess am Beispiel einer Buchveröffentlichung.

A 9 Oft hört man die Feststellung, dass in der heutigen Zeit eine umfassende Umweltanalyse immer wichtiger für eine Unternehmung werde.
L▶ S.371

a) Welche Gründe können zu dieser Aussage führen?

b) Skizzieren Sie eine Umweltanalyse für eine Fast Food-Unternehmung wie McDonald's. Gehen Sie dabei von den verschiedenen Umweltbereichen aus, denen sich eine Unternehmung gegenübersieht.

c) Welche Massnahmen schlagen Sie aufgrund der in b) gemachten Umweltanalyse für McDonald's vor?

A 10 Seit längerem kann beobachtet werden, dass Unternehmungen vermehrt Verbindungen eingehen.

a) Welche Arten von Unternehmungsverbindungen können in bezug auf die Produktionsstufe unterschieden werden? Nennen Sie je ein Beispiel.

b) Worin liegen die Gründe für den eingangs geschilderten Sachverhalt?

c) Nennen Sie mögliche Alternativen zu einer Unternehmungsverbindung.

A 11 L▶ S.372 Die beiden Regionalbanken Bank Wildental und Spar- & Leihkasse Bromberg, die vorwiegend im Hypothekar- und Kreditgeschäft tätig sind, weisen in etwa die gleiche Bilanzsumme auf. Während die Bank Wildental in den letzten Jahren zufriedenstellende Abschlüsse ausweisen konnte, haben gewagte Hypothekargeschäfte die Erträge der Spar- & Leihkasse Bromberg stark schrumpfen lassen. Die Direktion prüft deshalb die Möglichkeit, der Bank Wildental ein Angebot zur verstärkten Zusammenarbeit zu unterbreiten.

a) Welche Form von Unternehmungszusammenschluss ist möglich, wenn die rechtliche und wirtschaftliche Selbständigkeit der beiden Unternehmungen gewahrt bleiben und nur eine Zusammenarbeit in den gemeinsamen Geschäftsbereichen stattfinden soll?

b) Welche Art von Unternehmungszusammenschluss wäre als Folgestufe zu sehen, wenn die rechtliche und wirtschaftliche Selbständigkeit aufgegeben würde?

c) Wo sehen Sie die betriebswirtschaftlichen Vorteile für die Spar- & Leihkasse Bromberg bei der Zusammenarbeit mit der Bank Wildental?

A 12 L▶ S.373 Die Schweiz ist ein Land, in dem bei Kartellbildungen das Missbrauchsprinzip angewandt wird, während in den meisten übrigen westlichen Ländern das Verbotsprinzip gilt.

a) Was versteht man unter einem Kartell?

b) Nennen Sie Beispiele für Kartelle.

c) Erklären Sie das Missbrauchs- und das Verbotsprinzip.

d) Wo liegen die Vor- und Nachteile für ein Kartellmitglied aus betriebswirtschaftlicher Sicht?

A 13 Fünf Unternehmungen wollen sich zu einem Preiskartell zusammenschliessen.
L▶ S.375

a) Welches sind die Gründe, die zu einem Preiskartell führen können?

b) Welches sind die Voraussetzungen, damit ein Preiskartell gebildet und aufrechterhalten werden kann?

c) Wie kann der Preis in einem Preiskartell grundsätzlich festgelegt werden?

d) Zeigen Sie, welche Auswirkungen ein Preiskartell auf den Produktions-, Absatz- und Finanzbereich der beteiligten Unternehmungen haben kann.

A 14 In letzter Zeit wird im Zusammenhang mit Unternehmungsverbindungen häufig von strategischen Allianzen gesprochen.

a) Was versteht man unter einer strategischen Allianz?

b) Welche Formen der Zusammenarbeit sind bei strategischen Allianzen möglich?

c) Beschreiben Sie Voraussetzungen für den Erfolg einer strategischen Allianz.

d) Worin bestehen die Vor- und Nachteile strategischer Allianzen?

e) Nennen Sie Beispiele von strategischen Allianzen.

A 15 Seit einiger Zeit ist zu beobachten, dass die Tendenz zur Bildung von Holdinggesellschaften zunimmt.
L▶ S.376

a) Was versteht man unter einer Holdinggesellschaft und welche Erscheinungsformen können unterschieden werden?

b) Welches sind mögliche Gründe, die in der Schweiz zur Bildung einer Holding führen?

c) Geben Sie einige Beispiele für Holdinggesellschaften.

A 16 In der Praxis wird oft zwischen einer Finanz-Holding und einer Management-Holding unterschieden. Grenzen Sie diese Formen voneinander ab.
L▶ S.377

A 17 Häufig erfolgen Kooperationen zwischen Unternehmungen in Form eines Joint-venture.

a) Welches sind die Ziele eines Joint-venture?

b) Erläutern Sie die Voraussetzungen für ein erfolgreiches Joint-venture.

c) Nennen Sie einige Beispiele für Joint-ventures.

A 18 Bei der Wahl eines Unternehmungsstandortes werden meistens die wesentlichen Standortfaktoren zusammengestellt.

a) Was versteht man unter Standortfaktoren?

b) Was für Probleme stellen sich bei der Zusammenstellung dieser Standortfaktoren?

c) Welche Standortfaktoren halten Sie für besonders bedeutend für Unternehmungen der folgenden Wirtschaftsbranchen:
- Roheisengewinnung,
- Kohlenbergbau,
- Erdölraffinerien,
- Detailhändler (Einzelhandel),
- Uhrenindustrie,
- Verlag,
- Unternehmungsberatungsfirma,
- Bank,
- Versicherung.

A 19 Geben Sie Beispiele für Unternehmungen, die
- sich vorwiegend nach einem spezifischen Standortfaktor ausrichten,
- unterschiedliche Ausbreitungsgrade haben.

A 20 Ein japanischer Computerhersteller sucht einen zentralen Produktionsstandort in Europa.
L▶ S.378

a) Welches können die Gründe dieser japanischen Unternehmung sein, eine neue Produktionsstätte in Europa aufzubauen?

b) Erstellen Sie für diese Unternehmung einen Katalog mit acht Standortfaktoren. Gewichten Sie diese Faktoren nach eigenem Ermessen.

A 21 L▶ S.378 Die Schneidler AG, eine mittelgrosse Unternehmung der Druck- und Verlagsbranche, wechselt ihren Firmenstandort. Sie zieht aus einer Grossstadt an die Peripherie einer mittelgrossen Stadt, wo sie für den gleichen Betrag ein doppelt so grosses Grundstück, wie sie es in der Stadt erhalten hätte, kaufen konnte. Das neue Grundstück liegt in einer von der Industrie relativ wenig berührten Gegend und ist dementsprechend infrastrukturell noch nicht stark erschlossen.

a) Nennen Sie mögliche Gründe für eine Standortänderung der Schneidler AG.

b) Analysieren Sie, welche Anspruchsgruppen (Interessengruppen) und Umweltbereiche der Unternehmung von dieser geplanten Massnahme betroffen sind.

A 22 Ein Fachgeschäft mit Sportartikeln sucht neue Verkaufsräume und hat die Auswahl zwischen zwei Standorten. Der eine befindet sich an zentraler Lage in der Stadt Zürich (z.B. Bahnhofstrasse), der andere in der Agglomeration von Zürich in einem grösseren Einkaufszentrum (z.B. Glatt-Zentrum).

a) Erstellen Sie eine Nutzwertanalyse für dieses Fachgeschäft.

b) Worin bestehen die Schwierigkeiten bei der Nutzwertanalyse?

A 23 L▶ S.380 Die Warenhaus AG will in einer Grossstadt oder in deren Umgebung ein neues Warenhaus eröffnen. Zur Diskussion stehen drei Möglichkeiten:

Merkmale \ Variante	A	B	C
Standort	Stadtzentrum	Aussenquartier	Einkaufszentrum in der Agglomeration
Bruttoverkaufsfläche	5000 m²	2650 m²	2450 m²
Miete/Jahr	4800 Fr./m²	2200 Fr./m²	2900 Fr./m²
Expansionsmöglichkeiten	gering	möglich	möglich
Öffnungszeiten	Mo – Fr 9^{00} – 18^{30} Sa 9^{00} – 16^{00}	Mo – Fr 9^{00} – 18^{30} Sa 9^{00} – 16^{00}	Mo – Fr 9^{00} – 20^{00} Sa 9^{00} – 17^{00}
Steuersatz auf den Reingewinn	4% – 12%	4% – 12%	3,5% – 10%

Die Warenhaus AG versucht, mit Hilfe einer Nutzwertanalyse zu einem Resultat zu kommen.

a) Erläutern Sie die Technik der Nutzwertanalyse.

b) Welche Standortfaktoren spielen bei der Wahl eines dieser Standorte eine wesentliche Rolle? Nennen Sie mindestens 8 Faktoren.

c) Wie könnte eine Nutzwertanalyse für die drei in Frage kommenden Standorte aussehen?

Ziele der Unternehmung

A 24 Im Zuge der zunehmenden Ansprüche der Gesellschaft an die Unternehmungen sind die Ziele der Unternehmungen vermehrten öffentlichen Diskussionen ausgesetzt.

a) Welche Ziele werden nach Ihrer Meinung von Unternehmungen verfolgt?

b) Welche Ziele sollten Unternehmungen Ihrer Ansicht nach anstreben?

c) Wie können die gesellschaftlichen Ansprüche in den Unternehmungszielen berücksichtigt werden?

d) Welche Probleme stellen sich bei der Berücksichtigung gesellschaftlicher Ansprüche?

A 25 Eine Unternehmung verfolgt verschiedene Ziele, zwischen denen in der Regel vielfältige Interdependenzen bestehen.

a) Umschreiben Sie die Sach- und Formalziele einer Unternehmung.

b) Welche Beziehungen bestehen zwischen den Sachzielen und den Formalzielen?

c) Erläutern Sie einige Beziehungen zwischen den verschiedenen Sachzielen.

d) Welche Beziehungen bestehen zwischen Unternehmungszielen und Bereichszielen?

A 26 Es gilt heute als unbestritten, dass die negativen Auswirkungen wirtschaftlichen Handelns auf die Natur reduziert werden müssen. In vielen Diskussionen hört man deshalb häufig, dass es zur Verantwortung einer Unternehmung gehöre, sich ökologisch richtig zu verhalten.

L▶ S.381

a) Wie kann Ihrer Ansicht nach diese ökologische Verantwortung begründet werden?

b) Zeigen Sie mögliche Beispiele für umweltgerechtes Verhalten in den folgenden Bereichen einer Unternehmung:

- Marketing,
- Forschung und Entwicklung,
- Materialwirtschaft,
- Produktion,
- Investition,
- Personal,
- Rechnungswesen.

c) Zeigen Sie die Auswirkungen ökologischer Verantwortung auf die Führung und Organisation einer Unternehmung.

d) Welchen Problemen kann sich eine Unternehmung bei einem ökologisch sinnvollen Verhalten gegenübergestellt sehen?

A 27 In einer Schreinerei werden aus 10 m^3 Kieferholz 500 Stühle hergestellt. Ein Stuhl kann zu einem Preis von 400,– Fr. verkauft werden, der Einstandspreis des Kieferholzes beträgt 1500,– Fr./m^3.

a) Wie hoch ist die Produktivität und die Wirtschaftlichkeit bezüglich Holzverarbeitung in der Schreinerei?

b) Welche Möglichkeiten bestehen, die Produktivität der Stuhlherstellung um 10% zu steigern?

c) Welche Möglichkeiten bestehen, die Wirtschaftlichkeit der Stuhlherstellung um 10% zu steigern?

A 28 In einer Schuhfabrik bestehen drei Fertigungsabteilungen (A, B, C), die verschiedene Schuhmodelle herstellen. Aus den Abteilungen sind folgende Informationen bekannt:

Modell (Abteilung)	Stundenlohn eines Mitarbeiters	Anzahl hergestellte Schuhe pro Tag (8 Std.) und Mitarbeiter	Verkaufspreis eines Paares
Modell A	25,– Fr.	10 Paar Schuhe	50,– Fr.
Modell B	30,– Fr.	8 Paar Schuhe	75,– Fr.
Modell C	35,– Fr.	6 Paar Schuhe	125,– Fr.

a) Wie hoch ist die durchschnittliche Produktivität und Wirtschaftlichkeit der Mitarbeiter in den verschiedenen Abteilungen?

b) Die Mitarbeiter in der Abteilung C könnten auch zur Herstellung von Modell A eingesetzt werden. Wäre es sinnvoll, wenn die Mitarbeiter der Abteilung C, welche eine um 50 % höhere Produktivität als die Mitarbeiter in der Abteilung A erreichen, in Abteilung A eingesetzt würden und Abteilung C geschlossen würde? Nennen Sie die Gründe, auf denen Ihr Entscheid beruht.

c) Nennen Sie einige Massnahmen, mit denen die Produktivität erhöht werden kann. Welche Massnahmen erhöhen gleichzeitig die Wirtschaftlichkeit?

A 29
L▶ S.383
Die Sonora Desert AG stellt in drei Produktionsabteilungen verschiedene mundgeblasene Glasartikel her, nämlich farbige Kugeln, Mobilés und Vasen. Diese Artikel verlangen unterschiedliche Fähigkeiten und Kenntnisse, die auch verschieden hoch entlöhnt werden. Am anspruchsvollsten ist die Produktion der Vasen, während die Herstellung der Kugeln nur sehr geringe Anforderungen an die Mitarbeiter stellt. Die durchschnittliche wöchentliche Arbeitszeit beträgt 45 Stunden. Zusätzlich sind Ihnen die folgenden Informationen bekannt:

Artikel	Stundenlohn	Tagesleistung	Verkaufspreis
Kugeln	30 Fr.	20 Stück	22 Fr.
Mobilés	36 Fr.	18 Stück	29 Fr.
Vasen	40 Fr.	12 Stück	70 Fr.

a) Wie hoch ist die durchschnittliche Produktivität und Wirtschaftlichkeit der Mitarbeiter in den drei Abteilungen?

b) Die Produktivitätswerte in der Kugelabteilung sind höher als in der Vasenabteilung. Wo sehen Sie Probleme, wenn die Abteilung für Vasen geschlossen würde und ihre Mitarbeiter in die Abteilung für farbige Glaskugeln versetzt würden?

c) Zeigen Sie einige Massnahmen, mit denen sich die Produktivität und Wirtschaftlichkeit erhöhen liessen.

A 30 L▶ S.384

Der Produktionschef einer Automobilfirma beklagt sich, dass trotz zunehmender Produktivität seiner Mitarbeiter und steigender Verkaufszahlen die Gewinne der Firma nicht zunehmen. Was würden Sie als Assistent des Produktionschefs auf diese Bemerkung antworten?

A 31 L▶ S.384

Ein Büchsenhersteller fabriziert aus 50 kg Blech 300 Büchsen, wobei der Ausschuss an Blech 10 % beträgt. Der Zeitaufwand einer Maschine für die Herstellung einer Büchse beträgt 2 Sekunden.

a) Berechnen Sie die Produktivität des Einsatzes des Blechs und der Maschine.

b) Der Büchsenhersteller könnte den Ausschuss an Blech auf 4 % reduzieren, wobei dann allerdings eine Erhöhung des Zeitaufwandes von 0,2 Sekunden pro Büchse in Kauf genommen werden müsste. Wie hoch sind jetzt die Produktivitäten?

c) Der Büchsenhersteller weiss nicht, welche Variante er wählen soll. Allerdings möchte er eine maximale Produktivität. Was raten Sie ihm?

d) 1 kg Blech kostet 1,20 Fr., der Verkaufspreis einer Büchse beträgt 30 Rappen und für eine Maschinenstunde werden 90 Franken verrechnet. Für welche Variante wird sich der Büchsenhersteller entscheiden, wenn er bei den gegebenen Informationen eine maximale Wirtschaftlichkeit erreichen möchte?

e) Welche anderen Faktoren wären für eine Beantwortung der Frage d) ebenfalls von Interesse?

A 32 Die Unternehmung High Sticking ist spezialisiert auf die Herstellung von
L▶ S.386 Eishockeystöcken der Marke «Slapshot». In der Produktionsabteilung arbeiten 8 Personen, die jährlich 24 000 Stöcke produzieren. An Roh- und Hilfsstoffen werden im Jahr 2000 m^2 Holz und 500 kg Leim benötigt. Die Einkaufspreise für 100 m^2 Holz betragen 1200,– Fr. und für 100 kg Leim 200,– Fr. Pro Jahr arbeitet ein Mitarbeiter durchschnittlich 1800 Stunden und verdient 25,– Fr. in der Stunde. Die Jahresrechnung für Energie beläuft sich auf 15 000,– Fr., der Jahresverbrauch auf 0,5 Mio. kWh. Ein Hockeystock kann für 22,– Fr. an den Fachhandel verkauft werden.

a) Berechnen Sie die Produktivität und Wirtschaftlichkeit der Produktionsfaktoren Holz, Energie und Arbeit.

b) Wie hoch ist die Gesamtkapitalrentabilität auf dem eingesetzten Kapital, wenn die übrigen jährlichen Betriebskosten 68 000,– Fr. betragen?

c) Wie verändern sich bei konstanter Produktionsmenge Produktivität und Wirtschaftlichkeit der einzelnen Produktionsfaktoren, wenn ein Mitarbeiter wegen seiner Pensionierung nur noch halbtags arbeitet, die Löhne um 4% angehoben werden, die Energiekosten bei gleichbleibendem Verbrauch auf 20 000,– Fr. steigen und der Verkaufspreis des einzelnen Stokkes auf 24,– Fr. erhöht wird?

d) Wie verändert sich die Rentabilität unter den in c) genannten Bedingungen?

A 33 Produktivität, Wirtschaftlichkeit und Rentabilität sind drei wichtige Formalziele.

a) Welche Beziehungen bestehen zwischen Produktivität, Wirtschaftlichkeit und Rentabilität?

b) Welche Beziehungen bestehen zwischen Rentabilität und Liquidität?

A 34 Das Schweizer Wirtschaftsmagazin «Bilanz» publizierte in der Mai-Ausgabe 1988 den nebenstehend wiedergegebenen ▶ Artikel von Lee Iacocca, in welchem dieser sich über die amerikanische Wirtschaft im allgemeinen und die Automobilindustrie im speziellen äussert.

a) Welche Aussagen macht Lee Iacocca in bezug auf die Produktivität und die Wirtschaftlichkeit der amerikanischen Automobilindustrie?

b) Beurteilen Sie die Aussagen von Lee Iacocca bezüglich Produktivität und Wirtschaftlichkeit.

Lee Iacocca: Über Harvard-Absolventen am Fliessband

Im Sommer letzten Jahres erschien in einer US-Zeitschrift von nationaler Bedeutung die Geschichte eines jungen Mannes, der in einer Chrysler-Fabrik als Vorgesetzter am Montageband arbeitet. Raten Sie mal, was die Aufmerksamkeit der Journalisten auf ihn lenkt: Er besitzt einen MBA (Master of Business Administration) der Universität Harvard.

Es gehört schliesslich heutzutage nicht zur Tagesordnung, dass Harvard-Jünger Mitternachtsschichten in einer Autofabrik drücken. Sie sollten sich eigentlich an der Wallstreet rumtreiben und schnell reich werden. Doch dieser junge Mann, John Handler, verdient sich bei Chrysler seine Sporen, weil er sich irgendwann einmal für die altmodische Idee einnehmen liess, dass es immer noch wichtig ist, Dinge zu fabrizieren.

Dieser Idee sollte sich das ganze Land schnellstmöglich wieder verschreiben, wenn die Vereinigten Staaten ihren Lebensstandard aufrechterhalten und ihre Führungsposition in der Weltwirtschaft beibehalten wollen – eine Botschaft, die ich schon lange verkünde. Ich begann damit vor etwa zehn Jahren. Damals war Chrysler am Untergehen, was die Herren an der Wallstreet und in Washington zu folgenden Bemerkungen veranlasste: «Was macht das schon! Die Zukunft liegt in den Geldgeschäften und im High-Tech-Bereich. Wer braucht schon das Amerika der rauchenden Schornsteine?»

Nun, **wir** brauchen es. In der Geschichte der neuesten Zeit waren es immer die Länder mit den Geldreserven, die in der Welt der Banken und Hochfinanz an der Spitze lagen. Und erinnern Sie sich bitte daran: Diese Länder haben ihr Geld in den Fabriken erwirtschaftet. Japan ist nur das jüngste Beispiel. Die Japaner haben Milliarden verdient mit Industrieexporten. Deshalb sind heute sieben der zehn weltweit führenden Banken japanisch, und in Kalifornien sind es fünf der zehn Top-Banken.

Für mich liegt die Zukunft deshalb in den Händen von jungen Männern wie John Handler, die mit ihrem Harvard-Abschluss nicht schnurstracks an die Wallstreet rennen, um Portfolios zu managen und den Wohlstand nur rumzuschieben, sondern ihre Ausbildung und ihr Talent dafür einsetzen, den Wohlstand erst mal zu erarbeiten.

Die Arbeit ist sicher härter. Die zur Betreibung einer modernen Autofabrik notwendige Logistik ist derart ausgeklügelt, dass im Vergleich dazu der Plan zur Invasion der Normandie wie ein Sandkastenspiel erscheint. Die erforderlichen Managementkenntnisse müssen den höchsten Ansprüchen genügen: 50 Millionen Teile kommen täglich durch die Hintertür rein; 10 000 Fahrzeuge gehen mit einer Ausstossgeschwindigkeit von einem Wagen pro 5,7 Sekunden zur Vordertür hinaus. Besuchen Sie einmal eine dieser Fabriken. Sie werden niemanden finden, der noch mit dem Gummihammer – dem «Präzisionswerkzeug» früherer Tage – Montagearbeit verrichtet. Statt dessen werden Sie Computer sehen, die das Montageband betätigen, Laser für die Schweissarbeiten und Qualitätskontrollen und Roboter (beinahe 2000 in unserem Werk) für die Schwerstarbeit.

In den vergangenen acht Jahren haben wir in den Montagewerken von Chrysler die Arbeitsstunden pro Auto um beinahe 30 Prozent reduziert. Wir haben in denselben Werken die Lagerbestände – diese kosten Geld und nehmen Platz weg – um 50 Prozent verkleinert. Noch 1980 mussten sechs von zehn fertiggestellten Wagen wieder zurück zur Reparatur. Heute ist es noch etwa einer.

Wir sind stolz auf das, was wir zur Erhöhung der Produktivität getan haben, doch wir sind nicht die einzigen. Dasselbe gilt für das Gros der amerikanischen Schwerindustrie. Tatsache ist, dass im Grunde genommen jedes bisschen von Amerikas Zuwachs an nichtagrarischer Produktivität aus dem industriellen Bereich stammt. Fast nichts davon kommt aus dem Dienstleistungssektor.

Solch ein Produktivitätssprung ist natürlich noch keine Garantie für bessere Absätze, sofern nämlich die anderen Länder die Produkte nicht auf ihren Märkten zulassen – was bekanntlich der Fall ist. Der beste Beweis dafür ist ein Handelsbilanzdefizit, das mittlerweile 170 Milliarden Dollar im Jahr beträgt. Ungefähr 83 Prozent davon sind im industriellen Sektor zu finden.

Dennoch, industrielle Produktivität ist der Schlüssel zu nationaler Wettbewerbsfähigkeit. Der Dienstleistungssektor hilft dabei nicht viel. In der Welt, in der wir leben, kann ein Land nicht mithalten, wenn seine Fabriken nicht wettbewerbsfähig sind.

Wir Amerikaner scheinen dies in letzter Zeit vergessen zu haben, doch der Rest der Welt hat es nicht. Darum werden in Japans Zeitschriften keine Artikel über junge Männer wie John Handler verfasst. Sie sind dort nichts Besonderes; die besten und intelligentesten kämpfen um einen Platz in der Fabrikationshalle. Für sie beginnt dort der Weg nach ganz oben. Und für ihr Land ist dies der Ort, wo der Wettbewerb wirklich stattfindet.

(Bilanz, Nr. 5, 1988, S.163)

▲ Produktivität und Wirtschaftlichkeit in der Automobilindustrie

A 35 Im Tages Anzeiger vom 12. August 1993 wurde der nachstehende ▶ Artikel zum Thema Solarenergie veröffentlicht.

a) Welche Aussagen enthält der Text in bezug auf die Ziele Produktivität, Wirtschaftlichkeit und Rentabilität?

b) Erläutern Sie in bezug auf diesen Text den Zusammenhang zwischen Produktivität, Wirtschaftlichkeit und Rentabilität.

Solarenergie zahlt sich nicht aus, aber rentiert

Wieso ein Fensterproduzent mit teurer Alternativenergie produziert und dennoch billiger fährt

Der Einsatz von Solarenergie in einem Industriebetrieb lohne sich nicht? Doch, sagt René Falconnier, Geschäftsführer der Aerni Fenster AG in Arisdorf. Zwar kostet die Herstellung jedes Fensters 4,88 Franken mehr, weil Aerni in der neuen Fabrik fast nur Alternativenergie verwendet. Doch die Mitarbeiter zeigen mehr Umweltbewusstsein und erreichen dadurch eine höhere Produktivität. Der Energiefünfliber wird mehr als wettgemacht.

■ VON VICTOR BREU, ARISDORF

Die Fabrik liegt nicht am grossen Weg. Wer auf der Autobahn Richtung Basel fährt, donnert auf einem Viadukt hoch über Arisdorf durch. Schade. Denn ein Blick auf den Komplex der Fensterfabrik Aerni würde sich lohnen – architektonisch, technologisch und ökonomisch. Allein der Produktivitätsfortschritt beim schweizerischen Pionier des Kunststoffensters ist erstaunlich: 1970 benötigte ein Mitarbeiter 240 Minuten zur Herstellung eines Fensters, heute sind es 50. Noch eindrücklicher ist jedoch das wegweisende Energiekonzept, das die 1991 erstellten Büro- und Werkstatträume auszeichnet.

Statt mit Wandplatten ist die Gebäudehülle mit Solarpanels verkleidet, und auf dem Dach des Fabrikgebäudes steht eine 500 m² grosse, **hybride Photovoltaikanlage.** Damit generiert der mittelständische Betrieb 23% des benötigten Stroms (41 000 Kilowattstunden) vor Ort. Bei der Wärme beträgt der Eigenversorgungsgrad sogar 72%. Das Verfahren ist komplex: Die Wärme, die hinter diesen Solarmodulen entsteht, wird durch eine Lüftungsanlage wegtransportiert und dient zur direkten Heizung der Werkstatthalle. Da der grösste Wärmeanteil jedoch in den ohnehin heissen Sommermonaten entsteht, wird die überschüssige Wärme in einem 6000 m³ grossen, mit Wasser gefüllten Erdspeicher zwischengelagert, um sie im Winter über eine Wärmepumpe wieder als Heizenergie zu nutzen. Die Wärmepumpe ihrerseits wird von einer Wärme-Kraft-Koppelung betrieben. Zur Deckung der Winterspitzen ist noch ein Ölkessel angehängt.

64% der gesamten benötigten Energie zieht die Aerni AG aus ihrer kombinierten elektrischen und thermischen Anlage. Obwohl derart Betriebskosten wegfallen, erwachsen dem Unternehmen aus der alternativen Energieerzeugung natürlich Mehrkosten. Doch Geschäftsführer René Falconnier sagt klipp und klar: «Sie sind betriebswirtschaftlich nicht relevant.» Er hat genau gerechnet. Die alternative Anlage hat 3 Mio. Fr. mehr gekostet als eine konventionelle. 44% davon subventionierte der Kanton Basel-Landschaft. Es verbleiben pro Jahr zusätzliche Energiemehrkosten von 128 000 Fr. – das sind 1,07 % des Umsatzes, denn Aerni verkauft Fenster für 12 Mio. Fr. im Jahr. Bei einer Produktionsmenge von 26 240 Einheiten (1991) verteuert dies jedes Fenster um genau 4,88 Fr. – bei einem Fensterpreis von 457 Fr. Auf den Verkaufspreis schlagen muss Aerni den Energiefünfliber dennoch nicht. «Die Energieanlage hat das Umweltbewusstsein aller unserer Mitarbeiter enorm gesteigert», sagt Falconnier. «Der sorgfältige Umgang mit Rohstoffen beschränkt sich nicht allein auf die Energie, sondern wirkt sich auf alle Bereiche aus. Weniger Abfall und weniger Ausschuss sind eine Folge, dazu auch mehr Engagement bei der Arbeit, weil sich die Mitarbeiter mit diesem Betrieb identifizieren.» Der so erzielte Einfluss auf das Betriebsergebnis sei gewichtig, erklärt der Geschäftsführer weiter. Die Verbesserung übertreffe jedenfalls die Mehrkosten der alternativen Energieerzeugung.

Fazit: Die Aerni-Fenster sind nicht teurer als die Konkurrenzprodukte. Im Gegenteil, die Wettbewerbsfähigkeit hat sich laut Firmengründer Alfons Aerni massgeblich verbessert: «Wir haben ein schlagendes Verkaufsargument.» Bei gleichem Preis kaufen die Kunden lieber ein ökologisch produziertes Fenster.

Dieses Jahr will die Aerni AG die kleinen Kinderkrankheiten der Anlage (Wechselrichter) beheben und den energetischen Selbstversorgungsgrad auf die ursprüngliche Zielgrösse von 70% erhöhen. Für Mario Posnansky von der Berner Atlantis Energie, den Erbauer der Anlage, ist dann bewiesen, dass die gebäudeintegrierte Photovoltaik nun **marktreif** sei. «Was wir jetzt brauchen sind zahlreiche installierte Flächen. Dann kommen die Stromgestehungskosten aus dieser Technologie herunter.»

(Tages Anzeiger vom 12. 8. 93, S.29)

▲ Produktivität, Wirtschaftlichkeit und Rentabilität

Rechtsform der Unternehmung

A 36 Erstellen Sie eine Tabelle, in der Sie die Personen- von den Kapitalgesellschaften nach den folgenden Kriterien abgrenzen:

- Objekt, auf dem die Mitgliedschaft beruht,
- Stimmrecht,
- Prinzip der Meinungsbildung,
- Übertragbarkeit bzw. Unübertragbarkeit der Mitgliedschaft,
- Pflichten der Gesellschafter,
- Haftung der Gesellschafter.

A 37 L▶ S.388 Die Herren Loffert, Kotter und Kälin wollen eine Gesellschaft gründen, die im Bereich der EDV (Handel mit Soft- und Hardware) tätig sein wird. Spätere Eigenentwicklungen von Softwarepaketen sind vorgesehen. Die drei Geschäftspartner haben genügend Mittel, um jede nach schweizerischem Gesetz erlaubte Gesellschaftsform zu wählen.

a) Welche Gesellschaftsformen stehen Loffert, Kotter und Kälin für die Gründung offen?

b) Nennen Sie einige Gründe, die für und gegen die Wahl der Kollektivgesellschaft sprechen.

A 38 L▶ S.388 Herr High und Herr Tech wollen gemeinsam ein Projekt starten. Bevor sie das Projekt in Angriff nehmen, wollen sie die Rechtsform für die zu gründende Gesellschaft festlegen. Die beiden Geschäftspartner bringen folgende Wünsche zum Ausdruck:

- Herr High:
  - Haftung minimieren,
  - volle Mitarbeit,
  - finanzielle Beteiligung,
  - Gewinnbeteiligung,
  - keine Verlustbeteiligung.
- Herr Tech:
  - keine Mitarbeit,
  - finanzielle Beteiligung,
  - Gewinnbeteiligung,
  - die Unternehmung soll leicht verkäuflich sein,
  - persönliche Haftung wird übernommen,
  - Verlustbeteiligung wird in Kauf genommen.

a) Welche Gesellschaftsformen kommen für Herrn High und Herrn Tech in Frage?

b) Welche Abstriche müssen bei den Wünschen gemacht werden, wenn ein Kompromiss geschlossen werden soll?

A 39 Wie die Statistiken zeigen, ist die Aktiengesellschaft die am meisten gewählte Gesellschaftsform.

a) Charakterisieren Sie die Aktiengesellschaft.

b) Wie erklären Sie sich die Tatsache, dass die vom Gesetzgeber für Gross- und Publikumsgesellschaften vorgesehene Aktiengesellschaft eine so grosse Anziehungskraft auch für Kleinunternehmungen hat?

c) Durch die Änderung des Aktienrechts im Jahre 1992 ist vermehrt die Gesellschaft mit beschränkter Haftung als Alternative zur Aktiengesellschaft in den Blickpunkt des Interesses gerückt. Stellen Sie die Vor- und Nachteile der Gesellschaft mit beschränkter Haftung im Vergleich zur Aktiengesellschaft dar.

Betriebswirtschaftslehre als Wissenschaft

A 40 Oft wird behauptet, dass die Betriebswirtschaftslehre gar keine Wissenschaft sei.
L▶ S.390

a) Nennen und erklären Sie einige Kriterien, die bei der Frage, ob ein Fachgebiet eine Wissenschaft darstellt oder nicht, herangezogen werden können.

b) Nehmen Sie zur Behauptung Stellung, dass die Betriebswirtschaftslehre keine Wissenschaft sei.

A 41 Die Werturteilsproblematik hat auch in der Betriebswirtschaftslehre zu vielen Diskussionen und Kontroversen Anlass gegeben.
L▶ S.390

a) Was versteht man unter der Werturteilsproblematik in der Wissenschaft?

b) Welche Werturteile lassen sich unterscheiden und welche Bedeutung haben sie für die Betriebswirtschaftslehre?

c) Inwiefern beeinflussen Werturteile die gewählte Forschungsstrategie?

A 42 Zum besseren Verständnis der Entwicklung einer Wissenschaft hat Kuhn den Begriff «Paradigma» eingeführt.

L▶ S.391

a) Was versteht Kuhn unter dem Begriff «Paradigma»?

b) Warum ist der Ansatz von Kuhn (Paradigma-Theorie) für die Betriebswirtschaftslehre von Bedeutung?

c) Wo sehen Sie die Schwächen des Paradigma-Modells bei dessen Anwendung auf die Betriebswirtschaftslehre?

d) Worin besteht der Zusammenhang zwischen normaler Wissenschaft und einem Paradigma?

Geschichte der Betriebswirtschaftslehre

A 43 Versuchen Sie, die verschiedenen Ansätze der Betriebswirtschaftslehre anhand unterschiedlicher Kriterien miteinander zu vergleichen.

Marketing

Grundlagen

A 1 Der Inhalt des Marketing hat sich im Laufe der Zeit stark gewandelt.

a) Beschreiben Sie die verschiedenen Phasen des Marketing anhand der drei Kriterien

- Art des Marktes (Käufer-/Verkäufermarkt),
- Aufgaben des Marketing und
- Einsatz der Marketing-Instrumente.

b) Diskutieren Sie das Societal Marketing.

c) Zeigen Sie an Beispielen, wie sich das Societal Marketing in der Praxis äussert.

A 2 Die Kundenorientierung bzw. Marktorientierung wird als wichtiger Erfolgsfaktor betrachtet.

a) Was verstehen Sie unter Kundenorientierung?

b) Wo liegen die Vor- und Nachteile einer starken Ausrichtung auf die Kundenwünsche?

c) Ist die Kundenorientierung für jede Unternehmung unerlässlich?

A 3 Inwiefern ist die Kenntnis der verschiedenen Typen von Kaufentscheidungen für eine Unternehmung von Interesse?

A 4 Im Rahmen eines Marketing-Konzeptes kommt der Marktsegmentierung eine grosse Bedeutung zu.
L▶ S.393

a) Was versteht man unter einer Marktsegmentierung? Welches sind die Voraussetzungen für eine Marktsegmentierung?

b) Welche Marktsegmentierung kann ein Bierproduzent grundsätzlich vornehmen?

c) Welche Schwierigkeiten ergeben sich bei einer Marktsegmentierung und welche Massnahmen schlagen Sie zur Lösung der sich stellenden Probleme vor?

A 5 Schlagen Sie eine sinnvolle Marktsegmentierung für folgende Produkte vor:

- Waschmittel,
- Tierfutter,
- Haushaltskaffee und
- Autoreifen.

A 6 Zwei Unternehmungen kämpfen als alleinige Anbieter eines bestimmten Gutes um die Erhöhung ihres Marktanteils. Die Marketing-Kosten der beiden Unternehmungen sehen wie folgt aus:

- Unternehmung A: 100 000,– Fr.
- Unternehmung B: 150 000,– Fr.

a) Wie gross ist der Marktanteil der beiden Unternehmungen, wenn allein die Marketing-Kosten dafür verantwortlich sind?

b) Wie lauten die Zahlen, wenn Unternehmung B ihre Marketing-Kosten doppelt so wirksam wie Unternehmung A einsetzt?

c) Welche Annahmen haben Sie bei der Berechnung der Marktanteile in den Teilaufgaben a) und b) implizit gemacht?

Marktforschung

A 7 Die Marktforschung lässt sich in eine Primärmarktforschung und eine Sekundärmarktforschung unterteilen.

a) Stellen Sie die Sekundärmarktforschung der Primärmarktforschung anhand verschiedener Kriterien gegenüber.

b) Geben Sie Beispiele für den Einsatz dieser Methoden.

A 8 Das standardisierte Interview ist eine Methode, die im Rahmen der Erhebungstechniken der persönlichen Befragung zur Anwendung gelangt.

a) Was versteht man unter einem standardisierten Interview?

b) Wann werden standardisierte Interviews eingesetzt?

c) Welches sind die mittelbaren Einflüsse, die ein Interviewer beim standardisierten Interview auf die Antworten der Auskunftsperson ausüben kann?

A 9 L▶ S.394 Bei der Befragung von 350 Hausfrauen (kein Haushalts-Panel) bestehen beim Marktforschungsinstitut «Informa» Uneinigkeiten über die Wahl der Erhebungstechnik. Sind standardisierte oder geleitete Interviews einzusetzen? Begründen Sie Ihren Entscheid.

A 10 Die Beobachtung ist eine mögliche Erhebungstechnik im Rahmen der Marktforschung.

a) Was versteht man unter der Beobachtung?

b) Wann ist der Einsatz der Beobachtung zu empfehlen?

c) Welche Probleme sind im Zusammenhang mit der Beobachtung als Erhebungstechnik zu beachten?

A 11 L▶ S.395 Bei der Entwicklung der Handcreme Aniva bestehen in der Geschäftsleitung Uneinigkeiten über die Verpackungsgestaltung. Ein Markttest soll bessere Informationen zur Entscheidungsfindung liefern.

a) Soll für die Verpackungsgestaltung ein Markttest durchgeführt werden?

b) Welche Anforderungen sind an den Testmarkt zu stellen?

c) Welche Fehler können sich bei diesem Markttest ergeben?

d) Welche Probleme ergeben sich nach der Informationsgewinnung?

A 12 Der Markttest ist eine wichtige Grundlage, um über die Einführung eines neuen Produktes entscheiden zu können.

a) Welchen Zwecken dient ein Markttest?

b) Welche Unterschiede bestehen zwischen Markttests für Investitionsgüter und Konsumgüter?

c) Warum garantiert ein erfolgreicher Markttest nicht immer einen Markterfolg?

A 13 Wodurch wird die Einhaltung der drei Kriterien Objektivität, Reliabilität und Validität in der praktischen Marktforschung erschwert?

A 14 Ein Hersteller von Rasierwasser plant die Einführung eines neuen Rasierwassers. Die Resultate der Marktforschung zeigen, dass hellblau bei weitem die beliebteste Farbe für Rasierwasser ist. Ist daraus zu schliessen, dass auch das neue Rasierwasser hellblau sein sollte?

A 15 L▶ S.395 Die Marktforschung sollte nicht nur das Verhalten der Konsumenten erfassen, sondern auch Prognosen über die zukünftige Entwicklung des mengen- und wertmässigen Umsatzes abgeben.

a) Welche qualitativen und quantitativen Absatzprognosemethoden gibt es?

b) Erläutern Sie die Vor- und Nachteile der qualitativen gegenüber den quantitativen Absatzprognosen.

Produktpolitik

A 16 Im Zusammenhang mit einem Handelsbetrieb spricht man häufig von der Sortimentspolitik.

a) Was versteht man unter dem Begriff «Sortiment»?

b) Beschreiben Sie Einflussfaktoren auf die Gestaltung des Sortimentes.

c) Welche Bedeutung haben Komplementarität und Substitutionalität von Produkten bei der Gestaltung des Sortimentes?

A 17 Zeigen Sie am Beispiel einer Dienstleistung den Unterschied zwischen Grundnutzen und Zusatznutzen eines Produktes.

A 18 Neben den Markenartikeln haben – speziell in den USA – die sogenannten «Weissen Produkte» eine gewisse Bedeutung erlangt.

a) Was versteht man unter «Weissen Produkten» (Generika, No Name Products)?

b) Welches könnten die Gründe für den Erfolg (USA) oder Misserfolg (Schweiz) von «Weissen Produkten» sein?

A 19 Das Modell des Produktlebenszyklus entstand aus der Beobachtung, dass auch Produkte einem Evolutionsprozess von der «Geburt» bis zum «Tode» unterworfen sind und dabei bestimmte Lebensphasen durchlaufen. Gründe für die Entstehung der verschiedenen Lebensphasen sind etwa Änderungen der Nachfrage oder die technologische Entwicklung.

a) Beschreiben Sie allgemein und stichwortartig für jede Phase des Produktlebenszyklus die Entwicklungen für die nachstehend aufgeführten Themenbereiche:

- Umsatz,
- Gewinn,
- Marktvolumen,
- Konkurrenzsituation.

b) Welche Marketing-Instrumente kommen in den verschiedenen Phasen des Produktlebenszyklus vorwiegend zum Einsatz?

c) Beurteilen Sie das Modell des Produktlebenszyklus im Hinblick auf seine Anwendbarkeit und seine Grenzen.

d) Zeichnen Sie die Produktlebenskurven für zwei von Ihnen ausgewählte Produkte.

A 20 Welches sind die spezifischen Probleme, mit denen sich ein Investitionsgüterhersteller bei der Entwicklung eines neuen Produktes konfrontiert sieht?

A 21 Skizzieren Sie die gegenwärtige und eine mögliche zukünftige Produkt-
L▶ S.396 politik für die Schweizerischen Bundesbahnen (SBB). Begründen Sie Ihre Überlegungen.

A 22 Das Reisebüro «Sonnenschein» organisierte bis anhin erfolgreich Einzel- und Gruppenreisen. Aufgrund einer Marktforschungsarbeit zeigte sich, dass ein grosses Bedürfnis nach einem integrierten Reise- und Freizeitangebot besteht, bei dem der Reiseveranstalter nicht nur die eigentlichen

Reisen, sondern alle möglichen Bedürfnisse während der Ferien mit seinem Programm abdeckt. Als Assistentin der Geschäftsleiterin erhalten Sie den Auftrag, mit Hilfe des morphologischen Kastens möglichst viele Varianten und Ideen für ein solches Ferien- und Freizeitkonzept zusammenzustellen.

A 23 L▶ S.397 Es wird oft behauptet, dass der Forschung und Entwicklung (F&E) eine immer grössere Bedeutung zukommt. In vielen Betrieben findet man deshalb eigene F&E-Abteilungen, die zudem in den letzten Jahren stark ausgebaut worden sind.

a) Welche Aufgaben kommen einer solchen Abteilung zu?

b) Worin sehen Sie die zunehmende Bedeutung von Forschung und Entwicklung begründet?

c) Wie würden Sie eine Abteilung «Forschung & Entwicklung» organisatorisch in eine Unternehmung eingliedern?

Distributionspolitik

A 24 Welchen Einfluss kann das Produktionsprogramm einer Industrieunternehmung auf die Wahl der Absatzmethode haben?

A 25 Zeigen Sie, welche Eigenschaften von Pfirsichen und Zement die für diese Produkte in Frage kommenden Absatzwege beeinflussen.

A 26 Eine sich durch hohe Produktqualität auszeichnende Kosmetik-Serie für Herren soll einen breiten Distributionsgrad erreichen. Wie kann dieses distributionspolitische Ziel erreicht werden?

A 27 L▶ S.399 Die Firma Solaris AG importiert alternative Heizsysteme. Vor kurzem ist es ihr gelungen, die Generalvertretung für ein revolutionäres Heizsystem aus Skandinavien zu bekommen, dessen Energieverbrauch einen Drittel einer konventionellen Anlage beträgt. Der Einbau kann mit etwas Geschick auch von einem Heimwerker übernommen werden. Die Geschäftsleitung überlegt sich nun, wie das neue Produkt abgesetzt werden kann. Welche Absatzwege sind grundsätzlich möglich? Welches sind deren Vor- und Nachteile?

A 28 Es lässt sich feststellen, dass Hersteller von Möbeln eher die Möglichkeit des direkten Absatzes über Auslieferungslager haben als zum Beispiel Hersteller von Waschmitteln oder Schokolade.
L▶ S.400

a) Was ist unter direktem und indirektem Absatz zu verstehen?

b) Nennen Sie Gründe für den oben erwähnten Sachverhalt.

c) Welche Voraussetzungen müssen erfüllt sein, damit ein Hersteller von Möbeln direkt absetzen kann?

d) Warum wählen Automobilhersteller nicht die Möglichkeit des direkten Absatzes?

A 29 Einige bekannte und sehr erfolgreiche Unternehmungen arbeiten mit einem Franchising-System.
L▶ S.401

a) Nennen Sie Beispiele für Firmen, die mit dem Franchising-System arbeiten.

b) Welches sind die Voraussetzungen für ein erfolgreiches Franchising aus der Sicht des Franchise-Gebers?

c) Welches sind die Voraussetzungen für ein erfolgreiches Franchising aus der Sicht des Franchise-Nehmers?

A 30 Vergleichen Sie einen Discountladen mit einem Fachgeschäft bezüglich folgender Kriterien:
L▶ S.402

- Preis,
- Service,
- Sortiment,
- Warenpräsentation,
- Standort.

A 31 Trendanalysen in bezug auf Einkaufsgewohnheiten haben ergeben, dass das «Einkaufen zuhause» in Zukunft für die Konsumenten und Konsumentinnen einen höheren Stellenwert einnehmen wird als bisher.

a) Charakterisieren Sie die folgenden Formen des Einzelhandels:

- Versandhandel,
- Telephon-Marketing,
- Tele-Shopping.

b) Welches sind die spezifischen Vor- und Nachteile der Absatzmethoden der drei erwähnten Handelsformen?

A 32 Die Konzentration im Einzelhandel, verbunden mit einem «Lädelisterben», setzt sich weiter fort. Die Grossverteiler erobern immer mehr Marktanteile auf Kosten selbständiger Detaillisten.
L▶ S.402

a) Was sind Grossverteiler? Nennen Sie Beispiele.

b) Zeigen Sie Ansatzpunkte für Massnahmen, mit denen sich ein selbständiger Detaillist gegenüber den Grossverteilern profilieren kann.

A 33 Grossverteiler verfolgen häufig die Strategie, Herstellermarken durch eigene Handelsmarken (Eigenmarken) zu ergänzen oder gar zu ersetzen.

a) Was versteht man unter Herstellermarken, was unter Eigenmarken?

b) Beschreiben Sie mögliche Interessenkonflikte zwischen Hersteller und Handel.

c) Welche Vorteile ergeben sich für den Handel durch die Erweiterung des Sortiments mit Eigenmarken?

d) Unter welchen Voraussetzungen kann es sich ein Grossverteiler wie Denner leisten, Herstellermarken durch eigene Handelsmarken zu substituieren?

A 34 Im Zuge des Konzentrationsprozesses im Einzelhandel verstärkt sich die Zusammenarbeit der einzelnen Marktteilnehmer, indem Kooperationen (z.B. Dritte Kraft) eingegangen werden oder die Aufgaben bereits bestehender Einkaufsgemeinschaften (z.B. Volg) ausgebaut werden.
L▶ S.403

a) Nennen Sie die wesentlichen Funktionen, die diese Kooperationen und Einkaufsorganisationen den Detaillisten abnehmen können.

b) Erläutern Sie die Vor- und Nachteile für die angeschlossenen Detaillisten und für die Produzenten, die solche Organisationen beliefern.

A 35 Oft wird behauptet, ein hoher Lieferbereitschaftsgrad habe hohe Distributionskosten und somit erhöhte Gesamtkosten zur Folge. Nehmen Sie zu dieser Aussage Stellung.

Konditionenpolitik

A 36 Eine Unternehmung stellt ein einziges Produkt her und verkauft dieses nur an zwei Kunden. Die Preis-Absatzfunktion für die zwei Abnehmer lautet:

(1) $p_1 = 12 - 3x_1$

(2) $p_2 = 9 - 1{,}5x_2$

a) Stellen Sie den Verlauf dieser Funktion sowie der dazugehörigen Grenzerlösfunktion graphisch dar.

b) Addieren Sie die beiden Preisabsatzfunktionen horizontal und bestimmen Sie die resultierende Grenzerlöskurve.

c) Stellen Sie die optimale Preis-Mengen-Kombination dar, wenn die (konstanten) Grenzkosten K' folgende Werte annehmen:

(1) $K' = 2 + x$

(2) $K' = 3$

(3) $K' = 8$

Zeichnen Sie eine Graphik, um Ihre rechnerischen Werte zu veranschaulichen.

d) Wie beurteilen Sie den Realitätsgehalt einer solchen Preis-Absatzfunktion?

A 37 Berechnen Sie die Gewinnschwelle (Break even-Punkt) aufgrund folgender Ausgangsdaten:

▪ Preis:	25,–	Fr.
▪ variable Stückkosten:	15,–	Fr.
▪ Fixkosten/Periode:	100 000,–	Fr.

Um wieviele Einheiten verschiebt sich die Gewinnschwelle, wenn die variablen Stückkosten um 10% und die Fixkosten um 20% steigen, während der Preis um 10% sinkt?

A 38 Versuchen Sie, mit Hilfe der folgenden Ausgangsdaten die anschliessenden Fragen zu lösen:

▪ maximale Kapazität/Periode:	10 000	Stück
▪ Fixkosten/Periode:	21 000	Fr.
▪ variable Kosten/Mengeneinheit:	9	Fr.
▪ Zielpreis/Mengeneinheit:	12	Fr.

a) Welches ist die kritische Menge?

b) Um wieviel darf der Bruttogewinnzuschlag bei maximaler Kapazität reduziert werden, damit – ohne einen Verlust zu erzielen – durch eine Preissenkung ein drohender Absatzrückgang aufgehalten werden kann?

c) Würde sich eine Preiserhöhung um 1,– Fr. positiv auf den Gewinn auswirken, wenn der neue Preis einen Absatzrückgang von 20% bewirkt?

d) Würde sich bei einer Kapazitätsauslastung von 80% und einem Gewinn von 3000,– Fr. eine Preissenkung auf 11,50 Fr. lohnen, wenn dadurch eine maximale Auslastung erreicht werden kann?

A 39 L▶ S.404 Die Swisssurf AG produziert günstige Snowboards mit Stückkosten von 160,– Fr. Bisher wurden die Produkte an den Grosshandel zu einem Preis ab Werk von 170,– Fr. pro Stück abgesetzt. Die gesamte Produktion könnte neu zu einem Preis von 180,– Fr. pro Stück an den Einzelhandel verkauft werden. Für diesen Fall ergeben sich jedoch zusätzliche Transportkosten von 4,– Fr. pro Stück und zusätzliche Werbekosten von 1,8 Mio. Fr. pro Jahr.

a) Die Unternehmungsleitung überlegt sich, den Grosshandel auszuschalten. Wie gross müsste in diesem Fall die Produktionsmenge sein? Die Unternehmung unterstellt bei ihren Berechnungen eine lineare Gesamtkostenfunktion.

b) Welche Probleme sind mit einer Ausschaltung des Grosshandels und einer Belieferung des Einzelhandels verbunden?

c) Worin liegen die Vorteile des Zwischenhandels (Einzel- oder Grosshandel) in bezug auf das Marketing für die Swisssurf AG?

A 40 L▶ S.405 Von einem Produkt mit variablen Kosten von 4,– Fr. konnten bisher 300 Stück pro Monat zu 16,– Fr. verkauft werden. Da die Kapazitäten nicht voll ausgelastet sind, möchte die Unternehmungsleitung die Absatzmenge vergrössern. Der Marketingchef schlägt deshalb vor, den Preis um 12,5% zu senken. Die damit erhoffte Absatzsteigerung lässt sich jedoch nur schlecht abschätzen.

a) Welche neue Menge müsste mindestens verkauft werden, damit sich die Preissenkung lohnt? Ermitteln Sie die Lösung algebraisch und graphisch.

b) Von welchen Faktoren wird es abhängen, ob die neue Absatzmenge verkauft werden kann oder nicht?

A 41 L► S.405

Die Tech AG hat ein neues Produkt (P_2) entwickelt, das als Substitutionsgut zum bestehenden Produkt (P_1) auf dem Markt neu eingeführt werden soll. Aus der Produktions- und Absatzstatistik sind für das Produkt P_1 folgende Zahlen ersichtlich:

- jährlicher Umsatz: 600 Stück
- Verkaufspreis/Stück: 4500,– Fr.
- variable Kosten/Stück: 3000,– Fr.

Gemäss der Marktforschungsabteilung kann davon ausgegangen werden, dass 60% der bisherigen Käufer von Produkt P_1 neu das Produkt P_2 nachfragen werden. Allerdings hofft man, dank intensiven Werbemassnahmen und neuen Absatzkanälen neue Käufer für beide Produkte (P_1, P_2) zu gewinnen, so dass 60 Stück des alten Produkts und 140 Stück des neuen Produkts zusätzlich abgesetzt werden können.

a) Was versteht man unter einem Substitutionsgut und welche Probleme stellen sich bei einem solchen Gut im Zusammenhang mit der Preispolitik?

b) Berechnen Sie den Verkaufspreis für das Produkt P_2, wenn nach der Produkteinführung mindestens 75% des gesamten bisherigen Deckungsbeitrages erzielt werden müssen. Dabei ist zu berücksichtigen, dass die variablen Stückkosten für P_2 um 25% grösser sind als diejenigen für P_1.

A 42 L► S.406

Die Blesta AG produziert auf einer Stanzpresse Blechartikel. Die Unternehmung kann diese Produkte auf ihrem schweizerischen Markt bei vollkommener Konkurrenz zu einem Preis von 25,– Fr. pro Artikel verkaufen. Für die Gesamtkosten (K) in Abhängigkeit der Ausbringung (x) gilt folgende Gleichung: $K = 5000 + 20x$. Die Kapazitätsgrenze liegt bei 2500 Stück.

a) Bestimmen Sie graphisch und rechnerisch den Break even-Punkt (Nutzschwelle) für die vorliegende Marktsituation.

b) Die Blesta AG sieht sich auf ihrem Markt plötzlich sinkenden Preisen gegenüber und will deshalb wissen, wo die kurzfristige und langfristige Preisuntergrenze liegt. Berechnen Sie die beiden Preisuntergrenzen.

c) Welche Massnahmen empfehlen Sie der Blesta AG, die sie aufgrund der in b) geschilderten Situation ergreifen sollte?

A 43 L► S.407

Die Strickerei Zimmermann & Co. stellt verschiedene Qualitätsstrickwaren in der mittleren Preisklasse her. Die Geschäftsleitung hat an ihrer letzten Sitzung beschlossen, ihr Angebot um einen Damenpullover zu erweitern. Es stehen drei Modelle zur Auswahl. Sie sollen nun als Berater der Geschäftsleitung versuchen, mit Hilfe der folgenden Angaben die anschliessenden Fragen zu beantworten:

Modell	Fixkosten	Variable Stückkosten	Verkaufspreis
Modell 1	13 750	38	93
Modell 2	15 250	27	88
Modell 3	25 200	16	121

- Kapazität: 1200 Stück/Periode
- geschätzte Kapazitätsauslastung: 75%
- alle Beträge in Franken

a) Welches Modell soll aufgrund der zur Verfügung stehenden Informationen produziert werden?

b) Um wieviel kann der Preis des gewählten Modells im Falle eines Absatzrückganges reduziert werden, ohne dass Verluste eingesteckt werden müssen?

c) Wie würde sich eine Preissenkung des gewählten Modelles von 20,– Fr. und ein Zuwachs der Absatzmenge um 5% auf den Gewinn auswirken?

A 44 Jede Unternehmung steht vor dem Problem, für ihre Produkte eine Preispolitik festlegen zu müssen.

a) Welche preispolitischen Strategien können unterschieden werden?

b) Nennen Sie die Gefahren, die mit den verschiedenen preispolitischen Strategien verbunden sein können.

A 45 L▶ S.408 Ein Händler importiert vor allem Textilien. Es stellt sich ihm die günstige Gelegenheit, eine grössere Menge von Baumwolltrainern aus Hongkong zu importieren. Diese will er so rasch als möglich an verschiedene Einzelhändler weiterverkaufen. Im Rahmen seiner Preispolitik möchte er eine sogenannte Preisdifferenzierung betreiben.

a) Was versteht man unter Preisdifferenzierung?

b) Welche Arten der Preisdifferenzierung kennen Sie?

c) Unter welchen Voraussetzungen ist eine Preisdifferenzierung möglich?

d) Erläutern Sie die Chancen und Gefahren einer Preisdifferenzierung.

e) Welche Arten von Preisdifferenzierung kann der Importeur in diesem Fall betreiben? Begründen Sie Ihre Lösung.

A 46 Die Preispolitik ist gerade bei Massenprodukten in gesättigten Märkten ein wichtiges Marketing-Instrument.

a) Zeigen Sie die Probleme, die sich im Zusammenhang mit kurzfristigen Preissenkungen und -erhöhungen ergeben können.

b) Welche Schwierigkeiten lassen sich in bezug auf langfristige Preissenkungen und -erhöhungen feststellen?

A 47 Wie beurteilen Sie die Rabattgewährung des Autohandels gegenüber der Forderung nach klaren Nettopreisen?

A 48 Wie sind Preisempfehlungen eines Markenartikelherstellers gegenüber dem Einzelhandel zu beurteilen (Beispiel Kosmetik)?

A 49 Welche Probleme ergeben sich im Einzelhandel durch Bezahlung mit Kreditkarten (z.B. Diners Club, American Express)?

A 50 Was halten Sie von der Aussage, dass günstige Preise oft mit einem schlechten Kundendienst verbunden sind? Versuchen Sie, Ihre Argumente an Beispielen zu veranschaulichen.

Kommunikationspolitik

A 51 Public Relations und Werbung sind zwei wichtige Elemente des Kommunikations-Mix.

a) Was versteht man unter Public Relations, was unter Werbung?

b) Wie können Massnahmen in den Bereichen Public Relations und Werbung voneinander getrennt werden?

c) Inwiefern müssen Werbung und Public Relations aufeinander abgestimmt werden?

A 52 L▶ S.409 Als Werbefachmann sollen Sie in der Schweiz T-Shirts der Marke Costla lancieren. Die Marke ist in Westeuropa und den USA bereits bekannt. Gegenüber anderen Marken ist sie im Preis höher, aber auch qualitativ besser. In Italien und Hongkong werden bereits Nachahmungen angefertigt. Für die Medienwahl haben Sie völlig freie Hand. Über Budgetlimiten wird erst in einem späteren Zeitpunkt diskutiert werden. Erstellen Sie ein Werbekonzept für die Einführung der T-Shirts Costla auf dem Schweizer Markt.

A 53 Die Molkereibranche möchte junge Leute dazu bringen, mehr Milch zu trinken. Entwerfen Sie in groben Umrissen einen Plan für eine die gesamte Schweiz erfassende Werbekampagne.

A 54 Der Tausenderpreis ist eine Kennzahl zur Beurteilung des Medieneinsatzes im Rahmen der Werbung.

a) Was versteht man unter dem Tausenderpreis?

b) Warum reichen Tausenderpreise im Inter-Media-Vergleich zur Beurteilung eines Medieneinsatzes nicht aus?

A 55 L▶ S.410 Die Boxo AG hat eine neuartige Waschmaschine entwickelt. Leider ist ihr die Prima AG zuvorgekommen und hat praktisch das gleiche Produkt ein halbes Jahr früher auf den Markt gebracht. Da die Boxo AG sehr hohe Forschungs- und Entwicklungskosten für das neue Produkt hatte, will sie es sofort mit einer Werbeaktion auf dem Markt einführen, um sich rechtzeitig einen genügend grossen Marktanteil zu sichern.

a) Welche werbepolitischen Entscheidungen müssen bei der Fixierung des Werbeprogrammes getroffen werden? Geben Sie jeweils ein konkretes Beispiel.

b) Welche anderen Marketing-Instrumente können in dieser Situation noch eingesetzt werden?

c) Warum richtet sich die Boxo AG am Marktanteil und beispielsweise nicht an einer bestimmten Absatzmenge aus?

A 56 «Ein Vertreter unserer Gesellschaft für pharmazeutische Produkte kostet uns im Jahr 70 000,– Fr. Warum reduzieren wir nicht die Kosten für Inserate in Fachzeitschriften um diesen Betrag? Sicher bringt ein zusätzlicher Vertreter einen höheren Gewinn pro Jahr.» Nehmen Sie Stellung zu dieser Aussage.

A 57 Welches sind die langfristigen Auswirkungen kurzfristiger Verkaufsförderungsmassnahmen?

A 58 Welche betriebswirtschaftlichen Funktionen haben Messen (Beispiel Mustermesse Basel)?

Marketing-Mix

A 59 Der Marketing-Mix ist die Kombination der verschiedenen Marketing-Instrumente.

a) Erläutern Sie Interdependenzen zwischen den verschiedenen Marketing-Instrumenten im Marketing-Mix.

b) Was ist der carry over-Effekt? Skizzieren Sie Ansatzpunkte zur Lösung des Problems.

A 60 L▶ S.411 Herr Gurtner führt seit wenigen Jahren eine gutgehende Autogarage in einem Aussenquartier der Stadt Zürich. Gerne möchte er eine offizielle Vertretung der Automarke «Roller» übernehmen. Damit diese ihm aber bewilligt wird, muss er pro Jahr eine bestimmte Anzahl Automobile der Marke «Roller» verkaufen, die er bis jetzt noch nie erreicht hat. Sein Freund rät ihm deshalb, seine Marketing-Instrumente vermehrt einzusetzen.
Welche Marketing-Instrumente kann Herr Gurtner einsetzen? Geben Sie jeweils ein Beispiel für den Einsatz der verschiedenen Instrumente.

A 61 Zeigen Sie die Veränderungen innerhalb des Marketing-Mix im Produktlebenszyklus eines teuren Markenartikels.

A 62 L▶ S.411 Vor einigen Jahren wurde die SWATCH mit 12 Modellen sehr erfolgreich auf dem Schweizer Markt eingeführt. Die SWATCH war eine Antwort auf den Niedergang der schweizerischen Uhrenindustrie. Die Zielsetzungen waren entsprechend hoch gesteckt:

- Die SWATCH soll auf internationalen Märkten eine starke Marktposition erreichen.
- Die SWATCH soll nicht nur ein kurzfristiger Modegag sein, sondern sich langfristig als Markenartikel etablieren.
- Die SWATCH soll die an die japanischen und fernöstlichen Konkurrenten verlorenen Marktanteile zurückerobern.

Zur Realisierung dieser Ziele war auch eine neue Produktionstechnologie nötig, um SWATCH-Uhren vollautomatisch produzieren zu können.

a) Welches waren die neuen Marketing-Ideen bei der SWATCH?

b) Warum war eine neue Produktionstechnologie für die Realisierung der SWATCH-Idee notwendig?

c) Beschreiben Sie die Überlegungen, die bei der Gestaltung und Realisierung des Marketing-Mix für die SWATCH im Vordergrund standen.

d) Können Sie sich weitere Produkte vorstellen, auf die die SWATCH-Idee anwendbar wäre?

A 63 Sie erhalten den Auftrag, einen Bildband über die Stadt Zürich auf dem Markt einzuführen. Bestimmen Sie ein Marketing-Konzept für dieses Projekt.

A 64 Herr Hotz und Frau Weber beabsichtigen, zusammen ein Geschäft zu gründen. Sie wollen sich auf das Marktsegment «Gesünder schlafen» spezialisieren. Ihr Produktsortiment umfasst zur Hauptsache Matratzen, Bettdecken, Bettanzüge und Betteinlagen. Es versteht sich von selbst, dass nur Naturprodukte verkauft werden sollen.

L▶ S.413

a) Erläutern Sie die wesentlichen Entscheidungen, vor denen die beiden Geschäftsleute bei der Gründung ihres Geschäftes stehen.

b) Welche Käuferschichten sprechen Frau Weber und Herr Hotz mit ihren Produkten an?

c) Erstellen Sie einen Marketing-Mix für das angesprochene Produktsortiment und Marktsegment.

A 65 Bier ist ein Produkt, das sich scheinbar in der Sättigungsphase seines Lebenszyklus befindet. Können Sie Massnahmen vorschlagen, die dieser Branche zu einem neuen Umsatzaufschwung verhelfen können?

A 66 Versuchen Sie, das Marketing-Konzept

- einer öffentlichen Unternehmung (SBB),
- einer gemischtwirtschaftlichen Unternehmung (Swissair) und
- einer privatwirtschaftlichen Unternehmung

darzustellen. Sehen Sie grundsätzliche Unterschiede zwischen den Marketing-Konzepten dieser drei Unternehmungstypen?

Material- und Produktionswirtschaft

Materialwirtschaft

A 1 Welche Bedeutung haben Materialien und Güter
- aus volkswirtschaftlicher Sicht,
- aus betriebswirtschaftlicher Sicht?

A 2 Nennen Sie Materialarten, die in folgenden Produkten verwendet werden:
- Auto,
- Brot,
- Werkzeugmaschine,
- Fenster.

A 3 Halbfabrikaten wird in den letzten Jahren eine grosse Aufmerksamkeit geschenkt.

a) Was ist unter einem Halbfabrikat zu verstehen?

b) Nennen Sie Beispiele für Halbfabrikate.

c) Warum kommt den Halbfabrikaten eine immer grösser werdende Bedeutung zu?

A 4 In der Materialwirtschaft wird zwischen originären und derivativen Aufgaben unterschieden.

a) Was ist unter diesen Begriffen zu verstehen?

b) Weshalb werden diese zwei Aufgabenarten unterschieden?

c) Welches sind abgeleitete Aufgaben der Materialwirtschaft, die auf Management-, Abteilungs- und Fabrikebene anfallen?

d) Welche abgeleiteten Aufgaben fallen in folgenden Unternehmungen an:
- Produktionsbetriebe,
- Banken,
- Restaurants?

A 5 Die Ziele der betrieblichen Materialwirtschaft beziehen sich auf folgende Bereiche:
- Bereitstellung der Güter für die Produktion,
- Kosten für die Bereitstellung,
- Umweltaspekte (Ökologie),
- Unterstützung anderer Bereiche der betrieblichen Wertschöpfung.

a) Geben Sie für jeden der vier Bereiche mindestens je zwei Beispiele für Ziele. Beachten Sie, dass die Ziele quantitativ zu formulieren sind.

b) Beschreiben Sie je eine Massnahme zur Erhöhung des Servicegrades (bezogen auf Bestellungen) und zur Senkung der Materialbeschaffungskosten.

A 6 Bei der Herstellung von Kartonschachteln für das Jahr 1996 ergaben sich
L▶ S.415 im Zusammenhang mit der Lagerhaltung folgende Daten:

1. Anforderungen (Bestellungen) aus der Produktionsabteilung:		
■ Anzahl Anforderungen	1 000	
■ sofort ausgeführt	995	
2. Lagerabgang/Jahr	1 000 000	Einheiten
3. Anfangsbestand des Lagers	100 000	Einheiten
Endbestand des Lagers	100 000	Einheiten
4. Preis/Einheit	2,–	Fr.

a) Interpretieren Sie die Daten der Lagerhaltung für das Jahr 1996.

b) Berechnen Sie folgende Kennziffern:
- Servicegrad 1,
- Servicegrad 2,
- durchschnittlicher Lagerbestand,

- Lagerumschlagshäufigkeit,
- durchschnittliche Lagerdauer.

c) Interpretieren Sie die berechneten Kennziffern.

A 7 Bei den Einsatzgütern werden Potential- und Repetierfaktoren unterschieden, wobei erstere Gebrauchs- und letztere Verbrauchsgüter sind. Welche Potential- und Repetierfaktoren werden in folgenden Unternehmungen benötigt (mit Beispielen):

- Dienstleistungsbetriebe,
- Handelsbetriebe,
- Produktionsbetriebe?

A 8 Für eine optimale Lagerbewirtschaftung können verschiedene Lagerbestandsarten unterschieden werden.

a) Welche Lagerbestandsarten können unterschieden werden? Beschreiben Sie die charakteristischen Merkmale und den Zweck je Lagerbestandsart.

b) Was spricht für eine zentrale bzw. für eine dezentrale Lagerhaltung? Veranschaulichen Sie ihre Aussagen mit einigen Beispielen.

A 9 Die Stratos AG plant langfristig und marktorientiert. Dieses Konzept hat sich bisher bewährt, doch stellt sich für die kommende Planungsperiode zum ersten Mal das Problem, dass fertigungstechnisch zwar jedes Produkt der Produktpalette in der Unternehmung selbst hergestellt werden könnte, die Kapazitäten jedoch nicht ausreichen, um die über Erwarten stark gestiegene Nachfrage in allen Bereichen befriedigen zu können. Um dennoch alle Produkte anbieten zu können, wird beschlossen, einige Baugruppen von einem anderen Hersteller zu beziehen.

a) Nennen und erläutern Sie Kriterien, welche beim Make-or-Buy-Entscheid zu berücksichtigen sind.

b) Welche anderen Möglichkeiten sehen Sie, das Kapazitätsproblem langfristig zu lösen?

A 10 L▶ S.416 Als Aushilfskraft der Firma Simple & Einfach werden Sie mit der Ausarbeitung einer ABC-Analyse beauftragt. Es ist beabsichtigt, die Lagerbewirtschaftung den Resultaten der Analyse anzupassen. Nach Durchsicht der Bestellungen und der Verbrauchsmengen erhalten Sie folgende Liste:

Artikelnummer	Verbrauch	Stückpreis
A 5831	300	14,–
B 4223	200	4,–
D 1798	500	12,–
E 6185	800	6,–
L 2741	1500	2,–
L 3311	1000	2,80
M 7439	5000	–,20
M 7820	2000	–,80
N 2784	200	23,–
P 1437	50	80,–
R 6874	50	200,–
R 8413	100	34,–
T 2880	200	40,–
V 2828	2000	–,45
X 8427	2500	–,60

a) Welche Ziele werden mit einer ABC-Analyse verfolgt?

b) Führen Sie die ABC-Analyse durch.

c) Welche zusätzlichen Informationen über die Artikel brauchen Sie für die Gestaltung des Bestellwesens?

A 11 Die ABC-Analyse ist ein wichtiges Instrument der Beschaffungs- und Lagerplanung.

a) Welches sind die Ziele einer ABC-Analyse?

b) Führen Sie mit folgenden Informationen eine ABC-Analyse durch:

Materialart Nr.	Verbrauch (Stück)	Preis/Stück
1	6000	50,–
2	4000	112,50
3	4000	375,–
4	4000	112,50
5	2000	75,–
6	4000	900,–
7	4000	1725,–
8	6000	75,–
9	2000	75,–
10	4000	262,50

c) Welches sind die Mängel der ABC-Analyse und wie kann diesen entgegengewirkt werden?

A 12 In der Industrie AG werden die intensiven Planungsaktivitäten der Materialwirtschaft auf diejenigen Materialarten beschränkt, die eine grosse Bedeutung für die Unternehmung besitzen. Folgende Angaben sind bekannt:

Materialarten (Nummer)	Verbrauch pro Jahr (Mengeneinheiten)	Preis/Mengeneinheit (Geldeinheiten)
1	2 500	3,–
2	1 000	26,–
3	1 000	25,–
4	2 500	1,–
5	400	227,50
6	600	150,–
7	2 000	4,–

- Lagerkostensatz/Jahr: 12 %
- Zinssatz/Jahr: 8 %
- Kosten/Bestellung: 24 Geldeinheiten

a) Welche Ziele werden mit der ABC-Analyse verfolgt?

b) Bestimmen Sie mit Hilfe der ABC-Analyse die A-, B- und C-Güter der Materialarten 1 bis 7.

c) Berechnen Sie die Gesamtkosten pro Jahr für die Beschaffung und Lagerhaltung von Materialart 6, unter der Annahme, dass 6 Mal pro Jahr bestellt wird und der Lagerabgang kontinuierlich erfolgt.

d) Welche Mängel weist die ABC-Analyse auf?

A 13 Eine Unternehmung stellt zwei Produkte (P_1, P_2) her. In diese gehen folgende Teile (a, b, c, d, e, f, g) und Baugruppen (B_1, B_2, B_3, B_4, B_5, B_6) gemäss nachstehender Stücklistenauflösung ein:

L▶ S.418

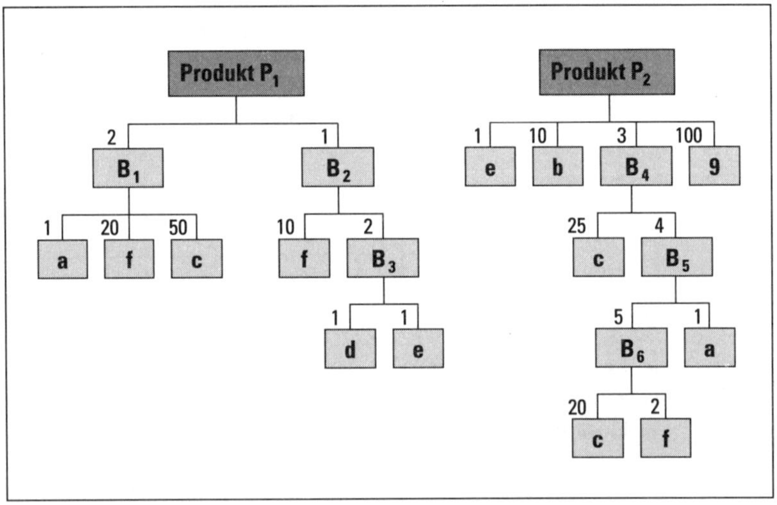

Der folgenden Liste können Sie die Preise der einzelnen Teile (pro Einheit) entnehmen:

- a: 300,– Fr.
- b: 50,– Fr.
- c: 2,– Fr.
- d: 1500,– Fr.
- e: 800,– Fr.
- f: 20,– Fr.
- g: 130,– Fr.

In der Planperiode werden 500 Einheiten des Produktes P_1 und 300 Einheiten des Produktes P_2 hergestellt.

a) Berechnen Sie den Materialbedarf für die Planperiode.

b) Führen Sie eine ABC-Analyse durch und interpretieren Sie die Ergebnisse.

A 14 Erläutern Sie die XYZ-Analyse und geben Sie einige Beispiele für Fälle, bei denen dieses Instrument sinnvoll eingesetzt werden kann.

A 15 Für die Bereitstellung der Materialien und Güter können verschiedene Prinzipien angewandt werden.

a) Beschreiben Sie die Prinzipien der Materialbereitstellung.

b) Welche Voraussetzungen müssen erfüllt sein, um eine Just-in-time-Beschaffung erfolgreich durchzuführen?

A 16 Die Mettler-Toledo AG stellt Präzisionswaagen für verschiedenste Kundensegmente her. Die Firmenleitung möchte auf das Just-in-time-Prinzip in Beschaffung und Produktion umstellen. Sie werden als Berater bzw. Beraterin beigezogen, um der Firmenleitung aufzuzeigen, was Just-in-time für den Einkauf von Material bedeutet und wie sich die Beziehung zu den Lieferanten verändern kann.

a) Erklären Sie der Geschäftsleitung von Mettler-Toledo AG in kurzen Worten das Prinzip der Just-in-time-Beschaffung.

b) Nennen Sie vier wichtige Eigenschaften der Just-in-time-Beschaffung und kommentieren Sie diese.

c) Erklären Sie den Begriff «Single Sourcing» anhand von zwei wichtigen Eigenschaften.

A 17 Bei der Bewirtschaftung der zu beschaffenden Güter nimmt die Lagerhaltung neben den Informationen über die Beschaffungsmärkte eine zentrale Stellung ein.

a) Welche Informationen werden bei der Bewirtschaftung der Lager benötigt?

b) Erklären Sie das Prinzip der exponentiellen Glättung.

c) Rechnen Sie folgendes Beispiel und erstellen sie eine Graphik:

- $A = 0{,}2$
- $Y_0 = 30$
- $X_1 = 15$, $X_2 = 20$, $X_3 = 39$, $X_4 = 22$, $X_5 = 41$, $X_6 = 34$, $X_7 = 18$, $X_8 = 14$, $X_9 = 25$, $X_{10} = 39$.

d) Welches sind die Eigenschaften der exponentiellen Glättung?

A 18 Eine der Hauptaufgaben der Materialwirtschaft besteht darin, die Beschaffungs- und Lagerhaltungskosten tief zu halten. Dies bedeutet unter anderem, dass möglichst geringe Lagermengen gehalten werden.

a) Tiefe Lagermengen können oft Fehlmengen bewirken. Welche Konsequenzen ergeben sich daraus für einen Produktionsbetrieb und für eine Handelsfirma?

b) Unter welchen Bedingungen können Fehlmengen in Kauf genommen werden? Wo liegen bei einer solchen Entscheidung die Probleme?

A 19
L▶ S.419
Die Firma Thoreau AG sieht sich mit der erfreulichen Tatsache konfrontiert, dass sich ihr Absatz von qualitativ hochwertigen Teilen für Autotüren im letzten Jahr massiv erhöht hat. Dadurch stieg auch der Bedarf an Stahlteilen auf 30 000 Stück jährlich an. Die Geschäftsleitung möchte deshalb neue Kalkulationsgrundlagen haben und gibt Ihnen den Auftrag, diese für den Einkaufs- und Lagerbereich zu erstellen.

a) Gemäss Ihren Informationen beträgt der Verwaltungsaufwand pro Bestellung 30,– Fr. und der Einkaufspreis pro Stahlteil 48,– Fr. Wie hoch ist die optimale Bestellmenge bei einem monatlichen Zins- und Lagerkostensatz von 1,25%?

b) Wie häufig muss pro Jahr bestellt werden und wieviele Tage verstreichen zwischen zwei Bestelleingängen?

c) Welche weiteren Massnahmen – neben der Bestimmung der optimalen Bestellmenge – sehen Sie, um Kosteneinsparungen zu realisieren? Welche Fragen müssen bei der Umsetzung dieser Massnahmen beachtet werden?

A 20
L▶ S.420
Am Ende des Jahres sind der Materialplanung folgende Daten bekannt:

- Der Verbrauch des Artikels H für das Planjahr beträgt 12 000 Stück. Die Kosten pro Bestellung betragen 200,– Fr. Das im Lager gebundene Kapital wird mit einem Zinssatz von 10% verrechnet, und der Lagerkostensatz beträgt 10%.
- Für den Artikel H haben wir vom Lieferanten folgende Preisliste erhalten:

Bestellmenge/Jahr		Stückpreis (in Fr.)
bis	9 999	7,–
ab	10 000	6,–
ab	25 000	5,–
ab	40 000	4,50

- Zusätzlich zur ersten Lieferung bestellt der Einkaufsleiter 3000 Stück, um den Sicherheitsbestand zu erhöhen.

Bei der Beantwortung der Fragen können Sie von folgenden Annahmen ausgehen:

- Der Lagerabgang ist kontinuierlich.
- Am Tag der Bestellung erfolgt die Lieferung.
- Die Unternehmung legt ihren Berechnungen denjenigen Preis zugrunde, der sich aufgrund des geplanten Gesamtverbrauchs pro Kalenderjahr ergibt.

a) Bestimmen Sie die Bestellmenge für die Lieferung am 1. Januar des neuen Jahres.

b) Nach 6 Monaten erhält die Unternehmung einen Auftrag, der eine Erhöhung des gesamten Jahresverbrauchs um 14 000 Stück bewirkt. Wie gross ist die optimale Bestellmenge für die Zeit nach dem sechsten Monat?

c) Umschreiben Sie verbal, ob durch den falsch geschätzten Jahresbedarf zu Beginn des Jahres Mehrkosten entstanden sind oder nicht.

A 21 L▶ S.420

Die Grossbäckerei Bucher hat durchschnittlich einen täglichen Mehlverbrauch von drei Tonnen. Es dauert jeweils drei Tage, bis die Bestellung die Mühle Mehlwurm erreicht. Zwei Tage sind der Mühle jeweils für die Erledigung des Auftrages zuzugestehen. Weitere zwei Tage sind für den Transport des Mehls von der Mühle Mehlwurm zur Grossbäckerei Bucher notwendig. Aus Gründen der Vorsicht darf der Vorrat der Grossbäckerei Bucher nie unter fünfzehn Tonnen sinken.

a) Was versteht man unter den Begriffen

- Sicherheitsbestand (eiserner Bestand)?
- Bestellpunkt?
- Wiederbeschaffungszeit?

b) Berechnen Sie diese Grössen für die Grossbäckerei Bucher und stellen Sie sie anhand einer Graphik dar.

c) Welche Faktoren beeinflussen die Höhe des Sicherheitsbestandes für das Mehl?

A 22 Mit den folgenden Angaben sind unter Minimierung der Kosten die nachstehenden Fragen zu beantworten:

- Lieferfrist: 10 Tage (Zeit zwischen Bestellung und Lieferung)
- Mittlerer Verbrauch: 3200 Materialeinheiten/Jahr (360 Tage)
- Beschaffungsfixe Kosten: 12,50 Fr. pro Bestellung
- Preis: 10,– Fr. pro Materialeinheit
- Zins- und Lagerkostensatz: 0,2
- Sicherheitsbestand: bei mittlerem Verbrauch für 5 Tage ausreichend

a) Welches ist die optimale Bestellmenge?

b) Wieviele Bestellungen müssen pro Jahr ausgeführt werden?

c) Wie gross sind die Gesamtkosten pro Jahr für die Beschaffung und Lagerhaltung dieses Gutes?

d) Welches ist der Bestellpunkt?

e) Welche Bedeutung haben das Marketing und die Absatzprognosen für die Berechnung der optimalen Bestellmenge?

A 23 Das Bestellpunkt- und das Bestellrhythmusmodell sind zwei Verfahren der Beschaffungsplanung.

a) Charakterisieren Sie die beiden Modelle.

b) Welche Vorteile sind mit diesen Modellen verbunden und welches sind die spezifischen Probleme?

A 24
L▶ S.422
Die Vabro AG benötigt für ihre Produktion unter anderem Gussteile, die sie von der Firma Lacorroda bezieht. Die Gussteile werden in Mengen von 7 Tonnen durch einen Spediteur angeliefert. Vom Zeitpunkt der Bestellaufgabe bei der Vabro AG bis zum Eintreffen der Lieferung verstreichen in der Regel 10 Arbeitstage.
Die Vabro AG verbraucht bei monatlich durchschnittlich 21 Arbeitstagen je nach Jahreszeit zwischen 15 und 30 Tonnen Gussteile. So benötigt man von Anfang November bis Ende Februar durchschnittlich 28 Tonnen, in den übrigen Monaten durchschnittlich 17,5 Tonnen Gussteile pro Monat. Die Fertigung muss aus produktionstechnischen Gründen über das ganze Jahr hinweg kontinuierlich erfolgen. Am 1. Januar beginnt die Produktion.

a) Wie viele Lieferungen würden Sie pro Monat empfehlen? Begründen Sie Ihre Antwort.

b) Wie hoch (in Tonnen) würden Sie den Lagerbestand am 1. Januar ansetzen und warum?

c) Welches Lagerhaltungssystem ist für die Vabro AG sinnvoll? Begründen Sie Ihre Antwort und beschreiben Sie dieses Lagerhaltungssystem.

A 25 Die Marketingabteilung einer Unternehmung hat mit Hilfe einer Tabellenkalkulations-Software die exponentielle Glättung mit Berücksichtigung von Saisonalitäten und Trends programmiert, um die Absatzplanung zu unterstützen. Diese Resultate können für die Beschaffungsplanung übernommen und in einem einfachen Planungsmodell verwendet werden. Für das Produkt A wurden für die kommenden Wochen folgende Werte prognostiziert:

Periode	1	2	3	4	5	6	7	8	9	10	11
Geplanter Bedarf	40	60	10	20	30	70	60	50	10	40	60
Geplanter Eingang											
am Lager: 50											
Geplante Aufträge											

Auszugehen ist von einer Vorlaufzeit von 2 Perioden und einer Bestellmenge von 50 Einheiten. Weiter soll auch ein Sicherheitsbestand von 10 Einheiten berücksichtigt werden. Die Kosten einer Bestellung betragen 50,– Fr. und die Lagerkosten –,50 Fr. pro Woche.

a) Berechnen Sie die Lösung mit und ohne Sicherheitsbestand.

b) Beurteilen Sie diese Lösung. Welche Änderungen würden Sie vorschlagen?

c) Welcher Zusammenhang besteht zum Marketing?

A 26 Die Produktionsplanung ist wegen der arbeitsteiligen Organisation und der zahlreichen Ressourcen, die zum Einsatz kommen, in der Regel sehr komplex. Aus diesem Grund erfolgt sie häufig auf EDV-Basis. Dabei sind die Stücklisten von zentraler Bedeutung.

a) Was verstehen Sie unter Stücklisten, Fertigungs- und Dispositionsstufen?

b) Werden in der nachstehenden Graphik Fertigungs- oder Dispositionsstufen verwendet? Welchen Stufen sind M_3 und M_5 zuzuordnen?

c) Berechnen Sie gemäss der Graphik, welche Mengen von
- den selbst zu fertigenden Bauteilen/Komponenten (B_1, B_2),
- den selbst zu fertigenden Bauteilen/Komponenten (B_3, B_4) und
- den zuzukaufenden Rohmaterialien/Bauteilen (M_1 bis M_5)

benötigt werden, um die angegebene Anzahl Endprodukte zu produzieren.

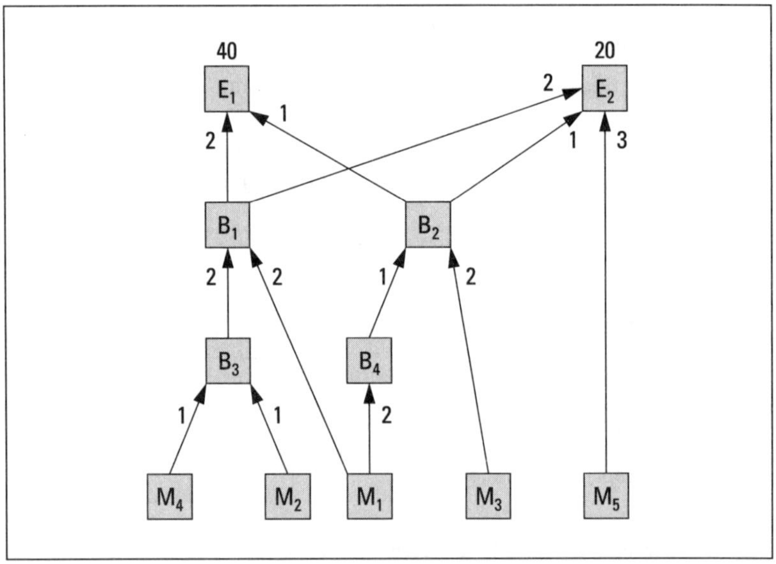

A 27 Ein Netzplan zeigt die zur Realisierung eines Projektes wesentlichen Vorgänge und Ereignisse sowie deren logische und zeitliche Abhängigkeiten. Gegeben sei folgende Vorgangsliste.

Vorgang	Ausführungsdauer in Tagen	Davorliegender Arbeitsgang
A	5	
B	1	
C	5	A, B
D	1	A
E	1	C, D
F	3	
G	4	
H	3	D, G
I	3	H, E
J	2	F, I

a) Erstellen Sie einen Vorgangs-Knoten-Netzplan.

b) Wie lautet der kritische Weg?

c) Welche Länge hat der kritische Weg?

d) Was bedeutet die Länge des kritischen Weges?

e) Welche Auswirkungen haben Änderungen der Vorgangszeiten auf das Projekt?

f) Erstellen Sie eine Tabelle der Pufferzeiten jedes Vorgangs.

A 28 Mit Hilfe eines Netzplans soll der Ausbau eines Hauses geplant werden, das bereits im Rohbau fertiggestellt ist.[1] Folgende Tätigkeiten sind zu berücksichtigen:

Nr.	Vorgang	Dauer
A	Abdichten des Kellers	1 Woche
B	Kanalanschluss herstellen	1 Woche
C	Keller wärmeisolieren	1 Woche
D	Fenster einbauen	2 Wochen
E	Dach decken	3 Wochen
F	Fassade behängen	2 Wochen
G	Elektroinstallationen legen	2 Wochen
H	Heizung legen	2 Wochen
I	Sanitärinstallationen legen	3 Wochen
K	Estrich ziehen	1 Woche
L	Fenster verglasen	1 Woche
M	Treppe bauen	2 Wochen
N	Malerarbeiten durchführen	4 Wochen
O	Türen einbauen	1 Woche
P	Teppichboden legen	2 Wochen
Q	Aussenanlage durchführen	4 Wochen

Zusätzlich bestehen folgende Abhängigkeiten zwischen den einzelnen Tätigkeiten:

- A muss vor C erledigt sein.
- D muss vor E und F erledigt sein.
- C muss vor H erledigt sein.
- H und G muss vor I und K erledigt sein.
- K muss vor M erledigt sein.
- I muss vor N erledigt sein.
- L muss vor N und O erledigt sein.
- N muss vor P erledigt sein.
- B muss vor I und Q erledigt sein.
- F muss vor Q erledigt sein.

1 Vgl. Kahle, Egbert: Produktion. 3., völlig neu bearb. Auflage, München 1991, S. 229.

Zudem liegt zwischen D und L eine Lieferfrist von 6 Wochen, die vom Lieferanten vorgegeben ist.

a) Erstellen Sie einen Netzplan.

b) Welches ist der kritische Weg und wie lange dauert er?

A 29 Die Netzplantechnik ist eine der wichtigsten quantitativen Planungsmethoden.

a) Welches sind bedeutende Anwendungsgebiete der Netzplantechnik?

b) Wie können die Resultate der Netzplantechnik genutzt werden?

c) Welches sind die Grenzen der Netzplantechnik?

d) Welche Bedeutung hat die Netzplantechnik für die Produktionsplanung?

A 30 Im Rahmen der Beschaffungspolitik kommt den Beschaffungswegen und der Lieferantenstruktur eine besondere Bedeutung zu. Welche Entscheidungen sind von einer Unternehmung in diesen beiden Bereichen zu treffen und welche Überlegungen sind dabei anzustellen?

A 31 Ein Industriebetrieb führt jährlich eine Beurteilung seiner A-Lieferanten mit Hilfe des nachstehenden Bewertungsschemas durch. Wie beurteilen Sie den Bewertungsbogen?

Lieferant	immer 9–7	häufig 6–4	selten 3–1
1. Einwandfreie Qualität			
2. Termintreu			
3. Vernünftige Preispolitik			
4. Beachtet Versandanweisungen			
5. Beantwortet Anfragen prompt			
6. Bestätigt Bestellungen prompt			
7. Beantwortet Mahnungen umgehend			
8. Bearbeitet Mängelrügen schnell			
9. Hilft in Notfällen			
10. Nützliche Vertreterbesuche			

A 32 Die Effizienz bzw. die Wirtschaftlichkeit aller Bereiche der Unternehmung ist bei der heutigen Konkurrenzsituation ausserordentlich wichtig. Aus diesem Grund ist eine Kontrolle oder ein Controlling (dieser Begriff ist umfassender) auch für die Materialwirtschaft von grosser Bedeutung.

a) Mit welchen Kennziffern kann die Effizienz der Materialwirtschaft durchleuchtet werden?

b) Welche Probleme sind mit Kennziffernsystemen verbunden?

Produktionswirtschaft

A 33 Produktion ist als Transformationsprozess zu verstehen. Wie unterscheiden sich diese Prozesse in folgenden Branchen:

- Maschinenindustrie,
- Chemische Industrie,
- Bauwirtschaft?

A 34 Arbeitsteilung bildet in unserer Wirtschaft die Grundlage für eine effiziente Produktion:

a) Was ist unter Arbeitsteilung zu verstehen?

b) Welche Formen von Arbeitsteilung sind möglich?

c) Welche Bedeutung hat die Arbeitsteilung für die Wirtschaft?

d) Inwieweit ist Arbeitsteilung in der heutigen Zeit sinnvoll?

A 35 Die Hauptaufgaben der Produktionswirtschaft werden unterteilt in:

- originäre,
- technische und
- derivative, wirtschaftliche Aufgaben.

a) Was ist unter diesen Aufgaben zu verstehen?

b) Weshalb ist diese Gliederung sinnvoll?

c) Weshalb wird diese Unterscheidung nicht nur in der Materialwirtschaft, sondern auch für die Produktion gemacht?

A 36 Entscheide und die damit verbundenen Aufgaben in der Produktionswirtschaft sind mit anderen Funktionen einer Unternehmung, insbesondere mit der Materialwirtschaft und dem Marketing, zu koordinieren.

a) Nennen Sie drei Aufgabengruppen, die der Abteilungsebene zuzuordnen sind, und erläutern Sie diese mit mindestens je drei Stichworten.

b) Die Aufgaben der Produktion müssen unter anderem mit der Materialwirtschaft und dem Marketing koordiniert werden. Nennen Sie für jede der unter Teilfrage a) genannten Aufgabengruppen einen Koordinationsbedarf mit den Unternehmungsfunktionen Materialwirtschaft oder Marketing. Begründen Sie diesen Koordinationsbedarf.

A 37 Die Ziele der Produktionswirtschaft beziehen sich auf folgende Bereiche:

- Bereitstellung der Güter für den Vertrieb,
- Wirtschaftlichkeit: Kosten der Herstellung der Endprodukte,
- Umweltaspekte bzw. ökologische Produktion,
- Unterstützung anderer Bereiche der betrieblichen Wertschöpfung.

a) Geben Sie für jeden der vier genannten Bereiche je zwei Beispiele für Ziele.

b) Welche Qualitätsmerkmale würden Sie mit welcher Gewichtung für die folgenden Produkttypen einsetzen:

- Qualitätsschuhe,
- Computerbildschirme,
- Bratpfannen.

c) Nennen Sie vier Bereiche der Produktionswirtschaft, in welchen die Kosten durch Rationalisierungsmassnahmen gesenkt werden können. Welche Probleme können dabei auftreten?

A 38 Die technischen Systeme sind für die Effizienz der Produktionswirtschaft von sehr grosser Bedeutung.

a) Welche technischen Systeme werden in der Produktionswirtschaft eingesetzt?

b) Welche Eigenschaften und Möglichkeiten sind mit dem Einsatz technischer Systeme verbunden?

c) Welche betriebsinternen und gesamtwirtschaftlichen Probleme sind mit dem Einsatz technischer Systeme verbunden?

A 39 Welche Fragen sind bei einer Erweiterung des Produktionsprogramms abzuklären?

A 40 Die Organisationsformen der Fertigung beziehen sich auf die Anordnung der Maschinen, die den Materialfluss durch die Fabrik bestimmt. Dabei können drei reine Formen unterschieden werden, die sich auf die Prozesse, die Produkte bzw. den Materialfluss und den Herstellungsort konzentrieren. Jede Organisationsform hat ganz bestimmte Eigenschaften bzw. Vor- und Nachteile.

a) Charakterisieren Sie die vier wichtigsten Organisationsformen der Fertigung (drei reine und eine gemischte).

b) Damit eine maximale Effizienz in der Produktion erreicht wird, muss eine optimale Lösung gewählt werden. Dies ist jedoch nur möglich, wenn die Eigenschaften der einzelnen Organisationsformen bekannt sind. Charakterisieren Sie die Eigenschaften der vier wichtigsten Organisationsformen.

A 41 Die Herstellkosten pro Einheit hängen sehr stark von den Losgrössen und der gewählten Organisationsform in der Produktion ab (Werkstattfertigung, Fliessfertigung oder Zentrenfertigung). Diese kann jedoch nicht immer frei gewählt werden, da die Bedürfnisse der Abnehmer in verschiedenen Märkten und Marktsegmenten unterschiedliche Anforderungen haben.
Charakterisieren Sie die Zusammenhänge zwischen den Anforderungen der Abnehmer und einer dafür effizienten Organisation der Fertigung, wenn die Losgrösse eine wichtige Rolle spielt.

A 42 Die Effizienz der Herstellungsprozesse ist für die Wettbewerbsfähigkeit einer Unternehmung von grösster Bedeutung. Wenn eine Unternehmung z.B. aus strategischen Gründen gleichzeitig mit einer gewisse Breite des Sortiments am Markt auftreten möchte, kann sie eine Segmentierung der Produktion einführen.

a) Was verstehen Sie unter einer Segmentierung der Produktion und welche alternativen Begriffe werden dafür verwendet?

b) Wo sehen Sie den Hauptgrund für die Einführung einer segmentierten Produktion?

c) Erläutern Sie die Eigenschaften und Voraussetzungen einer Segmentierung der Produktion.

d) Welche Beziehungen bestehen zur Zentrenfertigung?

A 43 Die Effizienz der Herstellung kann auch durch die Gestaltung der Aussenbeziehungen beeinflusst werden. Welche Formen von Aussenbeziehungen können bei Produktionsbetrieben unterschieden werden (mit Beispielen)?

A 44 Mit Hilfe einer Stückliste (vgl. Graphik) kann eine mengenmässige Planung durchgeführt werden.[1] Diese soll durch eine zeitliche Produktionsplanung ergänzt werden, wobei folgender Lagerbestand vorhanden ist:

- B_3 : 200 Einheiten,
- M_1: 300 Einheiten.

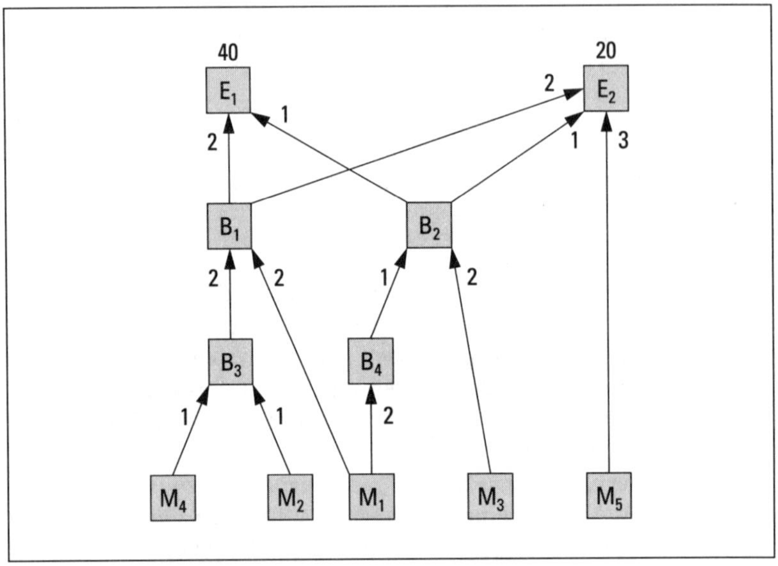

Für die Berechnung der Vorlaufzeiten wird angenommen, dass von E_1, E_2, B_1, B_2, B_3 und B_4 täglich 10 Stück hergestellt werden. Die Beschaffungszeiten betragen:

- 14 Tage für M_1,
- 21 Tage für M_2,
- 10 Tage für M_3,
- 15 Tage für M_4,
- 6 Tage für M_5.

a) Entwickeln Sie einen Netzplan unter Berücksichtigung der verfügbaren Lagerbestände.

b) Bestimmen Sie die Lösung für dieses Problem.

c) Wie sind die Resultate zu interpretieren?

d) Welches sind die Grenzen dieser Planungsrechnung?

---

1 Es handelt sich um die gleiche Stückliste wie in Aufgabe A 26 auf S. 109f.

A 45 Bei einer arbeitsteiligen Herstellung verschiedener Produkte für einen breiten Abnehmerkreis ist eine Produktionsplanung und -steuerung (PPS) absolut notwendig.

a) Was ist unter einem PPS-System zu verstehen, und welches sind seine Hauptaufgaben?

b) Wie sind PPS-Systeme grob aufgebaut (Skizze)?

c) Welche Bedeutung haben die Grobplanung und das Master Production Schedule?

A 46 Material Requirements Planning (MRP) ist der grundlegende Baustein von PPS-Systemen.

a) Welches sind die Eingabedaten von MRP-Programmen?

b) Erläutern Sie die Aufgaben und die Bedeutung von MRP-Programmen.

A 47 Ermitteln Sie die optimale Losgrösse aufgrund folgender Ausgangslage:

- geplante Jahresproduktion: 50 000 Stück
- gesamte fixe Kosten pro Los: 1000,– Fr.
- Herstellkosten pro Stück: 10,– Fr.
- Zins-, Lager- und Risikokostensatz q: 10 %

a) Bestimmen Sie die optimale Losgrösse für die Ausgangslage.

b) Berechnen Sie die optimale Losgrösse für den Fall losfixer Kosten von 500,– Fr. und 2000,– Fr.

c) Wie verändert sich die optimale Losgrösse bei q = 5 % und q = 20 %?

d) Wie entwickelt sich ceteris paribus die optimale Losgrösse durch Veränderungen der variablen Stückkosten bzw. der geplanten Jahresproduktion?

A 48 L▶ S. 422 Die Modern AG entwickelt ein neues City Bike-Modell und schätzt, dass sich jährlich etwa 2000 Stück absetzen lassen. Die Fixkosten pro Auftrag belaufen sich auf 80 000 Fr. und es wird mit variablen Herstellkosten von 375 Fr. gerechnet. Das gebundene Kapital soll mit jährlich 12 % verzinst werden. Wie hoch ist die optimale Losgrösse?

A 49 In der Produktion sind – zumindest bei einem guten Geschäftsgang – beschränkte Kapazitäten vorhanden. Aus diesem Grund kann mit einer guten Planung eine optimale Nutzung der Ressourcen erreicht werden.

a) Welches sind die Inputdaten von CRP-Programmen?

b) Welches sind die Aufgaben von CRP-Programmen?

c) Mit welchen Massnahmen können Terminprobleme gelöst werden?

A 50 Das Dilemma der Ablaufplanung ist ein zentrales Problem in der Produktion.

a) Diskutieren Sie das Dilemma der Ablaufplanung.

b) Mit welchem Fertigungsverfahren kann das Dilemma der Ablaufplanung am besten gelöst werden?

c) Welche anderen Massnahmen erlauben eine Bewältigung des Dilemmas der Ablaufplanung?

A 51 Welche Probleme sind mit dem Einsatz von klassischen PPS-Systemen verbunden?

Anhang: Modelle, lineare Programmierung und Simulation

A 52 L▶ S.423 Ein Fabrikationsbetrieb stellt zwei Artikel her, nämlich Artikel M und Artikel K. Die Unternehmung sieht sich einer vorzüglichen Marktsituation gegenüber. Leider sind aber die Kapazitäten ihrer drei Kostenstellen beschränkt und kurzfristig nicht ausbaubar. Die Produktionsleitung möchte wissen, welche Mengen x_M und x_K dieser beiden Artikel sie zu produzieren hat, damit sie einen möglichst grossen Deckungsbeitrag erzielt. Es stehen folgende Daten zur Verfügung:

	Beanspruchung der Kostenstellen (Min./Stück)			Erlös (Fr./Stück)	Variable Kosten (Fr./Stück)
	I	II	III		
Artikel M	20	2	10	20	15
Artikel K	10	6	10	10	6

Kapazität der Kostenstellen:
- Kostenstelle I: 60 000 Minuten
- Kostenstelle II: 18 000 Minuten
- Kostenstelle III: 35 000 Minuten

a) Wie lautet die Zielfunktion?

b) Wie lauten die Ungleichungen, mit deren Hilfe man die Kapazitätsbeschränkungen ausdrücken kann?

c) Bestimmen Sie graphisch die optimale Produktionsmengen-Kombination.

A 53
L▶ S.424
In einer Unternehmung werden zwei Produkte (A, B) hergestellt. Beide Produkte müssen zeitweise gelagert werden und beanspruchen deshalb Lagerraum. Die genaue Beanspruchung des Lagers ist aus untenstehender Tabelle ersichtlich:

Lagerraum	Raumbeanspruchung (m^2/Einheit)		Raumfläche (m^2)
	A	B	
Eingangslager	12	12	240
Zwischenlager	–	5	125
Fertigproduktlager	8	4	120

Vom Produkt A werden jeweils vier Einheiten gleichzeitig hergestellt, welche auch zusammen gestapelt werden können. Das Produkt B kann nicht gestapelt werden. Der Preis des Produktes A beträgt 40,– Fr. pro Einheit, derjenige des Produktes B 110,– Fr. pro Einheit. Die Kosten betragen 10,– Fr. pro Einheit bzw. 20,– Fr. pro Einheit.
Sie haben aufgrund der gegebenen Informationen die optimale Sortimentszusammensetzung zu bestimmen. Wieviele Einheiten der Produkte A und B sollen hergestellt werden, wenn der Gesamtgewinn maximiert wird? Stellen Sie Ihre Lösung graphisch dar und geben Sie den maximal erreichbaren Gesamtgewinn an.

A 54 Ein Handwerker stellt für einen Grossabnehmer die Artikel Muttern (M)
L▶ S.425 und Schrauben (S) her. Folgende Informationen stehen ihm zur Verfügung, um das optimale Produktionsprogramm zu bestimmen:

- Jede Tonne Muttern erfordert 10 Mannstunden Arbeit und 2 Maschinenstunden auf Maschine 1 für das Drehen.
- Jede Tonne Schrauben erfordert 5 Mannstunden Arbeit, 2 Maschinenstunden auf Maschine 1 für das Drehen und 6 Maschinenstunden auf Maschine 2 für das Schleifen.
- Die gesamte Produktion kann jeweils abgesetzt werden.
- Die Deckungsbeiträge pro Tonne betragen bei den Muttern 50,– Fr. und bei den Schrauben 40,– Fr.
- Die Kapazitätsgrenzen betragen:
  - 15 Mannstunden
  - 4 Stunden auf Maschine 1
  - 8 Stunden auf Maschine 2

Welche Mengen müssen von jedem Artikel gefertigt werden, um einen maximalen Deckungsbeitrag erzielen zu können? Formulieren Sie die Zielfunktion und sämtliche Restriktionen und stellen Sie Ihre Lösung graphisch dar.

A 55 Die Blank AG produziert auf drei verschiedenen Maschinen (M_1, M_2, M_3)
L▶ S.426 zwei Produkte (A, B). Zur Herstellung dieser beiden Produkte werden die drei Maschinen zeitlich unterschiedlich ausgelastet, wie aus folgender Tabelle ersichtlich wird:

	Maschine 1	Maschine 2	Maschine 3
Produkt A	100 Std.	50 Std.	30 Std.
Produkt B	120 Std.	20 Std.	25 Std.

Die maximalen Einsatzzeiten der drei Maschinen für die Planperiode sind wie folgt festgesetzt:

- M_1: 6000 Std.
- M_2: 3000 Std.
- M_3: 4000 Std.

Der Gewinn beträgt für Produkt A 2000,– Fr. pro Stück und für Produkt B 1500,– Fr. pro Stück.

a) Welche Mengen sollen von den beiden Produkten produziert werden, wenn ein maximaler Gewinn angestrebt wird?

b) Die Blank AG erhält eine Anfrage, ob sie als Zulieferer eine Serie eines Produktes C liefern könnte. Dieses Produkt kann nur auf Maschine M_3 produziert werden; die Serie würde die Maschine insgesamt 1800 Stunden beanspruchen. Kann die Blank AG den Auftrag annehmen, wenn am bisherigen Produktionsprogramm keine Änderungen vorgenommen werden dürfen?

A 56 Die Aristo AG produziert und vertreibt zwei verschiedene Produkte. Aus den Abteilungen Produktion und Marketing sind folgende Zahlen bekannt:
L▶ S.427

	Produkt P_1	**Produkt P_2**
Verkaufspreis/Einheit (Fr.)	90	318
Materialbedarf in kg:		
Material A	5	10
Material B	2	3
Material C	–	5
Lohnkosten/Einheit	20	130
Maschinenkosten/Einheit	10	120
Fixkosten	unbekannt	4800
Produktionszeit/Einheit (in Std.):		
Maschine 1	4	10
Maschine 2	12	6
Maschine 3	6	–

Der Einkaufspreis pro Kilogramm für die Materialarten beträgt (in Fr.):
- Material A: 2
- Material B: 10
- Material C: 2

Die Maximalkapazitäten der Maschinen betragen in Std.:
- Maschine 1: 18 000
- Maschine 2: 24 000
- Maschine 3: 12 000

a) Bei wievielen Einheiten liegt die Nutzschwelle (Break even point) für Produkt P_2?

b) Wie gross ist der Deckungsbeitrag der einzelnen Produkte?

c) Wieviele Einheiten der Produkte P_1 und P_2 müssen produziert werden, um den Gesamtdeckungsbeitrag zu maximieren, wobei als zusätzliche Restriktion gelten soll, dass das Produkt P_2 sowohl seine variablen als auch seine fixen Kosten decken muss? Zur vollständigen Lösung dieser Teilaufgabe gehören die Zielfunktion, sämtliche Restriktionen sowie die vollständige graphische Darstellung mit Lösung.

A 57 Als wissenschaftlicher Berater der Firma Trümpy sind Sie damit beauftragt, das gewinnoptimale Produktionsprogramm des nächsten Jahres festzulegen. Folgende Ausgangsdaten stehen Ihnen zur Verfügung:

- Deckungsbeitrag von Erzeugnis 1 (X_1): 120,– Fr. je Stück
- Deckungsbeitrag von Erzeugnis 2 (X_2): 160,– Fr. je Stück.

Die Produktion wird durch drei Engpässe mit den folgenden Kapazitäten determiniert:

- Engpass 1: 13 000 Std./Jahr
- Engpass 2: 3 600 Std./Jahr
- Engpass 3: 960 Std./Jahr

Die zwei Erzeugnisse nehmen die drei Engpässe wie folgt in Anspruch (Stunden je Stück):

	X_1	X_2
▪ Engpass 1:	100	100
▪ Engpass 2:	20	30
▪ Engpass 3:	8	6

a) Stellen Sie die Zielfunktion und die Nebenbedingungen auf.

b) Bestimmen Sie das gewinnoptimale Produktionsprogramm.

c) Nennen Sie die Annahmen, auf denen die Optimierung in Teilfrage b) beruht.

Rechnungswesen

Grundlagen

A 1 Zeigen Sie die Bedeutung des Rechnungswesens als Führungsinstrument.

A 2 Zeigen Sie den Zusammenhang zwischen Finanzbuchhaltung und Betriebsbuchhaltung.

Bilanz

A 3 Verbuchen Sie folgende Geschäftsfälle:

L► S.429

1. Bezahlung einer Lieferantenrechnung (Banküberweisung)
2. Kauf eines PC gegen bar
3. Begleichung einer Rechnung durch Postüberweisung
4. Kauf eines neuen Autos (Banküberweisung):
   Katalogpreis: 25 000,–
   Rabatt: 3 000,–
5. Aufnahme eines Darlehens in bar
6. Barbezug bei der Bank
7. Abzahlung an 2. Hypothek mit Bankscheck

8. Barausgaben für Drucksachen
9. Rechnung an einen Kunden für ein Gutachten
10. Post schickt Belastungsanzeige für Telefongebühren
11. Verbuchung der Entwertung von Anlagen
12. Bank schreibt Zinsen gut

A 4 Bilden Sie die Buchungssätze für folgende Geschäftsfälle:

1. Aufnahme eines Darlehens in bar
2. Zinsbelastung der Bank für das Darlehen
3. Ratenzahlung zur Amortisation des Darlehens mit Banküberweisung
4. Eröffnung eines Kontokorrentkontos bei der Bank mit einer Kreditlimite
5. Rechnungsstellung an einen Kunden für Warenlieferungen
6. Zahlungseingang des Kunden auf unser Bankkonto
7. Rechnungsstellung eines Lieferanten für Büromöbel
8. Überweisung des geschuldeten Betrages mit Postcheckguthaben an den Lieferanten
9. Berücksichtigung des Wertverzehrs einer Maschine
10. Verkauf einer Maschine über dem Buchwert der Anlage
11. Verkauf einer Maschine unter ihrem Buchwert
12. Bargeldbezug bei der Bank (Bancomat)
13. Rechnungsstellung an einen Kunden für ein Gutachten
14. Einkauf von Rohmaterial gegen Rechnung
15. Bezug von Rohmaterial aus dem Lager zum Verbrauch in der Produktion
16. Zahlung von Löhnen durch Banküberweisung
17. Durch die Versicherung nicht gedeckter Verlust bei einem Lagerbrand
18. Zahlung der Miete für Geschäftsräumlichkeiten per Postüberweisung
19. Ein Debitor kommt in Konkurs und wird seine Schuld nicht mehr bezahlen
20. Das Rohmateriallager weist im Schlussinventar gegenüber der Lagerbuchhaltung einen Fehlbetrag (Minderwert) auf
21. Am Jahresende (Bilanzstichtag) noch nicht eingegangene Rechnungen des Lieferanten für Büromateriallieferungen im Dezember
22. Am Jahresende noch ausstehender Entscheid im Streitfall über Schadenersatzforderungen eines Kunden
23. Am Jahresende zu berücksichtigendes allgemeines Kreditrisiko für offene Kundenguthaben
24. Bildung von stillen Reserven auf dem Rohmateriallager, in den Anlagen (Maschinen) sowie im Fremdkapital
25. Generalversammlungs-Beschluss: Zahlung einer Dividende und Zuweisung des verbleibenden Gewinnes an die allgemeine Reserve
26. Auszahlung der Dividende an die Aktionäre

Erfolgsrechnung

A 5 Welche der Buchungen in Aufgabe A 4 sind erfolgswirksam?

A 6 Geben Sie Beispiele, bei denen die Auszahlungen
- dem Aufwand entsprechen,
- dem Aufwand nicht entsprechen.

A 7 Geben Sie Beispiele, bei denen der Aufwand
- den Kosten entspricht,
- den Kosten nicht entspricht.

A 8 Ergänzen Sie das nachstehende Raster mit typischen Beispielen für entsprechende Aufwendungen und Erträge.

	betrieblich	nicht betrieblich
ordentlich		
ausserordentlich		

A 9 Herr Schnell und Herr Langsam gründen eine Kollektivgesellschaft mit
L▶ S.430 dem Zweck, einen Taxibetrieb zu eröffnen. Herr Schnell würde das Taxi fahren, Herr Langsam das Geld (40 000,– Fr.) zur Verfügung stellen. Zudem könnten sie ein Darlehen von einem Freund erhalten, das sie vorerst in Wertschriften anlegen würden. Damit sieht die Eröffnungsbilanz wie folgt aus:

Eröffnungsbilanz (in 1000 Fr.)

Liquide Mittel	40	Darlehen	10
Wertschriften	10	Kapital Langsam	40
	50		50

Sie kaufen ein Auto von 25 000,– Fr., Herr Schnell erhält 70 000,– Fr. an Lohn pro Jahr. Die übrigen Auszahlungen pro Jahr belaufen sich auf 10 000,– Fr. für Benzin und 4000,– Fr. für Steuern, Versicherung und kleinere Reparaturen.
Die Einzahlungen betragen 100 000,– Fr. Im ersten Jahr wird das Auto um 10 000,– Fr. abgeschrieben. Zudem werfen die Wertschriften einen Ertrag von 10 % ab und für das Darlehen müssen sie 5 % Zins bezahlen.

a) Wie lauten die Buchungssätze für die Geschäftsfälle im ersten Jahr?

b) Wie sehen Bilanz und Erfolgsrechnung nach dem ersten Jahr aus?

c) Wie hoch sind Eigen- und Gesamtkapitalrentabilität? Gehen Sie dabei von der Annahme aus, dass der Gewinn am Ende des Jahres anfällt.

A 10 Erstellen Sie eine Bilanz und eine Erfolgsrechnung (ohne Zahlen), welche genau den gesetzlichen Minimalvorschriften entsprechen.

A 11 «Der Gewinn wird in der Erfolgsrechnung ermittelt und am Jahresende auf die Bilanz übertragen.» Nehmen Sie Stellung zu dieser Aussage.

Buchführung und Jahresabschluss in der doppelten Buchführung

A 12 Kann eine Unternehmung innerhalb einer Rechnungsperiode einen Verlust erzielen und gleichzeitig am Jahresende mehr liquide Mittel (Kassa-, Bank- und Postguthaben) haben? Begründen Sie Ihre Antwort.

A 13 Zur Berechnung der Abschreibungen stehen verschiedene Verfahren zur Verfügung.

a) Beschreiben Sie die verschiedenen Verfahren.

b) Wann wird welches Verfahren eingesetzt?

A 14 Abschreibungen können direkt oder indirekt verbucht werden.

a) Erklären Sie die beiden Verfahren.

b) Wie verbuchen Sie bei indirekter Verbuchung der Abschreibungen das Ausscheiden einer Anlage aus dem Bestand der Unternehmung (Verkauf, Liquidation oder Schaden), falls der Verkaufserlös

- dem Buchwert der Anlage entspricht,
- grösser als der Buchwert der Anlage ist,
- unter dem Buchwert der Anlage liegt?

L▶ S.431

A 15 Der Leiter der Produktionsabteilung beschwert sich: «Im Rahmen der Kostenrechnung werden meine Produktionsanlagen über 6 Jahre linear auf Null angeschrieben. Wenn ich nun die Anlage beispielsweise insgesamt 9 Jahre benutze, werden mir für die Jahre 7 bis 9 weiterhin Abschreibungen belastet, obwohl die Anlage bereits abgeschrieben ist. Das ist ungerecht! So werden meinen Produkten letztlich zu viele Abschreibungen belastet, was die Kosten der Produkte als zu hoch erscheinen lässt. Ich bin der Meinung, dass für die Jahre 7 bis 9 keine Abschreibungen auf den Produktionsanlagen mehr vorgenommen werden dürfen!» Nehmen Sie aus betriebswirtschaftlicher Sicht Stellung zum beschriebenen Problem.

A 16 In Zeitungsberichten kann man immer wieder lesen, dass Banken Rückstellungen für Risiken aus dem Kreditgeschäft bilden.

a) Welcher Sachverhalt liegt dieser Massnahme zugrunde?

b) Wie würden Sie diese Risiken in Bilanz und Erfolgsrechnung berücksichtigen (verbuchen)?

A 17 Erläutern Sie die Gemeinsamkeiten und die Unterschiede von transitorischen Passiven und Rückstellungen.

A 18 Eine Bau-Unternehmung hat im Verlauf der Jahrzehnte enorme stille Reserven in Form von unterbewerteten Aktiven und überbewerteten Passiven gebildet. Sie möchte nun zur Realisierung eines grossen Bauvorhabens auf diese Reserven zurückgreifen, also das Projekt mit den stillen Reserven finanzieren. Die Geschäftsleitung weiss jedoch nicht so recht, wie das konkret funktionieren soll. Helfen Sie!

Analyse von Bilanz und Erfolgsrechnung

A 19 Finanzwirtschaftlichen Kennzahlen kommt aus verschiedenen Gründen eine grosse Bedeutung zu.

a) Wer ist an finanzwirtschaftlichen Kennzahlen interessiert und warum?

b) Wozu können die Finanzkennzahlen Rentabilität, Liquidität, Verschuldungsgrad und Anlagendeckungsgrad verwendet werden?

A 20
L▶ S.431
Sie werden von einem ehemaligen Schulfreund angefragt, ob Sie ihm ein Darlehen für die Erweiterung seines Sanitärgeschäftes geben könnten. Der Darlehensbetrag müsse mindestens 15 000,– Fr. betragen, über den Zinssatz und die Laufzeit könne man noch reden. Beiliegend sendet er Ihnen folgende Bilanz:

Bilanz per 31.12.1996

Kasse	300	Lieferantenkredit	400
Bank	4 000	kurzfr. Bankkredit	1 500
Debitoren	200	langfr. Bankkredit	20 000
Materiallager	9 000	Aktienkapital	30 000
Fahrzeuge	12 000	Reserven	10 000
Lagerhalle	40 000	Gewinnvortrag	3 600
	65 500		65 500

a) Würden Sie ihm ein Darlehen gewähren? Begründen Sie Ihre Antwort mit einer Bilanzanalyse, bei der Sie folgende Kennzahlen berechnen:

- Rentabilität,
- Liquidität,

- Eigenfinanzierungsgrad,
- Anlagendeckungsgrad.

b) Was würden Sie neben der Bilanz noch untersuchen?

A 21 In der chemischen Industrie der Schweiz beträgt der Anteil des Anlagevermögens am Gesamtvermögen (Anlageintensität) ca. 55%. Eine grössere Chemieunternehmung weist demgegenüber eine Anlageintensität von nur 37% auf. Nennen und erläutern Sie mögliche Ursachen für diese markante Abweichung vom Branchendurchschnitt.

A 22 Die Schlux AG hat ihre Kapitalstruktur für das Planjahr 19.1 aufgestellt
L▶ S.432
und ist zu folgendem Resultat gekommen (in 1000 Fr.):

- Aktienkapital 1500
- Reserven 600
- Fremdkapital 1000

Der Jahresgewinn wird auf 300 budgetiert. Der Zinssatz, der für das Fremdkapital im Durchschnitt voraussichtlich bezahlt werden muss, wird auf 6% geschätzt. Wie hoch ist die Eigen- und die Gesamtkapitalrentabilität der Schlux AG für das Planjahr? Gehen Sie bei Ihren Berechnungen von zwei verschiedenen Annahmen aus:

a) Der budgetierte Jahresgewinn sammelt sich linear über das Jahr an.

b) Der budgetierte Jahresgewinn fällt erst am Ende der Planperiode an.

A 23 Berechnen Sie aufgrund folgender Angaben (in Franken) das betriebsnotwendige Kapital, den Betriebserfolg (Betriebsergebnis) sowie die Rendite des Eigen- und Gesamtkapitals:

	1.1.96	31.12.96
▪ Bilanzsumme (inkl. 150 000 betriebsfremde Beteiligungen)	850 000	885 000
▪ Stille Reserven (auf Aktiven)	80 000	75 000
▪ Fremdkapital	300 000	320 000
▪ ausgewiesener Unternehmungserfolg		35 000
▪ davon Beteiligungserfolg		5 000
▪ als Aufwand verbuchte Zinsen auf FK		12 000
▪ als Aufwand verbuchte Zinsen auf EK		15 000

Der erzielte Umsatz beträgt 1 200 000 Fr.

Kapitalflussrechnung

A 24 Ein Aktionär fragt an der Generalversammlung den Verwaltungsrat: «Ich sehe in Geschäftsberichten von anderen Unternehmungen immer wieder sog. Kapitalflussrechnungen.» Geben Sie als Assistentin des Verwaltungsrates auf folgende Fragen eine klare, kompetente und kurze Antwort:

a) Was ist das Ziel einer Kapitalflussrechnung?

b) Was ist dabei unter einem Fonds zu verstehen?

c) Wie gliedert sich eine Kapitalflussrechnung?

d) Welche Rolle spielt dabei der Cash-flow?

e) Welche Informationen kann ich als Aktionär aus einer Kapitalflussrechnung gewinnen?

A 25 Der Begriff des «Cash-flows» ist in den letzten Jahren immer mehr in den Vordergrund gerückt.

a) Was sagt die Finanzgrösse Cash-flow aus?

b) Beurteilen Sie die oft verwendete Definition «Cash-flow = Jahresgewinn + Abschreibungen».

c) Welches sind die Gründe, dass der Cash-flow immer häufiger berechnet und veröffentlich wird?

A 26 In der Praxis wird für die Kapitalflussrechnung zunehmend der Fonds «flüssige Mittel» (Kassa-, Bank- und Postcheckguthaben) verwendet. Welche Gründe sprechen für und welche gegen die Verwendung dieses Fonds anstelle des Fonds «Nettoumlaufvermögen»?

A 27 Zeigen Sie den Zusammenhang zwischen Bilanz, Erfolgsrechnung und Geldflussrechnung (Kapitalflussrechnung).

Finanzielle Führung

A 28 Eine Unternehmung mit beschaffungssynchroner Fertigung hat einen Umsatz von 1,8 Mio. Fr./Jahr. Der Anteil der Kosten am Umsatz wird wie folgt geschätzt:

- Materialkosten: 40%
- Lohnkosten: 25%
- Herstellgemeinkosten: 10%
- Verwaltungs- und Vertriebsgemeinkosten: 10%

Die Lohnkosten fallen durchschnittlich 15 Tage nach Produktionsbeginn, die Herstellgemeinkosten unmittelbar bei Produktionsbeginn und die Verwaltungs- und Vertriebsgemeinkosten 60 Tage nach Produktionsbeginn an. Zusätzlich sind folgende Informationen bekannt:

- ø Fertigungszeit: 60 Tage
- ø Lagerdauer der Enderzeugnisse: 15 Tage
- ø Debitorenfrist: 45 Tage
- ø Kreditorenfrist: 60 Tage

Wie hoch ist der maximale Kapitalbedarf für das Umlaufvermögen?

A 29 Berechnen Sie aufgrund folgender Angaben den maximalen Kapitalbedarf
L▶ S.433 (Runden Sie auf ganze Frankenbeträge):

- Der geplante Umsatz pro Jahr beträgt 5 Mio. Fr.
- Die Materialkosten betragen 25%, die Lohnkosten 30%, die Herstellgemeinkosten 12%, die Verwaltungs- und Vertriebskosten 10% des Umsatzes.
- Das eingekaufte Material liegt durchschnittlich 10 Tage an Lager, bevor es in die Produktion gelangt. Die Produktionszeit beträgt total 50 Tage. Die Fertiggüter liegen vor dem Verkauf nochmals 20 Tage am Lager. Die Debitorenfrist beträgt 45 Tage, die Kreditorenfrist 30 Tage.
- Die Lohnkosten werden 20 Tage nach Produktionsbeginn fällig, die Verwaltungs- und Vertriebskosten (VVGK) bei Verkauf sowie die Herstellgemeinkosten (HGK) bei Produktionsbeginn.

A 30 Der Finanzplan umfasst die Auswirkungen der übrigen Teilpläne einer Un-
L▶ S.433 ternehmung auf die Einnahmen und Ausgaben der Unternehmung.

a) Nennen Sie die wichtigsten Aufgaben der Finanzplanung.

b) Wann ist der Finanzplan ein Primärplan, d.h. ein Plan, aus dem die anderen Pläne (z.B. Absatz- und Produktionsplan) abgeleitet werden?

c) Welchen Stellenwert haben Bilanzkennziffern im Rahmen der Finanzplanung?

A 31 Ergänzen Sie folgenden kurzfristigen Liquiditätsplan, und errechnen Sie den Bestand an liquiden Mitteln (Ka, Ba, Po) unter Berücksichtigung der kurzfristigen Forderungen und Verbindlichkeiten (nettomonetäres Umlaufvermögen) per Ende des 3. Quartals unter der Annahme, dass der Anfangsbestand 80 betragen hatte.

L▶ S.434

Einnahmen (in 1000 Fr.)	1. Quartal	2. Quartal	3. Quartal
Barverkäufe	450	300	300
Debitoreneingänge	500	600	200
Wertschriftenerträge	150	120	100
Total			
Ausgaben (in 1000 Fr.)	**1. Quartal**	**2. Quartal**	**3. Quartal**
Lohnaufwand	100	120	100
Barlöhne	50	30	–
Miete	10	10	10
Wareneinkauf auf Kredit	500	500	800
Lieferantenrechnungen	200	500	500
Zinsen	5	5	5
Total			
Liquidität pro Quartal			
Liquidität kumuliert			

A 32 Ihre Unternehmung ist im Anlagenbau tätig und hat den Zuschlag für ein Grossprojekt erhalten. Sie werden von der Unternehmungsleitung beauftragt, den Liquiditätsplan für das Projekt anhand von zwei Zahlungsvarianten zu erstellen. Sie können von folgenden Annahmen ausgehen:

1. Zeitplan

	Zeitpunkt
□ Auftragserteilung durch den Kunden	1.1.1996
□ Erste Bestellung von Rohmaterial und Bauteilen	1.1.1996
□ Erste Lieferung von Rohmaterial und Bauteilen	28.2.1996
□ Baubeginn	1.4.1996
□ Zweite Bestellung von Rohmaterial und Bauteilen	1.6.1996
□ Zweite Lieferung von Rohmaterial und Bauteilen	31.7.1996
□ Übergabe an den Kunden	31.12.1996

2. Auszahlungen
   - □ Rohmaterial und Bauteile: Zahlung 1 Monat nach Erhalt der Lieferung. Die Gesamtkosten verteilen sich gleichmässig auf die beiden Lieferungen.

- Personalkosten: Ab Baubeginn Akontozahlungen Ende Monat von jeweils 0,3 Mio. Fr. Der Rest wird bei Bauende ausbezahlt.
- Gemeinkosten: Sie verteilen sich gleichmässig auf die ganze Projektdauer und fallen jeweils Ende Monat an.

3. Kalkulationsgrundlagen

Offerte an den Kunden	100% (10 Mio. Fr.)
Rohmaterial und Bauteile	22%
Personalkosten	44%
Fertigungsgemeinkosten	15%
Verwaltungs- und Vertriebsgemeinkosten	12%

4. Zahlungsvarianten

Variante A:	30%	bei Auftragserteilung durch den Kunden
	30%	4 Monate nach Baubeginn
	20%	1 Monat nach Bauende
	20%	3 Monate nach Bauende
Variante B:	50%	2 Monate nach Baubeginn
	25%	bei Bauende
	25%	3 Monate nach Bauende

a) Erstellen Sie für die beiden Varianten eine Tabelle, die den monatlichen Barmittelbedarf bzw. -überschuss ausweist.

b) Welche Möglichkeiten sehen Sie zur Überbrückung eines kurzfristigen Zahlungsengpasses?

c) Wie kann ein längerfristiger finanzieller Engpass vermieden werden?

Betriebsbuchhaltung

A 33 Nennen Sie einige Probleme, die mit dem Aufstellen einer Kostenrechnung verbunden sind und zeigen Sie Ansatzpunkte zur Lösung dieser Probleme.

A 34 Worin liegt der Unterschied zwischen den Abschreibungen in der Finanzbuchhaltung und in der Betriebsbuchhaltung?

A 35 Welche Probleme ergeben sich im Zusammenhang mit den Gemeinkosten?

Kostentheoretische Grundlagen

A 36 Unternehmungen sind aus verschiedenen Gründen in der Regel nicht vollbeschäftigt.

a) Wie wird die Beschäftigung gemessen?

b) Welche Probleme entstehen bei der Messung der Beschäftigung einer Unternehmung?

c) Welches sind die Gründe, dass eine Unternehmung selten vollbeschäftigt ist?

A 37 In einer Zeitschrift machte ein Manager eines Industriebetriebes folgende Aussage: «Tendenziell gibt es immer weniger variable Kosten und dafür immer mehr fixe Kosten». Was meint der Manager damit und wie können Sie sich diesen Sachverhalt erklären?

A 38 Stellen Sie graphisch die verschiedenen möglichen Kostenverläufe (Gesamtkosten, Durchschnittskosten, Grenzkosten) bezüglich der Leistungsmenge und folgender Kostenverläufe dar:

- proportionale Kosten,
- fixe Kosten,
- fixe und proportionale Kosten,
- sprungfixe Kosten,
- degressive Kosten,
- progressive Kosten.

A 39 Die Mineral AG plant, eine vollautomatische Mineralwasserabfüllanlage zu beschaffen. Es stehen zwei Maschinen mit folgenden Daten zur Auswahl:

	Automat 1	Automat 2
▪ Fixkosten	16 000	36 000
▪ Maschinenkostensatz/Stunde	8,–	4,50
▪ Abfülleistung Harasse/Stunde	20	30

a) Bei welcher Beschäftigung lohnt es sich, die kapitalintensivere Anlage zu beschaffen?

b) Begründen Sie Ihre Lösung auch graphisch.

c) Welche Annahmen haben Sie bei Ihrer Lösung getroffen?

TESSERA PERSONA

Finanzierung

Grundlagen

A 1 Basis der finanziellen Führung einer Unternehmung bilden – neben den allgemeinen Unternehmungszielen – die Ziele der Finanzierung.

a) Erläutern Sie die Ziele der Finanzierung.

b) Welche Unternehmungsziele haben einen grossen Einfluss auf die finanzielle Führung?

c) Suchen Sie nach möglichen Zielkonflikten innerhalb der Finanzierung sowie zwischen der Finanzierung und anderen Unternehmungsbereichen.

Beteiligungsfinanzierung

A 2 Erläutern Sie die Vor- und Nachteile der Beteiligungsfinanzierung bei den verschiedenen Gesellschaftsformen nach schweizerischem Recht.

A 3 Beurteilen Sie die Mindesthöhe des Aktienkapitals der Aktiengesellschaft (100 000,– Fr.) aus betriebswirtschaftlicher Sicht.

A 4 Aktiengesellschaften können entweder mit einer Bar- oder mit einer Sacheinlage gegründet werden.

a) Was versteht man unter einer Bar- bzw. Sacheinlagegründung?

b) Welche gesetzlichen Vorschriften müssen bei einer Sacheinlagegründung beachtet werden?

c) Wo liegen die betriebswirtschaftlichen Probleme einer Gründung mit Sacheinlage?

A 5 Die Anteile der Aktionäre an der Unternehmung können in Form von Inhaber- oder Namenaktien ausgegeben werden.

a) Welches sind die Unterschiede zwischen Inhaber- und Namenaktien?

b) Welche betriebswirtschaftliche Bedeutung kommt dieser Unterteilung der Aktien zu?

c) Beurteilen Sie die vinkulierte Namenaktie aus Sicht der Aktionäre und der Unternehmung.

A 6 Die börsenkotierte Xenon AG plant zur Finanzierung ihres Wachstums eine Kapitalerhöhung. Dabei macht die Gründerfamilie, welche die Aktienmehrheit hält, starke Vorbehalte gegenüber der Öffnung der Unternehmung für weitere Aktionärskreise geltend. Die Xenon AG prüft deshalb die Ausgabe von Partizipationsscheinen.

a) Für welche betriebswirtschaftlichen Tatbestände ist der Partizipationsschein vorgesehen?

b) Welche Probleme stellen sich bei der Finanzierung mit Partizipationsscheinen in der Praxis?

c) Nennen Sie die Vorteile der von der Xenon AG gewählten Lösung gegenüber einer Fremdfinanzierung.

A 7 Bei einer Kapitalerhöhung stellt sich immer wieder das Problem der Kapitalverwässerung.

a) Was versteht man unter einer Kapitalverwässerung?

b) Wie kann eine Kapitalverwässerung verhindert werden?

c) Welche Vor- und Nachteile ergeben sich aus einer Kapitalverwässerung
- für die bisherigen Aktionäre,
- für die neuen Aktionäre,
- für die Unternehmung?

A 8 «Die Festlegung des Ausgabekurses ist ein wichtiges Problem bei der Kapitalerhöhung einer Aktiengesellschaft». Beurteilen Sie diese Aussage.

A 9 Die Craduva AG gedenkt eine Kapitalerhöhung im Verhältnis 5:1 durchzuführen. Der mittlere Kurs für Craduva-Aktien lag in den letzten Tagen bei 735,– Fr. Der Ausgabekurs für die neuen Aktien wurde auf 500,– Fr. (nominal 350,– Fr.) festgesetzt.

a) Berechnen Sie den Wert eines Bezugsrechts.

b) Nennen Sie mögliche Faktoren, welche den Preis eines Bezugsrechts in der Praxis beeinflussen.

A 10 Eine Aktiengesellschaft plant eine Kapitalerhöhung, die 6 Mio. Fr. an flüssigen Mitteln bringen soll. Die neuen Aktien sollen gleich ausgestaltet sein wie die bisherigen. Zurzeit besteht das Aktienkapital aus 120 000 Aktien mit einem Nominalwert von 100,– Fr./Aktie. Nach Ankündigung der Kapitalerhöhung wird ein Börsenkurs der bisherigen Aktien von 300,– Fr. erreicht.

a) Welchen Spielraum hat die Aktiengesellschaft bei der Festlegung des Emissionskurses?

b) Wie hoch ist der rechnerische Wert des Bezugsrechts, falls ein Emissionskurs von 125,– Fr. festgesetzt wird?

c) Wie hoch wird der theoretische Börsenkurs der neuen und alten Aktien – bei gleicher Dividendenberechtigung – nach der Kapitalerhöhung sein?

A 11 Die Firma Winkler AG beabsichtigt, eine Kapitalerhöhung durchzuführen.
L▶ S.435 Grosse Minderheitspakete befinden sich in den Händen der Erben der Gründerfamilie. Das Aktienkapital soll von 50 Mio. Fr. auf 61 Mio. Fr. erhöht werden. Der Nennwert einer alten Namenaktie beträgt 1000,– Fr. Die neuen Aktien werden mit dem gleichen Nennwert wie die bisherigen versehen. Das Bezugsverhältnis beträgt 5:1. 1000 Aktien werden unter Ausschluss des Bezugsrechts der bisherigen Aktionäre ausgegeben. Sie stehen dem Verwaltungsrat zur weiteren Verfügung. Der Börsenkurs vor Ausgabe der neuen Aktien steht auf 4000,– Fr.

a) Nennen Sie mögliche Gründe, die eine Unternehmung zu einer Kapitalerhöhung veranlassen können.

b) Wie hoch muss der Ausgabekurs (Emissionskurs) der neuen Aktien sein, wenn den bisherigen Aktionären ein Bezugsrecht im Wert von 200,– Fr. zugestanden werden soll?

c) Wie kann der Verwaltungsrat die zurückbehaltenen Aktien verwenden? Welche Probleme sind in diesem Zusammenhang zu beachten?

A 12 Das Aktienkapital einer Unternehmung soll um 1,2 Mio. Fr. auf 8,4 Mio. Fr. erhöht werden, wobei der Nominalwert beibehalten wird. Der Kurs der alten Aktien beträgt vor der Kapitalerhöhung 360,– Fr.
L▶ S.436

a) Zu welchem Kurs müssen die neuen Aktien ausgegeben werden, wenn ein Kurs nach Kapitalerhöhung von 340,– Fr. angestrebt wird?

b) Wie hoch ist der rechnerische Wert des Bezugsrechts?

A 13 Die Luma AG plant eine Kapitalerhöhung von 6,3 Mio. Fr. auf 7,7 Mio. Fr. Das bisherige Aktienkapital ist eingeteilt in 54 000 Inhaberaktien mit einem Nennwert von 100,– Fr. und in 4500 Namenaktien mit einem Nennwert von 200,– Fr. Das Verhältnis zwischen Inhaber- und Namenaktien soll sich durch die Kapitalerhöhung nicht ändern.
L▶ S.436

Die Inhabertitel haben kurz vor der Kapitalerhöhung einen Kurswert von 180,– Fr., die Namentitel einen Kurswert von 340,– Fr. Der Ausgabekurs der Inhaberaktien wird auf 120,– Fr., der Ausgabekurs der Namenaktien auf 240,– Fr. festgesetzt.

a) Wie hoch ist das Bezugsverhältnis der Inhaber- und der Namentitel?

b) Berechnen Sie beide Bezugsrechte.

c) Berechnen Sie den Durchschnittskurs beider Aktienkategorien nach der Kapitalerhöhung.

A 14 Die Frexon AG will ihr Aktienkapital von 40 Mio. Fr. auf 50 Mio. Fr. erhöhen. Der Nennwert der alten und neuen Aktien beträgt 100,– Fr., der aktuelle Börsenkurs unmittelbar nach Dividendenabgang und vor der Kapitalerhöhung 400,– Fr., die Dividende 10 %.
L▶ S.436

a) Wie hoch muss der Ausgabepreis angesetzt sein, damit sich ein rechnerischer Wert von 30,– Fr. für das Bezugsrecht ergibt?

b) Am 1. Tag des Bezugsrechtshandels beträgt der Börsenkurs für das Bezugsrecht 35,– Fr. Wie hoch muss dann der theoretische Aktienkurs sein?

c) Welche zukünftige Rendite ergibt sich für die Aktien der Frexon AG, wenn ein Investor am 1. Tag des Bezugsrechtshandels Aktien gekauft hat und er aufgrund der Aussagen der Geschäftsleitung von einer 10%igen Dividendenerhöhung für das nächste Jahr ausgehen kann?

d) Welche Annahmen haben Sie Ihren Berechnungen in c) zugrundegelegt?

A 15 L▶ S.437
Infolge einer Sanierung wurde der Nennwert einer Inhaberaktie von 500,– Fr. auf 100,– Fr. herabgesetzt. Zur Wiederaufstockung des Aktienkapitals führt die Gesellschaft nun eine Kapitalerhöhung zu folgenden Bedingungen durch:

- 288 000 Inhaberaktien à 100,– Fr. Nennwert,
- Bezugspreis: 110,– Fr. je junge Aktie.

1 alte Inhaberaktie berechtigt zum Bezug von 4 jungen Aktien. Als Bezugsrechtsnachweis dient Coupon Nr. 45 der Inhaberaktie. Der Börsenkurs am letzten Tag vor Beginn des Bezugsrechtshandels beträgt 186,– Fr.

a) Erklären Sie die Begriffe Bezugsverhältnis, Emissionsagio und Kapitalverwässerung.

b) Wie hoch ist der rechnerische Wert des Bezugsrechts?

c) Am letzten Tag des Bezugsrechtshandels notiert die Aktie ex Bezugsrecht zu 124,– Fr. Wie hoch war zu diesem Zeitpunkt der tatsächliche Wert des Bezugsrechts?

A 16 L▶ S.437
Die Aktionäre der Borken AG bewerten ihre Aktien nach dem Barwert der zukünftigen Dividenden. Aufgrund bisheriger Gegebenheiten wurde mit einer auf unbegrenzte Dauer gleichbleibenden jährlichen Ausschüttung von 15 Mio. Fr., d.h. 15,– Fr. je Aktie (Nominalwert 100,– Fr.) gerechnet.

a) Wie hoch ist der Wert einer Aktie, wenn die Aktionäre ihren Berechnungen einen Kalkulationszins von 10% zugrunde legen?

b) Die Borken AG gibt bekannt, dass eine ordentliche Kapitalerhöhung zu folgenden Bedingungen vorgesehen ist:

- Bezugsverhältnis 4:1,
- Emissionskurs 120,– Fr. pro neue Aktie.

Zudem wird mit einer Erhöhung der jährlichen Dividende um 5,– Fr. pro Aktie gerechnet. Um wieviel verändert sich in diesem Beispiel der Wert einer Aktie nach Ankündigung der Dividenden- und Kapitalerhöhung?

c) Bestimmen Sie den rechnerischen Wert des Bezugsrechts.

d) Nennen Sie mögliche Überlegungen, die zu einem Emissionskurs von 120,– Fr. und nicht zu einem höheren (z.B. 140,– Fr.) geführt haben.

A 17 Im Herbst 1990 erhöhte die Motor-Columbus AG ihr Aktienkapital von 225 Mio. Fr. auf 250 Mio. Fr. Folgende Eckwerte waren dabei von Bedeutung:

- Anzahl alte Aktien: 450 000 Stück à nom. 500 Fr.
- Tageskurs: 1355 Fr.
- Anzahl neue Aktien: 50 000 Stück à nom. 500 Fr.
- Bezugspreis: 1000 Fr.
- Bezugsverhältnis: 9:1

a) Wie hoch ist der Wert des Bezugsrechts?

b) Welche Berechnungen ergeben sich für

- einen bisherigen Aktionär, der keine neuen Aktien erwerben möchte?
- einen bisherigen Aktionär, der das Bezugsrecht ausüben will?
- einen neuen Aktionär?

A 18 In den letzten Jahren haben im Vergleich zu 1985 und vor allem zu 1986 wenige Unternehmungen den Weg eines Going Public beschritten. Wo können die Gründe dafür liegen?

A 19 Unter Going Public versteht man die Umwandlung einer privaten Aktiengesellschaft in eine Publikumsgesellschaft.

a) Welche Argumente sprechen bei einem Going Public für einen festen Ausgabekurs und welche für ein Tenderverfahren?

b) Warum wurde das Tenderverfahren in der Schweiz nur in einigen wenigen Fällen (z.B. Calida) gewählt?

Innenfinanzierung

A 20 Herr Bopp will ein neues Produkt herstellen, nach dem die Nachfrage sehr gross ist. Er kauft deshalb 4 Maschinen zu je 10 000,– Fr., die eine Nutzungsdauer von je 5 Jahren haben und linear abgeschrieben werden sollen. Weil die Nachfrage nach den Produkten in den nächsten Jahren noch zunehmen wird, möchte Herr Bopp den Maschinenbestand erhöhen. Da er zur Finanzierung der dazu notwendigen Maschinen weder zusätzliches Fremd- noch Eigenkapital aufnehmen kann, interessiert er sich für den sogenannten Kapazitätserweiterungseffekt.

a) Was ist unter dem Kapazitätserweiterungseffekt zu verstehen?

b) Wie gross ist der Maschinenbestand zu Beginn des 8. Jahres, wenn der Kapazitätserweiterungseffekt voll ausgenutzt werden kann?

c) Herr Bopp ist enttäuscht, dass der zu Beginn des 8. Jahres tatsächlich erreichte Maschinenbestand kleiner ist, als man aufgrund obiger Berechnung hätte erwarten können. Wo könnten die Ursachen für diesen Sachverhalt liegen?

A 21 L▶ S.438 Die Expans AG will in den nächsten Jahren ihren Umsatz erheblich ausdehnen. Deshalb beschafft sie sich 10 neue Maschinen mit folgenden Daten:

- Anschaffungspreis pro Maschine: 5000,– Fr.
- Nutzungsdauer einer Maschine: 5 Jahre
- Kapazität pro Maschine und Jahr: 10 000 Einheiten.

Die Maschinen können vom ersten Jahr an voll ausgelastet und linear abgeschrieben werden. Da die Expans AG mit einer kontinuierlichen Ausweitung ihres Umsatzes rechnet, ist sie interessiert zu wissen, ob sie die dazu notwendigen Maschinen aus den Abschreibungen finanzieren kann. Ist dies möglich, wenn die Expans AG für das 7. Jahr (nach Beschaffung der 10 Maschinen) eine Umsatzerhöhung von total 65 % erwartet?

A 22 Der Kapazitätserweiterungseffekt bezeichnet einen wichtigen Sachverhalt im Rahmen der Finanzierung aus Abschreibungsgegenwerten.

a) Beschreiben Sie den Kapazitätserweiterungseffekt.

b) Erläutern Sie den Zusammenhang zwischen Kapazitätserweiterungseffekt und Abschreibungsmethode anhand eines einfachen Beispiels.

c) Wie beeinflusst die Höhe der Abschreibungen den Kapazitätserweiterungseffekt?

d) Inwiefern beeinflusst die Höhe des Cash-flows den Kapazitätserweiterungseffekt?

A 23 Welche Vor- und Nachteile der Selbstfinanzierung ergeben sich gegenüber der Beteiligungsfinanzierung und der Kreditfinanzierung?

A 24 In der Praxis wird häufig auf die grosse Bedeutung der Selbstfinanzierung für die Unternehmungen hingewiesen.
L▶ S.438

a) Welche Sachverhalte werden angesprochen, wenn auf «die grosse Bedeutung der Selbstfinanzierung» verwiesen wird?

b) Sehen Sie auch Probleme, die mit einer starken Selbstfinanzierung verbunden sind?

c) Welches sind die Gefahren einer verdeckten Selbstfinanzierung?

A 25 In der Literatur wird immer wieder betont, dass die Selbstfinanzierung die ideale Finanzierungsart für eine Unternehmung sei.
L▶ S.440

a) Was versteht man unter Selbstfinanzierung?

b) Beurteilen Sie, ob und wie die folgenden Phänomene die Selbstfinanzierung beeinflussen können:
- Lohmann-Ruchti-Effekt,
- Leverage-Effekt,
- Dividendenpolitik,
- Innenfinanzierung,
- Kapitalverwässerung.

c) Beurteilen Sie, ob und wie die Selbstfinanzierung die folgenden Grössen und Sachverhalte beeinflussen kann:
- Ertragswert einer Unternehmung,
- Cash-flow (mit Fonds NUV),
- Beteiligungsfinanzierung,
- Kreditfinanzierung,
- Rentabilität.

A 26 Welches sind die Vor- und Nachteile – sowohl aus Sicht des Aktionärs als auch aus Sicht der Unternehmung – in bezug auf die verschiedenen
- Dividendenformen?
- dividendenpolitischen Systeme?

A 27 In der Schweiz wird vielen Unternehmen immer wieder vorgeworfen, dass sie eine gewinnunabhängige Ausschüttung verfolgen. Nennen Sie Argumente für und gegen diese Haltung.
L▶ S.440

Kreditfinanzierung

A 28 Die Zahlungsbedingungen der Stadelmann AG lauten wie folgt:

- Rechnungsbetrag zahlbar innerhalb 60 Tagen,
- bei Zahlung innerhalb von 20 Tagen 2% Skonto.

Was – ausgedrückt als jährlicher Kreditzins – kostet die volle Ausnutzung des 60tägigen Zahlungsziels?

A 29 L▶ S.441 Ein Handelsbetrieb hat sich bisher mit 3-Monats-Wechseln, diskontierbar zu 4 %, finanziert. Als Alternative besteht nun die Möglichkeit der Kapitalaufnahme über einen Kontokorrent-Kredit, der jeweils Ende Jahr abgerechnet wird. Wie hoch darf der Kontokorrentzinssatz (p.a.) maximal sein, damit sich eine Umstellung lohnt (Kalkulationszinssatz pro Quartal 2%)?

A 30 L▶ S.441 Die Baufirma Kobit AG steht in Vertragsverhandlungen mit der Blanzak AG. Die Blanzak AG möchte eine neue Fabrikhalle bauen lassen. Die Bauzeit (6 Monate), der Festpreis (550 000,– Fr.) und die Zahlungsmodalitäten stehen bereits fest:

- 230 000,– Fr. sofort,
- 140 000,– Fr. nach drei Monaten,
- 180 000,– Fr. nach sechs Monaten.

Kurz vor Vertragsabschluss lässt die Blanzak AG durchblicken, dass sie aufgrund eines finanziellen Engpasses lieber erst nach der Fertigstellung zahlen möchte.

Die Kobit AG hat bei ihrer Bank die Kreditlimiten noch nicht ausgeschöpft. Die Bank berechnet einen Kreditzins von 2,5% pro Vierteljahr. Um wieviel muss die Kobit AG den Preis erhöhen, damit es für sie vorteilhafter wird, auf die Vorauszahlungen zu verzichten.

A 31 Welches könnten die Gründe dafür sein, dass viele Abnehmer den ihnen gewährten Skonto nicht ausnutzen, obschon die effektive Zinsbelastung in der Regel sehr hoch ist?

A 32 Eine beliebte Möglichkeit der Finanzierung bei Familiengesellschaften sind Aktionärsdarlehen.

a) Beurteilen Sie das Aktionärsdarlehen aus Sicht der Aktionäre, der Unternehmung und der Gläubiger.

b) Unter welchen Voraussetzungen ist das Aktionärsdarlehen sinnvoll?

A 33 Bei einer Finanzierung über Obligationenanleihen stehen der Unternehmung mehrere Möglichkeiten zur Verfügung.

a) Vergleichen und beurteilen Sie die Aktie mit der «gewöhnlichen» Obligation und der Wandelobligation.

b) Welche Überlegungen stellen Sie an, wenn Sie sich entweder für eine Wandel- oder für eine Optionsanleihe entscheiden müssen?

A 34 L▶ S.441 Herr Müller ist soeben glücklicher Lotto-Millionär geworden. Nach Abzug der Steuern verbleiben ihm allerdings nur noch 800 000,– Fr. Beraten Sie Herrn Müller aufgrund der folgenden Angaben, wie er seinen Lottogewinn am 1.1.1996 für ein Jahr anlegen kann.

	1.1.1996	31.12.1996
▪ 5% Optionsanleihe Flama AG 1993–1998 :		
□ Kurs mit Optionsschein	100 %	–
□ Kurs ohne Optionsschein	97,5 %	97,5 %
▪ Kurs der Aktie Flama AG (Dividende: 40,– Fr./Aktie)	800,– Fr.	905,– Fr.

- Nominell 2000,– Fr. der Optionsanleihe sind mit einem Optionsschein ausgestattet, der bis zum 31.12.96 zum Erwerb einer Aktie der Flama AG zum Kurs von 850,– Fr. berechtigt.

a) Nennen Sie aufgrund der gegebenen Informationen die möglichen Anlagevarianten.

b) Welche Variante wird Herr Müller wählen, wenn er den Jahresgewinn maximieren will?

c) Welche Faktoren sind bei der Wahl der Anlagestrategie noch zu berücksichtigen?

A 35 L▶ S.442 Die Bureba AG hat die Möglichkeit, Eigenkapital über eine Kapitalerhöhung oder eine Wandelanleihe aufzunehmen. Beurteilen Sie als Assistent des Finanzchefs der Bureba AG die beiden Varianten anhand von vier verschiedenen Kriterien, wobei Sie von folgenden Informationen ausgehen können:

- Variante A: 6% Wandelanleihe 1991–99, 5000,– Fr. nominal berechtigen zum Bezug einer Aktie zum Preis von 5000,– Fr.
- Variante B: Kapitalerhöhung mit Ausgabepreis 4000,– Fr. und Bezugsverhältnis 2:1.

Der Kurswert der Aktie beträgt zur Zeit 4500,– Fr., der Nennwert lautet auf 1000,– Fr. und der Dividendensatz ist auf 10% festgelegt.

A 36 L▶ S.443

Sie bewerben sich für die Stelle eines Assistenten im Bereich Finanzwesen. Ihre Bewerbungsgespräche sind positiv verlaufen, so dass Sie zu einem letzten Gespräch eingeladen werden. Anwesend sind die Personalchefin und Ihr zukünftiger Chef im Bereich Finanzwesen.

Um Sie einem letzten Test zu unterziehen, wird Ihnen vom Finanzchef folgende Frage gestellt: «Meine frühere Assistentin sollte mir ihre Überlegungen zum Problem Obligationenanleihe oder Leasing aufgrund der nachstehenden Daten abgeben:

- Obligationenanleihe von 10 000 000,– Fr. auf 10 Jahre fest, Zins 5%. Emissionskosten von 300 000,– Fr., Zinskosten von 5 000 000,– Fr. und die Rückzahlung der Schuld von 10 000 000,– Fr. ergeben totale Auszahlungen von 15 300 000,– Fr.
- Leasing auf einen Betrag von 10 000 000,– Fr., rückzahlbar innert 10 Jahren. Die Bereitstellungsgebühr von 50 000,– Fr. und 120 monatliche Mieten à 111 500,– Fr. ergeben totale Auszahlungen von 13 430 000,– Fr.

Sie schlug mir die Variante Obligationenanleihe vor (aufgrund des Kalkulationszinssatzes von 5%), von der ich aber überhaupt nicht überzeugt war. Meiner Meinung nach überwog eindeutig die Leasing-Variante, wie sich leicht aus der Datenkonstellation ersehen lässt.»

a) Wie stellen Sie sich zur Aussage des Finanzchefs bzw. seiner Assistentin? Begründen Sie Ihre Antwort.

b) Wie würde Ihre Lösung aufgrund Ihrer Aussage in a) aussehen?

Optimale Finanzierung

A 37 L▶ S.443

Zur Vorfinanzierung des Exportes elektronischer Erzeugnisse nach Polen benötigt Frau Kattowy 400 000 Fr. Sie schätzt, dass vor Abzug der Kapitalzinsen ein Gewinn von 24 000 Fr. resultiert. Ihr stehen die folgenden drei Finanzierungsvarianten zur Verfügung:

- Variante 1: 100% Eigenfinanzierung
- Variante 2: 50% Eigenfinanzierung, 50% Fremdfinanzierung
- Variante 3: 20% Eigenfinanzierung, 80% Fremdfinanzierung.

Der durchschnittliche Fremdkapitalzinssatz beträgt 6%.

a) Bestimmen Sie die Eigenkapitalrentabilitäten der einzelnen Varianten.

b) Schlagen Sie Frau Kattowy eine der drei Varianten vor und begründen Sie Ihren Entscheid.

A 38 Die Modeboutique Donna Gioia von Frau Loredana ist mit 140 000 Fr. Eigenkapital und mit 60 000 Fr. Fremdkapital finanziert. Für die Fremdkapitalzinsen wendet Frau Loredana zur Zeit 3900 Fr. auf. Der Jahresgewinn des letzten Jahres, der auch in Zukunft mindestens in der gleichen Höhe erwartet wird, beträgt 5000 Fr.

a) Hat Frau Loredana die Möglichkeit, durch zusätzliches Fremdkapital die Eigenkapitalrentabilität zu erhöhen?

b) Welche Probleme sind von Frau Loredana zu beachten?

A 39 Die Unternehmungsleitung der Wamms AG diskutiert im Rahmen der Festlegung der Unternehmungspolitik auch ihre Finanzpolitik. Als Diskussionsgrundlage legt der Finanzchef folgende vereinfachte Bilanz vor:

L▶ S.444

Bilanz per 30.6.1996 (in Mio. Fr.)

UV	62	FK	40
AV	38	EK	60
	100		100

Aus der Erfolgsrechnung kann man zudem entnehmen, dass der Bruttogewinn 12 Mio. Fr. beträgt. Für FK-Zinsen wurden 2 Mio. Fr. bezahlt.

a) Kann der Leverage-Effekt in diesem Beispiel ausgenützt werden?

b) Wie ändert sich das Resultat, wenn der Nettogewinn mit 40% besteuert wird?

c) Die Unternehmungsleitung überlegt sich, ob sie durch Ausgabe einer Obligationenanleihe von 40 Mio. Fr. mit einer 7%igen Verzinsung Eigenkapital ersetzen soll. Wie hoch muss der Bruttogewinn sein, damit der Leverage-Effekt zum Tragen kommt?

d) Wie beurteilen Sie diese Anleihensausgabe aus betriebswirtschaftlicher Sicht?

A 40 Für die Durchführung eines Informatikprojektes, das nach einem Jahr abgeschlossen sein wird, gründen fünf ehemalige Informatikstudenten eine Gesellschaft auf Zeit. Das vielversprechende Projekt benötigt einen Kapitaleinsatz von 1 250 000 Fr. Leider belaufen sich die Eigenmittel der Gesellschafter nur auf 250 000 Fr.

L ▶ S. 445

Die Mercy-Bank bietet ein Darlehen über maximal 1 Mio. Fr. zu 7,5% Zins. Die Gesellschafter stehen deshalb vor der Entscheidung, weitere Eigenkapitalgeber zu suchen oder das Angebot der Mercy-Bank zu akzeptieren.

Hinsichtlich des wirtschaftlichen Ergebnisses rechnen die Informatiker mit folgender Verteilung des Einzahlungsüberschusses:

- im besten Fall 165 000 Fr.
- im schlechtesten Fall 105 000 Fr.
- im wahrscheinlichsten Fall 135 000 Fr.

a) Die Gesellschafter entschliessen sich, das Angebot der Mercy-Bank in vollem Umfang in Anspruch zu nehmen. Berechnen Sie für alle drei Fälle die erzielbare Eigenkapitalrentabilität.

b) Die Unternehmer haben in der Zwischenzeit doch noch weitere Eigenkapitalgeber gefunden. Berechnen Sie die Eigenkapitalrentabilitäten wie bei a) für den Fall, dass nur ein Bankdarlehen im Betrag von

- Variante 1: 750 000 Fr.
- Variante 2: 500 000 Fr.
- Variante 3: 250 000 Fr.
- Variante 4: 0 Fr.

in Anspruch genommen würde.

c) Wie ändert sich der jeweilige Verschuldungsgrad bei den in a) und b) betrachteten Fällen?

d) Erklären Sie anhand der Ergebnisse von a) und b) den Zusammenhang zwischen Ertragschance/-risiko und Verschuldungsgrad.

A 41 Die Koslin AG will ein Projekt durchführen, für das 50 Mio. Fr. notwendig sind. Die Koslin AG hat zwei Kapitalbeschaffungsmöglichkeiten:

1. Ausgabe einer Obligationenanleihe zu einem Zinssatz von 5%, Laufzeit 10 Jahre, Ausgabekurs 100%.
2. Aktienkapitalerhöhung. Nominalwert einer Aktie 100,– Fr., Ausgabekurs 100%.

a) Als Assistent des Abteilungsleiters Finanzen müssen Sie die beiden Varianten beurteilen, wobei Ihnen noch folgende zusätzliche Daten zur Verfügung stehen:

Bilanz per 31.12.1996 (in Mio. Fr.)

Umlaufvermögen	50	Fremdkapital	80
Anlagevermögen	150	Reserven	20
		Aktienkapital	100
	200		200

- Gesamtkapitalrentabilität: 10 %
- Durchschnittlicher FK-Zinssatz: 5 %
- Projektgewinn/Jahr: 10 Mio. Fr.

b) Wie hoch dürfte der FK-Zinssatz der Obligationenanleihe maximal sein, damit der Leverage-Effekt noch ausgenützt werden kann?

A 42
L▶ S. 447
Eine Familien-AG benötigt infolge Diversifikation zusätzliches Kapital, das sie sich entweder durch Eigenkapital (Familienmitglieder) oder mittels einer Obligationenanleihe beschaffen kann. Erläutern Sie Kriterien, die zur Beurteilung der beiden Alternativen herangezogen werden können.

A 43
L▶ S. 447
Die Firma Weber & Hauri, die Keramikerzeugnisse herstellt, weist in ihrer Bilanz folgende Zahlen aus:

Bilanz per 31.12.1996 (in 1000 Fr.)

Kasse	50	Fremdkapital	1 200
Waren	700	Kapital Weber	300
Übrige Aktiven	1 050	Kapital Hauri	150
		Privat Weber	100
		Privat Hauri	50
	1 800		1 800

Ergänzende Informationen zur Bilanz:

- Unter dem Posten «Übrige Aktiven» befinden sich Liegenschaften im Wert von 0,5 Mio. Fr., die zu 60 % hypothekarisch belastet sind.
- Die Unternehmung besitzt keine Wertpapiere.

Der Jahresumsatz beträgt zur Zeit rund 3 Mio. Fr. und kann sich in den nächsten Jahren nur um etwa 5 % pro Jahr erhöhen. Die Umsatzgewinnrate wurde mit 5 % berechnet. Die Unternehmung muss innerhalb der nächsten Jahre zwei grössere Investitionen tätigen:

- Anschaffung einer Bechertaktstrasse (zum automatischen Drehen von Bechern).
- Anschaffung einer Trockenanlage (zur Trocknung der Keramikprodukte vor dem Brennen).

Der Investitionswert für beide Anlagen beträgt 1,5 Mio. Fr.

a) Um welche Rechtsform handelt es sich bei dieser Unternehmung?

b) Erläutern Sie konkrete Formen der Finanzierung für die angesprochenen Investitionsprojekte unter Berücksichtigung der momentanen Rechtsform.

c) Weber und Hauri erwägen – wegen des relativ grossen Ausmasses der Investition – eine Änderung der Rechtsform. Stellen Sie anhand von zwei weiteren in Frage kommenden Rechtsformen die Möglichkeiten der Finanzierung sowohl mit Eigenkapital als auch mit Fremdkapital dar.

d) Welche Möglichkeiten sehen Sie für die Unternehmung – neben der Änderung der Rechtsform –, die Finanzierung der notwendigen Investitionen zu sichern?

A 44 Finanzierungsregeln sind wichtige Instrumente bei der Gestaltung der optimalen Kapitalstruktur.

a) Wo liegt die Problematik bei der Aufstellung von Finanzierungsregeln?

b) Beschreiben Sie die wesentlichen Aspekte der Selbstfinanzierung und der Fremdfinanzierung in bezug auf die Finanzierungsregeln.

Investition

Grundlagen

A 1 Investitionsentscheiden werden in der Praxis eine grosse Bedeutung zugemessen. Wie können Sie sich diese Tatsache erklären?

A 2 Als Investition im engeren Sinne bezeichnet man die Umwandlung finanzieller Mittel in materielle Güter.

L▶ S.449

a) Welchen Stellenwert geben Sie der Investitionspolitik im Rahmen der Unternehmungspolitik und wer soll über Investitionen entscheiden?

b) Nennen Sie Motive bzw. Ziele, die Investitionen auslösen.

c) Welche grundsätzlichen Probleme gilt es bei einer Investitionsentscheidung zu beachten?

A 3 Warum lassen sich die verschiedenen Investitionsarten in der Praxis selten genau voneinander abgrenzen?

A 4 Es kann beobachtet werden, dass sich das Investitionsverhalten der Unternehmungen in rezessiven Zeiten stark ändert. Zeigen Sie anhand der Phasen des Investitionsprozesses mögliche Veränderungen.

A 5 Inwiefern beeinflusst die Höhe des Investitionsbetrages eines Investitionsvorhabens den Investitionsentscheidungsprozess?

A 6 Informationen spielen eine zentrale Rolle im Investitionsentscheidungsprozess.

a) Welche spezifischen Informationen wären nach Ihrer Meinung notwendig bei der Beschaffung

- eines Computers?
- eines Kopiergerätes?
- einer Maschine zur Herstellung von Blechbüchsen?

b) Welche Probleme ergeben sich bei der Beschaffung der für Investitionsentscheidungen relevanten Informationen?

A 7
L▶ S.451
Ein guter Bekannter von Ihnen ist Generalimporteur einer deutschen Modelleisenbahnmarke. Aus dem Kontakt mit seinen Kunden, den Fach- und Spielwarengeschäften, wird er auf eine Marktlücke aufmerksam gemacht, nämlich einen Eisenbahnwagen mit integriertem Staubsauger, der die Kontaktspur auf den Schienen reinigen könnte. Bevor er den Auftrag für die Produktion des Staubsaugerwagens definitiv vergibt, will er sich noch von einer Betriebswirtschafterin beraten lassen. Illustrieren Sie an diesem Beispiel den Investitionsentscheidungsprozess.

A 8
L▶ S.452
In einem betriebswirtschaftlichen Lehrbuch ist folgende Aussage zu lesen: «Die eigentliche Investitionsentscheidung sollte in der Praxis so weit als möglich auf rein rechnerischen Faktoren basieren. Daneben erfahren allerdings oft auch solche Faktoren eine Berücksichtigung, die sich einer quantitativen Erfassung entziehen. Es sind dies die sogenannten Imponderabilien, d.h. seitens des Investors unwägbare Faktoren.»

a) Welche Gruppen von Imponderabilien können grundsätzlich unterschieden werden? Geben Sie zu jeder Gruppe drei Beispiele.

b) Inwieweit sollen solche Imponderabilien bei einer Investitionsentscheidung berücksichtigt werden?

c) Wie können solche Imponderabilien in eine Investitionsentscheidung einbezogen werden?

A 9 Wo liegen die Probleme bei der Realisierung eines Investitionsprojektes, nachdem der Investitionsentscheid gefallen ist?

A 10 Zeigen Sie am Beispiel eines Computers, wie eine Investitionskontrolle vorgenommen werden kann.

A 11 In einer Zürcher Gemeinde wurde bei der Renovation eines Altersheimes der budgetierte Investitionsbetrag um 100 % überschritten. Der Gemeindebehörde wurde vorgeworfen, sie hätte die Investition zu wenig überwacht. Beschreiben Sie mögliche Kontrollmassnahmen, welche die Gemeindebehörde hätte durchführen sollen.

Investitionsrechenverfahren

A 12 L▶ S.454 Ein Unternehmer steht vor der Situation, sich für die teilweise Erneuerung seines Wagenparkes zwischen zwei Automodellen entscheiden zu müssen. Er hat zu diesem Zwecke folgende Offerten eingeholt:

- Modell M: Anschaffungspreis: 16 000,– Fr.
- Modell O: Anschaffungspreis: 17 000,– Fr.

In jedem Fall wird er diese Neuanschaffung mit Fremdkapital finanzieren, wobei er mit Zinsen von mindestens 10 % rechnen muss.

Unabhängig von der Kilometerleistung muss das Fahrzeug vier Jahre lang eingesetzt werden können. Entsprechend sind die Abschreibungsbeträge zu berücksichtigen. Zudem müssen für die beiden Modelle noch folgende Kosten budgetiert werden:

	Modell M	Modell O
▪ Steuern/Jahr	355,80	415,20
▪ Versicherung/Jahr	824,40	930,50
▪ Fahrkosten pro 100 km		
□ Benzin	15,–	16,–
□ übrige	11,–	6,–

Der Unternehmer kann noch nicht genau abschätzen, welche Kilometerleistung pro Jahr diese Wagen zu erbringen haben. Er untersucht deshalb die Kosten für 15 000 km und für 40 000 km jährlich. Zu welchem Ergebnis kommt er?

A 13 Die Rasta AG will zwischen drei vergleichbaren Kombifahrzeugen jenes mit den geringsten Jahreskosten auswählen. Für die Entscheidung liegen folgende Daten vor:

L▶ S.454

Informationen	Modell		
	A	B	C
Anschaffungskosten (Fr.)	24 000	36 000	35 000
Strassenverkehrsabgaben (Fr./Jahr)	350	400	400
Benzinverbrauch (l/100 km)	14	12	13
Benzinpreis pro Liter (Fr.)	1,10	1,10	1,10
Service-Intervall (in km)	10 000	15 000	30 000
Servicekosten pro Intervall (Fr.)	500	650	900
Lebensdauer des Reifensatzes (in km)	40 000	50 000	60 000
Kosten pro Reifensatz (Fr.)	650	800	950
Lebensdauer der Fahrzeuge (in km)	120 000	130 000	165 000

Das Fahrzeug wird pro Jahr durchschnittlich 30 000 km zurücklegen. Die Unternehmung legt eine lineare Abschreibung zugrunde und rechnet mit einem kalkulatorischen Zinssatz von 8 %.

a) Welches ist das kostengünstigste Kombifahrzeug?

b) Welche Faktoren haben Sie bei Ihren Berechnungen nicht in Betracht gezogen?

A 14 Der Geschäftsleiter eines Produktionsbereiches verlangt von den Bereichsleitern Materialwirtschaft und Produktion einen substantiellen Beitrag an die Verbesserung der Gesamtrentabilität der Unternehmung (ROI).

a) Stellen Sie das Du Pont-Schema zur ROI-Berechnung graphisch dar.

b) Welche der ROI-Einflussfaktoren können durch die beiden Bereichsleiter beeinflusst werden und welche Massnahmen führen in die gewünschte Richtung?

c) Welche Chancen und Gefahren sind damit verbunden?

d) Wo sehen Sie Möglichkeiten der Einflussnahme für die Finanzchefin?

A 15 Der Produktionsleiter in der Geschäftsleitungssitzung: «Mein Beitrag zur Erhöhung des ROI liegt vor allem in der Reduktion des in der Produktion gebundenen Kapitals».

a) Nehmen Sie aus betriebswirtschaftlicher Sicht Stellung zu dieser Aussage.

b) Wie kann das in der Produktion gebundene Kapital konkret nachhaltig reduziert werden?

A 16 Die Kalendaro AG ist bereit, 250 000 Fr. in eine neue Fertigungsanlage zur Herstellung spezieller Kunststoffverpackungen zu investieren. Sie schätzt, dass die jährlichen Einzahlungsüberschüsse aus dem Verkauf der neuen Verpackungen etwa 50 000 Fr. betragen.

L▶ S.454

a) Die Unternehmung interessiert sich dafür, nach wievielen Jahren der Investitionsbetrag wieder in Form der Einzahlungsüberschüsse zurückgeflossen ist. Dabei geht sie sowohl von einer statischen als auch einer dynamischen Betrachtung aus und fordert eine branchenübliche Mindestverzinsung von 10%.

b) Die Unternehmung wünscht weiter genauere Angaben darüber, wie hoch die jährliche Verkaufsmenge mindestens sein soll, wenn die Lebensdauer der Anlage 8 Jahre beträgt. Sie unterstellt einen Verkaufspreis pro Verpackung von 80 Fr. und rechnet mit variablen Kosten von 48 Fr. pro Stück. Die Berechnung wird mit einem dynamischen Verfahren durchgeführt.

A 17 Es werden Ihnen heute zwei unterschiedlich grosse Grundstücke angeboten: Grundstück A, das 120 000 Fr. kostet, wird nach 7 Jahren ungefähr einen Wert von 230 000 Fr. haben, während Sie für Grundstück B, das 200 000 Fr. kostet, zum gleichen Zeitpunkt etwa 360 000 Fr. lösen können. Ihr Kalkulationszinssatz beträgt 6%.

L▶ S.455

a) Berechnen Sie den Kapitalwert und den internen Zinssatz für beide Investitionsmöglichkeiten.

b) Für welche Investition entscheiden Sie sich? Begründen Sie Ihre Antwort.

A 18 Bei der Wahl des Standortes einer neuen Filiale der Magistrato stehen zwei Varianten zur Diskussion. Für den Planungszeitraum der nächsten fünf Jahre ist mit folgenden Einzahlungsüberschüssen für die beiden möglichen Standorte A und B zu rechnen (in 1000,– Fr.):

L▶ S.455

Jahr	Standort A	Standort B
19.1	−150	−100
19.2	0	−100
19.3	100	100
19.4	200	100
19.5	300	300

Die Unternehmung rechnet mit folgenden Eintretenswahrscheinlichkeiten für die Einzahlungsüberschüsse:

- Standort A: 50%
- Standort B: 80%

a) Welcher Standort ist bei einem Kapitalisierungszinssatz von 8% vorteilhafter?

b) Nennen Sie ein weiteres Verfahren der Standortbewertung und erklären Sie den Unterschied zum Verfahren, das in a) gewählt worden ist.

A 19 Die Firma Calex bringt ein neues Produkt auf den Markt. Während der Einführungsphase von drei Jahren wird neben den notwendigen zusätzlichen Marketing-Massnahmen die Erstellung einer Anlage ins Auge gefasst, deren Beschaffung und Installation 10 000,– Fr. kostet. Man rechnet damit, nach drei Jahren noch 2000,– Fr. für die Maschine zu erhalten. Für die Beurteilung der Investition kann von folgenden Annahmen ausgegangen werden:

	1. Jahr	2. Jahr	3. Jahr
▪ voraussichtliche zusätzliche Einzahlungen	7000	6000	5500
▪ voraussichtliche Auszahlungen für Unterhalt	2000	2200	2800

Die Anlage soll beschafft werden, wenn eine Mindestrendite von 10% gesichert ist.

a) Wie gross ist der Kapitalwert der Investition?

b) Wie gross ist die tatsächliche Verzinsung?

A 20 L▶ S.456 Eine Unternehmung hat die Wahl zwischen den folgenden beiden Investitionsalternativen:

- Investition A:
  - Investitionsbetrag: 110 000 Fr.
  - Einzahlungsüberschuss/Jahr: 52 000 Fr.
  - Nutzungsdauer: 3 Jahre
- Investition B:
  - Investitionsbetrag: 80 000 Fr.
  - Einzahlungsüberschuss/Jahr: 32 000 Fr.
  - Nutzungsdauer: 4 Jahre
- Zudem gilt für beide Projekte:
  - Kalkulationszinssatz: 10 %
  - Liquidationswert: 0 Fr.

a) Berechnen Sie den Kapitalwert der Investitionen A und B.

b) Berechnen Sie die effektive Verzinsung der beiden Alternativen. Welches wären die Voraussetzungen dafür, dass die internen Zinssätze der beiden Investitionsprojekte miteinander verglichen werden könnten?

c) Für welche Variante entscheiden Sie sich aufgrund der Berechnungen in a) und b)?

d) Welche Alternative empfehlen Sie, wenn eine Lösung für 12 Jahre gesucht wird, d.h. die jeweilige Investition mehrmals nacheinander getätigt werden muss?

A 21
L▶ S.457
Eine Unternehmung prüft Ende 1996 im Rahmen der Diversifikationspolitik folgende Alternativen:

- Projekt A: Kauf einer Spezialeinrichtung und Herstellung eines Produktes auf Lizenzbasis.
- Projekt B: Eigenentwicklung eines neuen Produktes und spätere Herstellung auf noch zu beschaffenden Einrichtungen.

Folgende Unterlagen stehen zur Beurteilung der beiden Projekte zur Verfügung (in Mio. Fr.):

	Projekt A	Projekt B
▪ Kauf einer Spezialeinrichtung zu Beginn 1997	6,0	
▪ Zusätzliche Einzahlungen/Jahr	2,7	
▪ Zusätzliche Auszahlungen/Jahr	1,5	
▪ Entwicklungskosten/Jahr (1997 und 1998)		1,2
▪ Kauf einer Spezialeinrichtung zu Beginn 1999		4,0
▪ Zusätzliche Einzahlungen/Jahr (1999 – 2006)		4,0
▪ Zusätzliche Auszahlungen/Jahr (1999 – 2006)		2,6

Für beide Projekte wird mit einer wirtschaftlichen Nutzungsdauer bis Ende des Jahres 2006 gerechnet. Der Kalkulationszinssatz beträgt 10%. Entscheidungsgrundlage für Projektentscheidungen bilden in dieser Unternehmung die Pay back-Periode und der Kapitalwert. Bestimmen Sie die beiden Grössen und geben Sie mit einer kurzen Begründung an, welches Projekt wirtschaftlicher ist.

A 22
L▶ S.458
Karl Weber ist Besitzer der Firma Tonnera, die verschiedene Eisen- und Stahlwaren herstellt. Angesichts der seit einiger Zeit andauernden guten Auftragslage produzieren die meisten Maschinen mit ausgelasteter Kapazität. Für Karl Weber stellt sich deshalb die Frage der Beschaffung einer neuen Produktionsmaschine. Nach Abschluss des Evaluationsverfahrens bleiben zwei Alternativen übrig:

	Maschine 1	Maschine 2
Anschaffungspreis	300 000	480 000
Ausbildungskosten	2 000	3 000
Unterhaltskosten/Jahr	18 000	20 000
Energiekosten/Jahr	8 000	4 000
Lebensdauer	10 Jahre	15 Jahre
Liquidationserlös	0	60 000
Kapazität/Jahr	20 000	25 000
Übrige fixe Betriebskosten/Jahr	20 000	25 000
Variable Betriebskosten	3,50/Stück	4,–/Stück
Kalkulatorische Zinsen	10%	10%
Erlös/Stück	10,–	11,–
Verkaufte Menge/Jahr	16 000	18 000

Alle aufgeführten Kosten sind mit Ausnahme der kalkulatorischen Zinsen liquiditätswirksam.

a) Karl Weber interessiert sich zuerst für den ROI und die Zeitdauer, bis die investierten Gelder zurückgeflossen sind. Berechnen Sie die entsprechenden Werte.

b) Zusätzlich möchte er den Kapitalwert und die interne Verzinsung der beiden Varianten berechnen. Der Einfachheit halber unterstellt er, dass die Ein- und Auszahlungen jeweils am Ende des Jahres anfallen. Die Liquidationserlöse der beiden Maschinen setzt er gleich null.

c) Begründen Sie, für welche der beiden Varianten Sie sich entscheiden.

A 23 Die Printfax AG beabsichtigt, ihre Kapazität für einen bestimmten Typ von Druckaufträgen zu erhöhen. Dazu ist eine zusätzliche Druckmaschine erforderlich. Die Printfax AG hat sich in einer Vorselektion für den Typ Opt 4 entschieden. Noch nicht entschieden ist hingegen die Form der Finanzierung. Zwei Varianten stehen zur Diskussion:

- Kauf der Maschine zu 235 000,– Fr. bar.
- Abschluss eines Leasingvertrages mit einer Laufzeit von 5 Jahren. Die jährlich im voraus zahlbaren Leasinggebühren würden 52 000,– Fr. betragen. Zusätzlich wäre eine einmalige Bearbeitungsgebühr von 3% des Kaufpreises bei Vertragsabschluss zu entrichten. Nach Ablauf von 5 Jahren würde die Printfax AG von der Möglichkeit Gebrauch machen, die Maschine zum Preise von 11 000,– Fr.zu erwerben.

Welche Finanzierungsvariante würden Sie der Printfax AG empfehlen, wenn diese die Möglichkeit hätte, überschüssige liquide Mittel zu 12% Jahreszins zu investieren?

A 24 Für die Überholung von Flugzeugtriebwerken werden unter anderem Messvorrichtungen benötigt, um die reparierten Triebwerkteile nachzumessen. Für die Airswiss stellt sich in diesem Zusammenhang die Frage, ob sie anstelle der herkömmlichen konventionellen Messvorrichtungen (sogenannte Uhren) eine neuartige, numerisch gesteuerte Präzisionsmessmaschine kaufen soll.

L▶ S.459

- Variante 1: Herkömmliche Messvorrichtungen
  - Kaufpreis für alle Vorrichtungen 200 000 Fr.
  - jährliche Unterhaltskosten, zahlbar am Jahresende 2 000 Fr.
  - Nutzungsdauer 6 Jahre
  - Liquidationswert 10 000 Fr.
- Variante 2: Präzisionsmaschine
  - Kaufpreis 400 000 Fr.
  - einmalige Ausbildungskosten, die am Ende des 1. Jahres anfallen 45 000 Fr.
  - jährliche Unterhaltskosten, zahlbar am Jahresende 8 000 Fr. (die Unterhaltskosten im 1. Betriebsjahr fallen unter die Garantieleistungen)
  - Nutzungsdauer 6 Jahre
  - Liquidationswert 50 000 Fr.

Durch den Einsatz der Präzisionsmaschine kann zudem ein Messkontrolleur eingespart werden. Deshalb müsste die Stelle eines in einem halben Jahr in Pension gehenden Messkontrolleurs nicht mehr besetzt werden. Die Personalkosten für diese Stelle betragen zur Zeit 75 000,– Fr. (Annahme: zahlbar am Jahresende).

a) Lohnt es sich für die Airswiss, die Präzisionsmaschine anzuschaffen, wenn sie mit einem Kalkulationszinssatz von 16% rechnet?

b) Welche zusätzlichen Kriterien würden Sie für den definitiven Investitionsentscheid noch berücksichtigen?

A 25 Die Bank AG steht vor der Anschaffung einer neuen EDV-Anlage. Aus geschäftspolitischen Gründen kommt nur ein einziger Lieferant in Frage. Die Anlage soll 6 Jahre lang in Betrieb sein. Die Geschäftsleitung gibt Ihnen den Auftrag, mittels eines dynamischen Investitionsrechnungsverfahrens abzuklären, ob im Zeitpunkt des Vertragsabschlusses eine Kauf- oder Leasing-Variante günstiger ist. Zur Beurteilung stehen Ihnen folgende Informationen zur Verfügung:

L▶ S.459

- Man rechnet in den nächsten Jahren mit einer kalkulatorischen Verzinsung von 8%.
- Die Inbetriebnahme erfolgt ein Jahr nach dem Vertragsabschluss.

- Unabhängig von der Beschaffungsart wird mit Systemnebenkosten von 210 000,– Fr. gerechnet. Darin sind Kosten für das Personal, das Papier und die Klimaanlage enthalten, nicht aber Wartungskosten. Die Kosten fallen am Ende des Jahres an.
- Im Falle eines Kaufes müssten 500 000,– Fr. sofort nach Vertragsabschluss als Anzahlung geleistet werden. Der Restbetrag von 1 200 000,– Fr. müsste bei der Inbetriebnahme erfolgen.
- Nach 6 Jahren Nutzungsdauer hat die Anlage noch einen Restwert von 50 000,– Fr.
- Das Wartungsabonnement kostet jährlich 80 000,– Fr. (am Ende des Jahres anfallend).
- Die Umschulungskosten für das Personal sind im Kaufpreis inbegriffen. Im Falle des Leasing müssten sie separat bezahlt werden. Sie belaufen sich auf 25 000,– Fr., als einmaliger Betrag am Ende des ersten Jahres anfallend.
- Der Leasing-Vertrag tritt auf den Zeitpunkt der Inbetriebnahme in Kraft und wird auf 5 Jahre fest abgeschlossen. Die Leasing-Gebühren betragen jährlich 516 000,– Fr. (fällig auf Ende Jahr). Das Wartungsabonnement ist dabei inbegriffen. Bei einer Vertragsverlängerung beträgt die Leasing-Gebühr bei sonst gleichen Konditionen 120 000,– Fr.

A 26 L▶ S.460

Herr Eisklotz möchte sich selbständig machen und sucht nach Möglichkeiten, auf welche Art und Weise er dies zumindest in den nächsten 10 Jahren verwirklichen könnte. Da er den Kontakt mit Leuten liebt und als Konditor selbst sehr gute Glacés herstellen kann, möchte er am liebsten einen kleinen Glacé-Stand eröffnen. Nachdem er sich diesbezüglich genau umgesehen hat, sieht er, dass ihm zur Zeit nur zwei Möglichkeiten offenstehen:

1. Er könnte sich eine fahrende Glacé-Bude anschaffen. Preis: 40 000,– Fr., Liquidationserlös nach 10 Jahren: 5000,– Fr. Während der ersten drei Jahre hätte er die Möglichkeit, diesen Wagen an einer erstklassigen Lage hinzustellen. Er könnte in dieser Zeit mit einem Jahresumsatz von 480 000 Portionen Glacé rechnen. Die übrigen 7 Jahre wäre er jedoch gezwungen, sein Gefährt ständig zu verschieben und müsste damit rechnen, dass sich der Umsatz halbieren würde. Die Standplatzmiete für die ersten drei Jahre beträgt 100,– Fr. pro Monat.
2. Er könnte einen Glacé-Kiosk an mittelmässiger Passantenlage mieten. Das würde ihn monatlich 500,– Fr. Miete kosten. Er könnte mit einem Umsatz von 350 000 Glacés rechnen.

Da Herr Eisklotz nur ans Glacéverkaufen denkt (er verdient 0,05 Fr. pro Stück netto), will er selbstverständlich den Wagen kaufen, denn damit ist es ihm möglich, mehr Gewinn zu erzielen, da er ja auch mehr Glacés verkauft. Sind Sie gleicher Ansicht? Legen Sie Ihren Berechnungen einen Kalkulationszinssatz von 10% zugrunde.

A 27
L▶ S.460

Heiri Renner möchte einen neuen Sportwagen kaufen. Er müsste für dieses Auto 86 000,– Fr. bezahlen. So sehr er auch rechnet, er hat zur Zeit höchstens 26 000,– Fr. auf seinem Bankkonto. Der Autoverkäufer Listig macht ihm deshalb den Vorschlag, er solle den Sportwagen bei ihm leasen. Dies hätten schon viele Kunden getan, weil es eben die moderne Art sei, ein Auto zu kaufen. Herr Renner ist begeistert und verlangt sofort eine Offerte. Diese sieht wie folgt aus:

- jährliche Leasingraten während 48 Monaten (inkl. 2000,– Fr. Versicherung/Jahr; zahlbar jeweils Ende Jahr, erste Rate bei Vertragsabschluss): 21 000,– Fr.;
- einmalige Abschlussgebühr, zahlbar bei Vertragsabschluss: 5% des Verkaufspreises.

Als Herr Renner mit einem Kollegen darüber spricht, rät ihm dieser davon ab, weil es zu teuer sei. Er schlägt Heiri vor, dass er von ihm ein Darlehen von 60 000,– Fr. haben könne, das zu 5% jährlich zu verzinsen und jedes Jahr um 15 000,– Fr. zurückzuzahlen wäre. Herr Renner weiss nun nicht mehr, welche Variante er wählen soll. Sicher ist nur, dass er den Sportwagen will, auch wenn er sein Geld zur Zeit leicht mit 10 % Rendite anlegen könnte. Was würden Sie ihm raten?

A 28
L▶ S.461

Herr Rieter erhält aus einer Erbschaft einen Betrag von 1,25 Mio. Fr., den er vorerst für 5 Jahre anlegen möchte. Es stehen ihm zwei Möglichkeiten zur Auswahl:

- Variante 1: Kauf eines Einfamilienhauses

□ Mieteinnahmen/Jahr	48 000,– Fr.
□ laufende Auszahlungen/Jahr	6 000,– Fr.
□ Kaufpreis	1 200 000,– Fr.
□ Wertverminderung des Hauses/Jahr	10 000,– Fr.
□ Wertvermehrung des Grundstückes/Jahr	35 000,– Fr.

- Variante 2: Kauf einer 5% Obligationenanleihe
  - □ Restlaufzeit 5 Jahre
  - □ Kurs 95%
  - □ Stückelung: Anteile à 100 000,– Fr.

Bei beiden Varianten kann davon ausgegangen werden, dass die laufenden Ein- und Auszahlungen jeweils am Jahresende anfallen. Das nicht gebrauchte Geld kann zu 4% angelegt werden.
Welche Variante schlagen Sie Herrn Rieter mit Hilfe einer dynamischen Investitionsrechnung vor?

A 29
L▶ S.461

Ein Karosseriewerk hat eine Lackbrennkammer gekauft, die das Lackieren von Karosserien rationalisiert und Personal einspart. Vom Hersteller hat die Firma folgende Informationen erhalten:

- Verkaufspreis 40 000,– Fr.
- jährliche (liquiditätswirksame) Betriebskosten 32 000,– Fr.
- Nutzungsdauer 6 Jahre
- Es kann nicht mit einem Liquidationserlös gerechnet werden.

Unmittelbar nach Installation dieser Einrichtung erhält die Firma eine Offerte für eine noch modernere Lackbrennkammer:

- Verkaufspreis 60 000,– Fr.
- (liquiditätswirksame) Betriebskosten
  in den ersten zwei Jahren je 20 000,– Fr.
  nachher steigen die Betriebskosten alle zwei Jahre um 2 000,– Fr.
- Schrottwert nach 6 Jahren 6 000,– Fr.

Falls sich das Karosseriewerk sofort für diese neue Offerte entscheidet, würde die Lieferfirma einen Verkaufsrabatt von 10% gewähren. Abklärungen ergeben zudem, dass die bereits installierten Einrichtungen zu 20 000,– Fr. verkauft werden könnten, wobei allerdings noch 3000,– Fr. an Demontierungs- und Transportkosten anfallen würden.

a) Soll die Unternehmung bei einem Kalkulationszinssatz von 14% auf diese neue Offerte eingehen?

b) Welche Aspekte würden Sie neben den rein rechnerischen bei diesem Investitionsentscheid noch berücksichtigen?

A 30
L▶ S.462

Für ein Investitionsprojekt soll als Entscheidungsgrundlage die Rentabilität berechnet werden. Um die Entscheidungsgrundlage zu verbessern, wird eine statische und eine dynamische Methode verlangt. Gehen Sie von folgenden Informationen aus:

- Anschaffungskosten 80 000,– Fr.
- ø jährlicher Einzahlungsüberschuss ohne Zinsaufwand
  für die Investition und ohne Abschreibungen 20 000,– Fr.
- Nutzungsdauer 10 Jahre
- Das Projekt hat nach der Nutzungsdauer keinen Restwert.

a) Berechnen Sie die Rentabilität. Der Kalkulationszinssatz beträgt 10%. Die Abschreibungen sind linear.

b) Bestimmen Sie die Rentabilität mit der internen Zinssatzmethode.

c) «Die in a) und b) angewandten Investitionsrechnungsverfahren dürfen nicht als einzige Entscheidungsgrundlage dienen.» Begründen Sie diese Aussage.

A 31 Im Rahmen einer Rationalisierung wird in einer Schreinerei eine Holzpresse angeschafft, welche einerseits Lohnkosten einsparen und andererseits höhere Erlöse durch zusätzliche Aufträge bringen soll. Die Investitionssumme beträgt 50 000,– Fr., die Lebensdauer der Anlage wird auf 10 Jahre veranschlagt. Der Liquidationserlös wird auf 4000,– Fr. geschätzt. Man hofft, rund 2000,– Fr. an Lohnkosten einzusparen und zusätzliche Erlöse für die ersten drei Jahre von 5000,– Fr. und für die letzten sieben Jahre von 8000,– Fr. zu erzielen.
Berechnen Sie den internen Zinssatz und begründen Sie, ob diese Anlage beschafft werden soll oder nicht.

L▶ S.463

A 32 Ein Unternehmen beabsichtigt, sein Angebot durch die Produktion eines neuen Erzeugnisses zu erweitern. Dazu ist die Beschaffung einer neuen Maschine notwendig. Da die kapitalintensivere Variante B ein qualitativ besseres Produkt herstellt, unterscheiden sich die beiden Alternativen nicht nur in der Kostenstruktur, sondern auch im Verkaufspreis.

Daten	Produkt A	Produkt B
▪ Anschaffungspreis	1 000 000	1 500 000
▪ Lebensdauer	5 Jahre	5 Jahre
▪ Kapazität pro Jahr	130 000	130 000
▪ Variable Kosten pro Stück	2	1
▪ Verkaufspreis der Erzeugnisse	6,5	7,5
▪ erwarteter Absatz		
(1) jährlich gleichbleibend	80 000	80 000
(2) jährlich schwankend		
1. Jahr	90 000	30 000
2. Jahr	120 000	50 000
3. Jahr	130 000	110 000
4. Jahr	40 000	110 000
5. Jahr	20 000	100 000

a) Welche Alternative würden Sie bei einem jährlich gleichbleibenden Absatz mit Hilfe der nachfolgenden Methoden wählen, wenn Sie Ihren Berechnungen einen Kalkulationszinssatz von 10% zugrunde legen?
- Kostenvergleich (inkl. Break even-Punkt)
- Gewinnvergleich (inkl. Break even-Punkt)
- Rentabilitätsrechnung
- Pay back
- Kapitalwert
- interner Zinssatz.

b) Wie gross ist der Kapitalwert bei jährlich schwankendem Absatz?

c) Welche Informationen würden Sie noch herbeiziehen, um einen endgültigen Entscheid zu treffen?

A 33 Investitionsentscheidungen sind immer mit Unsicherheit und Risiko verbunden. Daran ändert auch die Anwendung dynamischer Verfahren trotz ihrer Vorteile gegenüber den statischen Investitionsrechnungen nichts.

a) Welches sind die Vorteile der dynamischen Verfahren gegenüber den statischen?

b) Welche Risiken und Unsicherheiten bleiben auch beim Einsatz von dynamischen Verfahren bestehen?

c) Welche Möglichkeiten stehen Ihnen zur Verfügung, um das Risiko und die Unsicherheit bei Investitionsentscheidungen zu berücksichtigen?

Unternehmungsbewertung

A 34 Nach der für die Bank vorgenommenen Bewertung hat die Unternehmung Roboelec einen Wert von 1 000 000,– Fr. Weiterhin konnte der Bank mitgeteilt werden, dass seit Gründung der Roboelec die jährlichen Gewinne 176 000,– Fr. betragen und auch für die Zukunft die gleichen Gewinne erwartet werden. Wären die Vermögensteile zu Wiederbeschaffungskosten bewertet worden, wäre der Wert der Roboelec 20 % höher anzusetzen.

a) Eignet sich der in Höhe von 1 000 000,– Fr. festgestellte Wert der Roboelec als ein Richtwert für eine Preisforderung der Unternehmungseigentümer bei einem eventuellen (freiwilligen) Verkauf der gesamten Unternehmung? Begründen Sie Ihre Ansicht. Die Roboelec rechnet jeweils mit einem Kalkulationszinssatz von 11 %.

b) Wie hoch ist der Gesamtwert der Roboelec bei einer Berechnung nach
- dem Mittelwertverfahren?
- dem Übergewinnverfahren (Übergewinndauer = 5 Jahre)?

c) Berechnen Sie den originären Goodwill und erläutern Sie in Stichworten seine Bedeutung.

d) Wie hoch wäre der derivative Goodwill, wenn die Roboelec für 1 300 000,– Fr. veräussert würde?

A 35 Die Vermögensteile der Rocca AG sind in der Bilanz mit 1,5 Mio. Fr. aus-
L▶ S. 464 gewiesen. Würden diese zu Wiederbeschaffungspreisen bewertet, so ergäben sie einen Gesamtwert von 2 Mio. Fr. Der in den vergangenen Jahren durchschnittlich erzielte Jahresgewinn beträgt 90 000,– Fr. Die Planung zeigt, dass auch in Zukunft mit diesem Gewinn gerechnet werden kann.

a) Nennen Sie einige Anlässe, die dazu führen, dass eine Unternehmung als Ganzes bewertet wird.

b) Wie hoch ist der Unternehmungswert, berechnet nach der Substanz-, Ertrags- und Mittelwertmethode (Kapitalisierungszinssatz 8 %)?

c) Worauf lässt sich die Differenz zwischen Ertrags- und Substanzwert zurückführen? Geben Sie Beispiele.

A 36 L▶ S.464 Bei der Bewertung der Schmalen AG können Sie von folgenden Informationen ausgehen:

- Es wird mit einem konstanten Jahresgewinn von 48 000,– Fr. gerechnet.
- Der Wert der Vermögensbestandteile nach Abzug von Fremdkapital und allfälliger Wertberichtigungen beträgt 350 000,– Fr. (dieser Wert entspricht dem Substanzwert).
- Der Kapitalisierungssatz wird mit 12 % angegeben.
- Die Lebensdauer ist unbegrenzt.

a) Berechnen Sie den Unternehmungswert der Schmalen AG, indem Sie die sogenannte Praktiker- oder Mittelwertmethode anwenden.

b) Bestimmen Sie den Goodwill der Schmalen AG.

A 37 L▶ S.465 Gegeben ist die veröffentlichte Bilanz der Schmid AG. Sie weist in stark vereinfachter Form folgende Werte aus:

Bilanz per 31.12.1996
(nach Gewinnverwendung; Beträge in 1000 Fr.)

Liquide Mittel	50	Fremdkapital	400
Debitoren	150	Rückstellungen	100
Vorräte	300	Aktienkapital	800
Anlagevermögen	1 000	Reserven	200
	1 500		1 500

Der Jahresgewinn beträgt seit einigen Jahren 240 000,– Fr. pro Jahr und darf auch in Zukunft in dieser Höhe erwartet werden.

a) Bestimmen Sie aufgrund dieser Bilanz den Substanzwert der Unternehmung. Eignet sich dieser Wert als Basis für die Ermittlung des Kaufpreises der Unternehmung?

b) Sie erhalten die Information, dass das Sachvermögen einen im Durchschnitt 40 % höheren Wert aufweist, wenn es zu Tageswerten bewertet wird. Berechnen Sie den Wert der Unternehmung nach der Praktikermethode (Mittelwertmethode), wobei Sie von einem Kalkulationszinssatz von 12 % ausgehen können.

c) Berechnen Sie den originären Goodwill und erläutern Sie in Stichworten seine Bedeutung.

A 38
L▶ S. 465

Im Rahmen einer geplanten Diversifikation prüft Edi Brunner den Kauf eines Restaurationsbetriebes. Als Assistentin von Herrn Brunner erhalten Sie die Aufgabe festzustellen, welcher Preis für diese Unternehmung angemessen sei. Es sind die folgenden Daten des Restaurationsbetriebes bekannt:

Bilanz per 31.12.1996
(nach Gewinnverwendung; Beträge in 1000 Fr.)

Umlaufvermögen	400	Fremdkapital	400
Anlagevermögen	600	Aktienkapital	250
		Reserven	350
	1 000		1 000

- Stille Reserven im Umlaufvermögen 100
- Stille Reserven im Anlagevermögen 200
- Stille Reserven im Fremdkapital 50
- Durchschnittlicher Gewinn der letzten 5 Jahre 100
- Zinssatz 8%

a) Berechnen Sie den
- Substanzwert,
- Ertragswert,
- Unternehmungswert gemäss Mittelwertmethode,
- Unternehmungswert gemäss Goodwillrenten-Methode (Übergewinnverfahren), wobei Sie von einer Goodwillrentendauer (Übergewinndauer) von 5 Jahren und einem durchschnittlich erwarteten Gewinn von 100 ausgehen können.

b) Der Wert einer Unternehmung sollte an sich nicht von der gewählten Berechnungsmethode abhängen. Wie erklären Sie sich den Unterschied zwischen Substanz- und Ertragswert?

c) Was meinen Sie zur vorgeschlagenen Goodwillrentendauer von 5 Jahren?

d) Welche weiteren Aspekte sind nach Ihrer Ansicht beim Kauf dieses Restaurationsbetriebes zu berücksichtigen?

A 39
L▶ S. 466

Eine Kollektivgesellschaft muss bewertet werden, um einen ausscheidenden Gesellschafter abfinden zu können. Der beigezogene Berater erklärt, dass der Goodwill als Bestandteil des Unternehmungswertes unbedingt in die Berechnungen einzubeziehen sei.

a) Was ist unter dem Goodwill zu verstehen? Welche Arten von Goodwill werden unterschieden?

b) Welche Faktoren beeinflussen den Goodwill?

c) Wie wird der Goodwill in den verschiedenen Methoden der Unternehmungsbewertung berücksichtigt?

d) Berechnen Sie den Unternehmungswert mit Hilfe der Goodwillrentenmethode (Übergewinnverfahren) aufgrund der folgenden Angaben (in Mio. Fr.):

- Substanzwert 200
- durchschnittlicher Gewinn 20
- Goodwillrentendauer 5 Jahre
- Zinssatz 6 %

A 40 Die Frischauf AG weist Ende des Geschäftsjahres folgende Bilanz auf:

L▶ S.467

Bilanz per 31.12.1996
(nach Gewinnverwendung; Beträge in Mio. Fr.)

Umlaufvermögen	20	Fremdkapital	40
Anlagevermögen	80	Eigenkapital	60
	100		100

Aus der Erfolgsrechnung entnehmen wir, dass der Gewinn vor Abzug der EK-Zinsen 9 Mio. Fr. beträgt. Darin sind 7,5 Mio. Fr. Immobilienerfolg enthalten. Die FK-Zinsen wurden als Betriebsaufwand verrechnet. Als Zusatzinformation wurde im Geschäftsbericht der Versicherungswert der nicht betriebsnotwendigen Immobilien angegeben. Dieser beträgt 85 Mio. Fr., in der Bilanz sind 40 Mio. Fr. ausgewiesen.
In seinem Referat anlässlich der Generalversammlung betonte Verwaltungsratspräsident Lavarre, dass «die Ertragslage durch die letztes Jahr eingeleitete Diversifikationsstrategie auf einer gesunden Basis stehe und deren Entwicklung auch in Zukunft vielversprechend sei.»

a) Welche Probleme ergeben sich bei der Berechnung des Unternehmungswertes?

b) Wie gross ist der Substanzwert, der Ertragswert und der Goodwill, wenn Sie einen branchenüblichen Zinssatz von 10% unterstellen?

c) Wie beurteilen Sie die Aussage des Verwaltungsratspräsidenten?

d) Wie gross ist der Unternehmungswert aufgrund der Berechnung mit der Mittelwertmethode und dem Übergewinnverfahren (Lebensdauer = 5 Jahre)?

Comensoli 90

Personal

Grundlagen

A 1 Zeigen Sie aufgrund Ihrer eigenen Erfahrung, welche Sachverhalte in Organisationen auf bestimmte Menschenbilder schliessen lassen.

A 2 Worin bestehen die Anreize der Unternehmung bzw. die Beiträge der Mitarbeiter und Mitarbeiterinnen aufgrund der Anreiz-Beitrags-Theorie?

A 3 Veranschaulichen Sie anhand von Beispielen den Problemlösungsprozess im Personalbereich für eine Dienstleistungsunternehmung (Bank, Versicherung).

Personalbedarfsermittlung

A 4 Sie müssen als Assistent des Personalchefs einer Versicherungsgesellschaft den quantitativen Personalbedarf für ein Jahr aufgrund folgender Angaben errechnen:
Für die Erledigung von Diebstahlmeldungen benötigt der Sachbearbeiter je nach Deliktsumme die folgenden Arbeitszeiten:

- Kategorie I (unter 1000,– Fr.): 15 Minuten
- Kategorie II (1000,– Fr. bis 10 000,– Fr.): 90 Minuten
- Kategorie III (über 10 000,– Fr.): 4 Stunden

In den betreffenden Agenturen fallen monatlich (= 4 Wochen) im Durchschnitt 1500 Meldungen der Kategorie I, 300 der Kategorie II und 30 der Kategorie III an. Die Nebentätigkeiten machen rund 30% der Zeit für die Bearbeitung der Diebstahlmeldungen aus. Für die Erholungszeit werden 5 Minuten pro Stunde und Mitarbeiter eingesetzt, für Ausfallzeiten ein Tag pro Woche und Mitarbeiter.

a) Wieviele Sachbearbeiter müssen angestellt sein, um bei einer 40-Stunden-Woche den Arbeitsanfall bewältigen zu können?

b) Bei Ihren Untersuchungen haben Sie festgestellt, dass die Unternehmung eine relativ hohe Fluktutationsrate hat. Was sind mögliche Ursachen dafür?

A 5 In einem Reisebüro soll der Personalbedarf ermittelt werden. Dazu teilt
L▶ S.469
man die anfallenden Arbeiten in drei Hauptkategorien ein. Für die Tätigkeiten der einzelnen Kategorien wurden die folgenden durchschnittlichen Zeitaufwände pro Auftrag ermittelt:

- Offertwesen: 2 Stunden
- Fakturierung: 20 Minuten
- Beratung: 30 Minuten

Die Mitarbeiter wenden für die übrigen administrativen Tätigkeiten rund 40% ihrer vertraglichen Arbeitszeit auf. Absenzen wegen Krankheit und Ferien machen im Durchschnitt 6 Stunden pro Woche aus und die Erholungszeit pro Tag beträgt 1,5 Stunden. Es werden 40 Stunden in der Woche gearbeitet. Monatlich (4 Wochen) fallen 400 Offerten, 250 Rechnungsstellungen und 600 Beratungen an.

a) Der momentane Personalbestand beträgt 28 Angestellte. Kann die anfallende Arbeit damit kundenfreundlich erledigt werden?

b) Woran liegt es, dass die unter a) vorgenommenen Berechnungen in der Praxis nur selten in dieser Art und Weise Anwendung finden?

A 6 Nennen Sie Probleme, die bei der qualitativen Personalbedarfsermittlung auftauchen können.

A 7 L▶ S.470 Die Stellenbeschreibung ist ein in der Praxis häufig anzutreffendes Führungsinstrument.

a) Erläutern Sie, welche Funktionen der Stellenbeschreibung als Führungsinstrument zugewiesen werden können.

b) Zeigen Sie anhand der Aufgaben des Personalbereichs, wozu die Stellenbeschreibung gebraucht werden kann.

c) Welches sind die Gefahren von Stellenbeschreibungen und wie kann diesen begegnet werden?

A 8 Was unternehmen Sie als Vorgesetzter, wenn Sie eine Unterdeckung bzw. Überdeckung in bezug auf das Anforderungsprofil Ihrer Mitarbeiter und Mitarbeiterinnen feststellen?

Personalbeschaffung

A 9 L▶ S.472 Sie sind Personalchefin der Firma Chemix AG. Diese Unternehmung handelt mit chemischen Rohstoffen. In der Abteilung «Lösungsmittel» ist die Stelle des Verkaufsleiters vakant.

a) Was spricht für die Besetzung dieser Stelle mit einer betriebseigenen Arbeitskraft, was dagegen?

b) Wie würden Sie bei der Einstellung eines betriebsfremden Verkaufsleiters oder einer betriebsfremden Verkaufsleiterin vorgehen? Begründen Sie Ihre Überlegungen.

A 10 L▶ S.473 Der Direktor der Abteilung Finanzen einer mittleren Industrieunternehmung benötigt sobald als möglich einen neuen Assistenten oder eine neue Assistentin. In Frage kommen in erster Linie Hochschulabsolventen und -absolventinnen betriebswirtschaftlicher Richtung, die ihre erste Stelle nach abgeschlossenem Studium suchen.

a) Wie gestalten Sie die Personalwerbung?

b) Wie gehen Sie bei der Auswahl der Bewerber und Bewerberinnen vor?

A 11 Zeitungen und Fachzeitschriften sind wichtige Kommunikationsinstrumente der mittelbaren Personalwerbung:

a) Suchen Sie in Tageszeitungen Beispiele für die mittelbare Personalwerbung und fassen Sie den Inhalt in Stichworten zusammen.

b) Zeigen Sie anhand konkreter Stelleninserate die Elemente der unmittelbaren Personalwerbung.

c) Welche Zusammenhänge bestehen zwischen mittelbarer und unmittelbarer Personalwerbung?

A 12 Geben Sie einen Überblick über das Auswahlverfahren bei einem Personalchef und einem Chauffeur. Begründen Sie den Einsatz der jeweiligen Auswahlmethoden.

A 13 L▶ S.473 Zu den Aufgaben einer Personalabteilung gehört auch die Rekrutierung der zukünftigen Mitarbeiterinnen und Mitarbeiter. Um sich auf dem Arbeitsmarkt behaupten zu können, ist ein Personalmarketing notwendig. Ein Aspekt dieses Aufgabenbereichs ist die Profilierung der Unternehmung gegenüber der Konkurrenz.

a) Welche Möglichkeiten sehen Sie, um sich auf dem Arbeitsmarkt Wettbewerbsvorteile gegenüber der Konkurrenz zu verschaffen?

b) Nennen Sie Instrumente, die bei der Personalsuche eingesetzt werden können.

A 14 L▶ S.474 Für die Selektion von Mitarbeiterinnen und Mitarbeitern müssen die Fähigkeiten der Bewerberinnen und Bewerber mit den Anforderungen der zu besetzenden Stelle verglichen werden.

a) Erstellen Sie ein Anforderungsprofil für Mitarbeiterinnen und Mitarbeiter im Aussendienst einer Versicherungsgesellschaft. Gewichten Sie die verschiedenen Merkmale mit einer Skala von 1 (= unwichtig) bis 5 (= sehr wichtig) und geben Sie eine Begründung für Ihren Vorschlag.

b) Welche Hilfsmittel stehen Ihnen zur Verfügung, um die Fähigkeiten der Bewerberinnen und Bewerber zu eruieren?

Personaleinsatz

A 15 Welche Massnahmen scheinen Ihnen geeignet, um einen Hochschulabsolventen, der unmittelbar nach dem Studium eine Stelle bei einer Grossbank antritt, einzuführen?

A 16 Seit einiger Zeit verstärkt sich das Bedürfnis nach neuen Arbeitsformen. Zu erwähnen ist in diesem Zusammenhang zum Beispiel das Job sharing.
L▶ S.475

a) Was verstehen Sie unter Job sharing? Nennen Sie Beispiele.

b) Beschreiben Sie Vor- und Nachteile dieser Arbeitsform.

c) Welches sind die Voraussetzungen, um das Job sharing anwenden zu können?

d) Nennen Sie Beispiele für das Job sharing.

A 17 Ein Mitarbeiter verrichtet monotone Arbeit am Fliessband in einer grossen Fertigungshalle. Der Lärm der Maschinen ist so stark, dass er sich mit den Kollegen nicht unterhalten kann. Wie wird sich dieser Mitarbeiter in der Pause wahrscheinlich verhalten? Begründen Sie Ihre Antwort.

Personalmotivation und -honorierung

A 18 Worin unterscheiden sich die Theorien von Maslow und Herzberg? Nehmen Sie Stellung zu diesen beiden Theorien.

A 19 Eine wichtige Aufgabe der Personalpolitik ist die Bestimmung der Lohnhöhe. Dabei stellt sich immer wieder die Frage nach dem gerechten Lohn.

a) Welche Schwierigkeiten stellen sich bei der Bestimmung des gerechten Lohnes?

b) Welche Einflussfaktoren müssen bei der Festlegung des gerechten Lohnes beachtet werden?

c) Beschäftigte reichen oft die Kündigung ein, obwohl sie in einem Austrittsgespräch beteuern, dass sie sowohl mit dem Lohn als auch mit dem Aufgabeninhalt sehr zufrieden waren. Wie können Sie sich dieses Verhalten erklären?

A 20
L▶ S.476

In der Metag werden in einer Abteilung vier verschiedene Arbeiten unterschieden, nämlich die Schlosser-, Dreher-, Kranführer- sowie die Werksbotenarbeit. Als Kriterien der Arbeitsanalyse gelten das Fachwissen, die körperliche und geistige Belastung sowie die Verantwortung. Eine kürzlich durchgeführte Arbeitsbewertung ergab folgende Ergebnisse:

	Schlosser	Dreher	Kranführer	Werksbote
Fachwissen	mittel	sehr gross	gross	gering
Körperliche Belastung	gross	mittel	gering	mittel
Geistige Belastung	gering	sehr gross	gross	gering
Verantwortung	gering	gross	sehr gross	gering

Dabei wird von folgenden Arbeitswerten ausgegangen:

- gering: 1
- mittel: 2
- gross: 3
- sehr gross: 4

a) Berechnen Sie den anforderungsgerechten Grundlohn für den Schlosser, Dreher, Kranführer und Werksboten, wenn der jeweilige Lohn nach folgender Skalierung festgesetzt wird:

Arbeitswerte	Lohngruppe	Abstufung der Lohngruppe in %
4 – 6	1	85 %
7 – 9	2	95 %
10 – 12	3	100 %
13 – 15	4	110 %
14 und mehr	5	115 %
Ecklohn: Lohngruppe 3: 4000,– Fr.		

b) Nach welchem Arbeitsbewertungsverfahren wurde in a) vorgegangen?

c) Für die Lohnauszahlung wird die Leistung mitberücksichtigt. Berechnen Sie nun den auszuzahlenden Lohn ohne Berücksichtigung der Abzüge für die Sozialleistungen für einen Werksboten mit folgender Qualifikation:

- Zuverlässigkeit: gut
- Selbständigkeit: genügend
- Zusammenarbeit: sehr gut

Die Leistungsbewertung basiert auf folgendem Schema:

Kriterium	Gewichtung
Zuverlässigkeit	3
Selbständigkeit	2
Zusammenarbeit	1

Beurteilungsnote	Wert
ungenügend	1
genügend	2
gut	3
sehr gut	4

Leistungswert	Faktor Veränderung Grundlohn
bis 6	0,9
7 – 10	1,0
11 – 14	1,1
15 – 18	1,2
19 – 22	1,3
23 und mehr	1,4

A 21 Die Leistungsbewertung versucht, die Aufgabenerfüllung der Arbeitnehmer und Arbeitnehmerinnen zu erfassen und zu beurteilen.

a) Welche Schwierigkeiten stellen sich bei der Leistungsmessung?

b) Beschreiben Sie Massnahmen, mit denen sich die Probleme im Zusammenhang mit der Leistungsmessung verringern lassen.

A 22 Unternehmungen stehen vor der Aufgabe, die Leistungen der Führungskräfte zu beurteilen.

a) Entwerfen Sie ein Schema, mit dem sich die Leistungen der Führungskräfte bewerten lassen.

b) Wie stellen Sie sich zur Forderung, dass die Beurteilung durch die Mitarbeiter und Mitarbeiterinnen ein wesentliches Element im Rahmen der Leistungsbewertung von Vorgesetzten ist?

A 23 Beurteilen Sie die Möglichkeiten und Grenzen des Leistungslohns als Einflussfaktor der Leistung.

A 24 Ein Mitarbeiter verdient mit Akkordarbeit zur Zeit 30 Fr./Std. Er stellt dabei statt der vorgegebenen Menge (Normalmenge) von 6 Stück/Std. eine effektive Menge von 8 Stück/Std. her. Der Akkordrichtsatz beträgt 120% des garantierten Akkordgrundlohns.

a) Bestimmen Sie den Geldsatz je Mengeneinheit und den Stundenverdienst des Mitarbeiters bei Normalleistung.

b) Berechnen Sie die Normalzeit je Stück in Minuten.

c) Bestimmen Sie den Leistungsgrad des Mitarbeiters in Prozent.

d) Welchen Stundenverdienst hätte der Mitarbeiter bei einem Leistungsgrad von 66 ⅔%, 100%, 125% sowie 150% und wieviel Zeit (in Minuten) pro Stück würde er dabei benötigen? Stellen Sie Ihre Ergebnisse in einer Graphik dar (Ordinate: Stundenverdienst in Fr., Abszisse: effektiv benötigte Zeit pro Stück).

e) Der Akkordrichtsatz soll um 20% angehoben werden. Wieviel würde der Mitarbeiter pro Stunde verdienen, wenn er weiterhin 8 Stück/Std. herstellen kann?

A 25 Ein Mitarbeiter hat einen garantierten Mindestlohn von 18,– Fr./Std. und
L▶ S.477 einen Akkordzuschlag von 20%. Die Normalmenge beträgt 12 Stück/Std., der Mitarbeiter hat zur Zeit einen Leistungsgrad von 125%.

a) Arbeitet der Mann im Zeitakkord oder im Geldakkord? Begründen Sie Ihre Antwort.

b) Wieviele Stück hat der Mitarbeiter effektiv hergestellt?

c) Wie gross ist sein Stundenverdienst?

d) Wieviel verdient er bei einem Leistungsgrad von 75% bzw. 100%?

e) Der Mitarbeiter hat die Wahl zwischen einer Erhöhung des Mindestlohnes um 2,– Fr. oder des Akkordzuschlags auf 33,33%. Welche Variante wird er wahrscheinlich wählen?

A 26 L▶ S.477 Einem Schlosser, der im Zeitakkord arbeitet, sind für die Montage von Türschlössern 15 Minuten pro montiertes Türschloss vorgegeben. Der Minutenfaktor beträgt 40 Rappen.

a) Berechnen Sie den Stundenverdienst des Mitarbeiters bei Normalleistung.

b) Wie hoch ist der Stundenverdienst bei einer Leistung von 5 Schlössern pro Stunde?

c) Berechnen Sie den Minutenfaktor in Fr./Stück, wenn der Schlosser im Geldakkord arbeiten würde.

d) Aus welchen Gründen wurde in der Praxis der Geldakkord durch den Zeitakkord verdrängt?

A 27 L▶ S.477 Ein Mitarbeiter im Geldakkord verdient zur Zeit 26,– Fr./Std. Er stellt dabei statt der vorgegebenen Menge von 6 Stück pro Stunde eine effektive Menge von 8 Stück pro Stunde her. Der Akkordrichtsatz beträgt 120% vom garantierten Akkordgrundlohn.

a) Wieviel beträgt der Akkordgrundlohn?

b) Wie hoch wäre sein Stundenverdienst, wenn er 4, 6 oder 9 Stück pro Stunde herstellen würde?

c) Der Akkordrichtsatz soll um 20% gehoben werden. Wieviel verdient der Mitarbeiter, wenn er weiterhin 8 Stück/Std. herstellen kann?

A 28 L▶ S.478 In der Giessereiabteilung der Gussag wurde bisher allen Beschäftigten ein Zeitlohn von 20,25 Fr./Std. bezahlt. Die Geschäftsleitung überlegt sich, ob neu ein Akkordlohnsystem eingeführt werden soll. Nach Abwägen aller Vor- und Nachteile fällt die Entscheidung der Geschäftsleitung zugunsten des Zeitakkords.

- Die Vorgabezeit pro Werkstück wird auf 6 Min./Stück und der Mindestlohn auf 15,– Fr./Std. festgelegt.
- Der Minutenfaktor beträgt 0,15 Fr./Min.

Berechnen Sie diejenige Leistungsmenge, für die der Stundenverdienst bei Zeitakkord dem bisherigen Zeitlohn entspricht.

A 29 Die Stahl AG stellt in der Fertigungsabteilung unter anderem Gewindebolzen her, die zum Zusammenschrauben von Kernblechen verwendet werden. An 10 Arbeitsplätzen werden im Durchschnitt pro Stunde je 18 Stück hergestellt, die zum Preis von 4,– Fr. pro Stück weiterverrechnet werden. Bis jetzt wurde ein Lohn von 24,– Fr. pro Stunde bezahlt. Um die Arbeitsproduktivität zu erhöhen, will die Firma den Akkordlohn einführen. Die Normalmenge soll auf 20 Stücke pro Arbeitsstunde festgelegt und der entsprechende Stundenlohn auf 30,– Fr. erhöht werden.

L▶ S.478

a) Berechnen Sie den Geldsatz pro Mengeneinheit beim Akkordlohn.

b) Wie hoch ist der Akkordzuschlag in Prozenten gegenüber dem Zeitlohn?

c) Wieviel beträgt der zusätzliche Gewinn pro Arbeitsstunde, wenn die Mitarbeiterinnen die Normalleistung erreichen und für Sozialleistungen 15 % der Lohnsumme aufgewendet werden müssen?

d) Welchen Stundenverdienst erreicht eine Mitarbeiterin, die pro Stunde 24 Stücke herstellen kann? Wie hoch ist ihr Leistungsgrad in %?

e) Wo liegen im vorliegenden Beispiel die Probleme bei der Einführung eines Gruppenakkordes?

A 30 Welches sind die Vor- und Nachteile der verschiedenen Belohnungssysteme des betrieblichen Vorschlagswesens?

A 31 Zeigen Sie die positiven und negativen Aspekte verschiedener Gruppenmitgliedschaften von Mitarbeitern auf.

A 32 Frau Holdener ist Inhaberin eines kleinen Geschäftes für Software-Entwicklung. Sie beschäftigt 3 Bürokräfte, wobei die Buchhalterin ganztags angestellt ist und die zwei anderen Angestellten sich in eine Stelle teilen. Für die Programmierung sind 6 Leute und der Leiter, Herr Mandli, zuständig. Für die Akquisition neuer Aufträge ist sie zusammen mit Frau Gabathuler, einer eidgenössisch diplomierten Verkaufsleiterin, verantwortlich. Keiner ihrer Angestellten ist älter als 35 Jahre und die meisten Mitarbeiter und Mitarbeiterinnen kann man als dynamisch und innovativ bezeichnen. Sie sind neuen Ideen gegenüber aufgeschlossen und in der ganzen Firma herrscht eine gute Atmosphäre.

L▶ S.479

a) Welchen Führungsstil würden Sie Frau Holdener empfehlen?

b) Beschreiben Sie die grundlegenden Aspekte, die der Bestimmung eines gerechten Lohnes zugrunde gelegt werden können.

c) Welches sind mögliche Lohnbestandteile?

d) Erstellen Sie ein Lohnsystem für diese Firma.

e) Sehen Sie neben einem entsprechenden Lohnsystem weitere Möglichkeiten, das Personal längerfristig an die Firma zu binden?

f) Welche Anreize würden Sie einsetzen, um Herrn Mandli und Frau Gabathuler in der Firma zu behalten?

Personalentwicklung

A 33 Wie kann sich eine Laufbahnplanung für untere und mittlere Angestellte auf deren Leistung auswirken? Geben Sie eine Begründung.

A 34 Worauf achten Sie besonders, wenn Sie eine Ihnen unterstellte Mitarbeiterin beurteilen müssen?

A 35 Die Aus- und Weiterbildung hat sich in den letzten Jahren zu einem zentralen Erfolgsfaktor für die Unternehmungen entwickelt.

a) Nennen Sie Ziele, welche eine Unternehmung mit ihrer Aus- und Weiterbildung verfolgen kann.

b) Wie kann die Effizienz der Aus- und Weiterbildung gemessen werden?

A 36 Der technische Fortschritt zeigt seine Auswirkungen auch im Personalbereich.

a) Welche Folgen können Sie aufgrund des technischen Fortschritts im Personalsektor feststellen?

b) Beschreiben Sie Massnahmen, die sich aufgrund der Folgen des technischen Fortschritts aufdrängen können?

A 37 Sie sind Personalchef einer kleinen Firma und müssen das Gesuch eines Mitarbeiters beurteilen, der einen Managementkurs von einer Woche Dauer besuchen will. Welche Abklärungen nehmen Sie vor?

A 38 L▶ S.481 Seit einiger Zeit werden die Anstrengungen erhöht, Frauen besser ins Berufsleben zu integrieren. Im Vordergrund stehen dabei etwa Massnahmen zur Erleichterung des Wiedereinstiegs in das Berufsleben, zur Verwirklichung der Lohngleichheit zwischen Frau und Mann sowie zur Förderung des beruflichen Aufstiegs.

a) Wo sehen Sie die Gründe für diese Bestrebungen seitens der Unternehmungen?

b) Häufig treffen Frauen, die an einem beruflichen Aufstieg interessiert sind, immer noch auf Schwierigkeiten. Welches sind die hauptsächlichsten Probleme, denen sich diese Frauen gegenübergestellt sehen?

c) Mit welchen Massnahmen und insbesondere personalpolitischen Instrumenten kann die Stellung der Frau im Betrieb gefördert werden?

d) Welche Probleme sehen Sie bei der Verwirklichung der Lohngleichheit von Frau und Mann?

Personalfreistellung

A 39 Viele Unternehmungen stehen aus verschiedenen Gründen vor der schwierigen Aufgabe, Personal entlassen zu müssen.

a) Versuchen Sie zu zeigen, welche Massnahmen bei welchen Ursachen der Personalfreistellung sinnvoll sind.

b) Welches sind die Folgen einer unfreiwilligen Kündigung sowohl für den Arbeitnehmer (Mitarbeiter) als auch für den Arbeitgeber (Unternehmung)?

Organisation

Grundlagen

A 1 Nennen Sie Gründe und Anlässe, die dazu führen, dass in einer Unternehmung organisiert wird.

A 2 In jeder Organisation existieren neben der bewusst gestalteten formalen Organisationsstruktur auch informale Strukturen.

a) Wie erkennen Sie formale und informale Organisationsstrukturen? Geben Sie Beispiele für informale Organisationssituationen.

b) Welche Bedeutung hat die informale Organisation in bezug auf die Erreichung der Unternehmungsziele?

A 3 Durch die Erteilung von Kompetenzen und Verantwortung wird zwischen der auftraggebenden und der auftragnehmenden Stelle ein Regelkreis gebildet. Versuchen Sie, einen solchen Regelkreis zu zeichnen.

A 4 Jede Unternehmung steht vor dem Problem, Strukturen und Prozesse festzulegen. Dazu dienen die Aufbau- und Ablauforganisation.

a) Zeigen Sie die Zusammenhänge zwischen der Aufbau- und der Ablauforganisation.

b) Welche Probleme können sich bei der Aufgabenanalyse und -synthese im Rahmen der Aufbauorganisation ergeben?

c) Worin bestehen die Schwierigkeiten bei der Durchführung einer Arbeitsanalyse und -synthese im Rahmen der Ablauforganisation?

A 5 Bei der Gestaltung der Aufbauorganisation stellt sich die Frage nach der Bestimmung der Kontrollspanne.

a) Was versteht man unter der Kontrollspanne?

b) Warum ist es schwierig, eine optimale Kontrollspanne anzugeben?

A 6 Erläutern Sie das Dilemma der Ablaufplanung. In welchen Unternehmungen spielt diese Problematik eine besonders grosse Rolle?

A 7 Das Organigramm ist ein in der Praxis häufig anzutreffendes organisatorisches Hilfsmittel.

a) Worauf ist diese Tatsache zurückzuführen?

b) Erläutern Sie einige typische Informationen, die in einem Organigramm verarbeitet werden können.

c) Wodurch unterscheiden sich das Organigramm und die Stellenbeschreibung?

A 8 Das Funktionendiagramm zeigt in matrixförmiger Darstellung das funktionelle Zusammenwirken mehrerer Stellen bei der Bewältigung einer Aufgabe.

a) Welches sind die Vor- und Nachteile von Funktionendiagrammen?

b) Wo sehen Sie hauptsächlich den Einsatz dieses Organisationsinstrumentes?

A 9 In den meisten Unternehmungen gibt es eine Vielzahl organisatorischer Regelungen, wobei diese in allgemeine und spezielle aufgeteilt werden.
L▶ S.483

a) Was verstehen Sie unter allgemeinen, was unter speziellen organisatorischen Regelungen?

b) Welchen Zusammenhang gibt es zwischen allgemeinen und speziellen Regelungen?

c) Worin liegen die Vorteile einer hohen Regelungsdichte?

d) Die strukturierende Gestaltung der Unternehmung mit vielen allgemeinen Regelungen bringt auch Nachteile mit sich. Um welche Nachteile handelt es sich? Mit welchen Massnahmen kann diesen Nachteilen begegnet werden?

A 10 Das Substitutionsprinzip der Organisation steht in engem Zusammenhang mit dem Organisationsgrad einer Unternehmung.

a) Erklären Sie das Substitutionsprinzip der Organisation.

b) Welche Konsequenzen lassen sich aus diesem Prinzip für eine Unternehmung ableiten?

A 11 Häufig sind Unternehmungen über- oder unterorganisiert. Welches können die Ursachen einer Unter- oder Überorganisation sein?

Organisationstheoretische Ansätze

A 12 Es können verschiedene organisationstheoretische Ansätze unterschieden werden.

a) Welche Vor- und Nachteile sind mit dem Scientific Management verbunden?

b) Wodurch unterscheidet sich der Ansatz von Fayol von demjenigen von Taylor?

c) Welche organisatorischen Erkenntnisse lassen sich aus dem Human Relations-Ansatz ableiten?

d) Welche Bedürfnisse der Maslow-Pyramide werden durch das Scientific Management und den Human Relations-Ansatz angesprochen?

e) Wodurch unterscheiden sich die Ansätze von Woodward und Perrow?

A 13 Im Rahmen der Theorie von Lawrence/Lorsch spielen die organisatorische Differenzierung und die organisatorische Integration eine zentrale Rolle.

a) Was verstehen Lawrence/Lorsch unter organisatorischer Differenzierung und Integration?

b) Zeigen Sie am Beispiel eines Uhrenherstellers, wie eine organisatorische Differenzierung und Integration vorgenommen werden kann.

A 14 Können Sie sich Situationsvariablen vorstellen, die neben der Umweltveränderung und der Technologie einen Einfluss auf die Organisationsform haben könnten?

Organisationsformen

A 15 Welche Zusammenhänge vermuten Sie zwischen der Ausprägung der Strukturierungsprinzipien und der Branche oder der Grösse einer Unternehmung?

A 16 Zeichnen Sie eine Stablinienorganisation mit folgenden Stellen und begründen Sie Ihren Vorschlag: Geschäftsleitung, Marketing, Finanzen, Beschaffung, Stab Marktforschung, AVOR, Stab Forschung und Entwicklung, Personalwesen, Einkauf, Lagerwesen und Produktion.

A 17 Die Stablinienorganisation ist eine häufig anzutreffende Organisationsform.
L▶ S.484

a) Erklären Sie kurz die wesentlichen Elemente der Stablinienorganisation.

b) Zeichnen Sie unter Verwendung folgender Stellen ein Stablinienorganigramm: Planung, Lagerwesen, Produktion, Personal- und Sozialwesen, EDV, Marketing, Betriebsbuchhaltung, Materialprüfung, Qualitätskontrolle (Produktion), Marktforschung, Beschaffung, Forschung und Entwicklung, Werkstatt I, Werkstatt II, Konstruktion, Arbeitsvorbereitung. Falls Stellen fehlen, nennen Sie diese und berücksichtigen Sie sie in Ihrer Lösung.

A 18
L▶ S. 486

Die Gorag hat in einer Analyse festgestellt, dass ihre Aufbauorganisation nicht mehr effizient ist. Neben dem ▶ Organigramm sind folgende Informationen bekannt:

- Die EDV wird für die Lagerbuchhaltung, das Rechnungswesen, die Lohnbuchhaltung und die Produktionsplanung eingesetzt. Der Einsatz der EDV für die Erstellung von Verkaufsstatistiken ist für das nächste Jahr geplant.
- In der Arbeitsvorbereitung besteht eine Arbeitsteilung in bezug auf Produkt 1 und Produkt 2.
- Das Lager enthält Rohmaterial und Halbfabrikate. Die Fertigwaren werden aus Kostengründen bei einer Transportfirma gelagert.
- Die allgemeine Verwaltung befasst sich mit Rechtsfragen (Vertrags-, Miet-, Patent- und Steuerrecht).
- Die Abteilung Planung und Organisation befasst sich mit lang- und mittelfristiger Planung.

Erstellen Sie ein Organigramm für eine Stablinienorganisation, das den von Ihnen festgestellten Schwächen Rechnung trägt, und geben Sie für jede organisatorische Veränderung eine Begründung.

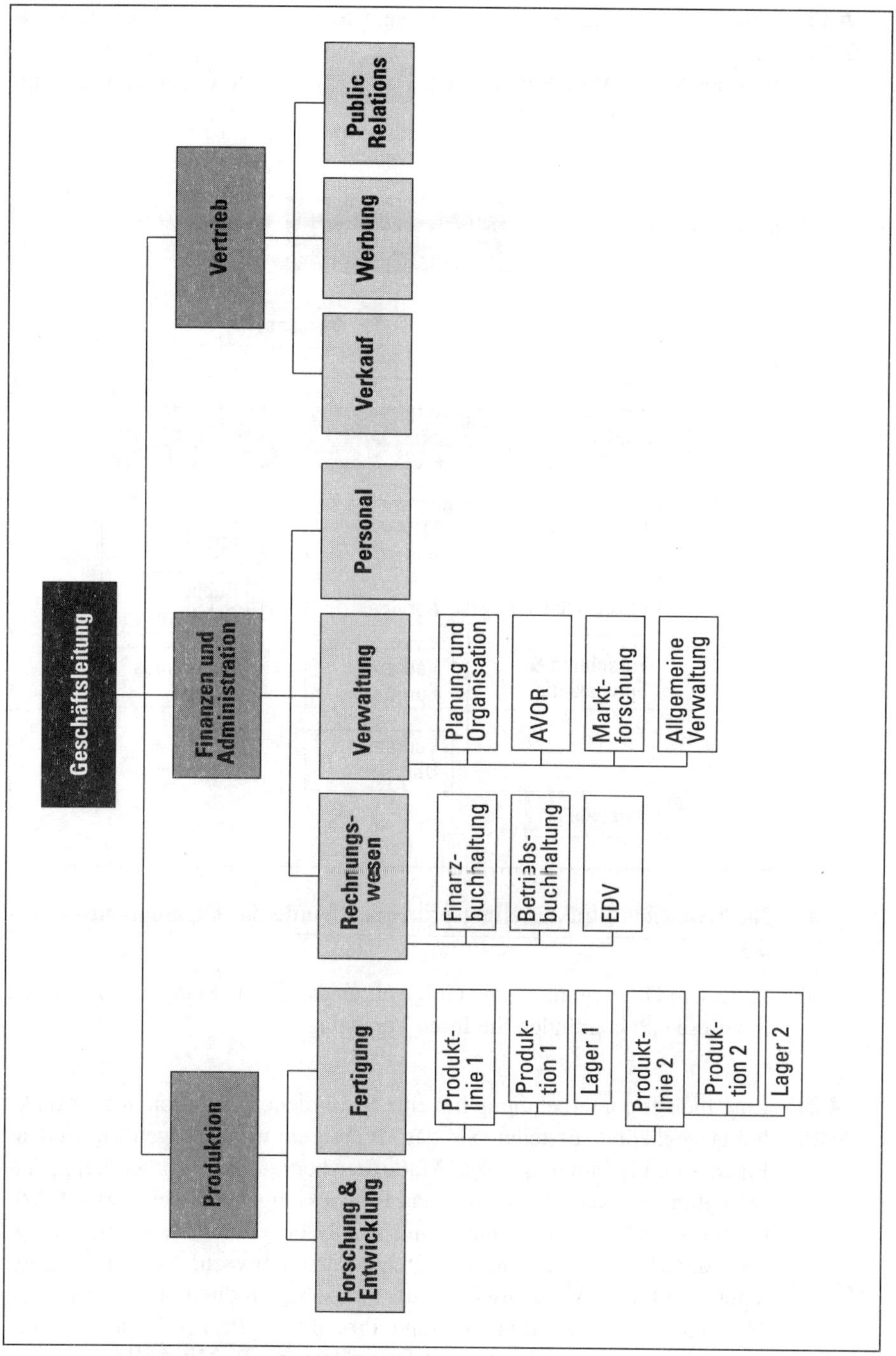

▲ Organigramm Gorag

A 19 L▶ S. 488 Max Studer beendete vor kurzem sein Studium in Betriebswirtschaftslehre. Sein erster Auftrag besteht darin, einen Vorschlag zur Reorganisation der Merci-AG auszuarbeiten. Das nachfolgende Organigramm zeigt seinen Vorschlag.

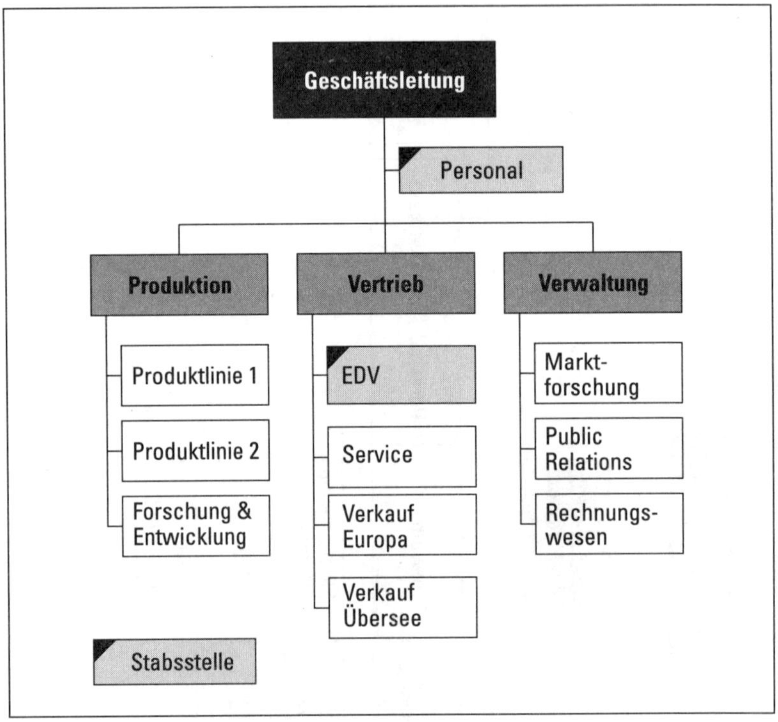

a) Nach welchen Strukturierungsprinzipien wurde das Organigramm gebildet?

b) In diesem Organigramm sind einige organisatorische Mängel. Korrigieren Sie diese und begründen Sie Ihren Vorschlag.

A 20 L▶ S. 489 Eine Industrieunternehmung hat eine Stablinienorganisation und ist funktional gegliedert. Erstellen Sie das Organigramm mit folgenden Stellen: Finanz- und Rechnungswesen, Marktforschung, Arbeitsvorbereitung, Lagerhaltung, Einkauf, Forschung und Entwicklung, Giesserei, Verkauf Produktgruppe A, Finanzplanung und -analysen, Unternehmungsplanung, Mechanische Werkstätten, Fertigung, Personalwesen, Verkauf, Fertiglager, Werbung, Materialwirtschaft, Assistent Produktion, Lieferwesen, Montage und Endprüfung, Leitung Produktion, Packerei und Versand, Marketing und Vertrieb, Verkauf Produktgruppe B. Mit welchen Stellen müsste das Organigramm ergänzt werden?

A 21
L▶ S.490

Als Wirtschaftswissenschafter werden Sie von einer kleineren Firma zur Reorganisation der Unternehmung beigezogen. Die Geschäftsleitung hat folgendes Organigramm des Ist-Zustandes erstellt und bittet Sie, dieses zu beurteilen:

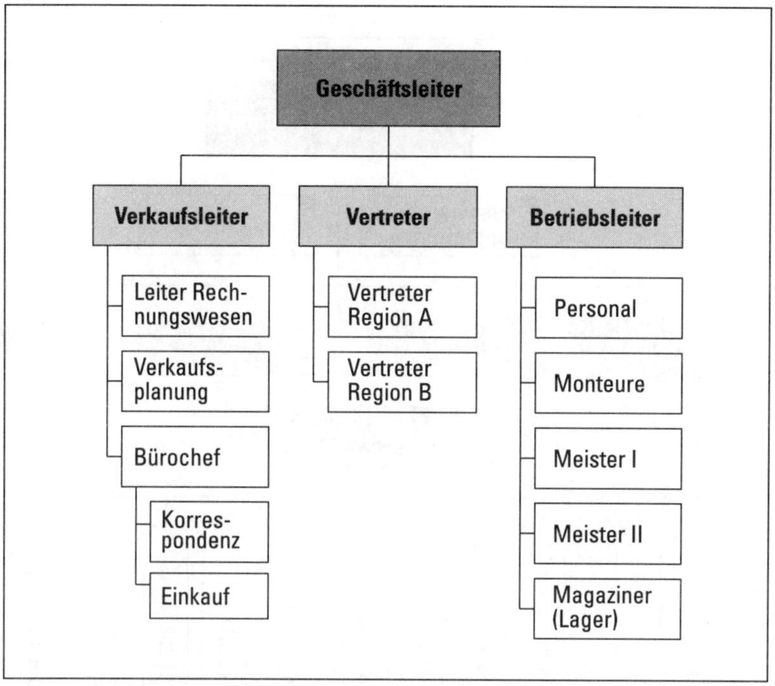

a) Welche Strukturierungsprinzipien wurden im vorliegenden Organigramm angewandt?

b) Nennen Sie die organisatorischen Mängel, die sich aufgrund des Organigramms ergeben, und begründen Sie Ihre Antworten.

c) Entwerfen Sie aufgrund Ihrer Einwände ein neues Organigramm in Form einer Stablinienorganisation.

d) Bei welchen Unternehmungen ist diese Organisationsform anzutreffen?

e) Nennen Sie die Vor- und Nachteile dieser Organisationsform.

A 22 Sie erhalten als Stab «Planung und Organisation» der Taco AG den Auftrag, einen Vorschlag zur Umstrukturierung der Stablinienorganisation der Taco AG in eine divisional gegliederte Profit-Center-Organisation auszuarbeiten. Es steht Ihnen das bisherige Organigramm der Taco AG zur Verfügung.

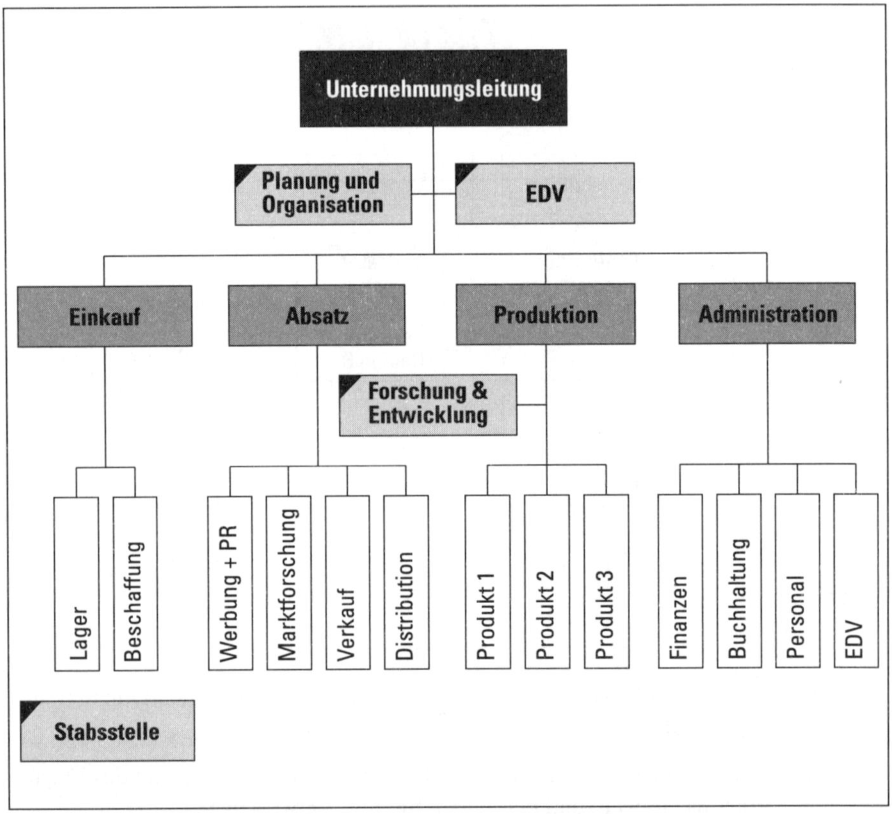

a) Zeichnen Sie das Organigramm für eine Profit-Center-Organisation, wobei Sie Mängel des alten Organigrammes berücksichtigen können. Begründen Sie diese Mängel.

b) Beschreiben Sie die Nachteile der Verrichtungs- und Objektzentralisation.

A 23 Als Assistent der Geschäftsleitung erhalten Sie folgendes Organigramm:
L► S.493

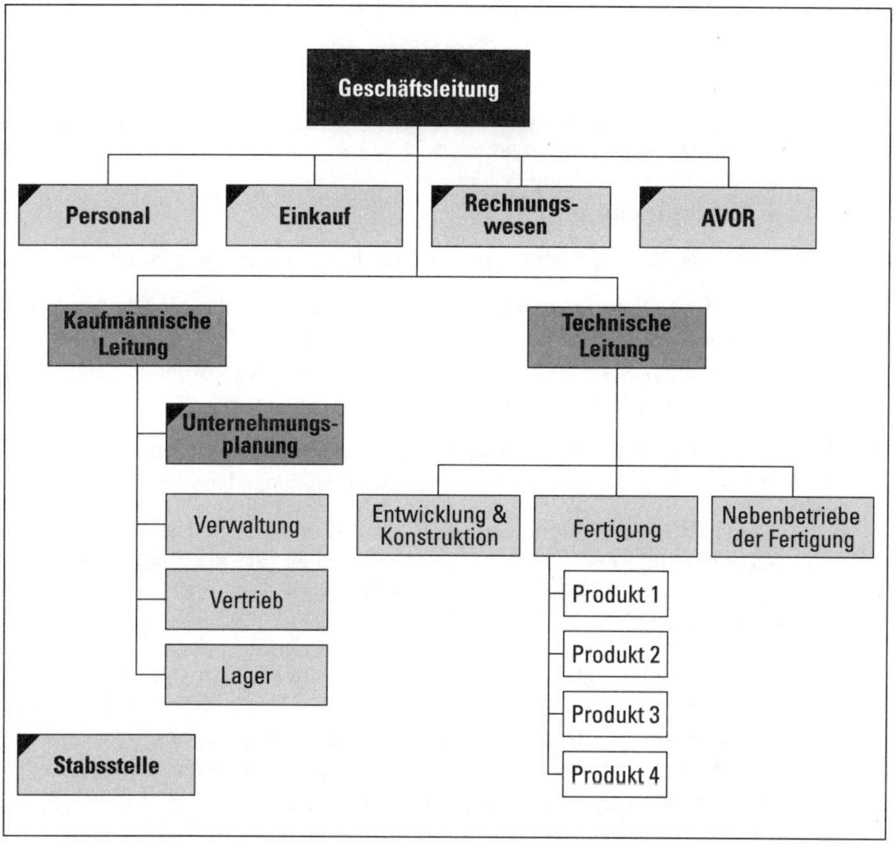

a) Nennen Sie die organisatorischen Mängel dieses Organigramms und begründen Sie Ihre Antworten.

b) Wandeln Sie die vorliegende Stablinienorganisation unter Berücksichtigung der bei a) genannten Mängel in eine Spartenorganisation um.

A 24
L▶ S.495

Bei der Neuorganisation der Kard AG treten verschiedene Fragestellungen im Zusammenhang mit der Gestaltung der Aufbauorganisation auf. Für die Beantwortung der Fragen können Sie von folgenden Stellen ausgehen:

- Marktforschung,
- Materialwirtschaft (Beschaffung, Lagerhaltung),
- Produktion,
- Unternehmungsplanung,
- Finanz- und Rechnungswesen,
- Marketing (Werbung, Verkauf),
- Geschäftsleitung.

a) Zeichnen Sie eine Stablinienorganisation mit funktionaler Gliederung.

b) Die Unternehmung produziert und vertreibt die drei Produktgruppen «Pharma», «Farben», «Düngemittel». Stellen Sie die Unternehmung als eine Produkt-Matrix-Organisation dar. Wann ist die Anwendung eines solchen Produkt-Matrix-Systems sinnvoll?

c) Wie lassen sich die Aufgabenbereiche des Produkt- und Funktionsmanagers bei der Produkt-Matrix-Organisation voneinander abgrenzen?

d) Stellen Sie die Unternehmung als Profit-Center-Organisation unter Verwendung aller erwähnten Stellen dar. Welches sind die allgemeinen Voraussetzungen zur Anwendung des Profit-Center-Systems?

A 25

Als Unternehmungsberater werden Sie für eine Reorganisation der Stokazit AG beigezogen. Dabei wird Ihnen von der Organisationsstelle das nebenstehende, den Ist-Zustand beschreibende ▶ Organigramm übergeben. Von der Geschäftsleitung erhalten Sie zusätzlich die Information, dass der Materialanteil am Umsatz ungefähr 70% beträgt.

a) Welche Strukturierungsprinzipien sind angewandt worden?

b) Wandeln Sie das Organisationssystem in eine Stablinienorganisation um. Zeichnen Sie das neue Organigramm und berücksichtigen Sie mögliche Mängel. Begründen Sie Ihren Organisationsentwurf.

c) Wandeln Sie das alte Organisationssystem unter Berücksichtigung der in b) genannten Mängel in eine Produkt-Matrix-Organisation um.

d) Beschreiben Sie die Aufgaben, die Kompetenzen und die Verantwortung des Produktmanagers bei der Produkt-Matrix-Organisation.

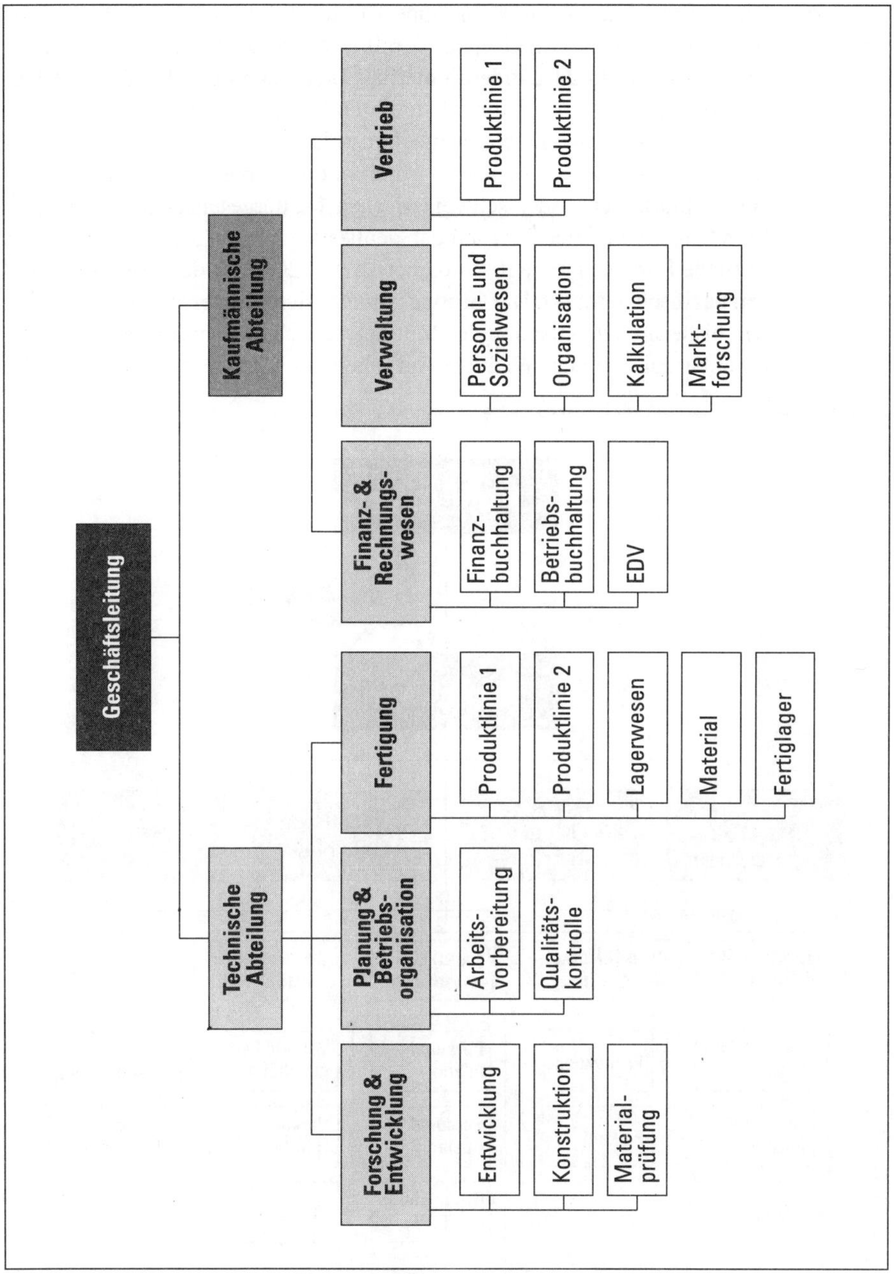

▲ Organigramm Stokazit AG

A 26 Die Saffraia-Unternehmungsgruppe ist eine der führenden Anbieter von Haarpflegemitteln. Die Gruppe ist mit ihren Produkten in über 100 Ländern vertreten. In 24 Ländern unterhält sie eigene Produktions- und Vertriebsstätten, in den anderen ist sie durch Lizenznehmer oder Importeure präsent. 1988 betrug der weltweite, konsolidierte Umsatz 1,1 Mia. Fr. Dieser Umsatz wurde von fast 9000 Mitarbeitern erarbeitet. Davon sind rund 3000 Mitarbeiter in der schweizerischen Muttergesellschaft beschäftigt. Vom Umsatz entfielen 25% auf den deutschsprachigen Raum, 45% auf das restliche Europa, 10% auf Nordamerika und 20% auf den rasch wachsenden pazifischen Markt. Die Gruppe befindet sich in einer Wachstumsphase. Die bisherige Organisation der Muttergesellschaft ist von diesem Wachstum überholt worden. Wichtige Aufgaben der Muttergesellschaft sind die

L▶ S.497

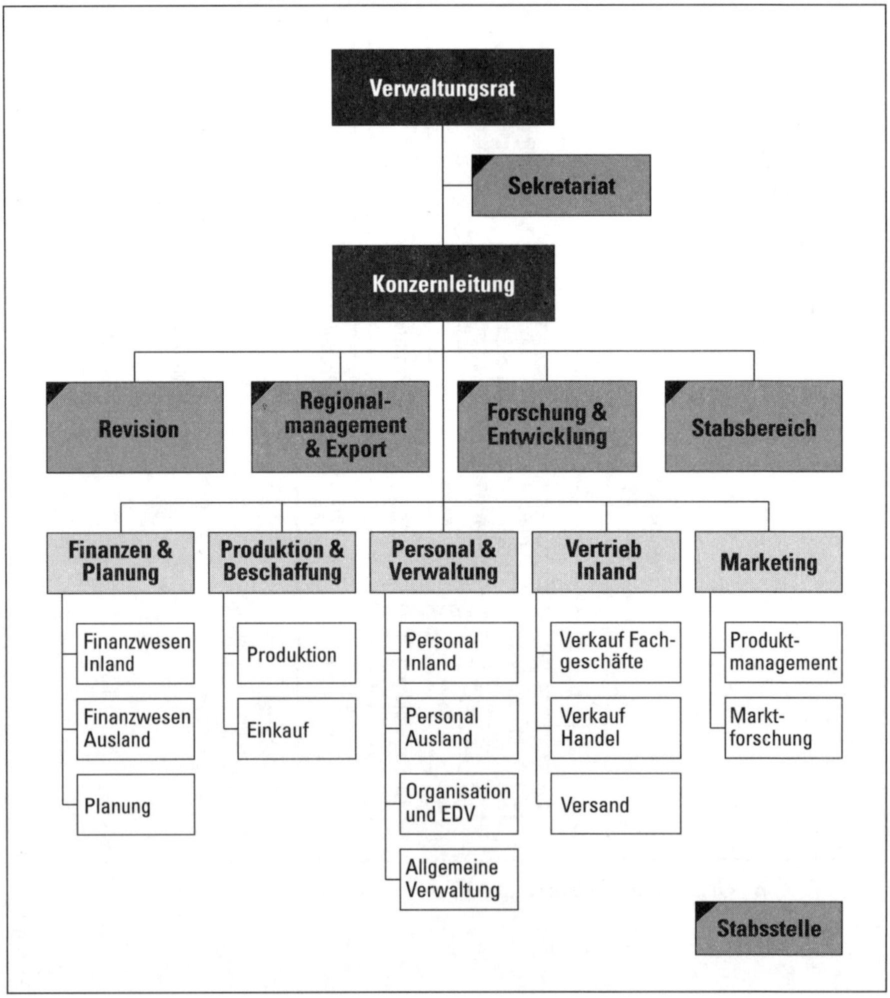

Koordination der weltweiten Tätigkeiten und die Führung des Geschäftes in den deutschsprachigen Ländern.[1]

a) Nach welchen Strukturierungsprinzipien ist die Saffraia AG gegliedert?

b) Beschreiben Sie die Schwachpunkte der bisherigen Organisation.

c) Entwerfen Sie aufgrund Ihrer Ausführungen in b) eine neue Organisationsstruktur.

d) Nennen Sie weitere Gründe für eine Neuorganisation. Welche Probleme können bei solchen Neuorganisationen auftreten?

A 27 Damit eine Unternehmung ihre ökologische Verantwortung wahrnehmen kann, muss sie die organisatorischen Voraussetzungen dafür schaffen, dass die Mitarbeiter und Mitarbeiterinnen ihr Denken und Handeln entsprechend ausrichten.

L▶ S.500

a) Zeigen Sie organisatorische Möglichkeiten, wie das Umweltbewusstsein in einem Betrieb gefördert werden kann.

b) Mit welchen Schwierigkeiten ist in der Praxis bei der Realisierung dieser Möglichkeiten zu rechnen?

A 28 Für eine Unternehmung bestehen mehrere Möglichkeiten bei der Wahl einer bestimmten Organisationsform.

a) Beschreiben Sie die verschiedenen Organisationsformen in bezug auf die folgenden Kriterien:
- Flexibilität,
- Ressourcennutzung,
- Marktinterdependenzen,
- Motivationskraft,
- Innovationsfähigkeit.

b) Beschreiben und beurteilen Sie Ansatzpunkte zur Förderung der Innovation in einer Unternehmung.

A 29 Diskutieren Sie die folgende These: «Zwischen den Anforderungen, die sich aus traditionell aufgebauten Organisationsstrukturen ergeben, und den Erwartungen der Mitarbeiter und Mitarbeiterinnen, die aus ihren Bedürfnissen entstehen, gibt es erhebliche Differenzen.»

---

1 In Anlehnung an Bleicher, Knut: Organisation. 2., vollständig neu bearbeitete und erweiterte Auflage, Wiesbaden 1991, S. 552 ff.

Organisation als geplanter organisatorischer Wandel

A 30 Zu den bekanntesten Gestaltungskonzepten der 90er Jahre zählt das Business Reengineering.

a) Was versteht man unter Business Reengineering?

b) Wodurch unterscheidet sich das Business Reengineering von der traditionellen Ablauforganisation?

c) Welche Chancen und Gefahren sind mit dem Business Reengineering verbunden?

d) Welche Probleme stellen sich bei der Umsetzung des Business Reengineering?

Führung

Grundlagen

A 1 Unternehmungs- und Führungsgrundsätze werden im allgemeinen im Unternehmungsleitbild verankert.

a) Was versteht man unter Unternehmungs-, was unter Führungsgrundsätzen?

b) Welche Funktionen kommen den Unternehmungs- und Führungsgrundsätzen zu?

A 2 Umschreiben und beurteilen Sie die vier Führungstechniken Management by Exception, Management by Delegation, Management by Objectives und Management by System.

A 3 Neuere Führungskonzepte sprechen von einer integrierten oder ganzheitlichen Betrachtungsweise des Führungsphänomens. Zeigen Sie Vor- und Nachteile einer solchen Betrachtungsweise gegenüber einer eindimensionalen, bei der lediglich ein bestimmter Aspekt im Vordergrund steht.

A 4 Die Führungsfunktion kann in verschiedene Führungselemente aufgegliedert werden, die entweder der Willensbildung oder der Willensdurchsetzung dienen.
L▶ S.501

a) Was ist unter Führung zu verstehen?

b) Umschreiben Sie die konstitutiven Elemente der Führung.

c) Erläutern Sie die Beziehungen zwischen der Planung und den übrigen konstitutiven Elementen der Führung.

A 5 Erläutern Sie am Beispiel der Bestellmenge (Materialwirtschaft) die vier Funktionen Planung, Entscheidung, Anordnung und Kontrolle.

A 6 Führung kann sowohl unter führungstechnischen als auch unter menschenbezogenen Aspekten betrachtet werden.

a) Nennen Sie führungstechnische und menschenbezogene Aspekte des Führungsgeschehens.

b) Warum können die führungstechnische und die menschenbezogene Seite der Führung in der Praxis oft schlecht voneinander getrennt werden?

Führungsfunktionen

A 7 Die Planungskonzeption kann in der betrieblichen Realität sehr unterschiedlich ausgestaltet werden.

a) Welches sind die Elemente einer Planungskonzeption?

b) Beschreiben Sie allgemeingültige Grundsätze, denen eine Planungskonzeption genügen muss.

c) Zeigen Sie mögliche Zielkonflikte zwischen diesen Planungsgrundsätzen.

A 8 Worin liegt der Sinn einer zeitlichen Differenzierung der Planung?

A 9 Jeder Planungsprozess muss in die formale Organisationsstruktur einer Unternehmung eingegliedert werden. Dazu stehen die beiden Möglichkeiten der Top down- und der Bottom up-Planung zur Verfügung.

a) Erläutern Sie, was unter einer Top down- und unter einer Bottom up-Planung zu verstehen ist.

b) Warum werden in der Praxis die Top down- und die Bottom up-Planung miteinander kombiniert?

A 10 Bei der Frage, mit welcher Periodizität die mittel- und langfristigen Pläne angepasst werden sollen, ist zwischen der rollenden Planung und der Blockplanung zu unterscheiden.

a) Charakterisieren Sie die beiden Verfahren.

b) Beschreiben Sie die Vor- und Nachteile der rollenden Planung und der Blockplanung.

c) Warum werden die beiden Verfahren in der Praxis oft vermischt?

A 11 Bei der Planungsorganisation stellt sich die Frage, wer am Planungsprozess beteiligt ist.

a) Nennen Sie Gründe, die für und die gegen eine Planungsdezentralisation sprechen.

b) Was spricht für eine Übertragung von Planungsaufgaben auf eine Stabsstelle, was dagegen?

A 12 Nehmen Sie zur folgenden Aussage Stellung: «Je unsicherer die Wirtschaftslage ist, um so kurzfristiger muss die Planung sein.»

A 13 L▶ S.502 Von einem äusserst erfolgreichen Unternehmer erhalten Sie folgende Bemerkung: «Intuition ist viel wichtiger als genaues Planen!» Wie stellen Sie sich als Betriebswirtschafter zu dieser Aussage?

A 14 In der Regel wird zwischen echten und unechten Führungsentscheidungen unterschieden.

a) Was verstehen Sie unter unechten Führungsentscheidungen?

b) Welche situativen Faktoren können in konkreten Entscheidungssituationen eine Rolle spielen?

A 15 Die Entscheidung einer europäischen Automobilfirma, in den USA ein Zweigwerk zu errichten, ist noch nicht gefallen.

a) Welches sind die konstitutiven Elemente dieser Entscheidung?

b) Skizzieren Sie kurz den möglichen Inhalt dieser Elemente für den europäischen Automobilhersteller.

A 16 Eine Unternehmung muss sich zwischen den beiden folgenden Handlungsalternativen entscheiden:

- A: Beibehaltung des bisherigen Sortimentes
- B: Ergänzung des bisherigen Sortimentes durch ein neues Produkt

Alternative A bringt mit absoluter Sicherheit einen Gewinn von 50. Der Erfolg der Alternative B dagegen ist ungewiss. Mit einer Eintrittswahrscheinlichkeit von g = 0,20 wird ein Gewinn in Höhe von 2000 erwartet. Mit grösserer Wahrscheinlichkeit (v = 0,80) muss dagegen mit einem Verlust in Höhe von 400 gerechnet werden

a) Wie gross ist der mathematische Erwartungswert des Erfolges aus Handlungsalternative B?

b) Soll sich der Betrieb für Alternative A oder B entscheiden?

A 17 Die verantwortlichen Stellen einer Unternehmung stehen oft vor dem Problem, dass sie Entscheidungen treffen müssen, ohne über die dazu notwendige Sicherheit in bezug auf deren Auswirkungen zu verfügen. Für solche Situationen sind Regeln entwickelt worden, die eine Entscheidung erleichtern sollen.

a) Erklären Sie mit nachstehendem Beispiel die folgenden Entscheidungsregeln:

- Maximierung des Gesamterwartungswertes,
- Minimax-Regel,
- Maximax-Regel,
- Pessimismus-Optimismus-Regel,
- Minimax-Risiko-Regel.

		mögliche Umweltsituationen	
		U_1	U_2
mögliche Alternativen	A_1	2	12
	A_2	9	6

(Eintrittswahrscheinlichkeit für $U_1 = 0{,}9$, für $U_2 = 0{,}7$)

b) Welche Einwände können gegen die Entscheidungsregeln vorgebracht werden?

A 18 Herr Unschlüssig will ein neues Produkt herstellen. Zur Wahl stehen drei Produkte, wobei Herr Unschlüssig sowohl den minimalen als auch den maximalen Gewinn kennt, der aus dem Verkauf dieser Produkte resultieren könnte:

L▶ S.504

	minimaler Gewinn	maximaler Gewinn
Produkt 1	390	430
Produkt 2	410	410
Produkt 3	400	420

a) Treffen Sie die optimale Wahl mit Hilfe des Hurwicz-Kriteriums (Pessimismus-Optimismus-Kriterium), wenn der Pessimismus-Optimismus-Faktor 0,2 beträgt.

b) Bestimmen Sie den kritischen Wert des Pessimismus-Optimismus-Faktors, bei dem die Alternativen «Produkt 1» und «Produkt 2» gerade gleichwertig sind.

c) Beurteilen Sie dieses Verfahren.

A 19 Die Möbel AG steht vor der schwierigen Entscheidung, wie sie ihr Sortiment in Zukunft gestalten soll. Drei Strategien sind möglich:

L▶ S.504

- Produktion und Vertrieb von nachgebauten antiken Möbeln erster Qualität.
- Produktion und Vertrieb von modernen Design-Möbeln der obersten Preisklasse.
- Produktion und Vertrieb von «klassischen Möbeln» mit mittlerem Preisniveau.

Die Entwicklung des Absatzes für den Möbelmarkt wird von den Marktforschungsexperten wie folgt beurteilt:

1. Stetiges Wachstum des Bedarfs an Möbeln, gleiche Anbieterstruktur.
2. Absatz wird sich wegen einer wirtschaftlichen Stagnation verringern.
3. Stetiges Wachstum, aber verschärfte Konkurrenz unter den Anbietern.

Die durchschnittlichen Jahresgewinne in Abhängigkeit der verschiedenen zukünftigen Marktsituationen werden wie folgt geschätzt (Gewinne in 1000 Fr.):

	Marktsituation 1	Marktsituation 2	Marktsituation 3
Antike Möbel	85	35	58
Designer Möbel	94	45	86
Klassische Möbel	76	58	68

a) Welche Strategie würde nach dem Minimax-Prinzip gewählt werden?

b) Welche Strategie wählen Sie mit Hilfe des Maximax-Prinzips?

c) Beurteilen Sie die beiden Verfahren.

A 20 Der Vorgesetzte Huber beklagt sich über seinen Mitarbeiter Müller, dass dieser seine Anordnungen in der Regel schlecht befolge. Welche Ratschläge würden Sie als unabhängiger Berater in dieser Situation Herrn Huber geben?

A 21 Wesentlich für die Übertragung einer Aufgabe ist die Autorität des Anordnungsgebers.

a) Was versteht man unter dem Begriff «Autorität»?

b) Auf welchen Ursachen kann Autorität beruhen?

c) Welche Bedeutung messen Sie den verschiedenen Autoritätstypen in der betrieblichen Praxis zu?

A 22 Bei der Frage, wer die Kontrolltätigkeit für eine korrekte Aufgabenerledigung ausführt, sind zwei Vorgehensweisen denkbar: die Selbstkontrolle und die Fremdkontrolle.

a) Was versteht man unter Selbstkontrolle und unter Fremdkontrolle?

b) Wann ist die Selbstkontrolle, wann die Fremdkontrolle angezeigt?

A 23 Neben externen Überwachungsmechanismen ist eine Unternehmung auch auf interne Kontrollvorgänge angewiesen.

a) Was versteht man unter interner Kontrolle und was unter interner Revision?

b) Wie können die beiden Aufgabengebiete interne Kontrolle und interne Revision voneinander abgegrenzt werden?

A 24 Das Controlling hat in den letzten Jahren in den Unternehmungen stark an Bedeutung gewonnen.

a) Was versteht man unter dem Begriff «Controlling»?

b) Grenzen Sie das Controlling von der internen Kontrolle ab.

Unternehmungskultur und Führungsstil

A 25 Das Phänomen der Unternehmungskultur ist seit längerer Zeit Gegenstand der Forschung.

a) Was versteht man unter der Unternehmungskultur?

b) Warum wird der Unternehmungskultur eine grosse Bedeutung zugemessen?

c) Worin bestehen die Schwierigkeiten, die Unternehmungskultur einer Unternehmung genau zu beschreiben?

d) Worin sehen Sie den Nutzen der Unterscheidung verschiedener Kulturtypen, wie sie beispielsweise Deal/Kennedy vorgenommen haben?

A 26 Häufig bedingen Veränderungen der Strategie auch eine neue Unternehmungskultur.

a) Welchen Schwierigkeiten sieht sich eine Unternehmungsleitung gegenübergestellt, wenn sie ihre Unternehmungskultur verändern will?

b) Welches sind Massnahmen, um eine Änderung der Unternehmungskultur zu erleichtern?

A 27 Erläutern Sie den Zusammenhang zwischen Unternehmungskultur und Führungsstil.

A 28 Der Führungsstil spielt eine wichtige Rolle bei der Gestaltung der Beziehung zwischen Vorgesetzten und ihren Mitarbeitern und Mitarbeiterinnen.
L▶ S. 505

a) Nennen Sie die Hauptmerkmale des autoritären und des kooperativen (partizipativen) Führungsstils.

b) Nennen Sie Gefahren, die mit diesen beiden Führungsstilen verbunden sein können.

c) Welches sind mögliche Faktoren, welche die Wahl eines Führungsstils beeinflussen können?

A 29 Oft hört man folgende Feststellung: «Führung muss sich auf Autorität stützen». Beziehen Sie Stellung zu dieser Aussage.

A 30 Sowohl in der Literatur als auch in der Praxis trifft man häufig auf die Aussage: «Der kooperative Führungsstil ist der beste Führungsstil».

a) Was verstehen Sie unter einem kooperativen Führungsstil?

b) Beurteilen Sie die genannte Feststellung.

A 31 «Partizipation ist ein wichtiges Mittel, um eine bessere Identifikation der Mitarbeiter und Mitarbeiterinnen mit den Unternehmungszielen zu erreichen.»

a) Was verstehen Sie unter dem Begriff «Partizipation»?

b) Diskutieren Sie die erwähnte These.

A 32 In der Diskussion über die Wahl des richtigen Führungsstils wird neben der mehrdimensionalen Betrachtungsweise vermehrt der Einbezug situativer Gegebenheiten gefordert, was zum Begriff des situativen Führungsstils führt.

L▶ S. 506

a) Was versteht man unter einem Führungsstil?

b) Woraus ergibt sich ein bestimmter Führungsstil?

c) Welches sind die Voraussetzungen zur Anwendung des situativen Führungsstils?

d) Welches sind die Vor- und Nachteile des situativen Führungsstils?

e) Zeigen Sie Verhaltensgrundsätze im zwischenmenschlichen Bereich, die unabhängig vom gewählten Führungsstil Geltung haben.

A 33 Blake/Mouton glauben, durch eine hohe Sach- und Menschenorientierung einen optimalen Führungsstil zu erreichen.

a) Beschreiben Sie das Verhaltensgitter von Blake/Mouton.

b) Wie lässt sich die erwähnte Aussage in der betrieblichen Realität umsetzen?

c) Welche Schwierigkeiten sind dabei zu bewältigen?

Unternehmungspolitik

A 34 Um langfristig überleben zu können, muss eine Unternehmung sogenannte strategische Erfolgspositionen aufbauen.

a) Was versteht man unter einer strategischen Erfolgsposition?

b) Welche Bedingungen müssen erfüllt sein, damit man von einer strategischen Erfolgsposition sprechen kann?

c) Geben Sie Beispiele für strategische Erfolgspositionen Ihnen bekannter Unternehmungen.

A 35 Wenn es bei der Lösung von Problemen um die langfristige Gestaltung des unternehmerischen Verhaltens geht, spricht man vom strategischen Problemlösungsprozess oder vom strategischen Management.

a) Was ist der Gegenstand des strategischen Managements?

b) Warum kommt dem strategischen Problemlösungsprozess eine grosse Bedeutung zu?

A 36 Welche Probleme ergeben sich beim strategischen Problemlösungsprozess im Zusammenhang mit der Ermittlung

- der Umweltdaten,
- der Unternehmungsinformationen,
- der Wertvorstellungen?

A 37 L▶ S.507 In Interviews mit Topmanagern und in Hintergrundberichten der einschlägigen Medien hört bzw. liest man häufig, dass die Umwelt der Unternehmung einem immer stärkeren Wandel unterliege.

a) Beschreiben Sie Umweltentwicklungen, welche für die Unternehmungen relevant sind.

b) Wie kann eine Unternehmung solche Umweltveränderungen möglichst frühzeitig erfassen?

c) Welche neuen Anforderungen an die Fähigkeiten eines Managers ergeben sich aufgrund der unter a) genannten Entwicklungen?

A 38 Für eine Unternehmung ist es sehr wichtig zu erkennen, welche Faktoren das Wettbewerbsgeschehen in einem Markt beeinflussen.

a) Welche Wettbewerbskräfte unterscheidet Porter?

b) Beschreiben Sie weitere Einflussfaktoren, die den Wettbewerb und die Rentabilität einer Branche beeinflussen können.

c) Wodurch unterscheiden sich die unter b) genannten Einflussfaktoren von den fünf Wettbewerbskräften nach Porter?

A 39 Das PIMS-Modell entstand in der Absicht, allgemeingültige Einflussfaktoren auf den Unternehmungserfolg zu identifizieren.

a) Beschreiben Sie die Ergebnisse der PIMS-Studien.

b) Beurteilen Sie das PIMS-Modell in bezug auf eine praktische Anwendung seiner Resultate.

A 40 L▶ S.511 Sowohl die Lern- als auch die Erfahrungskurve ermöglichen Kostensenkungen im Betrieb.

a) Welches ist der Unterschied zwischen der Lern- und der Erfahrungskurve?

b) Welchen Zusammenhang sehen Sie zwischen der Erfahrungskurve und den Economies of Scale?

A 41 Eine Unternehmung hat während der vergangenen zwei Jahre 64 Einheiten ihres neuesten Produktes hergestellt. Die Stückkosten der letzten Produktionseinheit betrugen 800 Fr.

a) Um wieviel kann sie diese Stückkosten senken, wenn sie nochmals 64 Produktionseinheiten herstellen kann und mit einer Erfahrungsrate von 20% rechnen darf?

b) Wie gross waren die Stückkosten der ersten Produktionseinheit?

c) Wie gross sind die Stückkosten der 100. Produktionseinheit?

A 42 Die McWing Engineering stellt Flugzeugmotoren her. Nach den ersten 27 produzierten Einheiten eines neuen Typs stellt sie folgende Kostenstruktur fest:

L▶ S.512

Kumulierte Produktionsmenge	Produktionskosten pro Stück in Fr.
1	400 000
3	360 000
9	324 000
27	291 600

Die Firma rechnet in den nächsten Jahren mit einem Marktvolumen von 10 000 Motoren. Ihr Ziel ist ein Marktanteil von 25 %. Um Informationsgrundlagen für den Verkaufspreis zu erhalten, versucht sie, die weitere Kostenentwicklung zu berechnen.

a) Mit welchen durchschnittlichen Kosten kann die Firma kalkulieren, wenn es ihr gelingt, ihr Ziel zu erreichen?

b) Wieviele Motoren muss die Firma verkaufen, um einen kostendeckenden Verkaufspreis von 200 000,– Fr. zu erzielen?

c) Wie gross ist der Cash-flow in Prozenten des eingesetzten Kapitals, wenn die Firma 2500 Einheiten zu 210 000,– Fr. verkaufen kann und der Anteil an den Betriebskosten der ganzen Unternehmung von 250 Mio. Fr. 10 % beträgt.

d) Welche Annahmen haben Sie bei Ihren Berechnungen in c) unterstellt?

A 43 Die Portfolio-Analyse ist ein Instrument zur Beurteilung der möglichen zukünftigen Entwicklung der Geschäftsbereiche der Unternehmung.

a) Woraus hat sich die Produkt-Portfolio-Methode entwickelt?

b) Erläutern Sie die Ziele der Produkt-Portfolio-Analyse.

c) Welches sind die Voraussetzungen für die Anwendung dieses Instrumentes?

A 44 Die Begriffe «strategisches Geschäftsfeld» bzw. «strategische Geschäftseinheit» beruhen auf dem Segmentierungsgedanken der Geschäftstätigkeiten.

a) Was versteht man unter einem strategischen Geschäftsfeld bzw. einer strategischen Geschäftseinheit?

b) Welche Voraussetzungen sind mit der Bildung von strategischen Geschäftseinheiten verknüpft?

c) Zeigen Sie Beispiele möglicher Geschäftseinheiten für folgende Unternehmungen:

- Migros,
- Swissair,
- PTT.

A 45 Die Boston Consulting Group hat ein Produkt-Portfolio mit den Kriterien relativer Marktanteil und zukünftiges Marktwachstum entworfen.

a) Wozu dient die Marktwachstums-/Marktanteils-Matrix?

b) Welches sind die Vor- und Nachteile dieses Instrumentes?

c) Weiterentwicklungen des Portfolios der Boston Consulting Group bauen auf den beiden Kriterien relative Wettbewerbsvorteile und Marktattraktivität auf. Was sind mögliche Inhalte dieser Kriterien?

A 46 Die Gap-Analyse ist ein klassisches Instrument der strategischen Planung.

a) Was versteht man unter der Gap-Analyse?

b) Welches sind die Vor- und Nachteile der Gap-Analyse?

c) Wann ist dieses Instrument besonders gut, wann besonders schlecht geeignet?

A 47 Die Ergebnisse der Phase «Analyse der Ausgangslage» im strategischen Problemlösungsprozess finden häufig im Unternehmungsleitbild ihren Niederschlag.

a) Was versteht man unter dem Unternehmungsleitbild?

b) Welches sind die Aufgaben eines Unternehmungsleitbildes?

c) Beurteilen Sie ein Leitbild einer Unternehmung Ihrer Wahl.

A 48 Ist es zwingend, dass eine Unternehmung bei einem allgemeinen Marktwachstum eine Wachstumsstrategie verfolgen muss?

A 49 Wodurch unterscheiden sich Produkt/Markt-Strategien von Wettbewerbsstrategien?

A 50 L▶ S.513 Die Firma Panorama AG ist im Pharmabereich tätig. 40% des Umsatzes werden mit Erkältungsmitteln, weitere 35% mit Schlafmitteln und die restlichen 25% mit Aufbaupräparaten erzielt. Mit 250 Mitarbeitern und Mitarbeiterinnen wird ein Jahresumsatz von 32 Mio. Fr. erzielt, der zu fast 100% in der Schweiz erarbeitet wird. Der Cash-flow beträgt 4,2 Mio. Fr. Die Firma beabsichtigt, ein von ihr selbst entwickeltes Medikament zu lancieren. Das neue Produkt dient der Vorbeugung gegen Erkältungskrankheiten und kann das ganze Jahr hindurch eingenommen werden. Marktuntersuchungen haben ergeben, dass zwei bis drei Jahre nach der Lancierung mit einem Marktanteil von 5% gerechnet werden kann. Es ist nicht damit zu rechnen, dass der Marktanteil in ferner Zukunft wesentlich vergrössert werden kann.

a) Welchen Wettbewerbskräften sieht sich die Unternehmung bei der Markteinführung ihres neuen Produktes gegenüber?

b) Welche Wettbewerbsstrategie für das neue Produkt würden Sie der Unternehmung empfehlen?

c) Auf welche Erhebungstechnik könnte die Panorama AG ihre Marktforschung gestützt haben?

d) Nach welchen Kriterien wird die Unternehmung wohl den Preis bestimmen? Welche Preisstrategie wird sie wählen?

e) Wie beurteilen Sie den Vorschlag, im Schweizer Markt das Instrument der Preisdifferenzierung einzusetzen?

A 51 L▶ S.515 Die Unternehmungsleitung der Lambada AG interessiert sich für die Frage, wie ihre Produkte am Markt positioniert sind. Der ihr direkt unterstehende Stab «Produktplanung» erhält die Aufgabe, eine entsprechende Untersuchung durchzuführen. Der Stab ermittelt die folgenden Daten:

Produkt	Relativer Marktanteil	Marktwachstum in % p.a.
Tafelschokolade	1,5	1
Riegel	0,8	15
Pralinés	1,0	4
Bonbons	0,4	6
Biskuits	0,5	8
Confiserie	1,2	18
Getreideriegel	0,7	17

a) Erstellen Sie eine Produkt-Portfolio-Matrix, wie sie von der Boston Consulting Group entwickelt worden ist. Positionieren Sie die Produkte in dieser Matrix.

b) Ordnen Sie die verschiedenen Phasen des Produkt-Lebenszyklus den Kategorien des Portfolios zu.

c) Veranschaulichen Sie graphisch den Zusammenhang zwischen dem ROI und dem relativen Marktanteil, der sich sowohl aufgrund der Resultate der PIMS-Studie als auch aus dem Konzept der Erfahrungskurve ergibt. Begründen Sie Ihre Überlegungen.

d) Zu welchen Ergebnissen gelangen Sie, wenn Sie Ihren Überlegungen die Wettbewerbsstrategien von Porter zugrunde legen?

e) Erstellen Sie einen kurzen Bericht zuhanden der Geschäftsleitung. Geben Sie für jedes Produkt die einzuschlagende Strategie und die finanziellen Konsequenzen in den Bereichen Finanzierung und Produktion an.

A 52
L▶ S.518

Als Abteilungsleiter der Giesserei einer mittelgrossen Schweizer Industrieunternehmung sind Sie unter anderem für den Energieeinkauf zuständig. Den grössten Teil Ihres Energiebedarfs decken Sie durch Erdgas. Zu diesem Zweck sind Sie an einen Gasverbund angeschlossen. Für die Festlegung der Einkaufsstrategie sind vor allem zwei Tatsachen wichtig:

- Erdgas ist leitungsgebunden.
- Die Lagerung von Erdgas bedingt einen grossen Aufwand.

Zur Bestimmung der Einkaufsstrategie lässt sich analog zu der Produkt-Portfolio-Matrix der Boston Consulting Group eine Einkaufsstrategie-Matrix herleiten. Die beiden Dimensionen der Matrix bilden die «relative Beschaffungsmarktposition» und die «relative Absatzmarktposition».

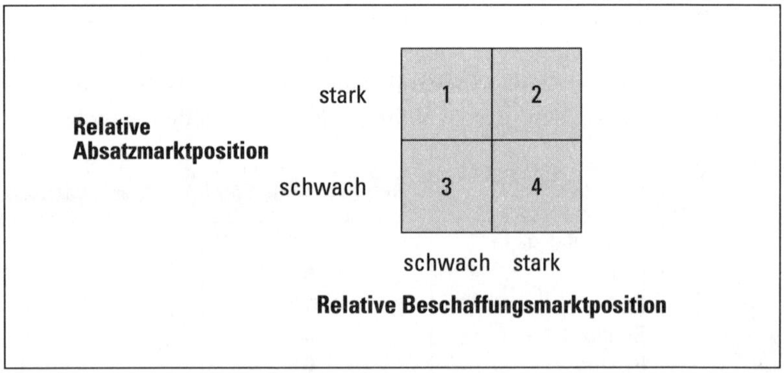

a) Welche Einkaufsstrategien können Sie den einzelnen Feldern der Matrix zuordnen? Welche Zielsetzungen werden mit den verschiedenen Strategien verfolgt?

b) Wo positionieren Sie sich als Abteilungsleiter in obiger Matrix und welches ist die wichtigste strategische Zielsetzung?

c) Welche Massnahmen treffen Sie zur Verwirklichung der unter b) genannten Einkaufsstrategie?

d) Für welche Güter lohnt sich eine besondere Einkaufsstrategie?

A 53 Wettbewerbsstrategien sollen es der Unternehmung ermöglichen, sich gegenüber der Konkurrenz im Markt zu behaupten, indem sie einen erfolgreichen Umgang mit den Wettbewerbskräften erlauben.

a) Welche Wettbewerbsstrategien unterscheidet Porter?

b) Zeigen Sie, welche Gefahren und Risiken mit den verschiedenen Wettbewerbsstrategien verbunden sind.

c) Geben Sie Beispiele für die verschiedenen Wettbewerbsstrategien und führen Sie eine Wettbewerbsanalyse für die genannten Beispiele durch.

d) Sind Ihrer Meinung nach noch andere Strategien als diejenigen von Porter denkbar?

A 54 Häufig lässt sich beobachten, dass zwar gute Strategien formuliert werden, diese aber anschliessend nicht erfolgreich umgesetzt werden können.

a) Welche Probleme ergeben sich bei der Implementierung einer Unternehmungsstrategie?

b) Beschreiben Sie einige personelle Massnahmen, die Sie bei der Implementierung einer neuen Strategie ergreifen würden.

A 55 Nach der Strategieimplementierung ist eine ständige Überwachung sowohl der Strategieumsetzung als auch der Ergebnisse der neuen Strategie unumgänglich.

a) Welche Schwierigkeiten können sich bei der Strategieevaluation ergeben?

b) Wie können Sie diesen Schwierigkeiten begegnen?

c) Wie lässt sich der Erfolg einer Strategie messen?

A 56 Das 7-S-Modell beschreibt Erfolgsfaktoren, die aus Untersuchungen über amerikanische und japanische Führungskonzepte gewonnen wurden.

a) Was verstehen Sie unter einem Erfolgsfaktor?

b) Welchen Voraussetzungen hat ein Erfolgsfaktor zu genügen?

c) Beurteilen Sie das 7-S-Modell.

d) Kennen Sie weitere Erfolgsfaktoren, die es zusätzlich zu berücksichtigen gilt?

Spezielle Gebiete des Managements

Informationsmanagement

A 1 Unternehmungen beschäftigen sich bereits seit den 60er Jahren mit dem Einsatz von Computern.

a) Stellen Sie anhand von Beispielen die historische Entwicklung der Computertechnologie von den 60er Jahren bis in die 90er Jahre dar.

b) Welche Aufgabenstellungen waren in den jeweiligen Phasen dominant?

c) Was könnten in Zukunft die wichtigsten Aufgaben sein?

A 2 Die Informationstechnik ist der Oberbegriff für alle Produkte, die zum Einsatz kommen, wenn Informationen elektronisch verarbeitet werden.

a) Erläutern Sie die verschiedenen Bestandteile der Informationstechnik.

b) Ordnen Sie die nachfolgenden Produkte den jeweiligen Bestandteilen zu:

- Windows 95,
- Internet,
- MS Excel,
- Pentium-Prozessor 133 MHz,
- CD-ROM,
- MS-DOS,

- 2,0 GB-Harddisk,
- MS Word,
- 8 MB RAM,
- Lotus Notes,
- 17"-Monitor.

A 3 Erläutern Sie die unterschiedlichen Anwendungstypen in Unternehmungen und geben Sie dazu jeweils zwei Beispiele an.

A 4 Stellen Sie anhand eines konkreten Beispieles dar, wie sich Abläufe innerhalb von Unternehmungen aufgrund des Einsatzes der Informationstechnik verändert haben.

A 5 Die Informationssystem-Architektur resultiert aus einer Analyse der Ideen für neue Anwendungen.

a) Welche Aufgabe hat die Informationssystem-Architektur?

b) Geben Sie ein Beispiel für eine Informationssystem-Architektur in den Funktionsbereichen Verwaltung, Finanzierung und Marketing.

c) Erläutern Sie Vor- und Nachteile der Verwendung von Standardsoftware in einer multinationalen Unternehmung.

Unternehmungsethik

A 6 Worin besteht der Zusammenhang zwischen Unternehmungsethik und Management-Philosophie?

A 7 Anita Roddick, Gründerin der sehr erfolgreichen Kosmetikkette «The Body Shop» hat während eines Vortrages folgende Aussage gemacht: «I have learnt that so much of corporate business is hung up on money and I have learnt that it is not money, it is action to grow the idea, to grow the individual, the community, the society to be the responsibility of profit.»

L▶ S.521

a) Beschreiben Sie den Sinn wirtschaftlicher Tätigkeit auf den drei Ebenen Individuum, Unternehmung und Gesellschaft.

b) Kommentieren Sie diese Aussage und stellen Sie sie insbesondere der These gegenüber, dass die Gewinnmaximierung das oberste Ziel der Unternehmung sei.

A 8 Die Glaubwürdigkeit kann als zentrales Leitmotiv unternehmerischen Handelns bezeichnet werden.

a) Wie kann diese Aussage begründet werden?

b) Beurteilen Sie das Glaubwürdigkeitskonzept.

c) Zeigen Sie an Beispielen, wie sich Unternehmungen in bezug auf die drei Handlungskomponenten der Glaubwürdigkeitsstrategie besonders gut oder besonders schlecht verhalten haben.

A 9 Warum sollte unternehmungsethisches Denken Bestandteil von unternehmerischen Entscheidungen sein?

A 10 Worin bestehen die Schwierigkeiten, unter Berücksichtigung sozioökonomischer Aspekte wirtschaftlich zu handeln?

Teil 3

Fallstudien

Inhalt

Exclusiv S.A.

Thema: Marketing, Unternehmungsfinanzierung

1 Die Idee

Im Jahre 1983 fassten Jean-Claude Bonvin und Jacques Rochat den Entschluss, zusammen eine Uhrenfirma zu gründen, die den Namen Exclusiv S.A. tragen sollte. Der dynamische Unternehmertyp Jean-Claude Bonvin (Jahrgang 1953), der bereits einige kleinere Projekte erfolgreich durchgeführt hatte, sollte die administrative Leitung übernehmen, Jacques Rochat (Jahrgang 1951) würde der technische Bereich übertragen werden, da er sich bei einer bekannten Schweizer Uhrenfirma das notwendige Know-how der Uhrmacherkunst erworben hatte. Beide waren aufgrund ihrer Erfahrung überzeugt, dass die Marktnische «oberstes Uhrensegment» für eine neue Marke Platz bot, wenn ein entsprechendes Produkt mit einem darauf abgestimmten Marketing angeboten würde.

2 Die Suche nach Kapital

Bonvin und Rochat gründeten eine Aktiengesellschaft mit einem Aktienkapital von 50 000,– Fr., das voll einbezahlt wurde. Da sie über keine zusätzlichen Mittel verfügten und auch keine zusätzlichen Sicherheiten bieten konnten, versuchten sie über eine Bank sogenanntes Venture Capital[1] zu erhalten. Eine erste Überschlagsrechnung zeigte, dass zur Finanzierung der Geschäftstätigkeiten im ersten Jahr flüssige Mittel in der Höhe von einer Million Franken benötigt würden.

Eine Grobanalyse des Uhrenmarktes durch die Bank zeigte, dass nach den Statistiken der schweizerischen Uhrenindustrie die Absatzperspektiven alles andere als vielversprechend waren. Beispielsweise zeigte die Veränderung der Produktion von Jahr zu Jahr folgende Zahlen:

1978:	–9,4%
1979:	–17,0%
1980:	+4,4%
1981:	–11,1%
1982:	–32,7%

Trotz dieser Zahlen stiess das Projekt bei der Bank auf einiges Interesse. Jedoch verlangte sie verschiedene Unterlagen, die sie für diese Art der Finanzierung als unbedingt notwendig erachtete. Es handelte sich um ein umfassendes kommerzielles Konzept und um eine Finanzexpertise:

- Das **kommerzielle Konzept** musste folgende Elemente enthalten: eine Analyse des Konkurrenzumfeldes bezüglich des gesamten Uhrenmarktes und des Luxusuhrenmarktes im besonderen, die Absatzkanäle, den von der Exclusiv S.A. zu bearbeitenden Markt (Zielpublikum) und ein Marketing-Konzept.
- In der **Finanzexpertise** sollten die folgenden Angaben enthalten sein: Einkaufs-, Verkaufs- und Kostenbudgets, benötigte Geldmittel, provisorische Bilanz, Rentabilitätsschwelle und betriebsnotwendiges Kapital.

Zusätzlich sollte ein ebenfalls einzureichendes Curriculum vitae über die beruflichen Voraussetzungen der Antragsteller Aufschluss geben.

1 Unter Venture Capital oder Wagniskapital versteht man eine besondere Art von Risikokapital, das neu gegründeten oder noch relativ jungen Unternehmungen zur Verfügung gestellt wird, bei denen mangels entsprechender Sicherheiten eine herkömmliche Finanzierung nicht möglich ist. (E. Albisetti: Handbuch des Geld-, Bank- und Börsenwesens der Schweiz, 4. Aufl., Thun 1995.)

3 Aufgaben

A 1 Skizzieren Sie ein Marketing-Konzept (inkl. Umschreibung des Zielmarktes) für die Exclusiv S. A., wie es von der Bank gefordert wird.

A 2 Würden Sie der Exclusiv S. A. aufgrund des ausgearbeiteten Marketing-Konzeptes die benötigten Mittel in Höhe von einer Million Franken zur Verfügung stellen? Welche Abklärungen würden Sie eventuell noch vornehmen?

4 Lösungshinweise zur Fallstudie[1]

L 1

- **Zielmarkt:** Luxusuhren mit Schwergewicht oberes Preissegment.
- **Produktpolitik**
  - Allgemein:
    - Klassisch, konservativ, zeitlos.
  - Kollektion:
    - Eindeutig identifizierbar,
    - eine einzige Produktlinie mit wenigen Modellen,
    - Damen-/Herrenuhren aus Stahl, Stahl/Gold, 18 Karat Gold und Gold/Edelstein,
    - Produktmodifikation über Funktion und Zifferblatt.
  - Uhrwerk:
    - Hohe Qualität,
    - Herstellung durch handwerkliche Arbeit.
  - Exklusivität:
    - Produktionsbeschränkung auf ungefähr 3000 Uhren pro Jahr.
- **Distributionspolitik**
  - 100 Verkaufsstellen,
  - Konzentration auf drei Städte: London (Luxusgüter), Genf (Uhrenmarkt) und Zürich (kaufkräftige Kundschaft),
  - direkte und persönliche Beziehungen zu den Verteilern.
- **Konditionenpolitik**
  - oberes Segment der Luxusuhren,
  - einheitlicher Preis,
  - Kontrolle des «Sell in» und «Sell out»[2],
  - grössere Zwischenhändlermargen als die Konkurrenz,
  - Preise zwischen 6000 Fr. und 120 000 Fr.

---

1 Die Lösung beruht auf: Schweizerische Kreditanstalt: bulletin ska, Nr. 7, 1987, S. 15f.

2 «Sell in» bedeutet den Verkauf an die Verteiler, «Sell out» den Verkauf an die Endverbraucher.

- **Kommunikationspolitik**
  - Verkaufsförderung durch direkten Kontakt mit Verkaufspersonal,
  - Werbung:
    - pro Land eine Modeillustrierte und ein Wirtschaftsmagazin,
    - internationale Kampagne in den drei Tageszeitungen Herald Tribune, Financial Times und Wall Street Journal, auf regionalem Gebiet Beteiligung der Verkäuferfirma an der Werbung.

L 2 Die Abklärungen, welche die Bank über die Absatzaussichten der gesamten schweizerischen Uhrenindustrie vorgenommen hat, sind für den vorliegenden Fall wenig aussagekräftig, weil nicht verschiedene Zielmärkte unterschieden wurden. Die Exclusiv S. A. will ihr Produkt im obersten Preissegment positionieren, deshalb sind zusätzlich spezielle Marktuntersuchungen für diesen Zielmarkt von Vorteil. Die Notwendigkeit einer solchen Untersuchung zeigen auch die starken Schwankungen in den Produktionszahlen der gesamten Schweizer Uhrenindustrie. Diese lassen vermuten, dass die Situation auf den einzelnen Zielmärkten völlig unterschiedlich ist. Daneben spielt auch die Entwicklung des allgemeinen Luxusgütermarktes eine Rolle. Falls ein allgemeiner Trend zu teureren Produkten festzustellen ist, erhöht das auch die Absatzchancen für das Produkt der Exclusiv S. A.
Im weiteren sollte sich die Bank auch Auskünfte zur Person der beiden Unternehmer verschaffen. Dazu gehört eine umfassende Prüfung der Kreditwürdigkeit und -fähigkeit (z. B. die Charaktereigenschaften, der Werdegang, die bisherigen Tätigkeiten und Erfolge).
Falls die zusätzlichen Abklärungen ein positives Bild ergeben, steht einer Finanzierung des Projektes nichts entgegen.

Aldo C. Schellenberg

Mercedes-Benz AG

Thema: Strategisches Management, Marketing

1 Einleitung[1]

Die Mercedes-Benz AG gehört zur Sparte Personen- und Nutzfahrzeuge der Daimler-Benz AG, Deutschlands grösstem Industriekonzern. Daimler-Benz wurde 1926 durch Gottlieb Daimler und Karl Benz, gegründet. Nachdem die deutsche Wirtschaft nach dem ersten Weltkrieg zusammengebrochen war und die Ford Motor Company inzwischen auf dem Sektor Personenwagen weltweit eine Vormachtstellung einnahm, entschlossen sich Daimler und Benz zu einer Fusion. In den kommenden Jahren gewann Mercedes-Benz den Ruf eines Herstellers für Automobile von höchster Qualität sowie technisch hochstehender Verarbeitung und Ausführung. In der Nachkriegszeit verhalf die grosse Nachfrage nach Autos und Lastwagen Daimler-Benz zum nötigen Aufschwung. In den sechziger und siebziger Jahren standen Autos von Mercedes-Benz für Prestige und Spitzenleistungen. Sogar die Ölkrisen der siebziger Jahre brachten der Unternehmung keinen Erfolgseinbruch, da die zahlungskräftige Kundschaft von Daimler-Benz von solchen Konjunkturschwankungen nur geringfügig getroffen wurde. Bis Mitte der siebziger Jahre befanden sich alle Fabrikationsbetriebe von Daimler-Benz in Deutschland. Von dort wurden die Fahrzeuge auch exportiert. Als Reaktion auf die immer stärkere DM ver-

1 In dieser Fallstudie steht vor allem der Zeitraum von 1989 bis 1993 im Vordergrund.

legte Daimler-Benz 1973 die Fabrikation seiner für die USA bestimmten Diesel-Lastwagen nach Brasilien, während die gesamte Produktion für Personenwagen in Deutschland verblieb.

Obschon Daimler-Benz bis in die achtziger Jahre ein stetiges Gewinnwachstum aufwies, stand für die Unternehmung bereits 1985 fest, dass eine Überlegenheit in der Automobilherstellung zunehmend höhere Fachkenntnisse in der Elektronik erforderte. Zudem hoffte die Unternehmensleitung sich durch eine Strategie der Diversifikation neue Wachstums- und Zukunftsmärkte zu erschliessen.

Aus diesen Gründen kaufte Daimler-Benz die deutsche Firma AEG auf und diversifizierte zusätzlich in die Luftfahrt, indem sie die Deutsche Aerospace (DASA) erwarb. Im Jahre 1995 war Daimler-Benz ein diversifizierter Industriekonzern mit einem Umsatz von 103,5 Milliarden DM aus vier Sparten:

- Mercedes-Benz Personen- und Nutzfahrzeuge (66,4% des Umsatzes),
- AEG Daimler-Benz Industrie (9,5% des Umsatzes),
- Daimler-Benz Aerospace (14,5% des Umsatzes) und
- Daimler-Benz InterServices (9,6% des Umsatzes), die besser bekannt ist unter dem Namen «debis», eine Dienstleistungsgruppe mit den Tätigkeitsgebieten Software, Finanzdienstleistungen, Marketing Services, Mobilfunkdienste, Versicherungen und Handel.

Rund zwei Drittel des Aktienkapitals befinden sich in Streubesitz. Die Deutsche Bank hält einen Anteil von 24,4%, der zweite Grossaktionär ist der Staat Kuwait mit knapp 13%.

Ende 1995 beschäftigte der Daimler-Benz-Konzern rund 242 000 Mitarbeiter in Deutschland und knapp 69 000 Mitarbeiter im Ausland, d.h. insgesamt knapp 311 000 Mitarbeiter. ▶ Abb. 1 gibt eine Übersicht über

	1984	1985	1986	1987	1988	1989	1990	1991	1992	1993	1994	1995
Umsatz (Mia. DM)	43,5	52,4	65,5	67,5	73,5	76,4	85,5	95,0	98,5	97,7	104	103,5
Ausland-anteil (%)	66,3	64,3	57,5	58,4	60,4	61,3	57,1	53,2	56,8	60,8	62,5	63,2
Jahres-überschuss (Mia. DM)	1,1	1,7	1,8	1,8	1,7	6,8	1,8	1,9	1,4	0,6	0,9	–5,7
Cash-flow (Mia. DM)	5,6	5,0	6,2	6,6	6,1	6,0	6,7	7,8	5,3	9,9	11,3	4,5
Beschäf-tigte (1000)	200	231	320	236	338	368	376	379	376	366	330	311

▲ Abb. 1 Ausgewählte Kennzahlen des Daimler-Benz-Konzerns 1984–1995 (Quelle: verschiedene Geschäftsberichte Daimler-Benz)

Kennzahlen / Beteiligungsgesellschaften	Anteil am Kapital[1]	Eigenkapital[2]	Ergebnis 1995	Ergebnis 1994	Umsatz[3] 1995	Umsatz[3] 1994	Belegschaft am Jahresende 1995	Belegschaft am Jahresende 1994
	in %	Mio. DM	Mio. DM	Mio. DM	Mio. DM	Mio. DM		
Unternehmensbereich Mercedes-Benz								
Mercedes-Benz AG, Stuttgart	100,0	6.435	1.932,0	1.330,0	53.163	53.001	139.733	147.061
Mercedes-Benz España S.A.	100,0	221	(32,5)	15,4	1.518	1.501	2.691	2.858
Mercedes-Benz (United Kingdom)[4]	100,0	.[5]	.[5]	.[5]	3.109	2.815	962	965
Mercedes-Benz Nederland[4]	100,0	.[5]	.[5]	.[5]	1.053	927	515	517
Mercedes-Benz Belgium S.A.	100,0	125	9,9	35,9	1.100	1.087	560	661
Mercedes-Benz France[4]	100,0	.[5]	.[5]	.[5]	2.958	2.942	1.700	1.710
Mercedes-Benz Italia[4]	100,0	244	16,0	25,7	2.103	2.012	598	590
Mercedes-Benz (Schweiz) AG	51,0	93	1,1	1,3	964	913	286	283
Freightliner, Portland[4]	100,0	.[5]	.[5]	.[5]	7.099	6.444	10.657	9.428
Mercedes-Benz of North America[4]	100,0	.[5]	.[5]	.[5]	5.523	6.005	1.248	1.315
Mercedes-Benz Mexico[4]	100,0	.[5]	.[5]	(18,5)	141	816	750	1.735
Mercedes-Benz do Brasil[4]	100,0	1.317	100,0	273,4	3.852	4.063	14.414	16.264
Mercedes-Benz Argentina[4]	100,0	253	(49,9)	39,3	551	759	1.612	2.387
Mercedes-Benz of South Africa[4]	87,0	256	84,5	53,3	2.061	1.568	4.331	3.853
Mercedes-Benz Türk A.S.	55,6	47	9,8	(30,9)	718	404	2.509	2.185
Mercedes-Benz Japan Co. Ltd.	100,0	272	72,2	54,0	2.470	2.625	416	413
Mercedes-Benz (Australia)[4]	100,0	94	17,3	21,2	575	625	720	770
Unternehmensbereich AEG Daimler-Benz Industrie								
AEG Aktiengesellschaft, Berlin	93,2	2.160	(2.705,0)	(552,0)	2.893	3.458	9.907	13.577
TEMIC TELEFUNKEN microelectronic GmbH	100,0	609	(60,3)	(57,7)	1.245	1.141	3.689	3.320
MTU Motoren- und Turbinen-Union Friedrichshafen	88,4	100	20,0	20,0	1.314	1.276	4.963	5.091
AEG ElectroCom International Inc.[4]	100,0	440	13,8	8,8	274	76	1.108	856
Unternehmensbereich Daimler-Benz Aerospace								
Daimler-Benz Aerospace Aktiengesellschaft	100,0	4.142	(4.841,6)	(546,3)	2.675	3.401	11.142	14.904
Daimler-Benz Aerospace Airbus GmbH	100,0	1.143	(371,1)	258,6	3.557	4.292	16.498	19.304
Dornier[4]	57,6	456	(553,5)	9,4	2.736	3.015	6.809	7.234
MTU Motoren- und Turbinen-Union München	100,0	268	289,3	(85,4)	1.704	3.042	6.729	12.616
N .V. Koninklijke Nerlandse Vliegtuigenfabriek Fokker[4, 6]	51,0	(532)	(1,158,4)	(400,7)	3.350	2.144	7.864	8.770
Eurocopter Holding S.A.[4]	40,0	1.064	(1.124,8)	(114,7)	2.676	2.690	10.029	10.340

▲ Abb. 2 Kennzahlen wichtiger Beteiligungsgesellschaften der Daimler-Benz AG

Beteiligungsgesellschaften \ Kennzahlen	Anteil am Kapital[1]	Eigenkapital[2]	Ergebnis 1995	Ergebnis 1994	Umsatz[3] 1995	Umsatz[3] 1994	Belegschaft am Jahresende 1995	Belegschaft am Jahresende 1994
	in %	Mio. DM	Mio. DM	Mio. DM	Mio. DM	Mio. DM		
Unternehmensbereich Daimler-Benz InterServices (debis)								
Daimler-Benz InterServices (debis) AG	100,0	1.936	(517,2)	64,4			238	179
Mercedes-Benz Finanz GmbH	100,0	373	34,0	26,5	237 [7]	231 [7]	177	171
Mercedes-Benz Leasing GmbH	100,0	66	11,0	25,9	1.361	1.293		
Mercedes-Benz Credit[4]	100,0	. [5]	. [5]	. [5]	3.657 [7]	3.444 [7]	516	586
Mercedes-Benz Finance Co. Ltd.	90,0	91	17,1	1,6	135 [7]	130 [7]	25	20
Regionalholding- und Finanzgesellschaften								
Daimler-Benz Holding AG, Zürich	100,0	394	79,7	83,7			2	2
Daimler-Benz UK plc.[4]	100,0	268	72,9	72,2			6	6
Daimler-Benz Holding France S.A.[4]	100,0	279	(36,9)	10,9			2	2
Daimler-Benz Holding Nederland B.V.[4]	100,0	188	20,3	19,5				
Daimler-Benz Holding Belgium S.A.	100,0	181	40,0	78,8				
Daimler-Benz Coordination Center S.A.	100,0	672	32,4	16,1			21	25
Daimler-Benz España S.A.	87,9	216	(35,7)	14,0			14	12
Daimler-Benz North America Corporation[4]	100,0	3.784	331,0	308,3			27	27

▲ Abb. 2 Kennzahlen wichtiger Beteiligungsgesellschaften der Daimler-Benz AG (Forts.)

1 Bezogen auf die jeweilige Obergesellschaft.
2 Eigenkapital und Jahresergebnis bzw. Ergebnis vor Gewinnabführung aus landesrechtlichen Abschlüssen; Eigenkapital umgerechnet mit den jeweiligen Jahresendkursen, Ergebnis mit Jahresdurchschnittskursen, ausgenommen Mercedes-Benz do Brasil und Mercedes-Benz Türk, deren Ergebnis 1995 mit dem Jahresendkurs umgerechnet wurde.
3 Umgerechnet mit den jeweiligen Jahresdurchschnittskursen.
4 Vorkonsolidierte Abschlüsse.
5 Im konsolidierten Abschluss der Holdinggesellschaft der Region enthalten.
6 Zum 31.12.1995 entkonsolidiert.
7 Einschliesslich Zinserträge aus der Absatzfinanzierung.

die finanziellen Resultate von 1984 bis 1995. ◀ Abb. 2 zeigt die rechtliche Struktur von Daimler-Benz mit seinen Tochter- und Holdinggesellschaften und einige wichtige Kennzahlen der Beteiligungsgesellschaften für die Jahre 1994 und 1995. Zahlreiche ausländische Niederlassungen von Mercedes-Benz sind vor allem für Verkauf und Service verantwortlich, während die weitaus meisten anderen Wertschöpfungsaktivitäten, insbesondere Entwicklung und Produktion, in Deutschland anfallen.

2 Das wechselhafte Glück eines Herstellers von Luxusautos

Mercedes-Benz umfasst zwei Geschäftsbereiche:

- Personenwagen (Umsatz 1995: 38 Milliarden DM) und
- Nutzfahrzeuge (Umsatz 1995: 30,7 Milliarden DM).

Die Mercedes-Benz-Personenwagen konkurrieren traditionellerweise im obersten Segment einer Branche, die immer mehr durch eine globale Konkurrenz geprägt ist. Viele der weltweit führenden Automobilhersteller, so auch General Motors und Ford, haben bereits seit Jahren in Übersee Fabrikationsbetriebe und versuchen, nahe am Verkaufsort zu produzieren. Andere Hersteller – die führenden japanischen Produzenten Toyota und Nissan miteingeschlossen – verfolgten jahrzehntelang eine Exportstrategie: Die Fabrikation erfolgte in grossen (japanischen) Werken, und die Automobile wurden anschliessend über die Meere verschifft. In den achtziger Jahren errichteten viele dieser Unternehmen Werkanlagen in den USA und in Europa. Die von den Automobilherstellern benötigten Inputs – vom Stahlbarren bis zu Autoteilen (z.B. Autositze, Scheibenwischer) – können von zahlreichen Lieferanten aus allen Teilen der Welt bezogen werden.

Während Mercedes-Benz bis in die späten achtziger Jahre im Segment der Luxusautos dominierend war, nahm der Konkurrenzdruck immer mehr zu. Mercedes, der Nobelhersteller, sah sich plötzlich einem verstärkten Druck der Massenhersteller gegenüber: Fast alle versuchten in der Oberklasse Fuss zu fassen, und gleichzeitig verbesserten sie kontinuierlich die Qualität ihrer Fahrzeuge. Einige japanische Unternehmen brachten Modelle auf den Markt, deren Qualität derjenigen von Mercedes-Benz ebenbürtig war, die preislich jedoch viel günstiger lagen. 1989 eröffnete Toyota, Japans bedeutendster Volumenproduzent, eine Tochtergesellschaft für Luxusautos in den USA, und zwar unter dem Markennamen «Lexus». 1992 verkaufte Lexus in den USA 92 800 Fahrzeuge. Demgegenüber setzte Mercedes-Benz nur 63 300 Einheiten ab und hielt einen Marktanteil im High-Luxury-Segment von 41%. Dieser Herausforderung begegnete Mercedes-Benz mit einer neuen Serie, der S-Klasse. Nach fünfjähriger Entwicklungszeit kam diese Neuentwicklung 1992 auf den Markt. Die Modelle der S-Klasse sind Fahrzeuge der Superlative und gekennzeichnet durch starke Motorisierung (6 Liter Hubraum, 12 Zylinder, 408 PS usw.), eine unübertroffene Elektronisierung, innovative Systeme für passive Sicherheit, Luxusausstattung, Umwelttechnik und neue Katalysatorensysteme. Der Wagen ist jedoch zwei Tonnen schwer, gilt als unförmig und wurde der Nachfrage nach einem schnittigem Design und nach optimaler Leistungsfähigkeit nicht gerecht («S» wie «Saurier»). Mercedes-Automobile werden zuweilen als übertechnologisiert und unwirtschaftlich empfunden.

Jahr \ Land	Frankreich	Deutschland	Japan	USA
1970	$ 2,50	$ 3,00	$ 2,00	$ 4,50
1975	4,50	7,00	3,50	7,00
1980	9,00	12,50	7,00	10,00
1985	8,00	10,00	8,00	13,00
1990	16,00	23,00	16,00	15,00
1993	17,00	26,50	18,00	15,50

▲ Abb. 3 Durchschnittliche Stundenlöhne in den wichtigsten Industrienationen (inkl. Zulagen) (Quelle: Wall Street Journal, 4.11.93)

Mercedes-Benz hatte mit seiner Kostenstruktur noch ein zusätzliches Problem. Weltweit betrachtet haben die Werksarbeiter der deutschen Automobilindustrie die höchsten Löhne bei der kürzesten Arbeitszeit (◀ Abb. 3). Diese Situation betrifft jedoch nicht nur Mercedes-Benz, sondern auch BMW (Bayerische Motorenwerke AG), den Hauptkonkurrenten. Auch dieser stellt seine Autos in drei deutschen Montagewerken her und muss hohe Löhne und Produktionskosten auf sich nehmen. BMW erkannte aber bald, dass sich immer weniger Amerikaner eines ihrer Autos leisten konnten, und zwar einerseits wegen der im Vergleich zum US-Dollar starken DM und andererseits infolge der per 1.1.91 eingeführten 10prozentigen Luxussteuer auf Pkw, deren Neupreis 30 000 Dollar überschreitet, sowie einer verdoppelten Kraftstoffverbrauchssteuer («gaz-guzzler-tax»). Anfangs 1993 kündigte BMW deshalb den Bau eines neuen Werkes in South Carolina (USA) an.

Der Wettbewerb ist gnadenlos: Neben den Kosten für die Entwicklung und Produktion wird die Kundenzufriedenheit in bezug auf Produkt und Händler zum entscheidenden Kriterium, ob eine Marke konkurrenzfähig bleibt. Auch hier muss Mercedes stark aufholen, wie der «European Customer Satisfaction Index 1992» zeigt (vgl. ▶ Abb. 4). Der Index misst Mängel, die Kunden am Produkt bemerken, und bewertet die Qualität der Händler. Er wird regelmässig von einem gemeinsam beauftragten Marktforschungsinstitut erhoben. VW und Ford liegen in Europa weit hinten, Opel, BMW und Mercedes im Mittelfeld, und die Spitzengruppe bilden drei japanische Automobilhersteller sowie Audi, Saab und Renault.

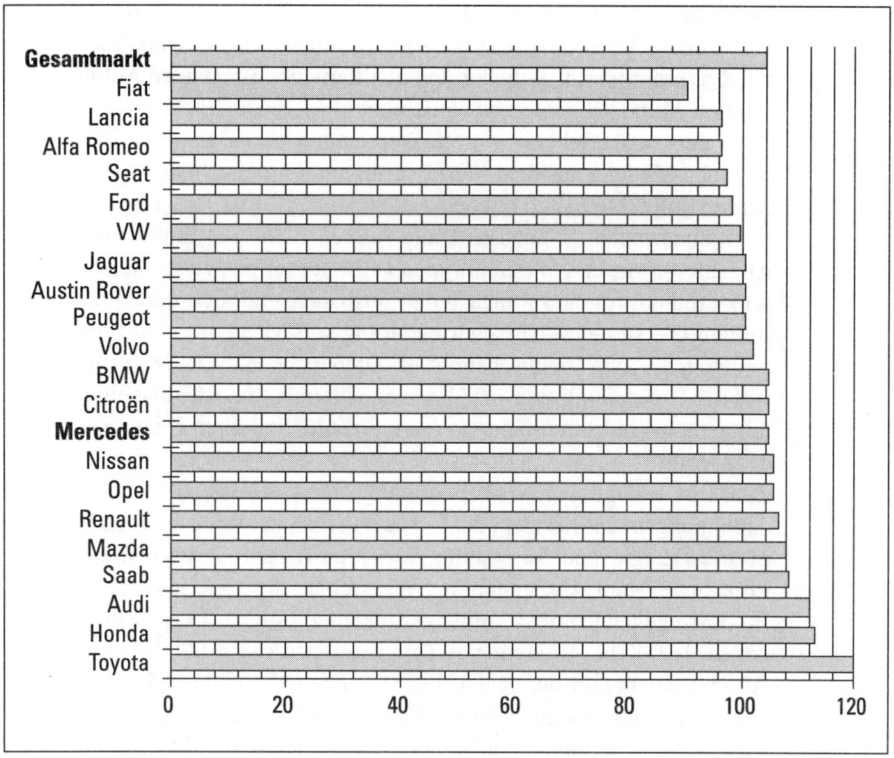

▲ Abb. 4 European Customer Satisfaction Index 1992
(Quelle: Manager Magazin Nr. 12, 1993)

3 Strategische Neuorientierung 1993

Das Angebot von Mercedes-Benz an Personenwagen umfasste Ende 1993 fünf Klassen:

- die neu konzipierte S-Klasse (Luxus-Limousinen und Coupés mit Preisen ab ca. 92 000 bis 200 000 Fr.),
- die SL-Klasse (Roadster: sportliche Luxusfahrzeuge für ca. 108 000 bis 208 000 Fr.),
- eine leicht veränderte E-Klasse (Mittelklassewagen, Limousinen und Kombis mit einer Preislage von ca. 50 000 bis 95 000 Fr.),
- eine völlig neu konzipierte C-Klasse (Compact Serie in drei Lifestyle-Varianten [Lines]: «Esprit», «Elegance» und «Sport» als unteres Ende der Produktepalette mit Preisen von ca. 38 000 bis 89 000 Fr.) sowie
- die G-Klasse, die eine sehr enge Nische besetzt (Geländefahrzeuge produziert von Steyr-Daimler-Puch in Graz ab ca. 55 000 bis 84 000 Fr.).

Im Januar 1993 verkündete der neu ernannte Vorstandsvorsitzende, Helmut Werner, Mercedes-Benz beabsichtige einen Wandel vom Produzenten von Luxusautos zum Anbieter von qualitativ hochstehenden Automobilen in allen Marktsegmenten zu vollziehen. «Mercedes-Benz muss sich ändern, um zu überleben», warnte Werner und bestätigte, dass die gegenwärtigen Modelle aus dem Markt verdrängt würden, wenn die exzessiven Kosten aufrechterhalten blieben.
Im Rahmen dieser Neuausrichtung folgten Pläne zur Entwicklung einer Anzahl von neuen Automobiltypen («Produktoffensive»). Mercedes will sein Produktprogramm nach unten ausbauen und sich dem Preiskampf stellen. Die strategische Neuorientierung soll Mercedes vom Edelkarrossenhersteller zum Vielnischenproduzenten machen. Neue Nischenmodelle von der Grossraumlimousine über einen kleinen Roadster und ein Freizeitfahrzeug bis hin zum Stadtauto markieren die Stationen einer neuen Mengenpolitik.
Zunächst erfolgt eine Neukonzipierung der E-Klasse auf Mitte 1995. In Anlehnung an das Konzept der C-Klasse sind die Limousinen und Kombis in drei Design- und Ausstattungsvarianten (Lines) verfügbar: «Classic», «Elegance» und «Avantgarde». Wie schon die C-Klasse ist auch die E-Klasse gegenüber den Vorgängermodellen billiger. Der Einstieg erfolgt bei ca. 48 000 Fr., während das Topmodell neu ca. 84 000 Fr. kostet.
Als erstes Fahrzeug der neuen Nischenmodelle kommt im Herbst 1996 ein Kleintransporter (Mini-Van oder Grossraumlimousine engl. MPV = multi purpose vehicle) unter dem Namen «Viano» auf den Markt. Über mehrere Design- und Ausstattungsvarianten besteht die Wahl vom mehrzweckfähigen, komfortablen Familien- und Freizeitfahrzeug bis hin zur exklusiven Reiselimousine.
Ebenfalls im Herbst 1996 folgt ein kleiner Roadster SLK, ein kleineres sportliches Auto für finanziell mittelstarke Käufer im Preisbereich von ca. 45 000 bis 51 000 Fr.
Ab 1997 soll – neben der Grossraumlimousine – ein weiteres «Lifestyle-Automobil» auf dem Markt eingeführt werden: ein sog. «Fun-car». Dies ist ein allradgetriebenes, geländetaugliches, sportliches Freizeitmobil (engl. SUV = sports utility vehicle oder AAV = all activity vehicle). Der Markt für solche AAV wird als äusserst attraktiv beurteilt. In Europa hatte er 1992 bereits eine Grösse von 242 000 Einheiten erreicht. Auf dem amerikanischen Markt, der von den einheimischen Grossherstellern wie GM, Ford und Chrysler beherrscht wird, werden pro Jahr beinahe 1 Million solcher Einheiten abgesetzt. Den japanischen Autoherstellern – mit einem Marktanteil von 30% bei Personenwagen – gelang es, sich mit 13% auf dem amerikanischen Markt für Kleintransporter und AAV zu behaupten. Der AAV kommt im Mai 1998 in Deutschland auf den Markt.
Neben der Grossraumlimousine und dem AAV kündigte Mercedes auf Herbst 1997 auch die Markteinführung eines langstreckentauglichen, aber

nur vierplätzigen, äusserst kompakten Kleinautos an (A-Klasse). Mit der A-Klasse sollen insbesondere junge und junggebliebene Menschen angesprochen werden, die auch in dieser Fahrzeugklasse besondere Ansprüche bezüglich Design, Variabilität, Verbrauch und Sicherheit stellen. Die A-Klasse soll sich aber auch an den traditionellen Mercedes-Fahrer richten.

Im Januar 1994 kündigte Mercedes für den Bau sog. Micro Compact Cars (MCC, manchmal ironisch «Bonsai-Mercedes» genannt) die Zusammenarbeit mit dem Schweizer Swatch-Hersteller Hayek an. Ein von Mercedes gebautes Swatch-Auto soll nochmals deutlich kleiner als die A-Klasse sein (Länge 2,50 m, Breite 1,45 m, Höhe 1,55 m) und ist als äusserst sparsamer Zweiplätzer (Benzinversion unter 4 l/100 km; Dieselvariante um 3 l/100 km) besonders für den Stadtverkehr geeignet. Der Antrieb erfolgt wahlweise mit einem Dreizylinder-Turbo-Benzinmotor, einem Dreizylinder-Turbo-Dieselmotor, einem Vierrad-Elektroantrieb oder einem Vierrad-Hybridantrieb (dieselelektrisch). Das Fahrzeug, das eine ausserordentlich geringe Fertigungstiefe haben soll, wird zu Preisen zwischen 14 000 Fr. und 18 000 Fr. angeboten und soll im Frühjahr 1998 gleichzeitig in allen westeuropäischen Ländern ausgeliefert werden. Es soll sich beim Spitzentempo von 120 bis 130 km/h mit seiner Sicherheit auf Mercedes-Niveau bewegen, wird aber nicht den Mercedes-Stern tragen. Seit Mai 1995 ist die offizielle Bezeichnung des Autos bekannt: «smart – swatch car concept by Mercedes-Benz». Für das Fahrzeug werden neue Vertriebskanäle gewählt: Der «smart» soll ausserhalb des klassischen Automobilhandels erhältlich sein.

Im Dezember 1994 wurde von Daimler Benz nach intensiven Verhandlungen auf höchster Führungsebene entschieden, dass der Sitz des MCC-Joint-venture im lothringischen Hambach-Saargemünd sei. Ausschlaggebend für den Produktionsstandort Hambach waren neben den regionalen und staatlichen Förderungsanreizen vor allem die attraktiven französischen Lohnkosten, die Flexibilität von Arbeitszeit und Arbeitsgestaltung sowie die zentrale Lage in Europa, welche die Logistik erleichtert. Im Vollausbau wird das Werk, dessen Bau im dritten Quartal 1995 in Angriff genommen wurde, rund 1900 Personen beschäftigen. Die Produktionskapazität soll bei ca. 200 000 Einheiten pro Jahr liegen.

In den nächsten 5 Jahren will Mercedes auf diese Weise rund 1 Milliarde Mark zusätzlich in Produkte, aber weniger in Anlagen investieren. Somit würde die Zahl der Pkw- und Geländewagentypen im Zeitraum von 1996 bis 1998 von 70 auf ca. 90 (ohne Berücksichtigung der Lines) steigen.

Um von der bisherigen Hochpreispolitik abzurücken und den Preiskampf mit den japanischen Automobilherstellern aufnehmen zu können, muss Mercedes Kostenführer werden. Andernfalls wird die Nischenstrategie und der Vorstoss in die unteren Marktsegmente ein Flop. Von diesem Ziel sind die Schwaben jedoch noch weit entfernt. Die strategische Neuaus-

richtung der Produktpolitik wird deshalb mit einer Produktivitätsoffensive gekoppelt. Bis 1997 will Mercedes sechs Milliarden Mark Kosten sparen und innerhalb von fünf Jahren die Kosten um mindestens 35 Prozent nach unten drücken, obwohl praktisch jedes Jahr ein neues Modell auf den Markt kommt. Simple Lösung: einfachere Autos bauen! Wie bei den japanischen Automobilherstellern soll künftig der vorab festgelegte Verkaufspreis bestimmen, was Entwicklung und Konstruktion kosten dürfen. Dabei stehen auch Kooperationen mit Konkurrenten im Raum: «90 Prozent der Teile sind standardisierbar, vom Fensterheber bis zum Getriebe» (BMW-Chef Pischetsrieder). Neben diesen Änderungen in der Produktstrategie, meinte Werner, möchte Mercedes deshalb von seinem traditionellen Festhalten an der Automobilherstellung in Deutschland abweichen und seine Produktion in Übersee ausweiten. Bis Ende des Jahrzehnts will Mercedes 10% der Autos im Ausland produzieren und damit endgültig «Made in Germany» durch «Made by Mercedes» ersetzen. Im Jahr 2000 will Mercedes weltweit rund 900 000 Autos produzieren – rund 400 000 mehr als 1993. In der Folge forderte die oberste Leitung von Mercedes eine globalere Ausrichtung ihrer Automobilproduktion. Die Herstellung des «Viano» sollte in Spanien erfolgen (im baskischen Vitoria).
Für die Produktion der A-Klasse suchte Mercedes-Benz einen geeigneten neuen Produktionsstandort im zukünftigen Hauptmarkt dieser Klasse, in Europa. Dabei wurden verschiedene Länder wie Frankreich, Grossbritannien, die Tschechische Republik und selbst Deutschland in Erwägung gezogen. Als Entscheidungskriterium wurden die Produktionskosten ins Zentrum gerückt. Die zwischen Gesamtbetriebsrat und Unternehmensleitung vereinbarten Volumen zur Kostenreduzierung ermöglichte eine Produktion der neuen A-Klasse ab 1997 in Rastatt in Deutschland.
Im September 1993 fiel die Entscheidung bei Mercedes-Benz, dass das neue Werk für die Produktion des allradgetriebenen Freizeitfahrzeuges (AAV) in der kleinen Stadt Vance (250 Einwohner) im Staate Alabama (USA) liegen werde. Ausschlaggebend für die Wahl des Produktionsstandorts waren sowohl die günstigen Absatzperspektiven in den USA (grösster Einzelmarkt) als auch die hohe Wettbewerbsintensität in diesem Marktsegment. Mit dem Bau der Fabrik wurde 1994 begonnen und die Inbetriebnahme ist für 1997 vorgesehen. 1500 Beschäftigte sollen jährlich 60 000 Fahrzeuge herstellen. Bereits bei halber Auslastung (also ab 30 000 Fahrzeugen jährlich) soll das Werk schwarze Zahlen schreiben. Ungefähr die Hälfte der zu produzierenden Autos ist für den Export bestimmt. Der Staat Alabama hatte, um Mercedes-Benz zu gewinnen, mehr als 200 Millionen Dollar an Subventionen bereitgestellt. Mercedes-Benz ist bereit, die AAV nicht nur in Alabama herzustellen, sondern auch die Leitung für den weltweiten Verkauf dieser Produktlinie von hier aus zu übernehmen.

All diese Ankündigungen bestätigten zwar das Einschlagen einer neuen Strategierichtung, konnten jedoch den Gewinnrückgang von Mercedes-Benz nicht aufhalten. Im Mai 1993 gab das Unternehmen bekannt, dass die Produktion von Personenwagen innerhalb des ersten Vierteljahres um 39% unter das Niveau des Vorjahres gesunken war, nämlich von 153 738 auf 94 500 Einheiten. Selbst mit der erwarteten Umsatzsteigerung durch das Lancieren der neuen C-Klasse im Juni erwartete Mercedes-Benz höchstens Umsätze auf dem Vorjahresniveau, wobei bereits das Jahr 1992 einen Rückgang aufgewiesen hatte. Viele Analytiker schrieben diese Einbussen dem Eindringen der japanischen Automobilhersteller auf den Markt für Luxusautomobile zu. Marken wie Lexus (Toyota), Infiniti (Nissan), Legend (Honda) gewannen einen immer grösseren Anteil am Markt für Luxusautos.

4 Finanzen

Trotz der Begeisterung des Marktes für die neugestylte C-Klasse rutschten die finanziellen Ergebnisse von Mercedes bis 1993 kontinuierlich ab. ▶ Abb. 5 gibt einen Überblick über die finanziellen Ergebnisse der letzten Jahre. Das Unternehmen führte damals diesen Sachverhalt in erster Linie auf die weltweite Rezession – vor allem in Europa und Japan – und den Wertanstieg der DM zurück. Die Marktbelebungen in den USA begünstigten hauptsächlich die heimischen Hersteller und betrafen nicht das klassische Pkw-Segment von Mercedes, sondern vor allem Pick-ups, Grossraumlimousinen und Geländewagen. Zudem wurden die Ergebnisse «durch umfangreiche Vorsorgemassnahmen im Zusammenhang mit der Anpassung des Personalbestands an die Beschäftigungsmöglichkeiten» beeinträchtigt. Immerhin konnte ab 1993 eine verbesserte Marktposition dank der in diesem Zeitraum eingeführten, völlig neu konzipierten C-Klasse erzielt werden. Aufgrund der insgesamt ungünstigen Nachfragesituation im Geschäftsjahr 1993 und um die Lagerbestände abzubauen, hatte Mercedes-Benz die Pkw-Produktion um fast 10% zurückgefahren.

		1989	1990	1991	1992	1993	1994	1995
Pkw	Umsatz (Mia. DM)	31,9	34,1	38,3	38,6	36,4	40,1	38,0
	Produktion (1000 Einheiten)	542	574	578	529	481	590	595
	Export (1000 Einheiten)	297	315	298	284	275	342	348
	Exportanteil (%) an Produktion	54,8	54,9	51,5	53,6	57,1	58	58,5
Nfz	Umsatz (Mia. DM)	23,1	23,7	27	26,2	25,3	28,1	30,7
	Produktion MB-D (1000 Einheiten)	161	169	189	165	121	143	166
	Produktion MB-Ausl. (1000 Einheiten)	100	90	107	112	121	149	156
	Export (1000 Einheiten)	101	87	80	78	61	78	95
	Exportanteil (%) an Produktion-D	58,1	47,8	39,2	43,7	46,8	51,2	55,3
Total	Umsatz (Mia. DM)	54,9	57,9	65,3	64,8	61,7	68,2	68,7
	operatives Jahresergebnis nach Steuern (Mia. DM)	1,492	1,545	1,548	0,849	–1,198	1,849	2,275
	Beschäftigte (1000)	223	231	237	222	210	197	197

▲ Abb. 5 Ausgewählte Kennzahlen für Mercedes-Benz 1989–1995 (Quelle: verschiedene Geschäftsberichte von Mercedes-Benz und Daimler-Benz)

5 Das neue Programm von Mercedes-Benz: Ein Erfolgsprogramm?

«Die bisherige Grundhaltung ‹Das Beste und sonst Nichts› hat uns in die falsche Richtung geführt: Zu sehr wurden die Bedürfnisse des Kunden vernachlässigt und zu sehr wurde durch die Ingenieure das technisch Machbare als Massstab für die Entwicklung und Konstruktion der Fahrzeuge genommen.» (H. Reidelbach, Leiter Unternehmungsplanung Mercedes-Benz AG, 15.5.95).

Dem verschärften Wettbewerb in den Dimensionen Kosten, Zeit, Qualität und Innovation soll mit einer unternehmungsweiten kompromisslosen Kundenorientierung begegnet werden. Die Elemente des Erfolgsprogrammes von Mercedes-Benz lassen sich stichwortartig wie folgt zusammenfassen:

- **Produktoffensive:** Vielnischenstrategie, Mengenstrategie.
- **Produktivitätsoffensive:** Projektmanagement, Target Costing, Simultaneous Engineering, Lieferanten-Partnerschaft.
- **Globalisierung:** vor allem im asiatischen Raum.
- **Lernoffensive:** kompromisslose Kunden- und Marktorientierung, Null-Fehler-Ziel, kontinuierliche Verbesserung, konsequente Entscheidungsdelegation.

6 Anstieg der Arbeitslosigkeit in Deutschland

Während man in Alabama und Lothringen freudig auf den Bau der neuen Mercedes-Benz-Werke reagiert, verdüstert sich die Lage in Deutschland. Da die Lohnkosten in Deutschland gegenüber denjenigen von Osteuropa, Asien oder selbst im Vergleich zu den USA bedeutend höher sind, zweifeln Experten an der Möglichkeit, dass aufgegebene Arbeitsplätze für Deutschland wieder zurückgewonnen werden können. «Deutschland sieht einer Langzeit-Arbeitslosigkeit entgegen», warnte der höchste Wirtschaftsberater von Daimler-Benz. Das Unternehmen reduzierte seine Belegschaft in Deutschland im Jahre 1993 um 35 000 Angestellte, und es werden weitere Kündigungen erwartet. 1994 fielen weitere 8 000 Arbeitsplätze weg.
«Mercedes war vom Erfolg verwöhnt wie nur wenige andere Unternehmen auf der Welt. Wir hatten eine Kultur aufgebaut, die sich jetzt, in den schlechten Zeiten als Unkultur präsentiert. Und dann müssen Sie den gesamten Konzern umkrempeln und Dinge in Frage stellen, die über Jahrzehnte als selbstverständlich galten. Mag sein, dass wir zunächst ein bisschen zu langsam gemacht haben» (Helmut Werner, Vorstandsvorsitzender der Mercedes-Benz, Stuttgart, 4. März 1994).

7 Quellen

Böhmer, R./Haeffner, T.: Nicolas Hayek: Zu weit gegangen. In: *Wirtschaftswoche,* Nr. 11, 11.3.1994

Geschäftsberichte Daimler-Benz und Mercedes-Benz

HBS Case Nr. 9-394-084 *«Mercedes-Benz».* Harvard University Graduate School of Business Administration, 1993

Hillebrand, W./Linden, F.A.: Die Jagd ist auf. In: *Manager Magazin,* Nr. 12, 1993

Kaiser, A.: Mister Swatch gibt Gas. In: *Top Business,* Februar 1994

Neue Zürcher Zeitung: Das «Swatch-Mobil» kommt aus Frankreich. Flexibles Arbeiten im Zentrum Europas. Nr. 298, Mittwoch, 21. Dezember 1994, S. 21

Reidelbach, H.: Referat des Leiters der Abteilung Unternehmensplanung der Mercedes-Benz AG, Stuttgart, vor den Teilnehmern des 4. Mercedes-Benz-Händlernachwuchsprogrammes, München, 15. Mai 1995

Schlote, St./Schweer, D.: Blind bestellt. Wie die deutschen Hersteller im internationalen Wettbewerb verlorenen Boden wieder gutmachen wollen. In: *Wirtschaftswoche,* Nr. 10, 4. März 1994

8 Aufgaben

8.1 Analyse der Ausgangslage

A 1 Welches sind für Sie die wesentlichen Umwelt- und Unternehmungsentwicklungen, die zu einer strategischen Neuorientierung von Mercedes-Benz geführt haben?

A 2 Welches sind die besonderen Stärken und Schwächen von Mercedes-Benz anfangs der neunziger Jahre?

A 3 Wo bieten sich aus der Sicht des Marktes und der Umwelt besondere Chancen und Gefahren für die Zukunft von Mercedes-Benz?

A 4 In welchen Bereichen ist die Konkurrenz besonders stark oder schwach?

A 5 Auf welchen Gebieten kann Mercedes-Benz den Kunden im Vergleich zur Konkurrenz einen besonderen Nutzen stiften?

8.2 Strategische Neuorientierung

A 6 Welches sind die Hauptmerkmale der ab 1993 angestrebten strategischen Neuorientierung von Mercedes-Benz?

8.3 Implementierung der strategischen Neuorientierung

A 7 Welche inneren und äusseren Kräfte wirken dem Erfolg der strategischen Neuorientierung von Mercedes-Benz entgegen bzw. unterstützen diese?

A 8 Welche Kernfähigkeiten muss Mercedes-Benz aufbauen, entwickeln, fördern, um die geplante Strategie erfolgreich realisieren zu können?

A 9 Mercedes-Benz will einerseits eine sog. «Produktoffensive» führen als auch «Kostenführer» werden («Produktivitätsoffensive»). Wie lässt sich beides gleichzeitig verwirklichen?

A 10 Der «Smart – swatch car concept by Mercedes-Benz» wird im Frühjahr 1998 ohne Mercedes-Stern auf den Markt gebracht und soll nicht über das traditionelle Mercedes-Benz-Vertriebsnetz verkauft werden. Erstellen Sie ein Marketing-Konzept für dieses Fahrzeug.

A 11 «Die bisherige Grundhaltung ‹Das Beste und sonst Nichts› hat uns in die falsche Richtung geführt: Zu sehr wurden die Bedürfnisse des Kunden vernachlässigt und zu sehr wurde durch die Ingenieure das technisch Machbare als Massstab für die Entwicklung und Konstruktion der Fahrzeuge genommen.» Kompromisslose Kundenorientierung ist in allen Bereichen unternehmerischen Denkens und Handelns zu vollziehen. Zeigen Sie, was dies für die Entwicklung, Konstruktion und Herstellung von Pkw bei Mercedes-Benz bedeutet.

A 12 Das Vertriebssystem von Mercedes-Benz (Vertrieb Europa) basiert – mit Ausnahme von Deutschland selbst – auf rechtlich selbständigen Händlerbetrieben, die sich an die vertraglich vereinbarten Vorgaben von Mercedes-Benz zu halten haben (Franchising).

a) Welche Auswirkungen (Chancen/Risiken) haben folgende Entwicklungstendenzen für den Mercedes-Benz-Händlerbetrieb?

- Verlängerung des von Mercedes-Benz empfohlenen Service-Intervalles an Fahrzeugen (Inspektion und Wartung) von heute ca. 20 000 km auf künftig 40 000 km sowie rückläufige Wartungs- und Garantiearbeiten pro Fahrzeug.
- Zunehmende Produktvielfalt (Vielnischenstrategie) und steigende Anforderungen an die technische Ausstattung der Werkstätten insbesondere im Hinblick auf die neuen Fahrzeugmodelle.
- Geplante Verdoppelung der Pkw-Absatzzahlen (in Stück) in 6 Jahren (1995 bis 2001) bei gleichzeitig tendenziell eher rückläufigen Umsatzerlösen pro Fahrzeug. Es werden vor allem die Nischenprodukte als wachstumsstark betrachtet (Hauptwachstumssegment: A-Klasse).

b) Welche Kernfähigkeiten muss ein Händlerbetrieb aufbauen, entwickeln, fördern, um einen Beitrag an die erfolgreiche Umsetzung der strategischen Neuorientierung zu leisten?

Ernst Nauer

Maschinen Keller AG

Thema: Personal, Organisation, Unternehmungsanalyse

1 Ausgangslage

1.1 Entwicklung und Situation der Maschinen Keller AG

Die Maschinen Keller AG stellt hochspezialisierte Abfüllanlagen her, die über ein weltweites Absatznetz verkauft werden. Derzeit beschäftigt die Firma 2500 Mitarbeiter und erzielt einen Umsatz von ungefähr 370 Mio. Fr. Der Cash-flow betrug 1995 7% vom Umsatz, der Reingewinn 2,8%, wobei die Abschreibungen die Neuinvestitionen nur knapp decken konnten.

Bis zum 1.1.1995 wurde das Unternehmen vom Hauptaktionär Markus Keller geführt. Als Ingenieur hat er während seines 25jährigen Wirkens grossen Wert auf die Produktentwicklung und auf die Modernisierung der Produktionsanlagen gelegt. Seiner Innovations- und Investitionsfreudigkeit ist die recht erfolgreiche Geschäftstätigkeit des Unternehmens in der Vergangenheit zu verdanken.

Seit etwa drei Jahren ist in bezug auf die Weiterentwicklung des Unternehmens ein Stillstand eingetreten. Die verschärfte Konkurrenzsituation und die schwache Konjunktur haben sich negativ auf die Umsatzentwicklung ausgewirkt. Infolge kostspieliger Ersatzinvestitionen und der verschlechterten Ertragskraft der Produkte sind zudem Liquiditätsengpässe entstanden.

Die angespannte Finanzlage und das ungelöste Nachfolgeproblem haben den 62jährigen Markus Keller Mitte 1994 veranlasst, sein Aktienpaket der Unternehmensgruppe HABA AG zu verkaufen. Dabei wurde ihm ein Sitz im Verwaltungsrat der HABA AG zugesichert. Dagegen sollte die Geschäftsleitung der Keller AG neu besetzt werden.
Ab 1.1.1995 hat der Verwaltungsrat der HABA AG die Geschäftsführung der Maschinen Keller AG an Herrn Dr. H. Müller (48), Ing. ETH, übertragen. Bis zu diesem Zeitpunkt war Herr Müller Geschäftsleiter eines kleineren, jedoch aufstrebenden Betriebes der HABA-Gruppe. Aufgrund seines technischen Know-hows, seines Verhandlungsgeschicks sowie seiner hervorragenden Führungseigenschaften sollte Herr Müller in der Lage sein, die Maschinen Keller AG wieder auf Erfolgskurs zu bringen.

1.2 Produkte

Die Maschinen Keller AG bietet Spezialmaschinen an, die sich in drei Maschinentypen aufgliedern:

- Beim **Maschinentyp A** handelt es sich um eine Abfüll- und Etikettiermaschine für Flüssigbehälter, die in der Nahrungsmittelindustrie eingesetzt werden. Die Grundelemente sind bei diesem Maschinentyp standardisiert; sie werden aufgrund von Absatzprognosen in Kleinserien hergestellt. Die kundenspezifischen Wünsche erfordern indessen eine auftragsbezogene Fertigstellung. Der Produkttyp A1 wird ausschliesslich in USA, A2 in den osteuropäischen Ländern und A3 in den übrigen Ländern verkauft.
- Der **Maschinentyp B** wird vorwiegend in der Pharma-Industrie verwendet. Diese Abfüllanlagen werden auftragsbezogen hergestellt.
- Beim **Maschinentyp C** handelt es sich um eine Standardfertigung, die teilweise als Komplementäranlage zu A (15%) und B (55%) und teilweise unabhängig (30%) verkauft wird.

Die Maschinentypen A und B sind technisch anspruchsvolle, ausgereifte und relativ teure Anlagen (400 000,– bis 1 Mio. Fr.). Der Durchschnittspreis für den Maschinentyp C beträgt dagegen nur 48 000,– Fr.

1.3 Organisation

Die seit dem 1.1.1996 gültige Organisationsstruktur geht aus dem ▶ Organigramm hervor. Darin nicht aufgeführt sind die Abteilungen Finanzen und Personal, da diese zentralisiert bzw. von der HABA AG geführt werden.

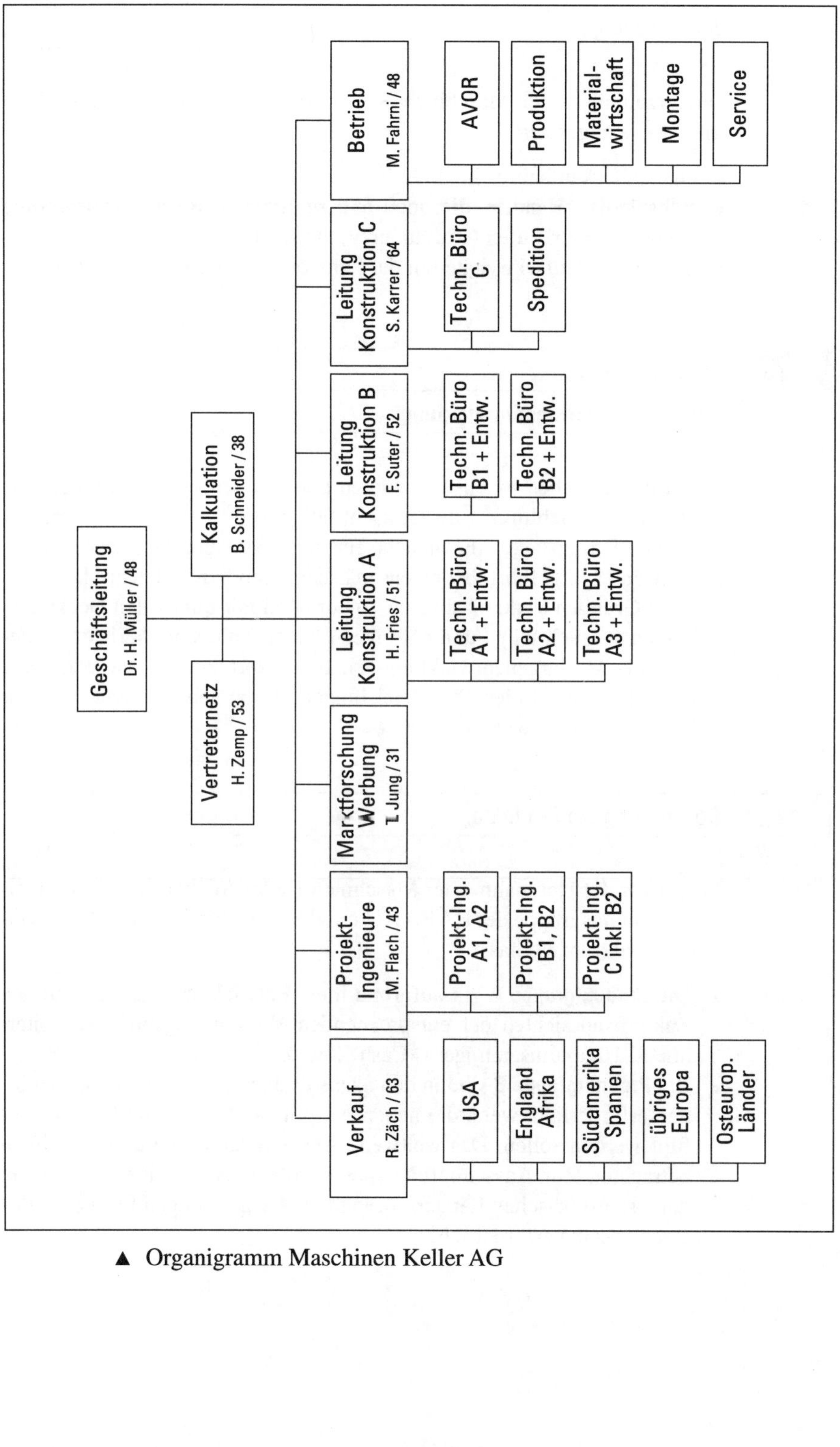

▲ Organigramm Maschinen Keller AG

1.4 Vertriebswege

Die Erzeugnisse der Maschinen Keller AG werden über folgende Vertriebswege abgesetzt:

- eigene Verkaufsbüros in USA, England, Deutschland,
- selbständige Händler, die auch andere Erzeugnisse an die jeweilige Zielgruppe verkaufen (12 Länder-Vertretungen),
- direkte Verkaufsaktivitäten in der Schweiz, Österreich und Italien.

2 Problemstellung

2.1 Umsatz- und Ertragsentwicklung

Die früher üblichen Wachstumsquoten gehören seit drei Jahren der Vergangenheit an. Schlimmer ins Gewicht fällt allerdings die immer prekärer werdende Ertragslage. Als Ursache für diese Situation werden verschiedene Gründe aufgeführt. In den europäischen Ländern sollen aus konjunkturellen Gründen Verkaufsabschlüsse nur noch mit minimalen Deckungsbeiträgen möglich sein. Für die übrigen Länder schiebt der Verkauf die unbefriedigende Margenentwicklung den Technikern zu, weil diese zu viele Sonderwünsche erfüllen; Zusatzleistungen, die angeblich nicht oder nur teilweise fakturiert werden können.

2.2 Beurteilung der Produkte

Schon vor der Übernahme der Maschinen Keller AG hat sich die strategische Planungsgruppe der HABA AG mit den Erfolgsaussichten der einzelnen Produkttypen befasst.

- Die **Produktgruppe A** gilt aufgrund ihres Entwicklungsstandes und den Zukunftsaussichten der entsprechenden Verwendungsbranche weiterhin als Hauptumsatzträger («Cash Cow»).
- Bei **Produktgruppe B** sind in den nächsten Jahren zusätzliche Investitionen erforderlich, wenn die neuen Ansprüche der Pharma-Industrie erfüllt werden sollen. Das weltweite Absatzpotential wird als erheblich betrachtet. Zur Ausschöpfung dieses Potentials sind insbesondere in den osteuropäischen Ländern besondere Anstrengungen für die Markterschliessung erforderlich.

- Die **Produktgruppe C** erfordert vorläufig keine Weiterentwicklung. Die wenigen notwendigen technischen Anpassungen sind verhältnismässig problemlos. Infolge der geringen Marge soll diese Produktgruppe nicht speziell gefördert werden.

In den letzten Jahren wurden die aufgrund der strategischen Planung ausgearbeiteten Budgets nach Produkttypen und Ländern kaum beachtet. Zur Erreichung des budgetierten Umsatzes hat sich der Verkauf auf jene Produkte konzentriert, bei denen kurzfristig die Umsatzziele am leichtesten zu erfüllen waren. Damit wurde auch die Weiterentwicklung der Produktgruppe B, die mittelfristig als aussichtsreichste gilt, zurückgestellt.

2.3 Personelle und organisatorische Probleme

Nach seinem Amtsantritt hat sich Herr Dr. H. Müller zuerst mit den Produkten und mit den wichtigsten Absatzpartnern befasst. Schon bald musste er feststellen, dass die Ursachen für die unbefriedigende Geschäftstätigkeit der letzten Jahre hauptsächlich in persönlichen Schwierigkeiten und organisatorischen Kompetenzstreitigkeiten zu suchen sind. Er hat sich deshalb entschlossen, von seinen Direktunterstellten eine schriftliche Stellungnahme zu verlangen. Die Meinungen dieser Mitarbeiter lassen sich wie folgt zusammenfassen:

- **R. Zäch (63), Verkaufsleiter:** Herr Zäch wurde erst vor vier Jahren als ehemaliger Starverkäufer mit der Verkaufsleitung betraut. Er ist enttäuscht über den plötzlichen Verkauf des Unternehmens und zeigt wenig Interesse an den «strategischen Verkaufszielen» der HABA AG. Schuld an der unbefriedigenden Ertragslage sei vor allem die zunehmende Komplexität bei der Auftragsabwicklung. Seit einigen Jahren sollen sich die Chefkonstrukteure, die Herren H. Fries und F. Suter, zunehmend in die Verkaufsverhandlungen eingemischt haben. Dies führe dazu, dass sich bei der Offertstellung teilweise vier Repräsentanten der Maschinen Keller AG wie folgt beteiligen:
  - Ausländischer Vertreter: Akquisition, erster Kundenkontakt.
  - Verkäufer Keller AG: Erstes Verkaufsgespräch.
  - Projekt-Ingenieur: Abklärung der technischen Details für die Offertstellung.
  - Chefkonstrukteur: Überprüfung der Realisierbarkeit bei anspruchsvollen Anlagen.
- **M. Flach (43), Leiter Projekt-Ingenieure:** Herr Flach ist selber ein ausgezeichneter Projekt-Ingenieur für Pharma-Anlagen und fühlt sich infolge der häufigen Reisetätigkeit weniger als Chef, sondern als Koordinator

seiner fünf Projekt- und Reiseingenieure. Nach seinen Angaben sei der Projekt-Ingenieur der wichtigste Gesprächspartner und Problemlöser beim Kunden. Der Kunde sei weniger an Maschinen und Anlagen interessiert, als vielmehr an der problemgerechten Verpackung seiner Produkte. Aus diesem Grunde legt Herr Flach grossen Wert auf die Branchenkenntnisse (Nahrungsmittel/Pharma) seiner Mitarbeiter.
Organisatorisch betrachtet seien die Projekt-Ingenieure der Zankapfel zwischen dem Verkauf und den Chefkonstrukteuren. Eingesetzt werden die Projekt-Ingenieure von den Verkäufern, die allein nicht in der Lage seien, die Kundenwünsche in technisch ausgereifte Lösungsansätze umzusetzen. Kommt der Verkauf zustande, so hätten sie sich bei den Chefkonstrukteuren für die versprochenen Ausführungsdetails einzusetzen. Die zunehmenden Schwierigkeiten bei der Realisierung spezifischer Kundenwünsche hätten dazu geführt, dass sich die Chefkonstrukteure bereits bei der Offertstellung einschalten. Damit werde das Spannungsverhältnis zwischen Kaufleuten und Technikern auf die Dauer unhaltbar.

- **T. Jung (31), Marktforschung/Werbung:** Herr Jung, lic. oec. HSG, interessiert sich vor allem für Produkt- und Marktanalysen. Er wurde bereits von der HABA AG bei der strategischen Planung zugezogen und hat verschiedene Vorschläge für eine systematische Produktentwicklung ausgearbeitet. Seine Gesprächspartner sind vor allem Herr Zemp, Leiter des Vertriebsnetzes, sowie die Länderverantwortlichen des Verkaufs. Herr Zäch zeigt wenig Verständnis für diese Direktkontakte zu seinen Mitarbeitern, für ihn ist die Abteilung Marktforschung und Werbung viel zu hoch eingestuft, da sie angeblich nur Hilfsfunktionen ausübe und die Werbemittel betreue.

- **H. Fries (51), Ing. ETH, Konstruktionschef A:** Herr Fries wird aufgrund seines etwas militärisch inspirierten, straffen Führungsstils sowohl geschätzt als auch gefürchtet. In seinem Rechenschaftsbericht beruft er sich auf den überdurchschnittlichen Erfolg der von ihm betreuten Maschinen. Dieser zumindest mengenmässige Erfolg könnte ertragsmässig bedeutend ins Gewicht fallen, wenn er sich künftig besser auf die vom Verkauf erstellten Absatzprognosen verlassen könnte. Beispielsweise seien im Budget 1995 24 Maschinen vom Typ A3 aufgeführt worden. Aufgrund dieser Prognose habe er die Standardelemente für 20 Maschinen herstellen lassen. Effektiv verkauft wurden dagegen nur 6 Maschinen dieses Typs. Den Projekt-Ingenieuren wirft er vor, dass diese viel zu stark unter dem Einfluss des Verkaufs stünden. Dem Kunden werden oft Spezialwünsche erfüllt, wobei der zusätzlich erforderliche Konstruktionsaufwand meist unterschätzt werde.

- **F. Suter (52), Konstruktionschef B:** Herr Suter hat sich mit seinen Spezialmaschinen in der Pharma-Industrie eine starke Marktposition aufgebaut. Damit der technische Vorsprung auch in der Zukunft gehalten werden kann, müssten neue elektronische Dosiersysteme entwickelt werden. Obwohl konkrete Vorschläge bestehen, wurden die erforderlichen Mittel für die Entwicklungsarbeit bisher nicht freigegeben. Unter «zusätzliche Mittel» versteht Herr Suter die Einstellung neuer Konstrukteure, da die personelle Besetzung der Technischen Büros es heute nicht erlaube, neben den laufenden Arbeiten auch noch Entwicklungsprojekte durchzuführen.

- **S. Karrer (64), Konstruktionschef C:** Herr Karrer hat den Produktionsbereich C selbständig aufgebaut. Die wenigen anwendungstechnischen Probleme werden in seinem technischen Büro, in Zusammenarbeit mit den entsprechenden Abteilungen der Produktgruppen A und B, gemeistert. Im Gegensatz zur Produktgruppe A (48%) und B (39%) erbringt seine Abteilung nur 13% des Umsatzes. Zur Aufwertung seines Verantwortungsbereiches wurde ihm deshalb vor ungefähr zehn Jahren die Spedition unterstellt. Als Techniker hat er sich jedoch mit dieser kaufmännischen Aufgabe nie recht identifizieren können.

- **M. Fahrni (48), Leiter der Fabrikation:** Personell hat Herr Fahrni mit Abstand den grössten Verantwortungsbereich. Seine Stellungnahmen haben deshalb bei den sporadisch einberufenen Sitzungen ein besonderes Gewicht. Kurz nach seinem Amtsantritt hat Dr. Müller versucht, die Fabrikation als ein weitgehend selbständiges Profit-Center aufzubauen. Herr Fahrni hatte durchaus Verständnis für eine erhöhte Kostentransparenz; er konnte jedoch nachweisen, dass bei der Fabrikation der Maschinen A und B sehr viele gleichartige Elemente verwendet werden, so dass eine Abgrenzung der Kosten recht willkürlich ausfallen würde. Wenig Verständnis hat Herr Fahrni für die mangelhafte Planung der Halbfabrikate. Bei Nichteintreffen der Verkaufserwartungen werden entweder zu kleine oder zu grosse Serien hergestellt. Die Folge davon seien entweder überhöhte Fabrikationskosten oder überdimensionierte Lagerbestände. Schliesslich möchte sich Herr Fahrni von der Service-Abteilung trennen, weil diese ohnehin vom Verkauf gesteuert werde.

- **B. Schneider (38), Chef Kalkulation:** Im Kalkulationsbüro sind zwei Mitarbeiter für den Produktbereich A und drei Mitarbeiter für die Produktbereiche B und C zuständig. Die von den technischen Büros vorbereiteten Offerten werden nach den Richtwerten des Vorjahres kalkuliert und zur Weiterbearbeitung an den Verkauf geleitet. Herr Schneider hat sich unter dem früheren Geschäftsleiter eine Position geschaffen, die mit

dem Begriff «Marketing-Controller» definiert werden könnte. Mit gut präparierten Darstellungen und Statistiken hat er es wiederholt verstanden, die unternehmenspolitische Entscheidungsbildung des früheren Geschäftsleiters wirkungsvoll zu beeinflussen.
Auch Herr Dr. Müller war anfänglich froh, über die von Herrn Schneider ausgearbeiteten Unterlagen. Als er sich jedoch intensiver mit einzelnen Berechnungen befasste, konnte er Herrn Schneider einige wichtige Fehlüberlegungen nachweisen. Besonders gefreut über diese Vorfälle haben sich die Herren Fries und Suter, da sie sich schon oft über das selbstherrliche Auftreten von Herrn Schneider geärgert hatten.

- **H. Zemp (53), Vertreternetz:** Herr Zemp befasst sich mit dem Aufbau, der Überwachung und der Betreuung der ausländischen Vertretungen. Bei den eigenen Verkaufsbüros übernimmt er die Anstellung und Instruktion der Verkaufsverantwortlichen. Intensive Kontakte mit den selbständigen Händlern sind erforderlich, um Kommissionen, Werbe- und Verkaufsförderungsmassnahmen sowie die Beteiligung an Messen festzulegen. Obwohl sich Herr Zemp von seiner Aufgabe her nicht mit den operativen Verkaufsaufgaben zu befassen hat, steht er mit Herrn Zäch auf Kriegsfuss. Schuld daran sind – nach Angaben von Herrn Zemp – die nie richtig festgelegten Kompetenzen seiner Stelle. Er selbst fühlt sich verantwortlich für die Aushandlung der länderbezogenen Budgets, für die Durchsetzung einheitlicher Verkaufskonditionen sowie für die Planung länderspezifischer Marktbearbeitungsmassnahmen. In diesen Angelegenheiten erteilt er den ausländischen Vertretungen Weisungen. Da Herr Zäch diese Anordnungen nur selten unterstütze und in einzelnen Fällen sogar entgegengesetzte Aufträge erteile, würden die vereinbarten Massnahmen nicht oder nur teilweise durchgeführt.

2.4 Dr. Müllers Überlegungen

Bisher hat Dr. Müller versucht, die sachlichen, organisatorischen und personellen Probleme in Gesprächen mit den Direktbeteiligten zu lösen. Obwohl er einige Teilerfolge erzielen konnte, ist seine Liste mit den vorhandenen internen Problemen nicht kleiner geworden. Am meisten stört ihn, dass der Aufwand zur Führung und Koordination seiner Direktunterstellten einen grossen Teil seiner Arbeitszeit beansprucht. Seine Bemühungen, die Ertragslage zu verbessern, sind bisher fehlgeschlagen. Kein Bereichsleiter fühlt sich für die Verschlechterung der wirtschaftlichen Situation verantwortlich, da sie jeweils auf die Kosten- bzw. Preisgestaltung nur einen bedingten Einfluss ausüben können.

Vom Verwaltungsrat der HABA AG hat Dr. Müller zudem erfahren, dass in ein bis zwei Jahren eine neue Produktgruppe, die derzeit in einem anderen Betrieb hergestellt und verkauft werde, von der Maschinen Keller AG übernommen werden sollte.
Aus den genannten Gründen und aufgrund der bevorstehenden Pensionierung der Herren Zäch und Karrer, betrachtet er den Zeitpunkt für eine organisatorische Neustrukturierung seines Unternehmens als günstig. Er hat deshalb die Absicht, dem Verwaltungsrat ein neues Organisationskonzept vorzuschlagen.

3 Aufgaben

A 1 Stellen Sie im Sinne einer Situationsanalyse die wichtigsten Merkmale der Maschinen Keller AG zusammen (z.B. Produkte, Umsatzanteile, Abnehmerkreis etc.).

A 2 Erstellen Sie eine Liste der organisatorischen Probleme, die anlässlich einer Reorganisation gelöst werden sollten.

A 3 Stellen Sie kurz die vorhandenen personellen Probleme und deren Ursachen dar.

A 4 Versuchen Sie die Ziele und Anforderungen zu definieren, die bei einem neuen Organisationskonzept zu beachten sind.

A 5 Versuchen Sie zwei neue Organisationskonzepte auszuarbeiten, mit denen die wichtigsten Probleme gelöst werden können.

A 6 Bewerten Sie Ihre Vorschläge, indem Sie Ihre Variante 1 und 2 mit der Ist-Situation vergleichen. Verwenden Sie dazu das Schema ▶ Variantenbewertung.

Kriterien/Schlüsselfaktoren	G	Variante 1		Variante 2		Ist	
		E	G · E	E	G · E	E	G · E
Marktorientierung Reaktionsfähigkeit der Organisation auf Marktveränderungen (erkennen, auswerten)	20					5	100
Absatzorganisation Koordination und Steuerung der ausländischen Vertretungen	10					8	80
Führbarkeit Lenkbarkeit des Gesamtsystems, selbständige, handlungsfähige Bereiche als Voraussetzung für klare Zielvorgabe	20					5	100
Kosten- und Ergebnistransparenz Übernahme der Verantwortung für Kosten und Ertragsbudgets	10					4	40
Zusammenarbeit Verkauf/Technik Günstige Voraussetzungen für gute Zusammenarbeit im täglichen Geschehen	8					5	40
Innovationstätigkeit Günstige Voraussetzungen für eine gute Entwicklungsarbeit	12					5	60
Ausbaufähigkeit Günstige Voraussetzungen für die Aufnahme von neuen Produkten	10					3	30
Realisierbarkeit der Umstellung Organisatorisch, personell	10					10	100
Anzahl Punkte							550
Rangfolge							

G = Gewichtung
E = Erreichungsgrad (voll erfüllt = 10, …, überhaupt nicht erfüllt = 1)

▲ Variantenbewertung

Nestlé-Boykott

Thema: Umwelt der Unternehmung, Strategisches Management, Unternehmungspolitik, Unternehmensethik

1 Problementstehung

Anfang der siebziger Jahre entwickelte sich eine wissenschaftliche Diskussion unter Nahrungsspezialisten, inwieweit der Rückgang des Bruststillens in der Dritten Welt mit der Zunahme von Diarrhöe-Erkrankungen von Kleinkindern zusammenhängt. In der Regel wurde dabei auf das Fehlen immunologischer Elemente in künstlichen Milchprodukten und auf die erhöhte Wahrscheinlichkeit von bakteriellen Infektionen bei der unsachgemässen Zubereitung von künstlicher Babynahrung in Entwicklungsländern verwiesen. Eindeutige wissenschaftliche Ergebnisse gab es dazu hingegen nicht. Im März 1974 erschien in London ein Artikel eines britischen Journalisten, der unter dem Titel «The Baby Killer» die verkaufsfördernden Massnahmen der Milchpulverhersteller für die Abnahme des Bruststillens in der Dritten Welt verantwortlich machte. Angegriffen wurden darin vor allem die Verwendung von Massenmedien für Direktwerbung, die Abgabe von Gratisproben, Werbegeschenke (wie z.B. Klimaanlagen) an unabhängige Kliniken und Ärzte sowie der Einsatz von Vertretern in «krankenschwesterähnlichen» Uniformen («Milk Nurses») zur Absatzförderung von künstlicher Babynahrung (Infant Formula) in Ländern der Dritten Welt. Mütter würden demnach besonders während des Klinikaufenthaltes dazu angehalten, künstliche Produkte als vollwertigen Muttermilchersatz zu betrachten und seien nach dem Absetzen des Stillens auf diese relativ teuren Produkte angewiesen, für deren vorschriftsmässige Zubereitung meist die sanitären Voraussetzungen fehlten.

2 Kontroversen in der Schweiz und den USA

Während zu diesem Zeitpunkt mindestens 15 Unternehmungen aus den USA, Europa und Japan Babynahrung erzeugten, wurde der Weltmarkt durch vier Anbieter dominiert: Nestlé als unangefochtener Marktführer, gefolgt von den amerikanischen multinationalen Unternehmungen (MNU) Abott Laboratories, American Home Products und Bristol-Myers. Als daher die Schweizer «Aktionsgruppe Dritte Welt» – eine weithin unbekannte, vorwiegend studentische Vereinigung, die sich mit schweizerischer Entwicklungspolitik auseinandersetzte – den ursprünglichen Artikel ins Deutsche übersetzte, änderte sie den Titel zu «Nestlé tötet Babies» und richtete konkrete Angriffe gegen den Schweizer Nahrungsmittelkonzern. Im Juli 1974 klagte daraufhin Nestlé gegen die Aktionsgruppe Dritte Welt wegen Verleumdung. Während Nestlé es ablehnte, Stellungnahmen zu einem schwebenden Verfahren abzugeben, verstand es die Aktionsgruppe Dritte Welt, durch ihre Informationspolitik das weltweite Interesse der Medien an dieser Kontroverse zu wecken. Zeugenaussagen, die den unsachgemässen Gebrauch künstlicher Babynahrung als wesentlichen Grund der Kindersterblichkeit in der Dritten Welt bezeichneten, wurden publiziert, und die Sympathie der Massenmedien lag eindeutig bei der kleinen Gruppe von «Idealisten», die gegen die grossen MNU ankämpfte. Im Juni 1976 kam es schliesslich zu einer gerichtlichen Entscheidung zugunsten von Nestlé, nachdem diese drei der ursprünglichen vier Klagen zurückgezogen hatte. Die verhängten Strafen gegen die Aktionsgruppe Dritte Welt waren allerdings mehr symbolischer Natur, und der Richter verwies in seinem Urteil explizit darauf, dass dies «kein Freispruch für Nestlé» sei und rief die Unternehmung auf, ihre Werbepolitik aus moralischen Gründen zu überdenken. In ihren Stellungnahmen verwies Nestlé darauf, dass ihre verkaufsfördernden Massnahmen seit jeher ethischen Ansprüchen Genüge getan hätten und daher keinerlei Änderungen erforderlich seien. Die wahre Kernfrage seien die Beweggründe der Aktivisten, die versuchten, durch Angriffe auf MNU das marktwirtschaftliche System selbst anzugreifen.

Die Publizität der Kontroverse führte dazu, dass in den USA vor allem kirchliche Gruppierungen 1975 eine Reihe von «shareholder resolutions» für die Jahreshauptversammlungen der amerikanischen Produzenten ankündigten. Verhandlungen des Managements dieser Unternehmungen vor allem mit dem «Interfaith Center on Corporate Responsibility» führten dazu, dass einige der Anträge zurückgezogen wurden (etwa bei Abbott und American Home Products), während andere bei Abstimmungen relativ ge-

ringe Unterstützung fanden. 1976 wurden neue Aktionärsanträge gestellt, und vier Kirchengruppen unter der Führung der «Sisters of the Precious Blood» erhoben Klage gegen Bristol-Myers wegen «false and misleading statements in management's recommendations to shareholders in the proxy statement».
Im Mai 1975 trafen sich acht der weltgrössten Produzenten unter der Schirmherrschaft von Nestlé in der Schweiz, gründeten das «International Council of Infant Formula Industries» (ICIFI) und verabschiedeten einen «Code of Ethics», der zu einem verantwortungsbewussten Einsatz bestehender Werbemassnahmen aufrief, ohne diese jedoch grundsätzlich zu ändern. Während Bristol-Myers der Sitzung von vornherein fernblieb, empfand Abott die getroffenen Richtlinien als zu allgemein und beschloss einen einseitigen völligen Verzicht auf Massenwerbung.

3 Internationalisierung und Boykott

Im Juli 1976 trafen sich Vertreter von Aktionsgruppen aus neun Ländern in der Schweiz und im Januar 1977 kam es in den USA zur Gründung der «Infant Formula Action Coalition» (INFACT), die unter der Führung des «Third World Institute» der Universität von Minnesota eine Reihe bereits bestehender Konsumentenschutz-, Menschenrechts- und Kirchengruppen zusammenfasste. Im Juli 1977 rief INFACT in den USA zu einem nationalen Boykott sämtlicher Nestlé-Produkte auf («Crunch Nestlé Quick») und publizierte ein Verzeichnis der unter verschiedenen Markennamen in den USA vertriebenen Nestlé-Produkte. Als Gründe für die Konzentration auf Nestlé wurden deren dominierende Marktstellung genannt sowie die Tatsache, dass bei der hundertprozentigen US-Tochtergesellschaft von Nestlé keine Aktionärsklagen bzw. dadurch bedingte Verhandlungen mit dem Management möglich wären. Die Argumentation, dass die amerikanische Nestlé Company, Inc. als eigenständige Unternehmung weder an der Produktion noch am Vertrieb von Babynahrung beteiligt sei, konnte die Boykottmassnahmen nicht verhindern. Der Anteil des nordamerikanischen Marktes am Gesamtumsatz von Nestlé betrug (bei starken Zuwachsraten und Expansionsplänen) damals etwa 20%, während nur ca. 7,5% des Umsatzes auf den weltweiten Verkauf von Babynahrung entfielen, wovon wiederum je nach Quelle der Angaben lediglich ein Drittel bis die Hälfte auf Entwicklungsländer entfiel.
Im Oktober 1977 begannen Nestlé-Vertreter sich mit den Aktivisten zu treffen, bestanden jedoch darauf, dass die Unternehmung nicht für die sozialen Probleme der Dritten Welt verantwortlich gemacht werden könne und bereits alles unternehme, um eine missbräuchliche Verwendung ihrer Produkte zu verhindern. Eine grundsätzliche Änderung bestehender Ver-

kaufsmethoden sei daher nicht erforderlich, allenfalls eine verantwortungsbewusste Anwendung bestehender Richtlinien.
Im Januar 1978 wurde das Verfahren der «Sisters of the Precious Blood» gegen Bristol-Myers aussergerichtlich beigelegt, wobei sich die Unternehmung bereit erklärte, sämtliche Direktwerbung für Babynahrung einzustellen und ihre «Milk Nurses» aus den Entwicklungsländern abzuziehen.
Im Mai führte Senator Edward Kennedys «Subcommittee on Health and Scientific Research» ein im Fernsehen übertragenes, öffentliches «Senate Hearing» über die Absatzmethoden in der Babynahrungsindustrie durch, an dem sowohl Kritiker als auch die Produzenten zum Problemkreis Stellung nahmen.
American Home Products verkündete dabei, dass es den Einsatz von «Milk Nurses» völlig einstellen würde. Nestlé war durch Dr. O. Ballarin, den Präsidenten der brasilianischen Niederlassung vertreten, da sich die US-Tochter als nicht zuständig betrachtete und die Muttergesellschaft nicht den Anschein einer Verantwortung gegenüber US-Gesetzgebern geben wollte. Im Zuge seiner schriftlich vorbereiteten Ausführungen erklärte Dr. Ballarin:

> «United States Nestlé Company has advised me that their research indicates this is actually an indirect attack on the free world's economic system. A worldwide church organization with its stated purpose of undermining the free enterprise system is at the forefront of these activities.»

Vor laufenden Kameras und unter Unmutsäusserungen bzw. Gelächter des anwesenden Publikums unterbrach Senator Kennedy diese Ausführungen, wies auf die einflussreiche Stellung des National Council of Churches hin und verlieh seiner Überzeugung Ausdruck, dass dieses nicht in «some worldwide conspiracy to undermine or attack the free world's economic system» involviert sei. Der Schaden für die Glaubwürdigkeit der Gegenargumente von Nestlé war nach allgemeiner Ansicht irreparabel.
Im Zuge nationaler Boykott-Demonstrationen mit eigenen Anti-Nestlé-Liedern und entsprechenden Propagandaschriften («Boston Nestea Party», «mock funerals» etc.), erhielt die Kontroverse weitere Aufmerksamkeit durch die Medien, besonders durch das amerikanische Fernsehen. Vertreter von INFACT betonten dabei wiederholt, dass sich ihr Anliegen lediglich gegen die Absatzmethoden, nicht aber gegen den Verkauf der Produkte per se wendete. Berichte von «Erkundungsreisen» in Entwicklungsländer über Verkaufspraktiken, die den Angaben des Managements amerikanischer Produzenten gegenüber den Aktivisten-Aktionären eindeutig widersprachen, sorgten für publizitätsträchtigen Konfliktstoff und verminderten die allgemeine Glaubwürdigkeit der gesamten Industrie. Während sich in den USA mehr und mehr Institutionen und Persönlichkeiten mit den Anliegen von INFACT solidarisierten, dehnte sich der Boykott mit unterschiedlichem Erfolg auf Kanada, Holland, Schweden, Norwegen,

Helmut Maucher – Zehn Maximen für den Erfolg

1. Das Normale und Vernünftige zuerst tun, also marktgängige Produkte herstellen, sich um sein Management kümmern, sein Personal und seine Kunden, schauen, dass die Kasse stimmt – kurz: do the obvious, back to basics.
2. Die Auswahlkriterien für das Management verändern, also neben professionellen Kenntnissen müssen verlangt werden: Kreativität, Engagement, aufgaben- statt karriere- und machtorientiert, Mut und Nerven.
3. Das Erkennen der Bedeutung der untersten Führungsschicht, denn sie repräsentiert das Unternehmen. Deshalb: menschen- und produkt- statt systemorientiert.
4. Langfristig denken ist besser als kurzfristig Vorteile wahrnehmen, und wichtig ist richtiges Timing, also Schnelligkeit statt Perfektion der Entscheidung, wobei drei Phasen zu beachten sind, nämlich
   - früher erkennen, was notwendig ist, sodann die
   - Entscheidungsprozesse beschleunigen und schliesslich
   - rasches Durchsetzen der Entscheidungen.
5. Nüchternes Einschätzen von Rationalisierungsmöglichkeiten und deren konsequente Durchsetzung. Schnellere Strukturanpassung von Wachstum und Beschäftigung. Keine Erhaltungssubventionen und konsequente Anpassung der Arbeitskräfte an neue Gegebenheiten, und zwar sowohl regional als auch beruflich. Kostensenkungen sind zu sehen als Möglichkeiten zu längerfristigem Denken und zur Bereitstellung von Mitteln für zukunftsorientierte Investitionen.
6. Neben der Innovation die Renovation nicht vergessen. Ausserdem: Innovation gilt nicht nur für die Produkte, sondern auch für das Management, die Führung, die Organisation.
7. Kommunikation, als Mittel zum Zweck, ist zunehmend wichtig. Grundsätzlich bleiben natürlich Handeln und Fakten aussagekräftiger als blosse Worte.
8. Gutes Sozialklima: ja – friedliche Idylle: nein!
9. Neue Form des Führungsstils und des Umganges mit den Mitarbeitern – «Management commitment» und «Employee involvement».
10. Wichtigste Führungsmaxime bleibt die Glaubwürdigkeit, das Übereinstimmen von Reden und Handeln.

(Maucher, H.: Marketing ist Chefsache. Von der Kunst, ein Unternehmen zu führen. Düsseldorf u. a. 1992)

Grossbritannien, Japan, auf die Bundesrepublik Deutschland und auf die Schweiz aus. Das auf Initiative von INFACT und dem Interfaith Center for Corporate Responsibility (ICCR) zustande gekommene «International Baby Food Action Network» umfasste schliesslich mehr als 90 Gruppen in über 40 Ländern und unterhielt Büros in Genf, Minneapolis und Penang, Malaysia.

4 Gegenmassnahmen durch Nestlé

Die 1978 angekündigten «policy changes» von Nestlé, die sich u.a. auf Aufdrucke sowie die Farbe der von den «Milk Nurses» verwendeten Uniformen bezogen, die beanstandeten Werbemassnahmen (direkte Massenwerbung, Gratisproben, «Milk Nurses» und Verkaufsförderung an medizinisches Personal) jedoch beibehielten, führten zu keinen Fortschritten. Auch die spätere «Suspendierung» von Massenwerbung blieb als Gegenmassnahme ineffektiv, besonders als die Kritiker nachweisen konnten, dass die Massnahme in einzelnen Ländern (etwa in Malaysia) nicht konsequent durchgeführt wurde.

Zur Koordination der Gegenmassnahmen schuf Nestlé ein eigenes Institut in Washington, das Nestlé Coordination Center for Nutrition, das wissenschaftliche Studien über die Ernährungsproblematik in der Dritten Welt fördert und sich generell der «Öffentlichkeitsarbeit» widmet. Direkte Verhandlungen der obersten Unternehmungsspitze mit dem Vatikan und dem amerikanischen National Council of Churches führten nicht zu einer Einstellung der kirchlichen Unterstützung des Boykotts, im letzteren Fall nicht zuletzt aufgrund der Nestlé-Aussagen während des Kennedy-Hearings.

Als Ergebnis der Empfehlungen Kennedys und stark unterstützt durch die Industrie begann sich die World Health Organization (WHO) 1979 intensiv mit der Problematik künstlicher Babynahrung auseinanderzusetzen und verabschiedete schliesslich im Mai 1981 einen «International Code of Marketing of Breast-Milk Substitutes». Im März 1982 akzeptierte Nestlé formell den WHO-Kodex und beschloss die

- generelle Abschaffung der Funktion der «Milk Nurse»,
- generelle Abschaffung der Direktwerbung einschliesslich «generic promotion» ohne Markenbezeichnung,
- generelle Abschaffung von finanziellen und materiellen Anreizen für die Absatzförderung durch medizinisches Personal,
- Beschränkung der Abgabe von Gratisproben auf Kinder, die nachweislich nicht brustgestillt werden können,
- Anbringung von Hinweisen auf die Vorteile des Bruststillens auf sämtlichen Produkten und Verzicht der Verwendung von Babybildern auf Etiketten.

Angesichts der Tatsache, dass der WHO-Kodex eine Selbstregulierung vorsieht und teilweise grossen Spielraum für Auslegungen lässt, berief Nestlé im Mai 1982 eine unabhängige Kommission unter der Führung des ehemaligen US-Aussenministers und Senators Muskie, welche die Einhaltung dieser Beschränkungen zu überprüfen hat. Aufgabe dieser «Nestlé Infant Formula Audit Commission» (NIFAC) ist es, «to examine complaints and allegations about Nestlé's marketing practices and to satisfy itself that Nestlé is honoring its publicly stated commitments in relation to the application of the WHO recommendations». In ihren vierteljährlich erscheinenden Berichten setzt sich die Kommission, der neben Muskie eine Reihe von namhaften Ärzten, Geistlichen und Wissenschaftlern angehören, im Detail mit jeder einzelnen Klage (im Juni 1983 waren dies 97) auseinander und erklärt, welche Gegenmassnahmen ergriffen wurden, falls die Klage berechtigt war.

Obwohl die Kommission gewissermassen «über jeden Verdacht erhaben ist» und INFACT ausführlichen Gebrauch von den Klagemöglichkeiten macht, haben einzelne Aktivisten die getroffenen Massnahmen als «Vernebelungsaktionen» bezeichnet, und INFACT setzte ihre Aktion fort. Eine Reihe von kirchlichen und gewerkschaftlichen Organisationen brachen jedoch ihre Unterstützung des Boykotts ab, und die Massnahmen von Nestlé fanden generell ein positives Echo in den Medien. Dennoch wurde immer wieder zu Boykottaktionen gegen Nestlé aufgerufen, und es wurden neue Vorwürfe erhoben, so dass die Diskussionen und Auseinandersetzungen bis in die neunziger Jahre anhielten (vgl. Kasten).

Fernsehfilme, ein neuer Nestlé-Boykott und eine heftige Reaktion

Die seit 1974 erhobenen Vorwürfe gegen Nahrungsmittelkonzerne, die in der Dritten Welt Babynahrung vertreiben, werden in dieser Woche in einer Sendung der drei schweizerischen Fernsehanstalten auf Grund ausländischer Filme erneuert – kurz bevor eine Gruppe zu einem zweiten «Nestlé-Boykott» aufrufen will. Als besonders betroffenes Unternehmen betont die Nestlé, sich an die internationalen Richtlinien und nationalen Gesetze zu halten und prüft rechtliche Schritte gegen die SRG.

(Neue Zürcher Zeitung, 21. Februar 1991)

Gläubiger wollen Nestlé boykottieren

Die Kirche von England hat zum Boykott des Nahrungsmittelmultis Nestlé aufgerufen. Die Synode der Kirche beschloss am Montag, die Kampagne gegen den Schweizer Nahrungsmittelkonzern zu unterstützen und rief Millionen von Gläubigen zum Verzicht auf Nescafé auf. Ein Nestlé-Sprecher bezeichnete den Synodalbeschluss am Dienstag als «skandalös». Der Boykott werde allerdings keine kommerziellen Auswirkungen haben.

(Tages-Anzeiger, Mittwoch 17. Juli 1991, S. 29)

Strategisch breit abgestütztes Nestlé-Geschäft

Weniger Franken für mehr Leistung – höhere Rendite

Die Stärkung des Schweizerfrankens hat letztes Jahr im Nestlé-Konzern die Leistungssteigerung samt Preiserhöhungen und Expansionseinflüssen vollständig weggefressen. Anderseits erweist sich die geographisch und produktstrategisch breit und auf Wachstumsbereiche ausgerichtete Abstützung als hilfreich. Die Präsenz in Impulssegmenten und die erfolgreiche Umstrukturierung schlagen sich in steigenden Renditen nieder. Im laufenden Jahr hat der Währungsdruck noch nicht nachgelassen; der Umsatz fiel per Ende März um 1,5%.

Bri. Glattbrugg, 3. Mai

Der weltgrösste Nahrungsmittelkonzern, Nestlé, hat in den letzten rund zwölf Jahren namhafte strategische Investitionen – grossenteils in Form von Akquisitionen – getätigt und damit neue Tätigkeitsgebiete und geographische Räume erschlossen, wobei man da und dort auch ansehnliche strategische «Eintrittspreise» zu zahlen bereit war. Fast zeitgleich mit dieser breiteren Abstützung der Umsatz- und Ertragsquellen und rechtzeitigen Besetzung von Positionen in ausgesprochenen Wachstumssegmenten erfolgte ein kostspieliges Umstrukturierungs- und Rationalisierungsprogramm zwecks nachhaltiger Stärkung der Ertragskraft. Diese Phase neigt sich nun im wesentlichen einem vorläufigen Ende entgegen, und künftig wird das Augenmerk vorab auf das *interne Wachstum* gerichtet durch Ausschöpfen des Potentials der geschaffenen Positionen, unterstützt durch Innovations- und Distributionskraft des Konzerns auch im Rahmen von Joint-ventures.

Wachstumsimpulse aus Asien und bei spezifischen Produktgruppen

Die globale Präsenz und breite Abstützung kam dem Konzern auch letztes Jahr zustatten, als das *Währungs-Jo-Jo* wieder einmal stark in die ungünstige Richtung ausschlug und die sich langsam zu Granit verdichtende Härte des Schweizerfrankens in den Büchern die ganze Mehrleistung beim Umsatz wieder zunichte machte (vgl. Kasten); zu konstanten Wechselkursen wäre der Umsatz um 6%, in Dollar um 7% gestiegen. Wohl blieb auch das gewichtete *reale Wachstum,* beeinflusst auch durch die harzige Konjunkturentwicklung in Europa, mit 2,3% auf der mässigeren Seite. Dazu kamen 1,9 akquisitionsbedingte Wachstumspunkte durch die erstmals ganzjährige Konsolidierung der im Vorjahr erworbenen italienischen *Finitalgel* sowie 2,7% Mehrumsatz aus Verkaufspreissteigerungen vorab bei Kaffeeprodukten. Das alles wurde indessen restlos von den Währungsumrechnungen absorbiert und noch durch einen kleinen technischen Effekt aus der Währungsreform in Brasilien in Form eines Prozentpunktes negativ ergänzt.

Geographisch gesehen wurde die Umsatzdynamik vor allem von den anteilsmässig noch nicht so stark ins Gewicht fallenden fernöstlichen und auch von den lateinamerikanischen Märkten durch kräftige Zuwachsraten stimuliert, während die Volumenzunahmen in Europa und Nordamerika nominell nicht durchschlugen. Nach Produktgruppen lieferten, abgesehen von der lukrativen Nische *Pharmazeutik* (Alcon-Gruppe), die Bereiche Getränke und Milchprodukte mit je rund 3% Mengenwachstum die stärksten Impulse. Neben Produktinnovationen machten sich dabei die in den letzten Jahren mittels Akquisitionen konsequent aufgebauten strategischen Produktfelder Mineralwasser und Speiseeis bemerkbar. Im *Wasserbereich* ist Nestlé heute mit einer Verdreifachung des Umsatzes seit 1991 weltweit klar die Nummer eins, bei *Speiseeis* mit einer Umsatzverdoppelung hinter Unilever die solide Nummer zwei. Zunehmend an Bedeutung gewinnt ferner der Bereich Food-Service (Gastgewerbe, Kollektivhaushalte, Speise- und Getränkeautomaten), der bereits über 5 Mrd. Fr. Umsatz bringt und gezielt forciert wird.

Konzernleistung und -status
(Geldwerte in Mio. Fr.)

	1992	*1993*	*1994*
Umsatz	54 500	57 486	56 894
Veränderung in %	8,0	5,5	– 1,0
Betriebsgewinn[1]	5 637	6 140	6 004
in % des Umsatzes	10,3	10,7	10,6
Gewinn vor Steuern	4 465	4 644	5 067
in % des Umsatzes	8,2	8,1	8,9
Reingewinn	2 698	2 887	3 250
in % des Umsatzes	5,0	5,0	5,7
in % der ø-Eigenmittel[2]	18,4	19,5	19,9
Stammhausdividende (Fr./Aktie)	23,20	25,–	26,50[3]
Anlageinvestitionen	3 191	3 093	3 026
Abschreibungen	2 038	2 283	2 321
Bilanzsumme	44 473	45 160	45 227
Anlagevermögen (%)	53,5	53,5	52,6
kurzfr. Fremdmittel (%)	45,0	40,2	38,2
eigene Mittel (%)[2]	31,3	34,7	37,5
Anzahl Fabriken	482	489	494
Anzahl Mitarbeiter	218 005	209 755	212 687

1 Vor Nettofinanzkosten
2 vor Gewinnverwendung
3 Antrag an die GV vom 1. Juni

Steigender Gewinn – sinkende Schulden

Die in den letzten Jahren kontinuierlich gestiegene *Betriebsmarge* liess sich nur knapp halten. Margendämpfend wirkten marktanteilssteigernde Investitionen in Werbung und Verkaufsförderung sowie höhere Rohstoffpreise, vorab bei Kaffee. In Europa waren tiefere Margen wegen der Marktinvestitionen vor allem in Frankreich, Italien und Spanien, aber auch durch die Aufbaukosten in Osteuropa hinzunehmen. Auf dem amerikanischen Kontinent waren dagegen durchwegs Verbesserungen zu verzeichnen. Der Rückgang der Betriebsmarge in den übrigen Gebieten (vgl. Kasten) war ebenfalls den Aufbaukosten und dem starken Wachstum margenschwächerer Produkte mit hohen Verkaufsvolumina anzulasten.

Da bei weitgehend abgeschlossenem Restrukturierungsprogramm die ausserbetrieblichen Aufwendungen und die *Nettofinanzierungskosten* stark zurückgingen, stieg der Reingewinn vor ausserordentlichen Kapitalgewinnen trotz rückläufigem Betriebsergebnis um 2%, was einer Steigerung der *Nettorendite* auf 5,2% entspricht. Dazu kam ein Kapitalgewinn von netto 306 Mio. Fr. aus dem Verkauf von *L'Oréal-Agenten* an das Kosmetikunternehmen, womit der Reingewinn um 12,6% auf 5,7% des Umsatzes zunahm. Auch unter dem Strich blieb der Wechselkurseinfluss stark. Zu konstanten Kursen hätte der ordentliche Gewinn um 10% und der Jahresgewinn einschliesslich Kapitalgewinn um 21% zugenommen. Der Generalversammlung wird, wie bereits gemeldet, eine *Erhöhung der Dividende* auf 26,50 offeriert; das ergibt eine *Payout-Ratio* von 31,7%. Im übrigen bietet Nestlé in den USA ein Dividenden-Reinvestitionsprogramm an, wonach die Aktionäre die Möglichkeit haben, die Dividende wieder in ADR (American Depository Receipts) zu investieren, die dann am Markt erworben werden; das Programm basiert auf zurzeit rund 3 Mio. hinterlegten Nestlé-Aktien.

Umsatz und Betriebsmarge nach Regionen und Produktgruppen
(Umsätze in Mio. Fr.)

Regionen	*1992*	*1993*	*1994*
Europa	26 632	26 366	25 891
Betriebsmarge (%)	8,9	9,8	9,1
Nord- und Südamerika	19 214	21 238	20 639
Betriebsmarge (%)	11,2	10,8	11,4
Übrige Welt	8 654	9 882	10 364
Betriebsmarge (%)	12,9	12,8	12,5
Produktgruppen			
Getränke	13 521	15 417	16 125
Betriebsmarge (%)	17,9	16,2	14,7
Milch- und Diätetikprodukte	14 890	15 951	15 398
Betriebsmarge (%)	9,4	9,2	9,0
Fertiggerichte, Produkte für die Küche, Diverses	15 718	15 387	14 907
Betriebsmarge (%)	5,1	6,3	6,5
Schokolade, Süsswaren	8 598	8 650	8 261
Betriebsmarge (%)	7,7	8,6	9,5
Pharmazeutische Produkte	1 773	2 081	2 203
Betriebsmarge (%)	20,5	21,5	22,2

Die *Anlageinvestitionen* des Konzerns gehen nach dem starken Anstieg in den Vorjahren seit zwei Perioden wieder leicht zurück. Im Berichtsjahr erfolgten zwar einige gewichtige Erwerbungen (etwa des amerikanischen Haustiernahrungsproduzenten Alpo oder des deutschen Eiscrème-Herstellers Wancke) sowie einige Beteiligungen oder Beteiligungsaufstockungen. Doch konnten die Aufwendungen für Firmenkäufe im Umfang von 1973 Mio. Fr. durch die Erlöse aus Veräusserungen im Betrag von 1325 Mio. Fr. weitgehend abgedeckt werden. Die Nettoverschuldung der Gruppe (hier wirkten sich die Währungsveränderungen eher positiv aus) reduzierte sich dadurch und durch einen guten Mittelfluss aus der Geschäftstätigkeit weiter von 8 Mrd. auf 6,6 Mrd. Fr. Gemäss der erstmals nach IAS-Standard aufgebauten Mittelflussrechnung resultierte im übrigen eine Zunahme der Bar- und anderen Zahlungsmittel von 592 Mio. Fr. gegenüber 174 Mio. im Vorjahr. Ebenfalls in Anlehnung an die neuen IAS-Normen passt Nestlé im übrigen auch die Abschreibungspraxis an. Der Goodwill bei Übernahmen wird künftig nicht mehr direkt gegen Eigenkapital abgebucht, sondern aktiviert und in der Regel über 20 Jahre hinweg amortisiert.

Anhaltender Währungsdruck

Im *laufenden Jahr* werden erneut vor allem im fernöstlichen und pazifischen Raum neue Fabriken oder neue Produktionsanlagen in bestehenden Fabriken in Betrieb genommen (China, Hongkong, Indien, Malaysia, Philippinen). Erworben wurden seit Jahresbeginn Firmen in Spanien, Mexiko, Russland, Österreich, Holland, Indonesien und El Salvador (Reihenfolge nach der umsatzmässigen Bedeutung). Was den Geschäftsgang angeht, hat der Währungsdruck nicht nachgelassen: Im ersten Quartal stand dem Mengenwachstum von 2,5% zuzüglich Akquisitionseinflüssen von 2 Umsatzprozenten und Preissteigerungen von 4% eine wechselkursbedingte Einbusse von 10% gegenüber, so dass per saldo ein leichter Minderumsatz von 1,5% resultierte. Vernünftige Voraussagen für das Gesamtjahr sind unter solchen Umständen kaum möglich. (NZZ, 4. Mai 1995, Nr. 102, S. 27)

5 Aufgaben

5.1 Analyse der Ausgangslage

A 1 Was ist das eigentliche Problem?

A 2 Welche Management-Probleme stellen sich bei der Lösung dieses Problems bzw. unter welchen Aspekten kann das Problem betrachtet werden?

A 3 Welches sind die Anspruchsgruppen und was sind ihre Anliegen?

A 4 Versuchen Sie, verschiedene Phasen im Ablauf der Auseinandersetzung zu unterscheiden.

A 5 Welches Unternehmungsverständnis legt das Management von Nestlé seinem Handeln zugrunde?

5.2 Formulierung und Implementierung einer Unternehmungspolitik

A 6 Formulieren Sie ein auf Glaubwürdigkeit basierendes Unternehmungsleitbild in bezug auf die Problemstellung.

A 7 Formulieren Sie eine glaubwürdige Unternehmungsstrategie unter besonderer Berücksichtigung der Produktlinie Baby-Nahrung.

A 8 Mit welchen Massnahmen (auch im operativen Bereich) kann das Leitbild und die Unternehmungsstrategie umgesetzt werden?

6 Literatur

Achleitner, Paul: *Sozio-politische Strategien multinationaler Unternehmungen.* Bern 1985, S. 98–102

Maucher, H.: *Marketing ist Chefsache. Von der Kunst, ein Unternehmen zu führen.* Düsseldorf u.a. 1992

Cambridge Instruments/ Wild Leitz

Thema: Strategisches Management, Unternehmungsverbindungen, Unternehmungsbewertung

1 Ausgangslage

Im Jahr 1989 stellt sich für die beiden Unternehmensgruppen **«The Cambridge Instrument Plc.»** – im folgenden «Cambridge Instruments» genannt – und die **«Wild Leitz Holding AG»** – im folgenden «Wild Leitz» genannt – die Frage, ob eine Fusion angestrebt werden soll. Mit dem Entscheid, einen Unternehmenszusammenschluss zu bewirken, tauchen Fragen auf, die von der gemeinsamen Wahl der zukünftigen Gesellschaftsform und des bestgeeigneten Namens bis hin zur Definition der technologischen Kompetenzfelder und der zukünftig zu bearbeitenden Märkte reichen. Ein Merger würde somit für beide Unternehmen einen Neubeginn darstellen.

> «Ein wesentlicher Punkt ist jedoch der Anspruch und der Wille, die Zukunft des eigenen Unternehmens auf die Anforderungen der Zukunft auszurichten und als ‹Major Player› und globales Unternehmen in klar definierten Märkten eine dominierende Rolle zu spielen. Entscheidend ist die Erkenntnis, dass jede der beiden Unternehmensgruppen jeweils einseitig von einer einzigen Wirtschaftsregion der Triade abhängig ist und dass beide Firmen den pazifischen Raum bis anhin noch nicht erschlossen haben.»
> (Ausschnitt aus einem von Wild Leitz und Cambridge Instruments gemeinsam verfassten Communiquée)

2 Cambridge Instruments Plc.

Die Cambridge Instruments Plc. ist eine Gruppe internationaler Unternehmen, die in der Entwicklung, Herstellung und dem Vertrieb von optischen Instrumenten tätig ist (▶ Abb. 1).

Entwicklung & Herstellung	Hauptabsatzmärkte	Konzerneigene Marketing-gesellschaften	Generalvertretungen
USA England Österreich Deutschland	Nordamerika (Westeuropa)	USA England Österreich Deutschland Frankreich Kanada Hongkong Singapur	Australien Indien Japan Lateinamerika

▲ Abb. 1 Herstellungs- und Vertriebsstruktur der Cambridge Instruments

In England geht die Firmengeschichte bis in das Jahr 1881 zurück, als Horace Darwin, Sohn des berühmten Biologen Charles Darwin, in Cambridge optische Instrumente herzustellen begann.

2.1 Entwicklung der Cambridge Instruments Plc.

Die Entwicklung der Cambridge Instruments zu ihrer heutigen Form begann erst im Jahr 1979. Zu dieser Zeit führte der damalige Geschäftsführer Dr. Terence J. Gooding zusammen mit der Midland Bank Plc. und der 3i Plc. einen Management-Buyout durch und erwarb 75% der Anteile an Cambridge Instruments. Obwohl die Cambridge Instruments einen international guten Ruf hatte, der vor allem durch Produkte wie Bildverarbeitungssysteme und Rasterelektronenmikroskope erworben werden konnte, war das Unternehmen nicht profitabel. Gooding startete aus diesem Grund ein umfangreiches Akquisitions- und Restrukturierungsprogramm.
Im Mai 1986 erwarb die Cambridge Instruments die **«Reichert-Jung»** Scientific Instrument Division der Warner-Lambert Company. Dieses Geschäft umfasste die ehemaligen Spencer Lens-Produktlinien (Mikroskope) **American Optical (AO)** (Produktionsstandort Buffalo/USA), die Mikroskop- und Ultramikrotom-Produktlinien **«Reichert»** (Wien/A) sowie die Mikrotom-Produktlinie **«Jung»** (Nussloch bei Heidelberg/D).

> «Die legen doch bei einem Merger sicher die Vertriebsgesellschaften zusammen. Dann soll ich am Schluss auch noch Leitz-Mikroskope verkaufen, die ich in den letzten Jahren bei einigen Kundenlabors herausgeboxt habe. Ich konnte klar demonstrieren, dass unsere Reichert-Unendlich-Optik viel besser ist. Dann wird, wenn's ganz dumm geht, vielleicht auch noch der eingebildete Heinz Proff von der Stuttgarter Leitz-Niederlassung mein Chef. Niemals mache ich das mit. Lieber gehe ich noch zu einem Japaner, die ja in unserer Branche gerade Aussendienstleute suchen. Andererseits gäbe eine solche Verbindung zwischen Wild Leitz und Cambridge Instruments natürlich ein massives Bollwerk gegenüber der Fernost-Konkurrenz. Ich warte zunächst einmal am besten ab, was passiert. Mein Chef wird da auch noch etwas zu sagen haben, denn wir sind ein erfolgreiches Team.»
> (Aussendienstmitarbeiter der Cambridge Instruments in Deutschland)

Im Oktober 1987 erwarb die Cambridge Instruments das Präparationsgeräte-Sortiment der **LKB Produkter AB** in Schweden für 95 Mio. schwedische Kronen (9,1 Mio. £) und im November 1987 die «Optikdivision» sowie das Diagnose- und Ophthalmologiegeschäft der **Bausch & Lomb Inc. (B&L)** für 37 Mio. US $. Zu diesem Geschäft gehörten Mikroskope, Stereomikroskope, ophthalmologische Instrumente, Luftbild-Interpretationsgeräte und Refraktometer mit Fabriken in Rochester/New York (Entwicklung und Montage), Ocean Springs/Mississippi (Optikteile-Herstellung) und Sparks/Maryland (Metallteilefertigung).

Die Entwicklungs- und Montagefunktionen wurden 1988 von Rochester nach Buffalo verlegt und mit dem dortigen Bereich der ehemaligen American Optical (AO) vereint. Die Bezeichnungen **«B&L»** und **«AO»** darf Cambridge Instruments Plc. auf ihren Produkten nur noch bis 1990 weiter verwenden. Als neuer gemeinsamer Markenname ist dafür **«Reichert-Jung»** vorgesehen.

Im «Stammhaus» der Cambridge Instruments in Cambridge/UK werden Rasterelektronenmikroskope, Bildverarbeitungssysteme und Elektronenstrahl-Lithographiesysteme mit dem Markenzeichen **«Cambridge Instruments»** entwickelt und gefertigt. Diese sogenannten «Wissenschaftlichen Instrumente» sind stark softwaregeprägte Produkte und Systeme mit hohem Elektronikanteil.

> «Wenn ich einmal mit meinem Reichert-Mikroskop die Leitz-Schichtdickenmessausrüstung kombinieren könnte, dann hätte ich endlich das Beste aus den Gebieten der Mikroskopie und Messtechnik. Momentan ist das ja leider nicht kompatibel. Wenn diese sich seit Jahrzehnten bekämpfenden Konkurrenten wirklich fusionieren und in Zukunft ihre Entwicklung abstimmen, wäre das schon ein Vorteil für mich. Doch irgendetwas irritiert mich trotzdem. Unsere einst sehr stolzen Wiener Reichert-Werke haben in den letzten Jahren einige Besitzwechsel hinter sich: zuerst wurden sie von Amerikanern übernommen, dann von Engländern und nun werden sie vielleicht auch noch schweizerisch oder deutsch. Wenn ich früher ein Reichert-Mikroskop kaufte, wusste ich, es war ein echt österreichisches Produkt. Und heute?»
> (Kunde der Reichert in Wien)

In Wien (Reichert) werden Mikroskope höherer Qualität und Metallographen sowie Ultramikrotome gefertigt sowie die von LKB Produkter übernommene Produktlinie von Geräten zur Probenaufbereitung.

In Nussloch bei Heidelberg werden ausschliesslich Mikrotome unter dem Markenzeichen **«Reichert-Jung»** hergestellt. Bei diesen Instrumenten hat die Fein-

Jahr der Akquisition	Unternehmen	Produkte
1979	Cambridge Instruments Management-Buyout durch Terence J. Gooding	Bildverarbeitungssysteme Rasterelektronenmikroskope
1986	Reichert-Jung/American Optical Scientific Instrument Division der Warner-Lambert Company	Objektive Mikroskope Mikrotome
1987	LKB Produkter AB	Präparationsgeräte-Sortiment
1987	Optikdivision und Ophthalmologie- geschäft der Bausch & Lomb Inc.	Mikroskope, Stereomikroskope, ophthalmologische Instrumente, Luftbild-Interpretationsgeräte

▲ Abb. 2 Entwicklung der Cambridge Instruments

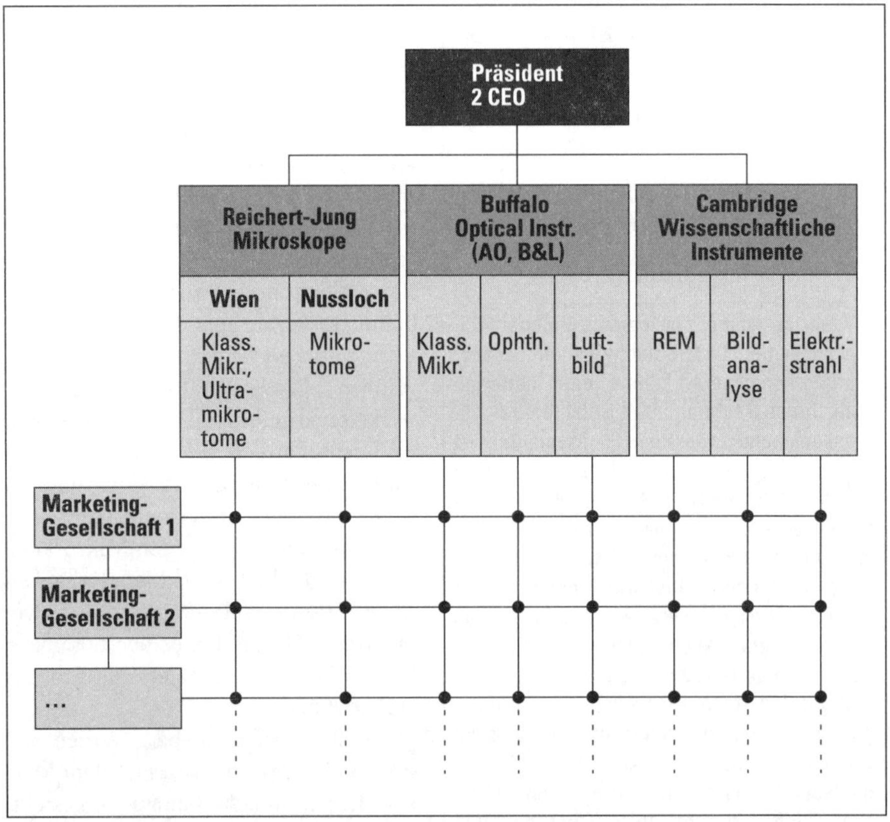

▲ Abb. 3 Organigramm Cambridge Instruments

mechanik einen dominierenden Anteil, im Gegensatz zu den anderen Produkten von Cambridge Instruments.
Eine Übersicht über die verschiedenen Akquisitionen der Cambridge Instruments zeigt ◀ Abb. 2.
Die Organisationsstruktur der Cambridge Instruments unterlag einem ständigen Wandel, der durch die zahlreichen Akquisitionen und durch das ständige Wachstum bedingt war. Im Jahre 1989 ist die Organisationsstruktur eine Matrix, wobei die «historisch-geschäftlichen» Standorte die Geschäftsbereiche bilden und darunter die Geschäftseinheiten angesiedelt sind (◀ Abb. 3).

2.2 Märkte und Produkte der Cambridge Instruments Plc.

Die neu strukturierte und vergrösserte Cambridge Instruments deckte 1989 nach den verschiedenen Akquisitionen mit ihren Instrumenten im wesentlichen die folgenden Märkte ab:

- Der Markt für die von der Cambridge Instruments hergestellten optischen Instrumente reicht von Schulmikroskopen über die Anwendungen in privaten Labors bis hin zum Einsatz in **industriellen** und **biomedizinischen Anwendungen.**
- Der Markt für wissenschaftliche Instrumente ist extrem breit und umfasst sowohl Anwendungen in der Forschung als auch in der Industrie. Cambridge Instruments liefert Rasterelektronenmikroskope, Bildanalysesysteme, Mikrotome, Elektronenstrahl-Lithographiesysteme und Halbleiterkontrollsysteme. Diese Produkte finden hauptsächlich Anwendung in den **Werkstoffwissenschaften, Petrochemie, Pharmazie, Biologie, Pathologie, Gentechnik** und der **Halbleiter-Herstellung.**
- Zusätzlich stellt die Cambridge Instruments Refraktoren sowie Diagnose- und Untersuchungsausrüstungen für die Ophthalmologie her, die von **Augenärzten** und **Brillenoptikern** benötigt werden. Die Luftbild-Interpretationsgeräte eignen sich für das **kommerzielle und militärische Vermessungswesen.**

Die Produkte der Cambridge Instruments lassen sich in 3 Produktgruppen unterteilen (vgl. ▶ Abb. 4), nämlich

- Mikroskopie,
- Vermessungsinstrumente und
- Ophthalmologie.

Produktgruppen \ Standorte	Jung Nussloch (D)	Cambridge (UK)	Reichert Wien (A)	Buffalo (USA)
Mikroskopie				
▪ Probenpräparation:				
□ Mikrotome	•••			
□ Ultramikrotome			•••	
□ Histologiegeräte	•		••	
▪ Stereomikroskope:				
□ Einfache Stereomikroskope				•••
□ Hochleistungsstereomikroskope				•
▪ Klassische Mikroskope:				
□ Studentenmikroskope				•••
□ Labormikroskope				••
□ Forschungsmikroskope			•••	
▪ Raster-Mikroskope:				
□ Rasterelektronenmikroskope		•••		
▪ Bildanalysesysteme		•••		
▪ Halbleiterkontrollsysteme			•	
▪ Elektronenstrahl-Lithographiesysteme		••		
Vermessungsinstrumente				
□ Photogrammetrie				•
Ophthalmologie				•••

Legende: ••• Starke Marktposition •• Mittlere Marktposition • Schwache Marktposition

▲ Abb. 4 Produktgruppen Cambridge Instruments

Proben-präparation	Diese Produktlinie umfasst Mikrotome, Ultramikrotome und Histologiegeräte. Mikrotome sind Instrumente, mit denen extrem dünne Scheiben von Präparaten geschnitten werden können (ein Ultramikrotom kann von einem ein Millimeter dicken Präparat 200 000 Scheiben schneiden). Mikrotome haben einen extrem breiten Einsatzbereich, zum Beispiel werden sie für das Schneiden von pathologischen Gewebeproben, von Knochenmark und Plastikteilen verwendet. Cambridge Instruments ist **Marktführer** im Bereich Mikrotomie. Gewebeprobenvorbehandlungsgeräte werden gebraucht, um Gewebeproben zum Mikroskopieren vorzubereiten, z.B. zum Anfärben bestimmter Zellen.
Stereo-mikroskope	Cambridge Instruments hat eine **starke Position** im Markt einfacher Stereomikroskope mit eher **tieferem Leistungs- und Preisniveau,** die vor allem in der Elektronik-Montage-Industrie zum Einsatz kommen. Es werden keine Operationsmikroskope hergestellt.

▲ Abb. 5 Produktgruppe Mikroskopie Cambridge Instruments

Klassische Mikroskope	Das Einsatzgebiet klassischer Mikroskope umfasst folgende Bereiche: Ausbildung, medizinische Diagnose, biomedizinische Forschung, industrielle Forschung, Qualitätskontrolle und Halbleiter-Untersuchungen. ▪ Die in Buffalo hergestellten Mikroskope reichen von den Basismodellen **«150»** und **«160»**, die in Schulen eingesetzt werden, bis zu den **«MicroStar IV»** und **«DiaStar»** Modellen, die in klinischen und biomedizinischen Anwendungsfeldern zum Einsatz kommen. Bei diesen Instrumenten wird nicht die höchstmögliche Qualität angestrebt, sondern Einfachheit, Robustheit, Qualität und ein relativ günstiger Preis. Die in Buffalo hergestellten Produkte kosten maximal 3 000 £. Dieses Angebot preiswerter Studentenmikroskope ist positiv zu bewerten, es beschränkt sich jedoch auf den US-Markt. ▪ Die in Wien hergestellten Mikroskope sind für anspruchsvollere Anwendungen geeignet. Die Mikroskope **«Polyvar»** und **«Polylite»** werden vorwiegend in der Forschung und Industrie eingesetzt. Ein voll ausgerüstetes Mikroskop aus Wien kostet bis zu 45 000 £. Obwohl die Forschungsmikroskope von **guter Qualität** sind, gehören sie der Produktgeneration von 1985 an, mit der Reichert damals einen Qualitätsmassstab setzen konnte.
Raster-Mikroskope	Cambridge Instruments hat 1964 als erste Firma ein kommerzielles Rasterelektronenmikroskop (REM) gebaut. Das REM kann Objekte bis zu 300 000 Mal vergrössern und war damit ein Durchbruch auf dem Gebiet des Mikroskopebaus. Es findet seinen Einsatz bei vielfältigen Untersuchungen in Wissenschaft und Technik, um z.B. Ermüdungsbrüche rechtzeitig zu erkennen. Cambridge Instruments verfügt über langjährige Erfahrung in diesem Bereich, musste jedoch über die letzten Jahre hinweg einen **Marktanteilsverlust** verzeichnen.
Bildanalyse-systeme	Die kommerzielle Anwendung von Bildanalysesystemen wurde durch die Cambridge Instruments in den sechziger Jahren international erstmals verwirklicht und stellte einen weiteren wissenschaftlichen Durchbruch dar. Diese computergesteuerten Bildanalysesysteme erlauben hochakkurate quantitative Auswertungen von Bildmaterial. Diese Technik erlaubt es, Bilder, die bei mikroskopischen Anwendungen gewonnen wurden, in digitaler Form darzustellen, weiterzuverarbeiten und zu analysieren. Die Bildanalysesysteme werden in Cambridge hergestellt. Trotz langjähriger Erfahrung musste in den vergangenen Jahren ein **Marktanteilsverlust** in Kauf genommen werden.
Halbleiter-kontroll-systeme	Cambridge Instruments verfügt in dieser Produktgruppe über ein kleines Programm von Mikroskopen, die für die Kontrolle von Chipstrukturen verwendet werden. Diese Reichert-Mikroskope sind von hoher optischer Qualität und besetzen eine **mittlere Marktposition** in diesem Bereich.
Elektronen-strahl-Lithographie-systeme	Die Elektronenstrahl-Lithographie wird für die Herstellung von Mikrochips verwendet. Durch einen Elektronenstrahl (anstelle eines Lichtstrahls) können sogenannte «Wafer» aus Gallium oder Silizium einfacher und genauer beschrieben werden. Die mit dem Elektronenstrahl auf den Wafer eingeschriebenen Schaltkreise werden anschliessend in einzelne Mikrochips zerschnitten. Die Elektronenstrahllithographen werden ebenfalls in Cambridge hergestellt. Der Preis eines solchen Gerätes beträgt zwischen 1 Mio. £ und 1,5 Mio. £. Cambridge Instruments hat eine **mittlere Marktposition.**

▲ Abb. 5 Produktgruppe Mikroskopie Cambridge Instruments (Forts.)

Die in ◀ Abb. 5 erläuterten Produktlinien (Probenpräparationsgeräte, Stereomikroskope, Klassische Mikroskope, Raster-Mikroskope, Bildanalysesysteme, Halbleiterkontrollsysteme und Elektronenstrahllithographiesysteme) gehören in das Gebiet der **Mikroskopie** und sprechen ähnliche Zielgruppen an. Die anderen Produktlinien (Ophthalmologie, Luftbild-Interpretationsgeräte und Refraktometer) sind umsatzmässig von geringer Bedeutung.

Das Management der Cambridge Instruments sieht die Position der Firma primär im High-Technology-Markt. Der Wettbewerb in diesem Markt wird von einer kleinen Anzahl «major suppliers» bestritten. Über die Marktanteile der verschiedenen Produkte liegen Schätzungen vor (vgl. ◀ Abb. 4).

Die Mikroskope, die in Buffalo hergestellt werden, finden ihren Absatz hauptsächlich in den USA. Allerdings verzeichneten die Mikroskope über die letzten Jahre einen **leichten Absatzrückgang,** der hauptsächlich durch grosse japanische Wettbewerber bedingt war.

Die geographischen Märkte für die teureren Forschungsmikroskope, die von **Reichert-Jung** in Wien hergestellt werden, sind vorwiegend die USA und Europa. In diesen Märkten hat **Reichert-Jung** einen signifikanten Marktanteil, die Wettbewerber sind einige wenige deutsche und japanische Unternehmen.

Das Management glaubt, durch einen Ausbau des Vertriebsnetzes eine Steigerung des Absatzes erzielen zu können. Ein weiterer Vorteil wird im Produktionsstandort USA gesehen. Als Hauptrisiko der Cambridge Instruments wird das zu kleine Programm von Mikroskopen erachtet. Ausserdem sind anspruchsvolle Technologien notwendig, um mit den wesentlich grösseren Konkurrenten Schritt halten zu können. Eine Konzentration auf den amerikanischen Markt könnte diese Tendenz eventuell verstärken.

> «By acquisitions and good management of C.I., the value of my shares have made good progress in the last years. Therry Gooding always bought companies to expand the business base, but now he tries to overtake Wild Leitz which is almost twice bigger than Cambridge Instruments itself. From what I know they have a good reputation but they do not make a big profit. As a privately owned company they do not publish many figures. I want to know more about them before saying «Yes» to this merger. On the other hand this is a big opportunity to create a worldwide leading group in this area of business.»
> (Aktionär der Cambridge Instruments in England)

2.3 Kennzahlen Cambridge Instruments[1]

▶ Abb. 6 zeigt einen Überblick über die Geschäftsentwicklung der Cambridge Instruments über die Jahre 1985–1989.

1 Die absoluten Aufwand-, Ertrags- und Umsatzzahlen wurden für diese Fallstudie modifiziert.

Jahr	Umsatz in Mio. Fr.	Betriebsergebnis in Mio. Fr.	Gewinn vor Steuer in Mio. Fr.
1985	63,5	5,9	5,5
1986	68,4	6,1	5,9
1987	112,9	9,1	7,9
1988	167,7	4,7	5,0
1989	178,1	6,6	6,6

▲ Abb. 6 Geschäftsjahre 1985–1989 der Cambridge Instruments
Das Geschäftsjahr endet am 31. März. Das englische Pfund wurde mit 2,80 Fr. umgerechnet.

Für Marketing-Massnahmen wurden im Jahr 1989 von Cambridge Instruments 10,2 Mio. Fr. aufgewendet. Das entspricht 5,7% des Umsatzes. Die Aufwendungen für Forschung und Entwicklung betrugen im Rechnungsjahr 1989 11,6 Mio. Fr. Dies entspricht 6,5% des Umsatzes.
Die Cambridge Instruments beschäftigt weltweit fast 3000 Mitarbeiter. Die Aufteilung auf die verschiedenen Länder wird in ▶ Abb. 7 deutlich.

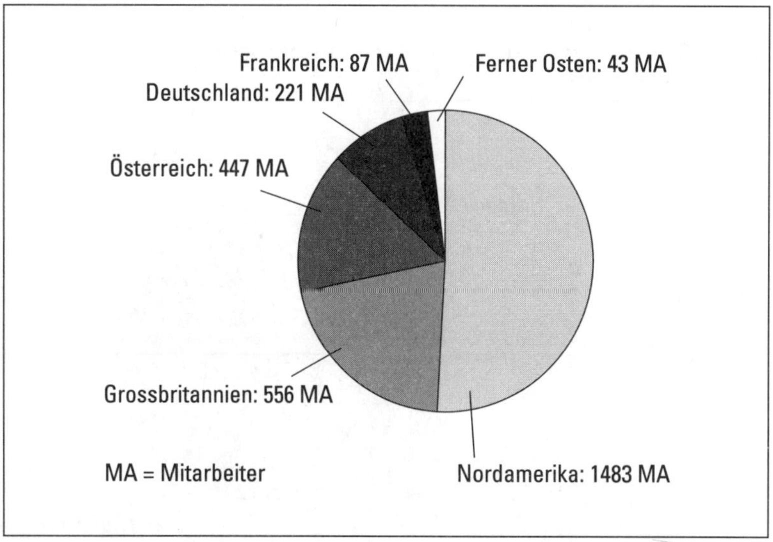

▲ Abb. 7 Mitarbeiter Cambridge Instruments

Die prozentuale Umsatzverteilung auf die einzelnen Geschäftsbereiche zeigt ▶ Abb. 8.
Das starke Umsatzwachstum, das Cambridge Instruments in den beschriebenen Jahren verzeichnen konnte, ist vor allem Resultat der Akquisitionen bestehender Produktlinien und Fertigungsstätten (insbesondere in den USA). Grössere Modernisierungs-Investitionen sind noch nicht erfolgt. Die geographische Umsatzverteilung zeigt ▶ Abb. 9.

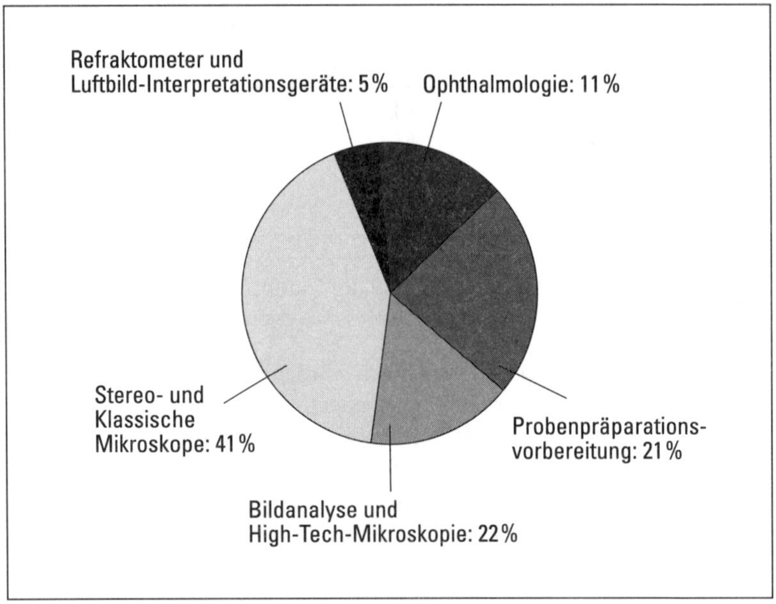

▲ Abb. 8 Umsatzverteilung nach Geschäftsbereichen

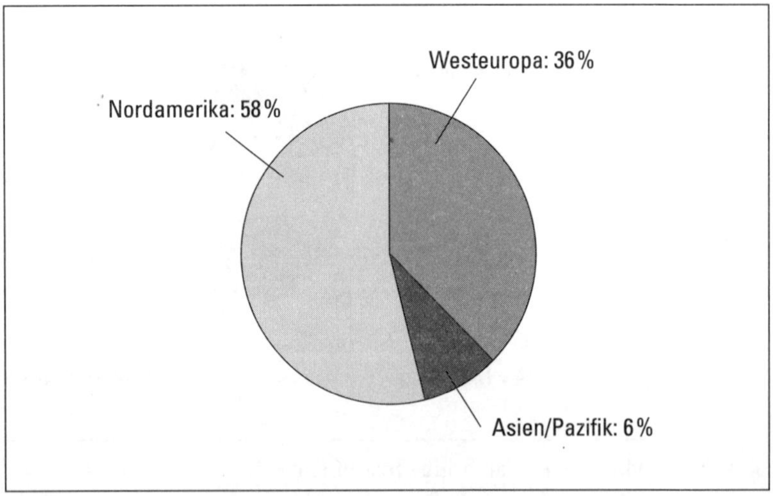

▲ Abb. 9 Geographische Umsatzverteilung der Cambridge Instruments

3 Wild Leitz

Die Wild Leitz Holding AG hat ihren Hauptsitz in der Schweiz und ist in der Entwicklung, Herstellung und im Vertrieb von optischen, optoelektronischen und wissenschaftlichen Messgeräten und Mikroskopen tätig. Die Wild Leitz Holding AG hat ein weltweites Vertriebsnetz, das aus Vertriebsbüros und unabhängigen Händlern besteht, und beschäftigt über 8000 Mitarbeiter.
Die Wild Leitz Holding AG ist eine Holding der folgenden Gesellschaften:

- **Wild Leitz AG** in Heerbrugg (mit Zweigwerk in Singapur sowie weiteren kleineren Teile-Fertigungsstätten in Europa);
- **Kern & Co. AG** in Aarau;
- **Ernst Leitz Wetzlar GmbH** (mit Joint-venture in Heidelberg) und der
- **Leica GmbH** in Solms (mit Zweigwerken in Famalicao/Portugal und Midland/Canada).

Jede der unter der **Wild Leitz Holding AG** zusammengefassten Unternehmungen ist bereits seit vielen Jahren in der Entwicklung, Herstellung und dem Vertrieb von optischen Präzisionsinstrumenten tätig (vgl. ▶ Abb. 10).

Produkte		Hauptabsatzmärkte	Konzerneigene Marketinggesellschaften	Generalvertretungen
Entwicklung & Herstellung	**Herstellung Bauteile**			
Schweiz Deutschland	Singapur Österreich Portugal Kanada	Westeuropa (Nordamerika)	Australien Brasilien Frankreich Grossbritannien Hongkong Italien Kanada Österreich Mexiko Niederlande Norwegen Peru Schweden Schweiz USA	Japan Saudi-Arabien Spanien und in über 100 weiteren Ländern

▲ Abb. 10 Herstellungs- und Vertriebsstruktur der Wild Leitz Holding AG

3.1 Entwicklung der Wild Leitz Holding AG

Die Wild Leitz Holding AG, Heerbrugg, wurde bis Ende 1988 unter dem Namen **Wild Heerbrugg AG** geführt. Gegründet wurde das Unternehmen von den Herren Heinrich Wild, Robert Helbling und Jacob Schmidheiny im Jahre 1921. Die ersten Produkte waren der Theodolit **«T2»**, das Nivellier **«N1»**, die Wild Luftbildkamera und die **«A2»** Kartierausrüstung. Über die Jahre haben die Produkte von Wild Heerbrugg den Ruf höchster Qualität und Genauigkeit erworben. Die in der Zeit des 2. Weltkriegs entwickelte Produktlinie «Reisszeuge» wurde 1970 zur Lizenzfabrikation an einen deutschen Hersteller abgegeben. Seit 1946 fertigt Wild Heerbrugg auch Stereomikroskope und in weiteren Geschäftseinheiten Militärvermessgeräte sowie seit 1982 auch Werkzeugplotter.

Die **Ernst Leitz Wetzlar GmbH** hat ihre Wurzeln in einem von Carl Kellner 1848 in Wetzlar gegründeten optischen Institut zur Herstellung von Mikroskopen. 1869 wurde das Geschäft von Ernst Leitz übernommen. Er konnte mit seinem Unternehmen ebenfalls den Ruf erringen, Produkte von höchster Präzision und Qualität herzustellen. Im Jahr 1914 entwickelte der Leitz-Ingenieur Oskar Barnack die erste 35-mm-Kamera, die den Namen Leica (**LEI**tz **CA**mera) erhielt.

Die Tochtergesellschaft **Leica GmbH** mit ihren Niederlassungen ist ausschliesslich mit der Entwicklung und dem Bau von Kameras, Diaprojektoren und Ferngläsern beschäftigt. Heutzutage produziert die Leica ausschliesslich in Solms.

Im Jahre 1972 übernahm die Wild AG Heerbrugg 25,1 % der Gesellschafteranteile der **Ernst Leitz Wetzlar GmbH** und erhöhte diese Beteiligung 1974 auf 56 %. Die **Ernst Leitz Wetzlar GmbH** bildete 1986 mit der **Wild Heerbrugg AG** die **Wild Leitz Holding AG.** Seitdem sind 94 % der Ernst Leitz Wetzlar GmbH im Besitz der Wild Leitz Holding AG und seit 1987 sind alle Unternehmen in einer Konzernstruktur (Matrixorganisation) vereint.

1988 erwarb die Wild Leitz Holding AG zusätzlich die **Kern & Co. AG.** Kern wurde 1819 gegründet und ist ebenfalls ein Pionierunternehmen in der Entwicklung und Herstellung von Vermessungsgeräten, Photogrammetrieausrüstungen, Ferngläsern und Switar Linsen, die z.B. 1969 zum Photographieren der Mondoberfläche verwendet wurden. Die stark diversifizierte Reisszeugfabrikation wurde 1987 aufgegeben. Die Wild Leitz Holding AG besitzt heute 97 % von **Kern & Co. AG.**

Eine Übersicht über die verschiedenen Akquisitionen der Wild Leitz Holding AG zeigt ▶ Abb. 11.

Jahr	Unternehmen	Produkte
1921	Unternehmungsgründung: Wild Heerbrugg AG Gegründet von Heinrich Wild, Dr. Robert Helbling und Jacob Schmidheiny	Vermessungsgeräte Photogrammetriesysteme Stereo- und Operationsmikroskope Wehrtechnik-Geräte Werkzeugplotter
1972	Akquisition der Ernst Leitz Wetzlar GmbH	Mikroskope Industrie-Messsysteme Kameras, Ferngläser
1988	Akquisition der Kern & Co. AG	Vermessungsgeräte Photogrammetrieausrüstungen Ferngläser

▲ Abb. 11 Entwicklung der Wild Leitz Holding AG

Die Organisationsstruktur bei Wild Leitz ist im Jahre 1988 eine Matrixorganisation (vgl. ▶ Abb. 12).

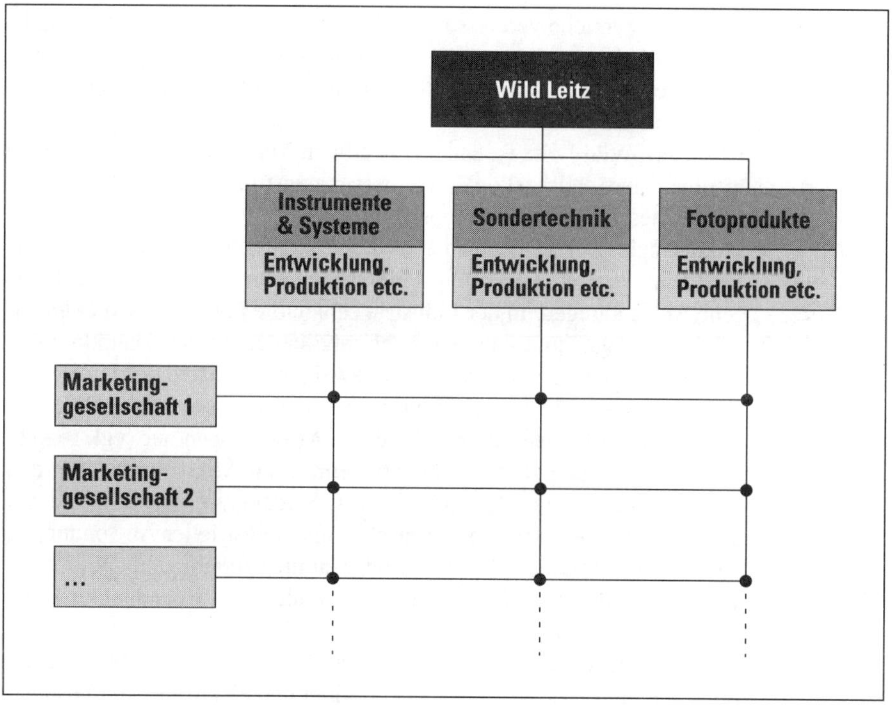

▲ Abb. 12 Organigramm der Wild Leitz

3.2 Märkte und Produkte der Wild Leitz

Wild Leitz hat in den letzten Jahren beträchtliche Mittel in die Modernisierung der Werke von Heerbrugg und in die Restrukturierung des Standorts Wetzlar investiert. So wurden unter anderem am Standort Wetzlar die gesamten Aktivitäten (Entwicklung, Produktion, Vertrieb) des Konzernbereichs Leica Camera ausgegliedert und im 10 km entfernten Solms in einem neuen Gebäude zusammengefasst. Am Standort Heerbrugg wurde eine der modernsten Optikfabriken der Welt mit einem Investitionsvolumen von 35 Mio. Fr. erstellt. Verschiedene grössere High-Tech-Entwicklungsprojekte, so z.B. ein geographisches Informationssystem, finden im Markt noch nicht die erhoffte Akzeptanz und sind nicht profitabel. Während die in Heerbrugg angesiedelten Geschäftsbereiche Vermessung, Stereomikroskopie und Sondertechnik profitabel arbeiten, erfordern die Wetzlarer Bereiche hohe Restrukturierungsaufwendungen. Die Geschäftsaktivitäten auf dem US-Markt sind nicht gewinnbringend.

> «Die Fusion bringt in fast allen Bereichen des Unternehmens eine enorme zusätzliche Arbeitsbelastung mit sich. Umzüge müssen geplant und organisiert werden. Kunden sind zu informieren. Wir sind jedoch unserem Ziel schon um einiges näher, welches heisst, alle positiven Aspekte einer internationalen Gruppe zur Wirkung zu bringen.»
> (Mitarbeiterin des Managements von Reichert-Jung in Wien anlässlich einer von Wild Leitz durchgeführten internationalen Umfrage «Employees' Reactions»)

Der Konzern Wild Leitz ist entsprechend den Märkten in Geschäftsbereichen organisiert: Mikroskopie, Vermessungsinstrumente, Sondertechnik, Industrie-Messtechnik und Fotoprodukte.

- **Mikroskopie:** Der Markt für naturwissenschaftliche Anwendungen umfasst Universitäten, Forschungslaboratorien, chirurgische und medizinische Anwendungen. In der Industrie zählen die Forschungsabteilungen sowie Montage- und Qualitätssicherungsstellen zu den Hauptkunden, und dies in praktisch allen Industriezweigen, inklusive der Halbleiter- und Elektronikindustrie. Zur optimalen Anpassung an diese Aufgaben stellt Wild Leitz eine breite Palette von Mikroskopen her (vgl. ▶ Abb. 13). Die Produktpalette reicht von einfachen Mikroskopen für den Schulbetrieb bis zu vollautomatischen Bildanalysesystemen, die bei speziellen biologischen, medizinischen und industriellen Anwendungen zum Einsatz kommen. Mit diesem Gesamtprogramm zählt Wild Leitz **weltweit** zu den **führenden Anbietern,** vor allem im Hochqualitäts- und Hochpreissegment.
- **Vermessungsinstrumente:** Wild Leitz-Produkte reichen von Nivellieren, optischen und elektronischen Theodoliten und elektronischen Distanzmessgeräten über verschiedenste Typen von Instrumenten wie Luftbildkameras und photogrammetrischen Geräten für die Landesvermessung, Ingenieurvermessung, Bauvermessung, Kartierung und Umweltüber-

Proben-präparation	Mit Mikrotomen können Präparate in äusserst dünne Scheiben geschnitten werden. Wild Leitz verfügt im Jahre 1988 über ein **qualitativ durchschnittliches Programm** mit eher **schwacher Marktstellung.**
Stereo-mikroskope	Die Stereomikroskope von Wild Leitz ermöglichen durch zwei parallele Lichtstrahlen eine dreidimensionale mikroskopische Betrachtung bei bis zu etwa 200facher Vergrösserung. Die Stereomikroskope von Wild Leitz sind durch ihren modularen Aufbau gekennzeichnet. Dadurch können benutzerspezifische Anpassungen durchgeführt werden. Im Bereich **hochqualitativer** Instrumente gilt das Unternehmen als **Marktführer** und hat eine starke Position im Gebiet der Operationsmikroskope für die Mikrochirurgie. Es werden keine tiefpreisigen Stereomikroskope von Wild Leitz angeboten.
Klassische Mikroskope	Wild Leitz verfügt über ein **breites Sortiment** von einfachen Mikroskopen für biologische Untersuchungen in Schule, Labor, Forschung und Medizin sowie für Forschung und Qualitätskontrolle in der Industrie. Ein Hauptmerkmal der Mikroskope von Wild Leitz ist ihre modulare Bauweise, was dem Benutzer erlaubt, das Mikroskop auf seine spezifischen Anforderungen hin anzupassen. Die klassischen Mikroskope sind Geräte aus einer älteren Generation. Es konnte ein **Rückgang des Marktanteils** beobachtet werden.
Raster-Mikroskope	Wild Leitz ist der erste Anbieter von Ultraschall-Mikroskopen, mit denen man auch unter die Oberfläche eines Objekts sehen kann. Eine noch neuere Entwicklung kombiniert Lasertechnologie und Mikroskopie. Hier verfügt Wild Leitz durch eine Arbeitsgruppe bei der Universität Heidelberg über erste positive Erfahrungen.
Bildanalyse-systeme	Diese Systeme werden vorwiegend für die systematische Analyse von mikroskopischen Bildern angewandt. Die Resultate können dann mit Hilfe eines Computers weiterverarbeitet werden. Eine solche quantitative Erfassung von Bildmaterial bringt erhebliche Vorteile in der Auswertung, Speicherung und Verfügbarkeit. Bildanalysesysteme werden vor allem zur Diagnose im medizinischen Bereich, z.B. von defekten Zellen, oder in der Genforschung eingesetzt, aber auch in der industriellen Qualitätskontrolle. Wild Leitz verfügt über eine **durchschnittliche,** eher **schwache Marktposition.**
Halbleiter-kontroll-systeme	Hochauflösende Mikroskope des Sortiments von Wild Leitz sind spezifisch kombiniert mit Messsystemen zur Bestimmung und Kontrolle von Strukturbreiten und Schichtdicken von Leiterbahnen auf Wafern. Softwaresteuerung aller Kontrollfunktionen und temparaturstabile Reinraumzellen gestatten die Integration in Produktionsabläufe. In diesem Gebiet gehört Wild Leitz zusammen mit einem deutschen und japanischen Konkurrenten zu den **führenden Anbietern.**

▲ Abb. 13 Produktgruppe Mikroskopie Wild Leitz

wachung. Im Gebiet der neuen GPS-Technologie besteht ein Joint-venture mit einem amerikanischen Lieferanten. Im Gebiet der Vermessungsgeräte hat Wild Leitz seit Jahrzehnten einen hohen Marktanteil und behauptet diese **Führungsposition** auch mit neuen Technologien. Drei Viertel des Umsatzes werden mit Instrumenten erzielt, die erst im Verlaufe der letzten vier Jahre auf den Markt kamen.

- **Industrie-Messtechnik:** Die von Wild Leitz hergestellten Koordinatenmesssysteme und die Metrologie-Software werden an Industrieunternehmen verkauft, die an Bauteilen hochakkurate Messungen durchführen müssen, zum Beispiel im Fahrzeug-, Flugzeug- und Satellitenbau. Diese Messungen erfolgen durch mechanisches Abtasten des Objektes mit feinen Sensoren. Hinzu kommen computergesteuerte Werkzeugplotter für die Verpackungs-, Graphik- und Bekleidungsindustrie. Durch Weiterentwicklungen im Vermessungsgerätesektor, kombiniert mit Lasertechnologie, kommen auch Messsysteme für die berührungslose Koordinatenbestimmung an grossen Bauteilen des Maschinen- und Transportmittelbaus auf den Markt.
- **Sondertechnik** für Landesverteidigung: Die Abteilung «Sondertechnik» stellt in erster Linie Instrumente für den militärischen Bereich her. Kunden sind z.B. das schweizerische oder deutsche Verteidigungsministerium. Bei den Produkten handelt es sich oft um Ferngläser, Zielerkennungssysteme und Nachtsichtgeräte oder Feuerleitsysteme wie z.B. für die Schweizer Lizenzfabrikation des Panzers Leopard II.
- **Fotoprodukte:** Die Leica-Produkte sind bekannt für ihre Leistungen im optischen Bereich und ihre mechanische Präzision. Leica stellt vorwiegend Kameras, Objektive, Vergrösserungsgeräte, Ferngläser und Projektoren für den ambitionierten Amateur oder professionellen Fotografen her.

In den meisten Märkten der Wild Leitz behauptet das Unternehmen eine **starke Position** (vgl. ▶ Abb. 14). Es ist Marktführer im Vermessungsgerätebau, behauptet in der Mikroskopie und Stereomikroskopie eine Spitzenposition sowie eine vordere Position in der klassischen Mikroskopie. Im Gebiet der Leica-Kameras hat sich das Unternehmen erfolgreich auf eine Nische hoher Qualitätsansprüche konzentriert.
Als Chance sieht das Management der Wild Leitz den Ausbau der Einzelpositionen in Richtung einer breiteren Marktführerschaft im Gebiet der Mikroskopie an. Als strategische Stossrichtung wird die Fortsetzung der Verlagerung bzw. der Aufbau von Produktionsstandorten der einfacheren Produktlinien in den wachsenden asiatisch-pazifischen Raum gesehen. Gleichzeitig wären aber hohe Investitionen in Sachmittel und zugleich Investitionen in neue Technologien erforderlich, z.B. in Verfahren wie die Rasterelektronenmikroskopie. Eine realistische Einschätzung ergibt, dass bis auf den Bereich der hochwertigen Stereomikroskope und Halbleiterkontrollsysteme im Moment in keinem anderen Bereich der Mikroskopie eine Marktführerschaft besteht. Der allgemeine Konkurrenzdruck wurde in den letzten Jahren vor allem durch grosse Anbieter aus Japan inten-

Produktgruppen \ Standorte	Wild Heerbrugg CH	Kern Aarau CH	Wild Singapur[1]	Wild Wetzlar D	Leitz Heidelberg D	Leica Famalicao P[1]	Leica Solms D	Leica CDN[1]
Mikroskopie								
▪ Probenpräparation								
□ Mikrotome				•				
▪ Stereomikroskope								
□ Hochleistungsstereomikr.	•••							
□ Operationsmikroskope	•••							
▪ Klassische Mikroskope								
□ Studentenmikroskope				•				
□ Labormikroskope				•••				
□ Forschungsmikroskope				•••				
▪ Raster-Mikroskope								
□ Ultraschallmikroskope				•••				
□ Lasermikroskope					•••			
▪ Bildanalysesysteme				•				
▪ Halbleiterkontrollsysteme				•••				
Vermessungsinstrumente								
□ Vermessungsinstrumente	•••	←••	←P					
□ Messsysteme 3D	•••	••						
□ Photogrammetrie	••	••						
□ Bauvermessungssysteme	••		••					
□ GPS-Vermessungssysteme	•••							
□ Geogr. Informationssysteme	•	•						
Sondertechnik								
□ Militäroptik O.E.M.	•••	•••		••				•••
□ Militärvermessgeräte	•••							
□ Nachtsicht/Thermovision	•••			•				
Industrie-Messtechnik								
□ Werkzeugplotter	••							
□ 3D-Messmaschinen				•••				
Fotoprodukte								
□ Kameras						P→	••	←P
□ Diaprojektoren							•	
□ Ferngläser							•••	

Legende: ••• Starke Marktposition; •• Mittlere Marktposition; • Schwache Marktposition; P→ liefert zu

▲ Abb. 14 Produktgruppen Wild Leitz

1 Wild/Singapur und Leica/Portugal & Canada sind reine Produktionsstätten (Zulieferer)

siviert. Insbesondere haben die Billiganbieter aus Fernost und aus den USA ein «upgrading» erfahren. Ein Vorteil der Wild Leitz ist das weltweit etablierte Vertriebsnetz.
Die Unternehmensleitung strebt im Bereich Mikroskopie eine Position an, die mit jener der Vermessungsinstrumente vergleichbar ist, wo Wild Leitz bereits als Marktführer gilt.

3.3 Kennzahlen Wild Leitz[1]

▶ Abb. 15 zeigt einen Überblick über die Geschäftsentwicklung der Wild Leitz über die Jahre 1984–1988.

Jahr	Umsatz in Mio. Fr.	Betriebsergebnis in Mio. Fr.	Gewinn/Verlust vor Steuer in Mio. Fr.
1984	204,6	13,0	2,2
1985	278,8	16,3	7,3
1986	325,2	8,7	–0,3
1987	320,5	8,6	2,3
1988	396,7	–7,5	–4,3

▲ Abb. 15 Geschäftsjahre 1984–88 der Wild Leitz
(das Geschäftsjahr endet am 31. Dezember)

Im Jahr 1988 wurde von Wild Leitz 13,9 Mio. Fr. für Marketingmassnahmen ausgegeben. Das entspricht 3,5% des Umsatzes. Die Ausgaben für Forschung und Entwicklung der Wild Leitz beliefen sich im Jahr 1988 auf 31,7 Mio. Fr. Das entspricht ungefähr 8% des Umsatzes.
Zum Jahresende 1988 betrug die Gesamtzahl der Mitarbeiter 5894 (vgl. ▶ Abb. 16). Wie schon 1987, bedingten auch 1988 umfangreiche strukturelle Anpassungen, Rationalisierungsmassnahmen und verschiedene ergänzende Neuerungen eine weitere Reduktion der Arbeitsplätze. Gegenüber 1987 mussten 728 Arbeitsplätze abgebaut werden. Der Umsatz konnte pro Mitarbeiter von 101 000 Fr. im Jahr 1987 auf 113 000 Fr. im Berichtsjahr gesteigert werden (10,9%).

1 Die absoluten Aufwand-, Ertrags- und Umsatzzahlen wurden für diese Fallstudie modifiziert.

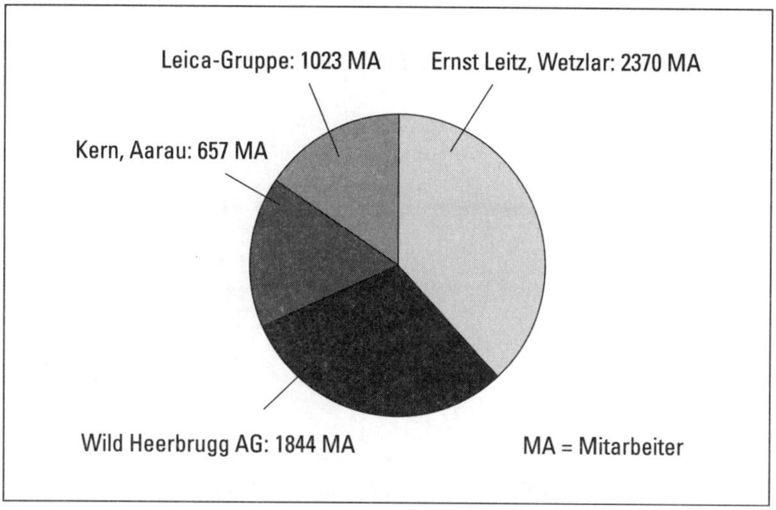

▲ Abb. 16 Mitarbeiter der Wild Leitz

Die Umsatzverteilung nach Geschäftsbereichen sowie die geographische Umsatzverteilung der Wild Leitz zeigen die ▶ Abb. 17 und ▶ Abb. 18.

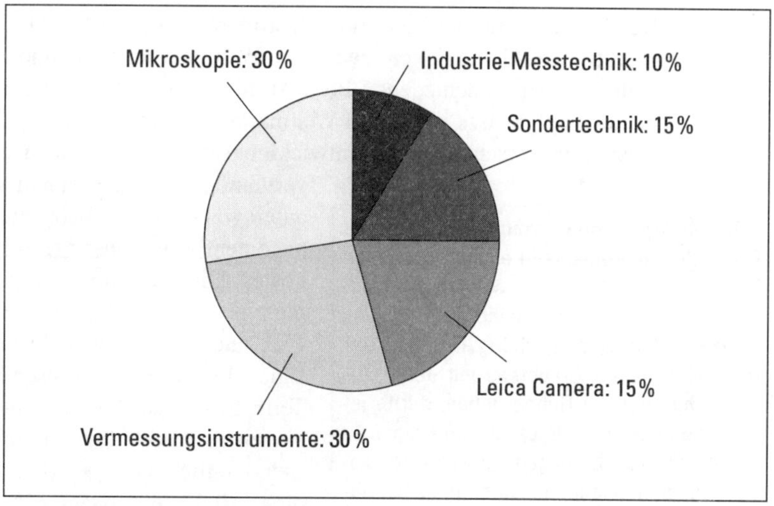

▲ Abb. 17 Umsatzverteilung der Wild Leitz

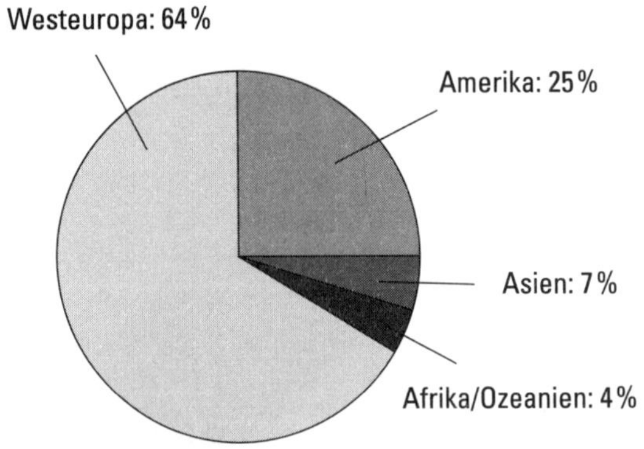

▲ Abb. 18 Geographische Umsatzverteilung der Wild Leitz

4 Perspektiven eines Zusammenschlusses

Das Management der Cambridge Instruments und der Wild Leitz sieht im Markt eine Abhängigkeit zwischen Weltmarktanteilen und Deckungsbeiträgen der verschiedenen Produktlinien. Die Erfahrung beider Unternehmen zeigt, dass bei einem Weltmarktanteil von unter 15% die hohen Kosten für Forschungs- und Entwicklungsausgaben ein positives Ergebnis verunmöglichen. Bei einem Weltmarktanteil von über 80% beobachtet das Management stark ansteigende Vertriebskosten. Dies bedeutet, dass je Produktlinie ein optimaler Marktanteil zwischen 15% und 80% angestrebt werden sollte. Eine differenzierte Einschätzung der Teilmärkte macht eine Einteilung der einzelnen Produktlinien in drei Kategorien möglich (vgl. ▶ Abb. 19). Allerdings sind die Aussagen in ▶ Abb. 19 reine Beobachtungswerte und können daher nicht als allgemeiner Massstab dienen. In spezifischen Situationen (z.B. bei stark fallenden Rohstoffpreisen) können selbstverständlich Abweichungen von diesen Beobachtungen

«Die Marktpositionen von Wild Leitz und Cambridge Instruments in einigen speziellen Gebieten der Mikroskopie werden die amerikanische Wettbewerbsbehörde und das deutsche Kartellamt hellhörig machen. Der Deal wird meines Erachtens mit deren Zustimmung über die Bühne gehen, dürfte jedoch die beteiligten Unternehmen einiges an Geld, Zeit und Management-Kapazität kosten. Unter Umständen sind dann selbst Sitzungsprotokolle von Konzern- und Geschäftsleitungssitzungen ins Englische zu übersetzen, damit man sie bei der Justizbehörde in den USA lesen kann. Auch auf kurzfristig angemeldete Besuche und Prüfungen von Kartellbehörde-Beamten sollte man sich räumlich und zeitlich einstellen.»
(Holländischer Rechtsberater)

1. Instrumente zur Herstellung mikroskopischer Präparate	Das Management hat in dieser Kategorie folgende Beobachtungen gemacht: Ab einem Marktanteil von 15% kann man mit einem positiven Deckungsbeitrag rechnen. Der maximale Deckungsbeitrag wird bei 80% Marktanteil erreicht. Bei diesem Marktanteil wird eine Umsatzrendite von 15% erzielt.
2. High-Tech-Mikroskope, Bildanalysesysteme und Halbleiterinspektionssysteme	Bei den Produktlinien der High-Tech-Mikroskope, Bildanalysesysteme und Halbleiterinspektionsgeräte glaubt das Management, bereits ab einem Marktanteil von 25% einen positiven Deckungsbeitrag erzielen zu können. Die maximale Umsatzrendite ist 15% und wird bei 70% Marktanteil erreicht.
3. Klassische Mikroskope, Stereomikroskope	Bei den übrigen Produktlinien wie klassische Mikroskope und Stereomikroskope konnte das Management beobachten, dass bei Marktanteilen ab 20% ein positiver Deckungsbeitrag erbracht wird. Die maximale Umsatzrendite von 15% wird schon bei 60% Marktanteil erreicht.

▲ Abb. 19 Produktgruppen Wild Leitz/Cambridge Instruments

auftreten. Im Durchschnitt kann aber von den genannten Verhältnissen ausgegangen werden.

> «I think that with some members of staff there is still a feeling of «them and us». Hopefully this feeling will go and everybody will pull together.»
> (Mitarbeiter der Wild Leitz UK Ltd.)

Die drei Tabellen in den ▶ Abb. 20 bis 22 zeigen, wie sich die Umsatzverteilung der Produktlinien nach einem Zusammenschluss von Wild Leitz und Cambridge Instruments darstellen würde. Dabei repräsentieren 100% ca. 0,55 Mia. Fr. Jahresumsatz. Gezieltes Wachstum in den verschiedenen Sektoren soll mittelfristig zu höheren Umsätzen führen.

Produktgruppe	Umsatz in %
Mikroskopie	40%
Vermessungsinstrumente	25%
Sondertechnik	18%
Industrie-Messtechnik	6%
Fotoprodukte	7%
Ophthalmologie	4%

▲ Abb. 20 Umsatz nach Produktgruppen

Marktbereiche	Umsatz in %
Medizin & Biologie	29%
Industrie	23%
Vermessung	19%
Verteidigung u.a.	21%
Fotografie	8%

▲ Abb. 21 Umsatz nach Marktbereichen

Geographische Regionen	Umsatz in %
Europa	51%
Nordamerika	35%
Asien-Pazifik	7%
Übrige	7%

▲ Abb. 22 Umsatz nach geographischen Regionen

5 Anhang 1: Bilanz und Erfolgsrechnung Cambridge Instruments

Bilanz per 31. 3. 1989 (in Mio. Fr.)			
Aktiven		**Passiven**	
Umlaufvermögen		*Fremdkapital*	
Flüssige Mittel	30,6	Kurzfristiges Fremdkapital	55,9
Forderungen	47,2	Langfristiges Fremdkapital	49,1
Vorräte	52,1		
		Eigenkapital	
Anlagevermögen		Aktienkapital	49,3
Betriebsanlagen	40,6	Reserven	9,6
		Gewinn	6,6
	170,5		170,5

Erfolgsrechnung 1. 4. 1988–31. 3. 1989 (in Mio. Fr.)			
Aufwand		**Ertrag**	
Betriebsaufwand	169,7	Umsatz	178,1
Zinsaufwand	1,1		
Steueraufwand	0,7		
Gewinn	6,6		
	178,1		178,1

6 Anhang 2: Bilanz und Erfolgsrechnung der Wild Leitz Holding AG

Bilanz per 31.12.1988 (in Mio. Fr.)			
Aktiven		**Passiven**	
Umlaufvermögen		*Fremdkapital*	
Flüssige Mittel	17,1	Kurzfristiges Fremdkapital	181,2
Forderungen	132,0	Langfristiges Fremdkapital	219,3
Vorräte	181,2		
		Eigenkapital	
Anlagevermögen		Aktienkapital	56,6
Betriebsanlagen	145,7	Reserven	23,2
Verlust	4,3		
	480,3		480,3

Erfolgsrechnung 1988 (in Mio. Fr.)			
Aufwand		**Ertrag**	
Betriebsaufwand	226,8	Umsatz	396,7
Verwaltungsaufwand	45,5	Anderer Betriebsertrag	1,0
Vertriebsaufwand	90,1	Ausserordentlicher Ertrag	2,2
Forschungsaufwand	27,7		
Zinsaufwand	11,9	Verlust	4,3
Steueraufwand	2,2		
	404,2		404,2

7 Anhang 3: Produktpalette Wild Leitz/Cambridge

Standorte / Produktgruppen	Jung Nussloch D	Cambridge UK	Reichert Wien A	Buffalo USA	Wild Heerbrugg CH	Kern Aarau CH	Wild Singapur	Leitz Wetzlar D	Leitz Heidelberg D	Leica Famalicao P	Leica Solms D	Leica CDN
Mikroskopie												
■ Probenpräparation:												
□ Mikrotome												
□ Ultramikrotome												
□ Histologiegeräte												
■ Stereomikroskope:												
□ Einfache Stereomikr.												
□ Hochleist.stereomikr.												
□ Operationsmikroskope												
■ Klassische Mikroskope:												
□ Studentenmikroskope												
□ Labormikroskope												
□ Forschungsmikroskope												
■ Raster-Mikroskope:												
□ Ultraschallmikroskope												
□ Lasermikroskope												
□ Rasterelektronenmikr.												
■ Bildanalysesysteme												
■ Halbleiterkontrollsyst.												
■ Elektronenstrahl-Lithogr.syst.												
Vermessungsinstrumente												
□ Vermessungsinstrumente												
□ Industriemesssysteme 3D												
□ Photogrammetrie												
□ Bauvermess. Systeme												
□ GPS-Vermess. Systeme												
□ Geogr. Informationssyst.												
Sondertechnik												
□ Militäroptik O.E.M.												
□ Fahrzeugoptosensoren												
□ Militärvermessgeräte												
□ Nachtsicht/Thermovision												
□ Verkehrsleitsysteme												
Industriemesstechnik												
□ Werkzeugplotter												
□ 3-D-Messmaschinen												
Fotoprodukte												
□ Kameras												
□ Diaprojektoren												
□ Ferngläser												
Ophthalmologie												

8 Aufgaben

8.1 Strategisches Management

A 1 Beschreiben Sie die Stärken und Schwächen der beiden Unternehmungen.

A 2 Welches sind die Kernkompetenzen der beiden Firmen?

A 3 Beschreiben und beurteilen Sie die Strategien der beiden Firmen.

A 4 Beschreiben und beurteilen Sie die Unternehmungskulturen der beiden Firmen.

A 5 Beschreiben und beurteilen Sie die Organisationsstruktur der beiden Firmen.

8.2 Unternehmungsverbindung

A 6 Nennen Sie mögliche Gründe für einen Zusammenschluss der beiden Unternehmungen.

A 7 Welche Probleme stellen sich bei einem Zusammenschluss?

A 8 Welches sind mögliche strategische Erfolgspositionen der neuen Unternehmung?

A 9 Welche organisatorischen Probleme stellen sich bei einem Zusammenschluss?

A 10 Wie könnte die neue Organisationsstruktur nach einem Unternehmungszusammenschluss aussehen?

8.3 Unternehmungsbewertung

A 11 Berechnen Sie folgende Unternehmenswerte der Firma Wild Leitz Holding AG, wobei Sie Ihren Berechnungen einen kalkulatorischen Zinssatz von 8% zugrundlegen sollen:

- Nettosubstanzwert,
- Ertragswert (Annahme: unbegrenzte Lebensdauer).

A 12 Welchen Wert in Aufgabe A 11 würden Sie bei der Festlegung des Kaufpreises für die Firma Wild Leitz Holding AG zugrundelegen? Begründen Sie Ihre Entscheidung.

A 13 Erläutern Sie mögliche Aspekte, die Sie bei einer Bewertung der Firma Wild Leitz Holding AG neben den Resultaten aus Aufgabe A 11 berücksichtigen würden.

Akquisition Rowntree

Thema: Strategisches Management, Unternehmensverbindungen

1 Chronologischer Ablauf der Akquisition

Im folgenden soll die Übernahme der englischen Firma Rowntree (Smarties, After Eight) durch die Nestlé SA beschrieben werden:

Ablauf

13.4.88: Jacobs Suchard SA kauft eine 14,9%-Beteiligung an Rowntree Mackintosh plc. Jacobs bezahlt 630 pence (p) pro Aktie. Am Vortag lag die Notierung bei 480 p. Kenneth Dixon, Verwaltungsratspräsident von Rowntree, bezeichnet den Kauf als «äusserst unwillkommen» und den Kaufpreis als «vollkommen unzureichend».

26.4.88: Nestlé unterbreitet ein Übernahmeangebot und bietet für jede Aktie von Rowntree 890 p (2,1 Mia £). Nestlé hält zurzeit 4,9% der Aktien von Rowntree. Rowntree will weiterhin selbständig bleiben und bezeichnet das Angebot als unwillkommen.

29.4.88: Jacobs Suchard erhöht ihren Anteil an Rowntree durch Aktienkäufe auf 20,79%.

1.5.88: Rowntree wendet sich an die Öffentlichkeit und das Parlament, um von dieser Seite gesellschaftlichen und politischen Druck gegen die Übernahme auszuüben.

4.5.88: Jacobs Suchard erhöht ihre Beteiligung an Rowntree durch Aktienkäufe zu Kursen zwischen 905 p und 913 p auf 23,48%.

6.5.88: Durch weitere Aktienkäufe baut Jacobs Suchard ihre Beteiligung auf 29,9 % aus.
Nestlé hält in der Zwischenzeit 8 % der Aktien. Auf politischer Ebene wird eine Untersuchung durch die Monopolbehörde gefordert.

12.5.88: Nestlé erhöht ihren Anteil auf 13,4 %.

16.5.88: Nestlé unterbreitet ein formelles Übernahmeangebot für Rowntree. Sie bietet 890 p pro Aktie und zusätzlich eine Schlussdividende von 10,5 p. Das Angebot gilt bis zum 6. Juni. Gleichzeitig wird durch weitere Aktienkäufe die Beteiligung auf 15 % erhöht. Die englische Wettbewerbsaufsicht wird sich mit der Übernahme auseinandersetzen.

25.5.88: Der englische Handels- und Industrieminister Lord Young teilt mit, dass die britische Regierung nicht gegen eine Übernahme von Rowntree durch Nestlé oder Jacobs Suchard einschreiten würde.

26.5.88: Jacobs Suchard stellt ein Übernahmeangebot und bietet für jede Aktie 950 p und wie Nestlé 10,5 p für die Dividende des letzten Geschäftsjahres. Die Offerte ist bis zum 4. Juli befristet. Kenneth Dixon lehnt eine Kooperation nach wie vor ab.

2.6.88: Die Arbeitnehmer von Rowntree bzw. deren Vertreter geben ihren Widerstand gegen eine Übernahme auf und fordern ihre Geschäftsleitung auf, Verhandlungen über eine freundliche Übernahme in die Wege zu leiten.

7.6.88: Nestlé verlängert ihre Übernahmeofferte bis zum 20. Juni.

12.6.88: Rowntree nimmt getrennte Gespräche mit Nestlé und Jacobs Suchard auf.

21.6.88: Nestlé verlängert ihr Übernahmeangebot bis zum 4. Juli.

23.6.88: Nestlé erhöht ihre Offerte auf 1075 p (zuzüglich 10,5 p als Schlussdividende) für jede Aktie. Dies entspricht ungefähr 2,5 Mia. £. In der Zwischenzeit wurde die Beteiligung durch Aktienkäufe an der Börse auf 23,5 % erhöht. Der Verwaltungsrat von Rowntree stimmt diesem Angebot zu.

24.6.88: Der Kampf ist beendet. Jacobs Suchard verkauft ihren Anteil von 29,9 % an Nestlé. Damit besitzt Nestlé eine Mehrheit von 53,4 % des Aktienkapitals, während Jacobs Suchard einen Kapitalgewinn von 520 Mio. Fr. erzielt.

Kommentar: Rowntree hatte kein Abwehrdispositiv, obwohl das englische Gesetz beispielsweise erlauben würde, die Höhe des Aktienbesitzes natürlicher und juristischer Personen zu begrenzen. Dieser Mangel hat schliesslich dazu geführt, dass Rowntree die Übernahme nicht verhindern konnte.

Durch geschicktes Taktieren ist es der Firma wenigstens gelungen, den Übernahmepreis noch massiv in die Höhe zu treiben. Kenneth Dixon, der Verwaltungsratspräsident von Rowntree, erhielt die Verantwortung für die gesamte Süsswarenproduktion von Nestlé und Einsitz im Verwaltungsrat. Interessant ist das Verhalten von Jacobs Suchard. Am 6.5.88 besass sie bereits eine Beteiligung von 29,9%. Gemäss dem Londoner Börsengesetz muss bei einem Besitz von 30% ein formelles Übernahmeangebot bekanntgegeben werden. Dass Jacobs Suchard eine Aufstockung ihres Anteils von 29,9% auf 30% unterlassen hat, deutet stark darauf hin, dass sie von diesem Moment an nicht mehr wirklich an einer Übernahme von Rowntree interessiert war, sondern durch ein geschicktes Verhalten nur noch den Preis in die Höhe treiben wollte. Wie das Resultat zeigt, hat sich das riskante Spiel voll ausgezahlt.

2 Aufgaben

A 1 Welche Motive liegen solchen Übernahmeversuchen zugrunde?

A 2 Welche Möglichkeiten für die «angegriffene» Unternehmung gibt es, den Übernahmeversuch zu vereiteln?

A 3 Nennen Sie mögliche Schwachpunkte in der zu übernehmenden Unternehmung, die solche Übernahmeversuche auslösen können.

3 Lösung

L 1 Es können die folgenden Motive unterschieden werden:

- **Ergänzung** oder **Ausbau bestehender Geschäftstätigkeiten.**
- **Asset Stripping:** Asset Stripping bedeutet das Auflösen von Vermögensteilen. Nach der Übernahme wird die Unternehmung in die einzelnen Teile zerlegt und man hofft, mit dem Verkauf einzelner oder sämtlicher Unternehmungsteile einen Gewinn zu erzielen. Dabei schreckt man auch nicht davor zurück, unrentable Betriebe oder Betriebsbereiche zu schliessen.
- **Spekulation:** Grosse Aktienpakete einer Unternehmung werden aufgekauft, um eine Übernahme vorzutäuschen. Man will aber die Unternehmung überhaupt nicht übernehmen, sondern die Aktienpakete mit Gewinn verkaufen.

L 2 Bestandteil der Unternehmungspolitik vieler Unternehmungen ist ein Abwehrdispositiv, das helfen soll, unfreundliche Übernahmen zu verhindern. Unter diesen vorbeugenden Massnahmen sind in der Schweiz am häufigsten anzutreffen:

- **Stimmrechtsaktien:** Es werden Aktien mit unterschiedlichem Nennwert ausgegeben, wobei jeder Aktie ein Stimmrecht zukommt.
- **Vinkulierte Namenaktien:** Vinkulierte Namenaktien gestatten es der Unternehmung, unerwünschten Aktionären den Eintrag ins Aktienregister zu verweigern. Im Fall **nicht börsenkotierter** Namenaktien ist eine Ablehnung aus Gründen möglich, die in den Statuten erwähnt sind. Bei Gesellschaften mit **börsenkotierten** Namenaktien kann ein Käufer nur abgelehnt werden, wenn die Statuten eine prozentmässige Begrenzung der Namenaktien vorsehen und diese Begrenzung überschritten wird.
- **Starke Minderheitsaktionäre:** Eine oder mehrere Personen besitzen gewichtige Minderheitsanteile. Meistens sind sie im Verwaltungsrat vertreten, um ihre Interessen wahren zu können. Starke Minderheitsaktionäre sind häufig Nachfolger der Gründerfamilie.
- **Mitarbeiteraktien.**

Neben diesen eher defensiv orientierten Massnahmen kommen als offensive Massnahmen in Frage:

- **Offene Informationspolitik:** Die Unternehmung legt in ihrem Geschäftsbericht die finanzielle Situation offen dar. Vor allem die stillen Reserven werden ausgewiesen. Dies führt zu einem höheren Börsenkurs und erschwert eine Übernahme.
- **Pflege des Aktienkurses:** Der Aktienkurs wird durch Käufe und Verkäufe auf einer für den Aktionär interessanten Höhe gehalten.
- **Imagebildung:** Durch Public Relations und ein entsprechendes Verhalten wird versucht, für die Unternehmung ein gutes Image in der Öffentlichkeit zu schaffen. Damit soll eine emotionale und nicht nur eine finanzielle Bindung des Aktionäres an die Unternehmung erreicht werden.

Vor allem die ersten vier Massnahmen erschweren eine unerwünschte Übernahme stark. Wie kann aber eine Unternehmung auf einen Übernahmeversuch reagieren, wenn deren Abwehrdispositiv aus verschiedenen Gründen nicht wirksam war? Wie das oben erwähnte Beispiel zeigt, ist es in einem solchen Fall praktisch unmöglich, die Übernahme zu verhindern. Trotzdem kann die Unternehmung versuchen, Widerstand zu leisten. Dazu hat sie mehrere Möglichkeiten:

- Mobilisierung der **bisherigen Aktionäre:** Es wird versucht, die bisherigen Aktionäre von einem Verkauf ihrer Aktien abzubringen. Falls die Übernahmeofferte hoch genug ist, dürfte dies ein unmögliches Unterfangen sein.

- Mobilisierung der **Öffentlichkeit:** Man bemüht sich, in der Öffentlichkeit eine schlechte Stimmung gegen die bevorstehende Übernahme zu erzeugen.
- Mobilisierung **staatlicher Stellen:** Man versucht, eine Übernahme aufgrund nationaler Gesetze zu verhindern. Argumente sind etwa das Entstehen eines nicht erlaubten Monopols, die Verletzung nationaler Interessen und der Verlust von Mitarbeiterrechten.
- Hochtreiben des **Übernahmepreises:** Durch geschicktes Taktieren hofft man, den Preis so in die Höhe zu treiben, dass die Übernahme nicht mehr zu finanzieren ist.
- Anlehnung an einen **«weissen Ritter»:** Die Unternehmung sucht von sich aus einen Partner, der gewillt ist, sich in einer Übernahme zu engagieren. Der Vorteil dieser erwünschten Übernahme liegt darin, dass die Verhandlungen in einem freundlicheren Klima ablaufen können und die ausgehandelten Bedingungen in der Regel besser sind. Durch ein offensives Verhalten ist die Verwirklichung der eigenen Bedürfnisse leichter. Oft kann damit auch ein höherer Preis erzielt werden.

L 3 Folgende Schwachpunkte sind denkbar:

- **Unbefriedigender Geschäftsgang:** Diese Situation hängt häufig mit einem Management zusammen, das nicht rechtzeitig auf eine sich verändernde Umwelt reagiert hat, was die Unternehmung unweigerlich in finanzielle Schwierigkeiten bringt. Aktien einer solchen Unternehmung werden in der Regel an der Börse mit tiefen Kursen bewertet.
- **Hohe stille Reserven** und **hohe Rückstellungen:** Liegenschaften sind in der Bilanz häufig massiv unterbewertet und enthalten demzufolge hohe stille Reserven. Auch bei der Auflösung weiterer Reserven und Rückstellungen sind in der Regel namhafte Beträge zu erwarten.

Comensoli
89

Teil 4

Prüfungsaufgaben

für die eidgenössischen

- Bücherexperten-Prüfungen
- Steuerexperten-Prüfungen
- Treuhandexperten-Prüfungen
- Berufsprüfungen für Treuhänder

sowie die Steuerexperten-Vorprüfungen

(1978–1996)

Inhalt

Quelle: Aufgabensammlungen 1978 bis 1996. Band 33, 65, 79, 87, 101, 120 und 133 der Schriftenreihe der Treuhand-Kammer, Zürich 1979–1997

1 Kurzfragen Betriebswirtschaftslehre

Prüfung:	Vorprüfung Bücherexperten-Prüfung 1978
Prüfungsfach:	Betriebswirtschaft, Organisation und EDV
Richtzeit:	90 Minuten
Thema:	Marktformen, Absatzwege, Material- und Lagerbewirtschaftung, Investitionsentscheid, optimales Produktionsprogramm

1.1 Aufgabe: Marktformen

Das Unternehmen, das für sein Produkt eine Monopolstellung auf dem Markt besitzt, kann
a) jede Menge zu jedem Preis absetzen,
b) eine bestimmte Menge zu einem bestimmten Preis absetzen,
c) jede Menge zu einem bestimmten Preis absetzen,
d) eine steigende Menge bei einem fallenden Preis absetzen,
e) eine fallende Menge bei einem steigenden Preis absetzen,
f) ab einem bestimmten Preis überhaupt nichts absetzen,
Die richtige(n) Antwort(en) sind anzukreuzen.

1.2 Aufgabe: Absatzwege

Bei welchen der folgenden Absatzwege, die einem Konsumgüterproduzenten zur Verfügung stehen, handelt es sich um direkten Absatz?
a) Verkauf durch Grosshandel,
b) Verkauf durch Einzelhandel,
c) Verkauf durch eigene Cash + Carry Abteilung,
d) Verkauf durch Versandgeschäft,
e) Verkauf durch Reisende.
Die richtige(n) Antwort(en) sind anzukreuzen.

1.3 Aufgabe: Materialbewirtschaftung

Als Einkaufsleiter der Handels AG müssen Sie entscheiden, wieviele Stück der Ware X pro Bestellung gekauft werden sollen. Es sind Ihnen folgende Daten bekannt:

- Jahresbedarf 12 000 Stück,
- Preis pro Verpackungseinheit zu 100 Stück: 500,– Fr.,
- Bestellkosten 210,– Fr. pro Bestellung,
- Lagerkostensatz 10% (inkl. Zinsen, berechnet auf dem durchschnittlichen Lagerwert).

Frage 1 Ermitteln Sie die Gesamtkosten für Lagerung und Einkauf bei 1, 2, 3, 4, 6, 12 Bestellungen pro Jahr. Wie oft würden Sie aufgrund dieser Daten bestellen?

Frage 2 Wie gross ist die optimale Bestellmenge?

Frage 3 Annahme: Die Lagerkapazitäten der Handels AG für die Ware X beträgt 2500 Stück.

Würde es sich lohnen, die Lagerkapazität auf 3500 Stück zu erhöhen, auch wenn dabei der Lagerkostensatz auf 12% steigen würde? Begründen Sie Ihre Entscheidung rechnerisch.

1.4 Aufgabe: Investitionsentscheidung

Die Firma Weber AG stellt Spielzeug her. Aufgrund bisheriger Erfahrungen weiss man, dass sich der Lebenszyklus der Produkte auf 3 Jahre erstreckt. Durch entsprechende Werbung werden in den ersten beiden Jahren beachtliche Verkaufserfolge erzielt, im 3. Jahr nimmt der Umsatz jeweils stark ab.

Die Kundennachfrage nach Spielzeug lässt sich erfahrungsgemäss in 3 Klassen aufteilen: Etwa 30% der neuen Spielwaren werden die durchschnittlichen Verkaufserwartungen übertreffen, 60% verkaufen sich wie vorgesehen und 10% verkaufen sich schlechter als angenommen.

Für ein neuentwickeltes Spielzeug hat die Marktforschungsabteilung folgende Absatzprognosen erstellt:

Eintretens-wahrscheinlichkeit	Geschätzte Umsätze (in 1000)		
	19.1	19.2	19.3
30%	1200	2500	600
60%	700	1700	400
10%	200	900	150

Die direkt ausgabenwirksamen Kosten betragen 30% des Umsatzes, dazu treten pro Jahr weitere 50 000,– Fr. fixe Ausgaben hinzu. Zur Herstellung des neuen Spielzeugs muss anfangs 19.1 eine Spezialmaschine für 860 000,– Fr. gekauft werden. Sie soll in einem seit Jahren leerstehenden Raum aufgestellt werden, den man bisher vergeblich für 40 000,– Fr./Jahr vermieten wollte. Auch in Zukunft wird eine Vermietung nicht erwartet. Der Liquidationswert zu Beginn 19.4 wird auf 110 000,– Fr. geschätzt. Die Maschine wird linear abgeschrieben. Die Werbeausgaben für das neue Spielzeug werden im 1. Jahr auf 100 000,– Fr., im 2. Jahr auf 150 000,– Fr. und im 3. Jahr auf 50 000,– Fr. budgetiert.

Frage 1 Bestimmen Sie die zu erwartenden Umsätze für das neue Spielzeug in den Jahren 19.1–19.3.

Frage 2 Bestimmen Sie den Kapitalwert (Barwert) für das Projekt «Vermarktung des neuen Spielzeugs» und stellen Sie Ihre Rechnung in einer übersichtlichen Tabelle dar. Die minimale Verzinsung beträgt 10%. (Gehen Sie dabei von den in Frage 1 berechneten erwarteten Umsätzen aus.)

Hinweis: Falls Sie die Frage 1 *nicht* beantwortet haben, gehen Sie für Frage 2 von folgenden Umsatzwerten aus:

19.1 900 000,– Fr.
19.2 1 800 000,– Fr.
19.3 410 000,– Fr.

Frage 3 Inzwischen hat sich ein Interessent für den für die Maschine vorgesehenen Raum gemeldet. Er wäre bereit, den Raum langfristig zu einer Miete von 30 000,– Fr./Jahr ab 19.1 zu mieten. Ändert sich dadurch der unter Frage 2 bestimmte Kapitalwert (Barwert)? Begründen Sie Ihre Aussage.

1.5 Aufgabe: Optimales Produktionsprogramm

Eine Produktionsfirma, für die Sie die Revision durchführen, bittet Sie bei der Bestimmung des optimalen Produktionsprogrammes um Ihren Rat.

- Die Firma stellt 2 Produkte A und B her. Auf Produkt A wird ein Deckungsbeitrag von 126 Fr./Stück, auf Produkt B ein Deckungsbeitrag von 160 Fr./Stück erzielt.
- Die Herstellung der beiden Produkte geschieht vollautomatisch, dabei sind 5 Maschinengruppen eingesetzt, die folgende Maximalkapazitäten haben (gemessen in Maschinenstunden):

Gruppe 1: 13 000 MStd./Monat
Gruppe 2: 3 600 MStd./Monat
Gruppe 3: 960 MStd./Monat
Gruppe 4: 1 800 MStd./Monat
Gruppe 5: 2 000 MStd./Monat

- Für die Gruppe 5 muss aus technischen Gründen eine Minimalbetriebsdauer von 250 MStd./Monat berücksichtigt werden.
- Die Produkte A und B werden auf den Maschinengruppen 1, 2, 3 gefertigt, die Gruppe 4 wird nur für Produkt A und die Gruppe 5 nur für Produkt B eingesetzt.
- Zur Herstellung einer Einheit eines Produktes A oder B wird jeweils die nachstehend angegebene Zahl von Maschinenstunden benötigt:

	Gruppe 1	Gruppe 2	Gruppe 3	Gruppe 4	Gruppe 5
Produkt A	100	20	8	18	
Produkt B	100	30	6		25

Frage 1 Stellen Sie die Zielfunktion und die Nebenbedingungen auf.

Frage 2 Bestimmen Sie graphisch das gewinnoptimale Produktionsprogramm.

Frage 3 Unter welchen Annahmen gilt die Optimierung? Nennen Sie mindestens 2 Annahmen.

2 Hafer AG

Prüfung:	Vorprüfung Bücherexperten-Prüfung 1980
Prüfungsfach:	Betriebswirtschaft, Organisation und EDV
Richtzeit:	60 Minuten
Thema:	Absatz, Marketing (theoretisches Entscheidungsmodell, Auswirkungen auf Unternehmungsbereiche, Hilfsmittel des Rechnungswesens)

Die Hafer AG in St. Gallen stellt seit einigen Jahren neuartige knusprige Hafer-Frühstücksflocken nach amerikanischer Lizenz her.

Das Produkt vertreibt sie über mittelgrosse Detailhandelsketten und selbständige Grossisten ausschliesslich im Gebiet der deutschen Schweiz. Die Unternehmung steht dabei besonders in den letzten zwei Jahren in harter Preiskonkurrenz zum Angebot an Weizen- und Hirsefrühstücksflocken.

Die Hafer AG erreicht einen Umsatz von gegen 6 Mio. Franken und beschäftigt rund 40 Mitarbeiter. Die modernen Produktionsanlagen sind nur auf das eine Produkt ausgerichtet; ihre Kapazität war bisher einschichtig zu rund 85% ausgelastet.

Die Finanzlage der Unternehmung ist gesund, das effektive Ergebnis ist jedoch bereits das zweite Jahr negativ.

Die erneut unbefriedigende Ertragslage wird als Alarmzeichen erkannt: dringend müssen Massnahmen getroffen werden.

An der letzten Kadersitzung fordert der Verkaufsleiter mit Nachdruck, dass die Verkaufsanstrengungen nun endlich auch auf die bisher nicht bearbeitete welsche Schweiz auszudehnen seien. Seiner Meinung nach dürfte dadurch bereits kurzfristig mit einem Umsatzzuwachs von mindestens 40% gerechnet werden.

Nach wilder, ergebnisloser Diskussion ringt man sich zur Erkenntnis durch, dass zuerst systematische Vorabklärungen notwendig sind, bevor der Schritt in das neue Verkaufsgebiet gewagt werden darf.

Frage 1 Die aufgeworfene Frage, ob das Absatzgebiet auf die welsche Schweiz ausgedehnt werden soll oder nicht, stellt für die Geschäftsleitung der Hafer AG ein klassisches Entscheidungsproblem dar. Skizzieren Sie die Stufen resp. den Ablauf einer Entscheidung im theoretischen Entscheidungsmodell.

Frage 2 Alle externen Abklärungen (u.a. Marktforschung) werden dem Verkaufsleiter übertragen. Der Entscheid zugunsten einer Gebietsausweitung hat darüber hinaus naturgemäss wesentliche unternehmungs*interne* Konsequenzen verschiedenster Art. Nennen und beschreiben Sie stichwortartig solche konkreten Auswirkungen des Entscheides in den folgenden Bereichen:

a) Gesamtleitung der Unternehmung,
b) Verkauf,
c) Produktion,
d) Einkauf und Lager,
e) Finanzierung,
f) Personal,
g) Administration.

Frage 3 Das Rechnungswesen der Unternehmung ist das Sammel- und Verarbeitungszentrum der in Zahlen ausdrückbaren Informationen und Daten und muss denn auch für die Beurteilung der Konsequenzen von Entscheidungen (wie zum Beispiel für Frage 1) zahlenmässige Unterlagen bereitstellen können.

a) Mit welchen Hilfsmitteln (im Sinne von Rechnungsmethoden oder -instrumenten resp. Berechnungen) arbeitet das Rechnungswesen grundsätzlich, um die Geschäftsleitung bei einem solchen Entscheid optimal zu unterstützen?

b) Welche zahlenmässigen Informationen im einzelnen kann das Rechnungswesen je in den einzelnen Bereichen a) bis g) gemäss Frage 2 liefern?

3 Sacco AG

Prüfung: Vorprüfung Bücherexperten-Prüfung 1980
Prüfungsfach: Betriebswirtschaft, Organisation und Steuern
Richtzeit: 75 Minuten
Thema: Reorganisation einer Unternehmung (Stablinien-, Sparten-, Matrix-, Leitungsorganisation)

Als Unternehmungsberater werden Sie für eine Reorganisation der Sacco AG beigezogen.

Die Sacco AG ist in der Maschinenindustrie tätig. Absatzgebiete sind in erster Linie die Schweiz sowie die EG-Staaten. Zur Zeit beschäftigt die Sacco AG rund 6000 Personen. Der Umsatz des letzten Geschäftsjahres belief sich auf 650 Mio. Fr., wobei der Materialanteil am Umsatz 60% beträgt.

Von der Organisationsstelle erhalten Sie nachstehendes ▶ Organigramm, das den Ist-Zustand wiedergibt.

Frage 1 Stablinienorganisation

a) Wandeln Sie das Organigramm in eine Stablinienorganisation um. (Stabsstellen sind *deutlich* zu kennzeichnen.)

b) Nennen Sie je drei Vor- und Nachteile der Stablinienorganisation.

c) In der Praxis ergeben sich oft Konflikte zwischen Stab- und Linienstellen. Nennen Sie drei Ursachen für solche Konflikte.

Frage 2 Spartenorganisation

a) Wandeln Sie das Organigramm in eine Spartenorganisation um.

b) Geben Sie drei Motive, die zur Einführung einer Spartenorganisation führen können.

c) Nennen Sie zwei Probleme, die bei Spartenorganisationen auftauchen können.

Frage 3 Matrixorganisation

Die Sacco AG will in den kommenden Jahren stark expandieren und weitere Auslandmärkte erschliessen. Erstellen Sie eine Matrixorganisation, die diesem Sachverhalt Rechnung trägt. Sie können dabei von folgender geschätzter Umsatzaufteilung ausgehen:

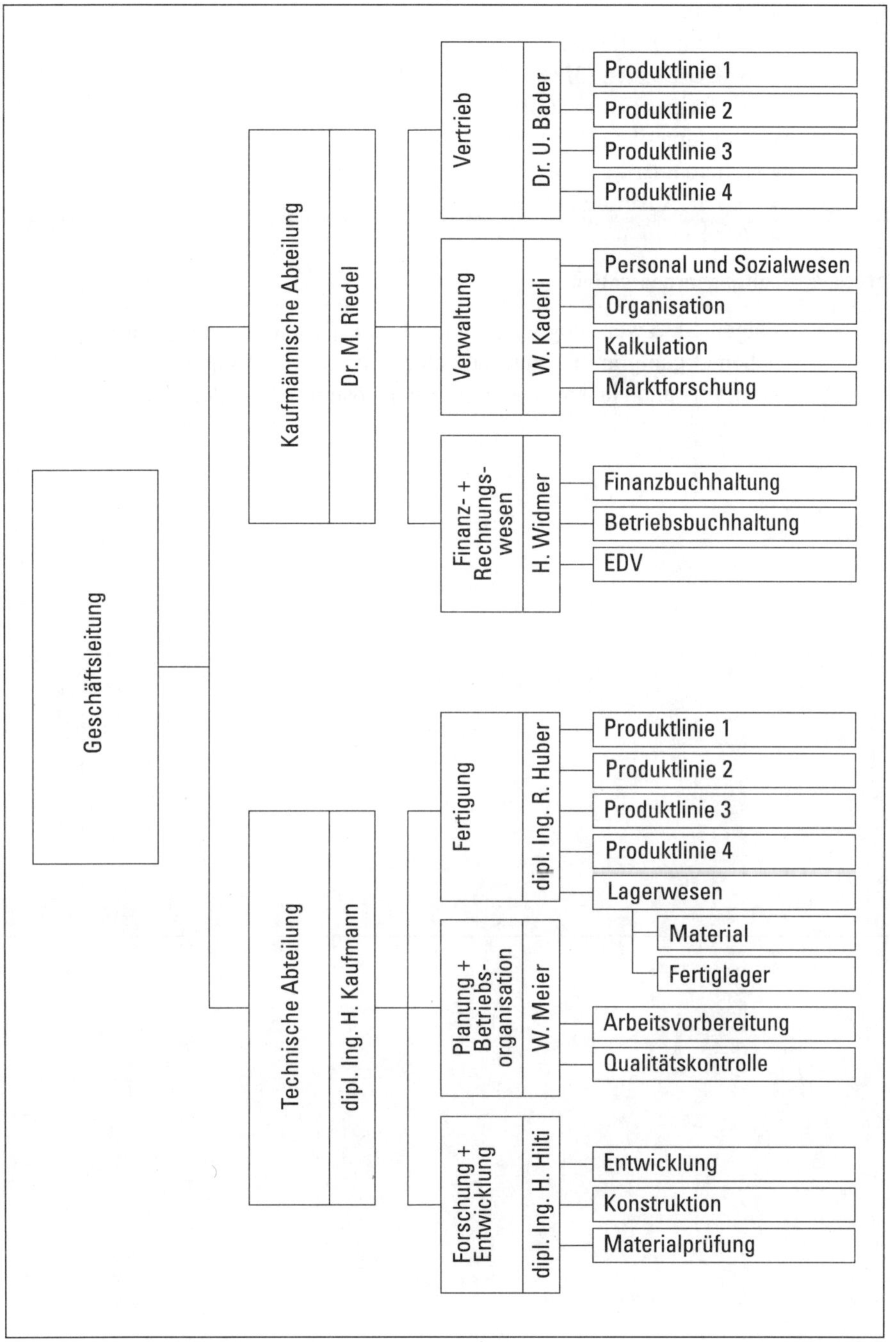

▲ Organigramm Sacco AG

- Europa
  - Schweiz (20%)
  - EG-Staaten (35%)
  - übriges Europa (10%)
- Nordamerika (10%)
- Lateinamerika (5%)
- Asien, Australien (15%)
- Afrika (5%)

Frage 4 Leitungsorganisation

Zeigen Sie zwei Möglichkeiten, wie die Geschäftsleitung im ursprünglichen Organigramm grundsätzlich besetzt werden kann und nennen Sie je zwei Vor- und Nachteile, die mit Ihrer Lösung verbunden sind.

4 Mondo Warenhaus AG

Prüfung:	Hauptprüfung Bücherexperten-Prüfung 1980
Prüfungsfach:	Betriebswirtschaft, Organisation und EDV
Richtzeit:	90 Minuten
Thema:	Investitionsplanung

Die Mondo Warenhaus AG plant in Wildorf eine Filiale und verhandelt mit der Einkaufszentrum AG über die Miete von 3000 m^2 Bruttoladenfläche zum Mietzins von 600 000,– Fr. jährlich (Variante 1).

Gleichzeitig wird die Variante 2 geprüft: Im gleichen Agglomerationsgebiet bietet die Kaufhaus Wildorf AG ihr ganzes Aktienpaket zum Verkauf an. In einer ersten Verhandlungsrunde wurde ein Preis von 11,5 Mio. Fr. genannt. (Die Kaufhaus Wildorf AG hat selber eine Gesamtbewertung ihrer Unternehmung vorgenommen. Einzelheiten aus diesen Unterlagen befinden sich in ▶ Anhang B.)

Als Variante 3 besteht die Möglichkeit, von der Kaufhaus Wildorf AG die Aktiven (ohne Liegenschaft) und die Passiven zu Statuswerten zu übernehmen. Für die Nettomiete des Gebäudes mit den Einrichtungen (Heizungs- und Klimaanlagen) müsste ebenfalls mit 600 000,– Fr. gerechnet werden.

Als Berater der Mondo erhalten Sie den Auftrag, ausgehend von den Planungsunterlagen der Mondo (▶ Anhang A), die drei Varianten miteinander zu vergleichen.

Frage 1 Erstellen Sie eine Investitionsrechnung auf den 31. Dezember 1979 für die Planungsperiode von 10 Jahren, aus der die Kapitalwerte (Barwerte) der Investitionen hervorgehen (alle Beträge in 1000,– Fr.). Einzusetzender Kalkulationszinsfuss: 10%.

Frage 2 Kommentieren Sie das Ergebnis Ihrer Investitionsrechnung und halten Sie Ihre weiteren Überlegungen zum Investitionsentscheid fest.

Frage 3 Welche Fragen ergeben sich aus der kritischen Analyse der Unterlagen (▶ Anhang B) der Kaufhaus Wildorf AG?

Wie stellen Sie sich zum vorgeschlagenen Preis von 11,5 Mio. Fr. und welche Argumente liefern Sie Ihrem Kunden, der Mondo, für die weiteren Verhandlungen über den Wert bzw. den Preis der Aktien?

	Variante 1 (Miete in Einkaufszentrum AG)	**Variante 2** (Übernahme der Kaufhaus AG)
▪ Bruttoladenfläche	3 000 m^2	3 000 m^2
▪ Nettoverkaufsfläche	1 800 m^2	1 600 m^2
▪ Kaufpreis der Aktien (1. Vorschlag)	–	11 500
▪ Umbauten und Einrichtungen (10 Jahre Nutzungsdauer)	4 000	200
▪ Mobiliar (10 Jahre Nutzungsdauer)	500	200
▪ In 1984 fällige Mobiliarerneuerungen (5 Jahre Nutzungsdauer)	–	800
▪ Eröffnungskosten	500	500
▪ Vorräte (Anfangs- und Durchschnittsbestand)	2 500	–
▪ Zusätzliche Vorräte für Sortimentsumgestaltung	–	500
▪ Kundendebitoren: Durchschnittlich 5% des Umsatzes	800	–
▪ Zusätzliche Debitoren infolge Einführung der Kreditkarten	–	500
Budget		
▪ Umsatz brutto	16 000	15 000
▪ Nettowarenerlös (30%)	4 800	4 500
▪ Variable Betriebsausgaben (inkl. Steuern)	1 500	1 400
▪ Fixe Betriebsausgaben (ohne Miete und Kapitalkosten)	500	500

▲ Anhang A: Planungsunterlagen der Mondo Warenhaus AG, Projekt Filiale Wildorf (Beträge in 1000 Fr.)

Status 31. Dezember 1979			
Flüssige Mittel	300	Lieferantenkreditoren	1 800
Warenvorräte[1]	2 500	Rückstellungen	100
Kundendebitoren	200	Diverse Kreditoren und	
Übriges Umlaufvermögen	200	Transitorische Passiven	300
	3 200		2 200
Mobiliar[2]	600	Eigenkapital gemäss Bilanz	
Einrichtungen[3]	1 000	nach Gewinnverteilung	3 600
Liegenschaft[4]	9 500		
	11 100		3 600

Ertragswert	
Betriebserfolg (budgetiert)	1 230
Abschreibungen	– 400
Steuern 35 %	– 290
Zukunftserfolg	540
Ertragswert bei einem Kapitalisierungszinsfuss von 6 %	9 000

Bemerkungen

1 Status zum Tageswert; Buchwert: 2 000

2 Buchwert: 100

3 Der Statuswert betrifft 1 000 Ausbauinvestitionen aus 1978/79 (Klima- und Heizungsanlagen mit 20 Jahren Nutzungsdauer). Buchwert: 500

4 Buchwert: 2 500; Restnutzungsdauer: 30 Jahre. Aus einem Gutachten des Architekten Aklin ergeben sich:

Landwert	1 000
Gebäudewert	7 500
Realwert	8 500
Ertragswert (6 %)	10 000

▲ Anhang B: Kaufhaus Wildorf AG: Auszug aus den Bewertungsunterlagen (Beträge in 1000 Fr.)

5 Egli-Wyler AG

Prüfung: Vorprüfung Bücherexperten-Prüfung 1982
Prüfungsfach: Betriebswirtschaft, Organisation, EDV
Richtzeit: 90 Minuten
Thema: Organigramm, Funktionendiagramm, Netzplan, Matrixorganisation

5.1 Matrixorganisation

Die Egli-Wyler AG ist ein mittelgrosser Konzern (ca. 3000 Beschäftigte) der Investitionsgüterindustrie. Sie besitzt diverse Produktionsstätten in der ganzen Welt. Die einzelnen Tochtergesellschaften geniessen dabei in gewissen Schranken eine relativ grosse Unabhängigkeit. Diese Schranken bestehen insbesondere in einer vom Konzernleiter festgelegten Marktordnung, d.h. die einzelnen Tochtergesellschaften dürfen nur in die ihnen derart zugeteilten Märkte verkaufen. Nun kommt es aber v.a. bei der Bearbeitung der grossen, auf mehreren geographischen Märkten tätigen multinationalen Gesellschaften, «Multis», immer wieder zu Differenzen zwischen den einzelnen Tochtergesellschaften.

Die bisherige Organisationsform lässt sich vereinfacht wie folgt darstellen:

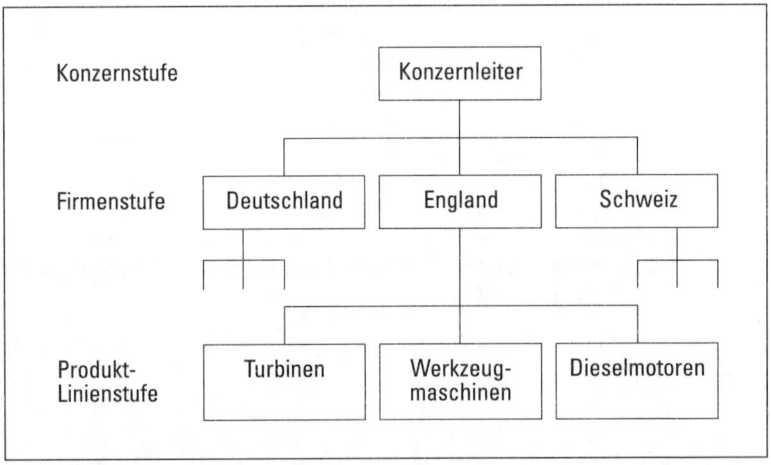

Die Konzernleitung hofft, die in der Vergangenheit aufgetauchten Unklarheiten bezüglich Zuständigkeit für einen bestimmten Markt beseitigen zu können, indem sie eine sog. «Matrix»-Organisation (mehrdimensionale Organisation) schafft, mit den beiden Dimensionen:

- Firmen (Primärstruktur)
- Produktlinie (Sekundärstruktur).

Sie erhalten von der Konzernleitung der Egli-Wyler AG folgenden Auftrag:

Frage 1 Entwerfen Sie für den Konzern eine Matrixorganisation (Schema).

Frage 2 Beschreiben Sie je drei Vor- und Nachteile dieser Organisationsform.

Frage 3 Worin besteht das Wesen bzw. die Charakteristik einer solchen Organisationsform?

5.2 Kurzfragen zur Organisation

Frage 4 **Organigramm**

a) Nennen Sie drei materielle Gesichtspunkte, nach denen ein Organigramm dargestellt werden kann.

b) Über welche Sachverhalte gibt ein Organigramm Auskunft?

c) Über welche Sachverhalte gibt ein Organigramm *keine* Auskunft?

d) Kann eine Stellenbeschreibung ein Organigramm ersetzen? (Begründung)

e) Kann ein Funktionendiagramm ein Organigramm ersetzen? (Begründung)

f) Charakterisieren Sie mittels einfacher Organigramme die verschiedenen Strukturtypen der Organisation (Leitungssysteme):
- Linienorganisation,
- Stab-Linien-Organisation,
- Funktionale Organisation.

Frage 5 **Funktionendiagramm**

Zeichnen Sie ein Schema für ein Funktionendiagramm.

Frage 6 **Netzplan**

a) Konstruieren Sie ein einfaches Beispiel eines *tätigkeitsorientierten* Netzplanes (bitte die gewählten Symbole beschriften).

b) Beschreiben Sie die wichtigsten Vorteile dieses organisatorischen Hilfsmittels.

c) Wo sehen Sie konkrete Anwendungsbereiche für Netzpläne?

d) Worin liegt der Unterschied zwischen einem tätigkeits- und einem ereignisorientierten Netzplan? (Beschreibung)

6 Kurzfragen Absatzlehre

Prüfung: Vorprüfung Bücherexperten-Prüfung 1982
Prüfungsfach: Betriebswirtschaft, Organisation und EDV
Richtzeit: 45 Minuten
Thema: Unternehmungsstrategien, Absatzpolitik und absatzpolitisches Instrumentarium

In einem marktwirtschaftlichen Wirtschaftssystem versucht jede Unternehmung, durch geeignete Massnahmen ihre Stellung auf dem Markt zu festigen. Ausgehend von einer langfristigen Unternehmungsstrategie geht es dabei vor allem um die Festlegung des absatzpolitischen Instrumentariums.

Frage 1 Erläutern Sie 4 unterschiedliche Unternehmungsstrategien, die sich sowohl auf Produkte als auch auf Märkte beziehen (Produkt/Markt-Strategien).

Frage 2 Zeigen Sie, in welche Teilpolitiken die Absatzpolitik eingeteilt werden kann, und erläutern Sie, welche absatzpolitischen Instrumente in den einzelnen Teilpolitiken eingesetzt werden können.

7 Kauf oder Leasing

Prüfung:	Vorprüfung Bücherexperten-Prüfung 1982
Prüfungsfach:	Betriebswirtschaft, Organisation und EDV
Richtzeit:	60 Minuten
Thema:	Kauf, Leasing sowie Vergleich der beiden Methoden, statische und dynamische Verfahren der Investitionsrechnung

Als Berater einer Unternehmung sollen Sie überprüfen, ob Kauf oder Leasing für eine EDV-Anlage, die Ende 19.1 in Betrieb genommen werden soll, vorteilhafter ist. Sie können für Ihre Untersuchung von folgenden Informationen ausgehen:

- Für den Kauf der Anlage, deren wirtschaftliche Nutzungsdauer auf 6 Jahre geschätzt wird, müsste Ende 19.0 eine Anzahlung von 1 Mio. Fr. angezahlt werden; die restliche Zahlung (2/3 des Kaufpreises) würde Ende 19.1 fällig. Im Kaufpreis ist die unternehmungsspezifische Ausgestaltung des Betriebssystems enthalten. Die ausserdem in den Jahren des Computereinsatzes anfallenden Ausgaben für den Betrieb des Systems werden auf 390 000,– Fr./Jahr geschätzt. Zusätzlich ist mit Servicekosten von jährlich 150 000,– Fr. zu rechnen. Beide Ausgaben sind erstmals am Ende des ersten Betriebsjahres fällig.
- Aus dem Angebot der Computerfirma entnehmen Sie für die Variante Leasing jährliche Leasingraten von 990 000,– Fr. für die ersten 5 Betriebsjahre und von 255 000,– Fr. für das letzte Betriebsjahr, jeweils fällig am Jahresende. Die Ausgaben für den Betrieb des Systems entsprechen jenen der Variante Kauf. Die Servicekosten sind in den jährlichen Leasingraten enthalten. Im ersten Betriebsjahr werden aber Schulungskosten von 40 000,– Fr. berechnet, die bei der Variante Kauf «gratis» offeriert würden.
- In beiden Varianten sind Anpassungsarbeiten für die Einführung der neuen Computeranlage noch nicht enthalten. Sie werden auf 200 000,– Fr. geschätzt und müssen zu Betriebsbeginn beendet sein. Die Anpassungsarbeiten können als Eigenleistung von unternehmungsinternen Fachleuten ausgeführt werden. Als Rechnungs-Zinssatz werden 10% pro Jahr eingesetzt.

Frage 1 Zur Lösung des Problems können statische und dynamische Rechenverfahren verwendet werden. Nennen Sie je zwei statische und dynamische Rechenverfahren und geben Sie an, welche der Verfahren im vorliegenden Fall sinnvoll anwendbar sind. Geben Sie dazu auch eine kurze Begründung.

Frage 2 Die Geschäftsleitung verlangt bei Investitionsanalysen die Anwendung der Kapitalwertmethode («Barwert», «Discounted Cash-flow Method», «Net Present Value»).

a) Bestimmen Sie den «Barwert» der beiden Alternativen nach dieser Methode. Bezeichnen Sie die vorteilhaftere Alternative und begründen Sie dies.

b) Beschreiben Sie den Einfluss eines höher gewählten Rechnungs-Zinssatzes auf das Ergebnis unter Frage 2a) (in Worten, ohne Detailrechnung).

Frage 3 Wie hoch müsste die fünfte Leasingrate sein (bei im übrigen unveränderten Raten), um eine Gleichwertigkeit der Varianten Kauf oder Leasing zu erhalten?

8 Spezialdruck AG

Prüfung:	Hauptprüfung Bücherexperten-Prüfung 1982
Prüfungsfach:	Betriebswirtschaft, Organisation und EDV
Richtzeit:	90 Minuten
Thema:	Unternehmungsbewertung (Ermittlung des Unternehmungswertes nach der Praktikermethode, deren Stärken und Schwächen, andere Bewertungsmethoden)

Die alteingesessene, seit Mitte der 70er Jahre rasch wachsende Unternehmung der graphischen Branche hat vor einiger Zeit ein neues, sehr rationelles und qualitativ hochstehendes Verfahren zum Bedrucken von Folien aller Art – Kunststoff, Aluminium, Spezialpapiere – entwickelt und in kurzer Zeit in der Schweiz einen beträchtlichen Marktanteil erobert. Der Marktanteil Schweiz wird sich indessen angesichts des vorhandenen Marktpotentials und der Konkurrenzsituation in Zukunft nicht mehr in ähnlichem Ausmass vergrössern lassen; der Schritt in den Export wurde bis jetzt allerdings noch nicht vollzogen.

Die Unternehmung hat 1977/78 einen Neubau errichtet und fast vollständig mit neuen Anlagen ausgerüstet. Die Unternehmung ist heute durchwegs zweischichtig ausgelastet, die erarbeiteten Ergebnisse der letzten Jahre sind mehr als befriedigend.

Die Unternehmung wird durch die beiden Inhaber A. Aebi (kaufmännische Leitung) und B. Bieri (technische Leitung) straff geführt; es steht ihnen dabei ein gut qualifiziertes mittleres Kader zur Verfügung.

A. Aebi besitzt 60% der Aktien der Spezialdruck AG. Er ist 68 Jahre alt und kinderlos. Er wird sich aus dem Geschäft zurückziehen und will seine Aktien verkaufen. Für seine Verkaufsüberlegungen ist von zentraler Bedeutung, dass sich das persönliche Verhältnis zu seinem Partner im letzten Jahr sehr negativ entwickelt hat und sich ihre gegenseitige Kommunikation nur noch auf das unbedingt Notwendige beschränkt.

B. Bieri, der die restlichen 40% der Aktien besitzt, ist 57 Jahre alt und hat drei Söhne, die von den Fähigkeiten, der Ausbildung und dem Alter her wohl in der Lage und auch interessiert wären, in der Unternehmung mitzuarbeiten. B. Bieri hat einen wesentlichen Teil seines Vermögens in die Beteiligung an der Spezialdruck AG investiert.

Die Statuten der Spezialdruck AG enthalten bezüglich Aktienübertragung folgende Bestimmungen:

«Art. 5

… Die Übertragung an andere Aktionäre, an die Ehefrau, Nachkommen und Adoptivkinder sowie die fiduziarische Übertragung von Pflichtaktien zur Ausübung des Verwaltungsratsmandates sind jederzeit gestattet.

Will ein Aktionär seine Aktien an Dritte veräussern, so haben alle übrigen Aktionäre ein Vorkaufsrecht im Verhältnis zur Gesamtzahl ihres bisherigen Aktienbesitzes. Ein Vorkaufsrecht kann gegenüber dem Veräusserer nur dann geltend gemacht werden, wenn es an sämtlichen Aktien ausgeübt wird – sei es durch alle übrigen Aktionäre oder sei es durch nur einen oder einzelne bisherige Aktionäre. …

Machen die Aktionäre von ihrem Vorkaufsrecht keinen Gebrauch, so ist der Veräusserer frei, die verbleibenden Aktien an Dritte zu verkaufen. …

Art. 7

Als Übernahmepreis der Aktien gilt grundsätzlich der auf Ende des letzten Geschäftsjahres ermittelte innere Wert, der durch die Kontrollstelle vorgeschlagen wird.

Können sich die Parteien nicht einigen, so wird er durch das statutarische Schiedsgericht (Art. 28) endgültig festgelegt. …»

Es stehen Ihnen die Bilanzen und Erfolgsrechnungen der Jahre 1980 und 1981 sowie das Budget 1982 zur Verfügung (vgl. ▶ Beilagen 1 und 2).

Zur Bilanz per 31. Dezember 1981 folgende Ergänzungen:

	31.12.79	31.12.80	31.12.81
▪ Warenlager (in 1000 Fr.)			
Bruttowert	6 165	6 393	6 628
./. steuerlich zulässige Warenreserve	2 158	2 237	2 320
	4 007	4 156	4 308

- Liegenschaft
  Gesamtinvestitionen bis Ende 1978 8,4 Mio. Fr., Versicherungswert (Feuerversicherungs-Neuwert) 8,6 Mio. Fr. per 31. Dezember 1981.
- Maschinen, Anlagen, Fahrzeuge
  Der Wiederbeschaffungs-Restwert (gerechnet zu betriebswirtschaftlichen Abschreibungssätzen) gemäss Anlagenbuchhaltung per 31. Dezember 1981 der Maschinen/Anlagen beträgt 4,8 Mio. Fr., der Fahrzeuge 305 000,– Fr.

Sie sind persönlicher Berater von A. Aebi (nicht Kontrollstelle). Er bittet Sie, ihm im Zusammenhang mit dem allfälligen Verkauf seines Aktienpaketes folgende Informationen zu liefern:

Frage 1 Gemäss Art. 7 der Statuten muss die Kontrollstelle den «inneren Wert» der Aktien ermitteln. Es ist zu erwarten, dass die Kontrollstelle trotz aller theoretischen Einwände die noch immer weitverbreitete und gebräuchliche sog. Praktikermethode anwenden wird.

a) A. Aebi bittet Sie deshalb, als Anhaltspunkt für die zu erwartende Grössenordnung eine summarische Bewertung seines Aktienpaketes im Sinne von Art. 7 der Statuten nach der Praktikermethode (Mittel aus Substanz- und Ertragswert) vorzunehmen.

b) Ferner bittet er Sie, ihm Stärken und Schwächen dieser Methode zu skizzieren.

Frage 2 Da B. Bieri, dem die Aktien gemäss Statuten zuerst angeboten werden müssen, vermutlich gar nicht in der Lage sein wird, die Aktien zu übernehmen, wird wohl ein Verkauf an Dritte in Frage kommen. A. Aebi weiss, dass bei der Festsetzung des Unternehmenswertes zumeist ein breiter Ermessensspielraum besteht. Aus diesem Grund bittet er Sie, als Grundlage für seine Verhandlungen mit Dritten ein Parteigutachten zu erstellen und den höchstmöglichen, von Ihnen noch vertretbaren und auch begründbaren Wert seines Aktienpaketes zu bestimmen. Gegenexpertisen werden im Laufe konkreter Verhandlungen auf jeden Fall zu erwarten sein.

a) Ermitteln Sie diesen höchsten, von Ihnen noch begründbaren und vertretbaren Wert des Aktienpaketes von A. Aebi.

b) Begründen Sie die Wahl der Bewertungsmethode.

c) Stellen Sie dar, wo und aufgrund welcher Überlegungen Sie bei Ihrer Bewertung an den obersten Rand des dem Schätzer zur Verfügung stehenden Ermessensspielraumes gehen konnten. Es handelt sich hier um jene Argumente, die Sie auch gegenüber einem Gegenexperten ins Feld führen müssen.

	31. Dezember 1980 (in 1000 Fr.)		31. Dezember 1981 (in 1000 Fr.)	
Aktiven				
Liquide Mittel		80		95
Debitoren	4 721		4 850	
./. Delkredere	236	4 485	245	4 605
Warenvorräte		4 156		4 308
Liegenschaften		8 021		7 800
Maschinen, Anlagen		3 716		3 763
Fahrzeuge		126		160
		20 584		20 731
Passiven				
Kreditoren		4 411		3 949
Banken		4 117		3 928
Hypotheken		4 900		4 700
Aktienkapital		3 000		3 000
Offene Reserven		4 100		5 100
Gewinnvortrag		56		54
		20 584		20 731

▲ Beilage 1: Bilanzen per 31. Dezember 1980 und 1981 nach Gewinnverwendung

	1980	1981	Budget 1982
		(in 1000 Fr.)	
Warenverkäufe brutto	45 500	47 380	49 000
./. Erlösminderungen	3 510	4 120	4 300
Warenverkauf netto	41 990	43 260	44 700
./. Materialaufwand	22 880	23 313	24 000
./. Fertigungslöhne	6 890	7 372	7 850
./. Fertigungskosten	5 330	5 640	5 800
Bruttogewinn I	6 890	6 935	7 050
./. Verwaltungskosten	1 040	1 075	1 100
./. Vertriebskosten	1 725	1 636	1 700
./. Kapitalkosten	550	541	500
Bruttogewinn II	3 575	3 683	3 750
./. Abschreibungen	1 842	1 784	1 700
./. Steuern	548	601	650
Reingewinn	1 185	1 298	1 400

▲ Beilage 2: Erfolgsrechnungen für 1980 und 1981 sowie Budget 1982

9 «Basler Chemie» AG

Prüfung: Hauptprüfung Bücherexperten-Prüfung 1982
Prüfungsfach: Revision
Richtzeit: 45 Minuten
Thema: Organisatorische Eingliederung und Aufgaben der Internen Revision, Struktur und Inhalt des Pflichtenheftes des Leiters der Internen Revision

Die ▶Beilage zeigt die Organisation (Organigramm) der «Basler Chemie» AG.

Der Verwaltungsrat dieser Gesellschaft hat beschlossen, eine «Interne Revision» (IR) einzusetzen, die einen Personalbestand von maximal 10 Personen umfassen darf. Sie werden als Leiter der IR angestellt.

Frage 1 Wo/wie sehen Sie die Eingliederung der IR in die Organisation der «Basler Chemie» AG?

a) Zeichnen Sie Ihren Vorschlag in das beiliegende Organigramm ein.

b) Begründen Sie in Stichworten Ihren Vorschlag (Voraussetzungen, Vorteile, Nachteile).

Frage 2 Beschreiben Sie in Stichworten die Struktur und den Inhalt des Pflichtenheftes des Leiters der IR.

Frage 3 Nennen Sie für die Fabrikationsbetriebe im Inland Aufgaben der IR, die Sie aufteilen nach

a) Ergebnisprüfung (Financial Auditing),

b) Verfahrens- oder Systemprüfung (Operational Auditing),

c) Führungsprüfung (Management Auditing).

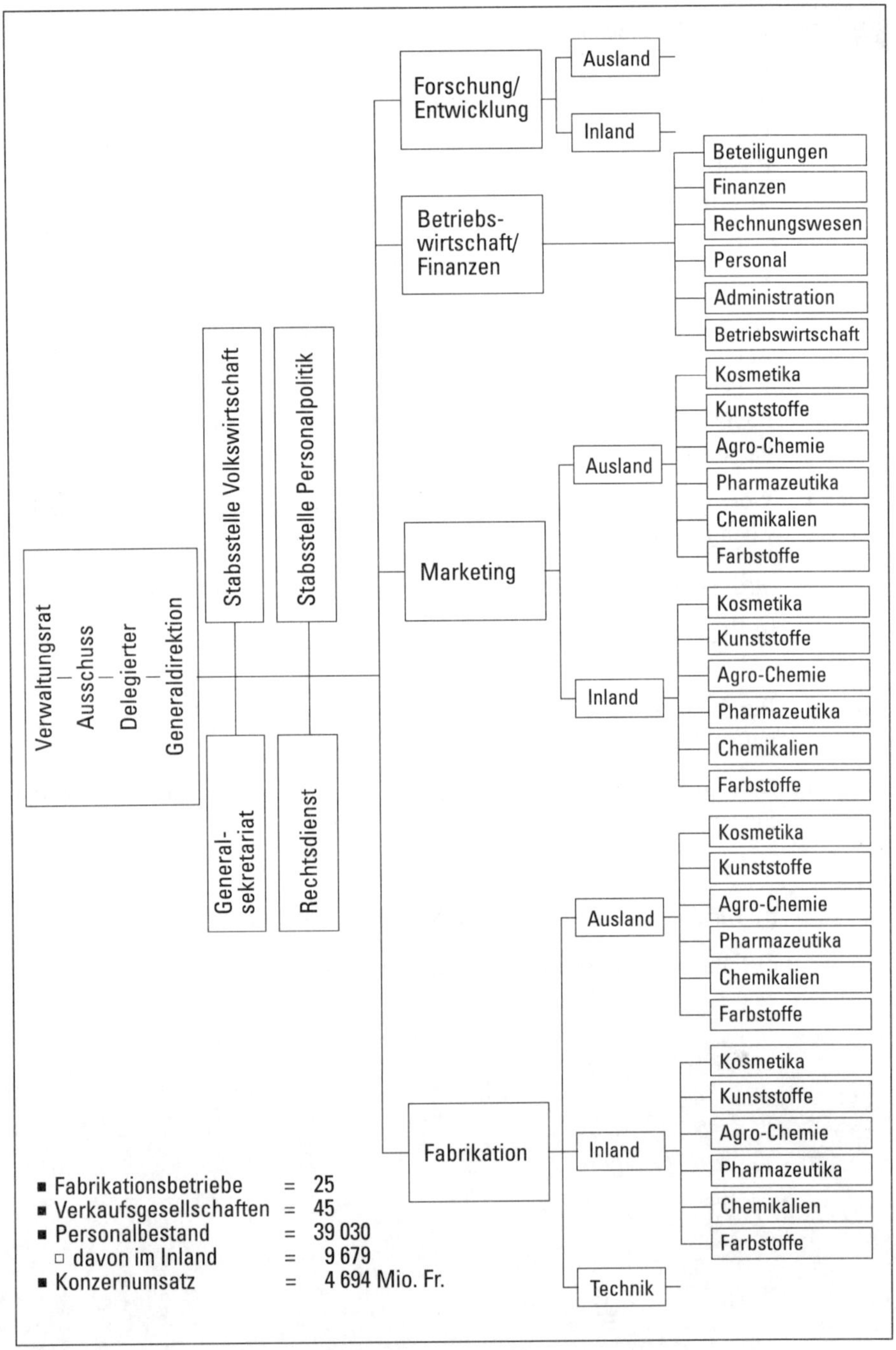

▲ Organigramm «Basler Chemie» AG

10 Kurzfragen Organisation

Prüfung: Vorprüfung Bücherexperten-Prüfung 1984
Prüfungsfach: Betriebswirtschaft, Organisation und EDV
Richtzeit: 60 Minuten
Thema: Netzplantechnik, Organisationsformen

10.1 Fallstudie zur Netzplantechnik

Projekt: Realisierung eines EDV-unterstützten Finanzbuchhaltungs-Systems

Projektstand: Vorstudie ist abgeschlossen. In den zuständigen Abteilungen wurden der Ist-Zustand und die wesentlichen Anforderungen an das neue Finanzbuchhaltungs-System erhoben. Darauf basierend wurde beschlossen, das Projekt mit dem Standardsoftware-Paket «Finabu» zu realisieren.

Sie als Projektleiter haben im Hinblick auf das weitere Vorgehen folgende Aktivitäten geplant, wobei die Dauer der Aktivität (Anzahl Arbeitstage, AT) jeweils in der Klammer aufgeführt ist.

- Erstellen der Hauptstudie (10 AT), umfassend eine Wirtschaftlichkeitsrechnung sowie eine Grobdarstellung der Datenschnittstellen zu anderen Teilsystemen und der neuen Arbeitsabläufe.
  Anschliessend ist das
- Detailkonzept (20 AT) zu erstellen, welches einerseits als Vorgabe zur Programmierung der Datenschnittstellen dient und andererseits in detaillierter Form die neuen Arbeitsabläufe und Auswertungs- bzw. Abfragemöglichkeiten aufzeigt. Nach Abschluss des Detailkonzeptes können gleichzeitig folgende Aktivitäten durchgeführt werden:
  - Programmierung der Datenschnittstellen (10 AT)
  - Erstellen der Benutzerdokumentation (12 AT)
  - Installation des Softwarepaketes «Finabu» (3 AT)
    Im Anschluss an die Programmierung und nach der Installation des Softwarepaketes «Finabu» kann der
  - Systemtest (5 AT) durchgeführt werden. Danach kann mit der
  - Stammdatenerfassung (30 AT, inkl. entsprechender Schulung) begonnen werden. Nach Anfertigung der Benutzerdokumentation folgt die
  - EDV-unabhängige Benutzerschulung (25 AT). Nach Abschluss sämtlicher vorgenannter Aktivitäten erfolgt die
  - Umstellung (2 AT) auf das neue System, welche vorwiegend die Übernahme der Kontensaldi umfasst.

a) Stellen Sie den Projektablauf (ohne Vorstudie) mit einem tätigkeitsorientierten Netzplan dar (Aktivitäten mit Namen und Zeitbeanspruchung kennzeichnen).

b) Wieviel Arbeitstage werden mindestens benötigt, bis die Umstellung auf das neue System abgeschlossen ist?

c) Um wieviel Arbeitstage reduziert sich die Gesamtdauer, wenn mittels höherem Personaleinsatz die Stammdatenerfassung in 20 Arbeitstagen durchgeführt wird?

10.2 Organisationsformen

a) Um welche Organisationsform handelt es sich bei nachstehender Zeichnung?

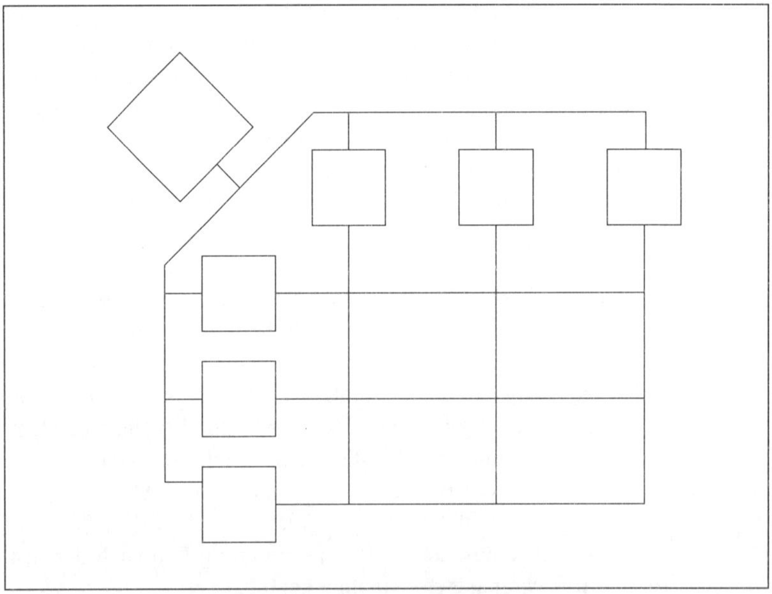

b) Nennen Sie je zwei Vor- und Nachteile dieser Organisationsform.

c) Bezeichnen Sie die unter a) aufgeführten Felder so, dass ein sinnvoller Ausschnitt eines Organigramms entsteht.

d) Nennen Sie je zwei Vor- und Nachteile der folgenden Strukturtypen:
- Linienorganisation
- Funktionale Organisation

e) Nennen Sie drei Formen der Projektorganisation sowie die jeweiligen Weisungsbefugnisse des Projektleiters.

11 Kurzfragen Betriebswirtschaft

Prüfung:	Vorprüfung Bücherexperten-Prüfung 1984
Prüfungsfach:	Betriebswirtschaft
Richtzeit:	40 Minuten
Thema:	Führung, optimale Bestellmenge

Frage 1 a) Führen Sie die 5 Bedürfnisstufen der Motivationstheorie nach Abraham Maslow in der Reihenfolge ihrer Befriedigung auf.

b) Charakterisieren Sie die 5 nachstehend eingezeichneten Führungsstile in Stichworten:

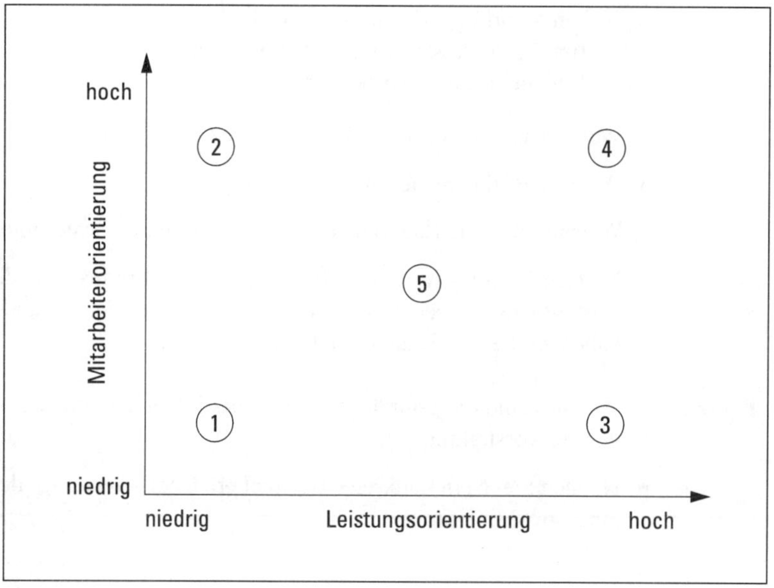

Frage 2 Aus einer Einkaufsabteilung sind folgende Daten bekannt:

- Der Zins- und Lagerkostensatz ist 30% des Einkaufspreises.
- Der Einheitseinkaufspreis pro Stück beträgt 150,– Fr.
- Die Bestellkosten pro Bestellung belaufen sich auf 4,50 Fr.
- Der jährliche Bedarf ist 10 000 Stück.

Da der Materialverbrauch pro Zeiteinheit konstant ist und keine Mengenrabatte gewährt werden, kann für die Fragenbeantwortung folgende Formel verwendet werden:

$$x_0 = \sqrt{\frac{200\,M\,a}{p\,q}}$$

x_0 = optimale Bestellmenge (in Stück)
M = Jahresbedarf (in Stück)
q = Zins- und Lagerkostensatz (in %)
a = fixe Bestellkosten (in Franken pro Stück)
p = Einkaufspreis pro Stück (in Franken).

a) Welches ist die optimale Bestellmenge (in Stück)?

b) Welches ist das Bestellintervall (in Tagen)?

c) Welches sind die Lagerkosten (in Franken) eines Bestellintervalles?

d) Nennen Sie drei weitere Grössen, die einen Einfluss auf die optimale Bestellmenge haben können, obschon sie in der Formel und in den Angaben zu diesem Beispiel nicht enthalten sind.

Frage 3 a) Welches sind die grundlegenden Cheftätigkeiten in einer einfachen Regelkreisvorstellung?

b) Nennen Sie je ein konkretes Beispiel pro Cheftätigkeit für den Geranten eines grossen Hotels.

12 Terramare AG

Prüfung:	Hauptprüfung Bücherexperten-Prüfung 1984
Prüfungsfach:	Betriebswirtschaft, Rechnungswesen, Organisation und EDV
Richtzeit:	120 Minuten
Thema:	Unternehmungsführung und -politik, optimale Lagerhaltung, Investitionsrechnung

Die Firma Terramare AG ist auf den Handel mit Fischen und Schalentieren spezialisiert.

Die eingekaufte Ware verkauft sie an Detailhandelsketten. Die Treuhandgesellschaft Controla steht ihr regelmässig als Unternehmensberater bei.

12.1 Teil 1

Das Unternehmen kaufte bis anhin täglich – jeweils am Morgen – Fische und Schalentiere, die an den Detailhandel weiterverkauft wurden.

Der durchschnittliche Einkaufspreis beträgt 8,– Fr./kg, der durchschnittliche Verkaufspreis 12,– Fr./kg. Die nicht verkaufte Ware wird am Abend zu 2,– Fr./kg einem lokalen Restaurant verkauft.

Übersteigt einmal die Nachfrage das Angebot der Terramare AG, so geben sich die Kunden – ohne spätere Marktstellungseinbusse – mit dem vorhandenen Angebot zufrieden.

Eine statistische Erhebung der Tagesumsätze ergab folgende, für eine (subjektive) Wahrscheinlichkeitsrechnung verwendbare Werte:

verkaufte Menge	beobachtete Verkäufe
1 000 kg	5
2 000 kg	15
3 000 kg	15
4 000 kg	10
5 000 kg	5
	50

Es werden nie weniger als 1000 kg oder mehr als 5000 kg täglich verkauft, und es kann kein Trend in den verkauften Mengen festgestellt werden.

Frage 1 Berechnen Sie – aufgrund der beobachteten Verkäufe – die täglichen Zahlungsüberschüsse für alle Kombinationsmöglichkeiten mit Hilfe der nachfolgenden ▶ Matrix.

Einkauf \ Absatz	1000 kg	2000 kg	3000 kg	4000 kg	5000 kg
1000 kg					
2000 kg					
3000 kg					
4000 kg					
5000 kg					

▲ Matrix der täglichen Zahlungsüberschüsse

Frage 2 Berechnen Sie den mathematischen Erwartungswert der täglichen Zahlungsüberschüsse für alle Einkaufsvarianten.

Frage 3 Schlagen Sie – aufgrund der Berechnungen unter 1 und 2 – der Direktion die beste Variante für die tägliche Einkaufsmenge vor.

12.2 Teil 2

Die Direktion zögert zwischen täglichen Einkäufen von 2000 kg (= Variante 1) und 3000 kg (= Variante 2) (neue Angabe, unabhängig vom Resultat von 12.1).

Eine Untersuchung ergab folgende tägliche Ausgaben für Lagerhaltung und Einkauf:

- Lagerhaltung: 1 Rp. pro kg pro Tag (von der Einkaufsmenge bzw. vom Tages-Anfangsbestand)
- Einkauf (Personal, Telefon etc.): 120,– Fr. je Bestellung

Die Terramare AG handelt nur während 280 Tagen im Jahr mit Fischen und Schalentieren.

Frage 4 Berechnen Sie die jährlichen Einkaufs- und Lagerhaltungsausgaben für beide Varianten, wenn *täglich* eingekauft wird (= Einkaufsmethode 1).

Frage 5 Berechnen Sie die jährlichen Einkaufs- und Lagerhaltungsausgaben für beide Varianten, wenn die Gesellschaft nur *alle zwei Tage* 4000 kg (bzw. 6000 kg) kaufen würde (= Einkaufsmethode 2). Eine Lagerhaltung für einen zusätzlichen Tag erscheint möglich.

Es kann angenommen werden, dass kein Lager in den 85 Tagen ohne Handel (365–280) gehalten wird.

12.3 Teil 3

Die Direktion möchte die Lagerhaltung optimieren. Der Einkaufsentscheid hält sich schliesslich an erwartete tägliche Verkäufe von 2000 kg. Ansonsten gelten alle früheren Angaben.

Die optimale Bestellmenge (x_{opt}) ist wie folgt zu ermitteln:

$$x_{opt} = \sqrt{\frac{E \cdot M \cdot 2}{L \cdot 280}}$$

E = Ausgaben des Einkaufs in Fr. je Bestellung
M = Jahresbedarf in kg
L = Lagerhaltungsausgaben in Fr. pro kg und Tag

Frage 6 Berechnen Sie die optimale Anzahl Bestellungen pro Jahr. (Resultate auf 2 Stellen nach dem Komma runden)

Frage 7 Berechnen Sie die durchschnittliche Anzahl Tage von einer Bestellung zur andern im Optimum. (Resultate auf 2 Stellen nach dem Komma runden)

12.4 Teil 4

Um eine 3. Einkaufsmethode (Angaben siehe unten) zu ermöglichen, müssten Kühltruhen gekauft werden. Zu folgenden Bedingungen wären sie zu erhalten:

Investition:	10 000,– Fr., zahlbar bei Bestellung (Anfang 1. Jahr); 45 000,– Fr., zahlbar Ende 1. Jahr.
Abschreibung:	linear über 5 Jahre ab Inbetriebnahme, die Anfang des 2. Jahres erfolgt. Die Abschreibungsdauer entspricht der technischen Nutzungsdauer sowie dem maximal von der Steuerbehörde zugelassenen Abschreibungssatz.
Restwert:	6000,– Fr. am Ende der Nutzungsdauer

Es muss mit Steuerzahlungen von 40% gerechnet werden. Es werden immer noch tägliche Verkäufe von 2000 kg erwartet.

Die Investition ist anhand eines Vergleichs zwischen der 1. Einkaufsmethode (2000 kg pro Tag) und der 3. Einkaufsmethode (6000 kg alle 3 Tage) zu beurteilen. (Letzere Angabe ist neu, unabhängig von Aufgabe 12.3. Ansonsten gelten alle früheren Angaben.)

Frage 8 Berechnen Sie vorerst nur die jährlichen Einkaufs- und Lagerhaltungsausgaben – Einsparungen, wenn anstelle der 1. die 3. Einkaufsmethode gewählt wird.

Frage 9 Berechnen Sie (auf ganze Franken genau) den Netto-Barwert (NPV) – am Anfang des 1. Jahres – beim Übergang von der Einkaufsmethode 1 zur Einkaufsmethode 3 (Kapitalisierungszinsfuss 10%).

Frage 10 Berechnen Sie den internen Zinsfuss (IRR) beim Übergang von der Einkaufsmethode 1 zur Einkaufsmethode 3 (Näherungslösung genügt).

Frage 11 Begründen Sie kurz eine Befürwortung oder Ablehnung der Umstellung der Einkaufsmethode.

13 Kurzfragen Betriebswirtschaft

Prüfung:	Berufsprüfung für Treuhänder 1986
Prüfungsfach:	Allg. Betriebswirtschaft
Richtzeit:	60 Minuten
Thema:	Absatz, Mittelbewirtschaftung, Liquidität

13.1 Absatzfragen

Sie haben die folgenden beiden Kunden:

Kunde 1: Modern eingerichteter Selbstbedienungsladen in einem kleinen, nicht zentralen Kurort (6 Hotels und Pensionen mit insgesamt 250 Betten, 60 Ferienwohnungen, die Einheimischen gehören, 120 Ferienwohnungen auswärtiger Eigentümer, die in erster Linie selbst benutzt, daneben nach Möglichkeit vermietet werden; eine Sommer- und eine Wintersaison; 12 km vom nächsten grösseren Talort entfernt, einziges öffentliches Verkehrsmittel: Postauto). Am Ort selbst wird Ihr Kunde in gewissem Masse konkurrenziert von zwei Bäcker-Konditoren mit Café-Tea-Room, sowie der Milchzentrale mit Milchprodukten, ergänzt durch ein äusserst beschränktes weiteres Lebensmittelsortiment. Weitere Einkaufsmöglichkeiten bestehen erst in dem 12 km entfernten Talort.

Kunde 2: Papeterie in einem Einkaufszentrum. Dieses wird überwiegend von einem Grossverteiler beansprucht (z.B. einem MMM der Migros), der noch eine Anzahl Ladenlokale an selbständige Spezialisten vermietet, u.a. die eingangs erwähnte Papeterie.

Frage 1 Wie bildet jede dieser beiden Unternehmungen ihr Sortiment? Verwenden und erläutern Sie die Begriffe «Sortimentstiefe» und «Sortimentsbreite».

Frage 2 Wie würden Sie versuchen, Umsatz und Wareninventar dieser Unternehmungen zu analysieren, um die Sortimentspolitik zu beurteilen?

13.2 Mittelbewirtschaftung

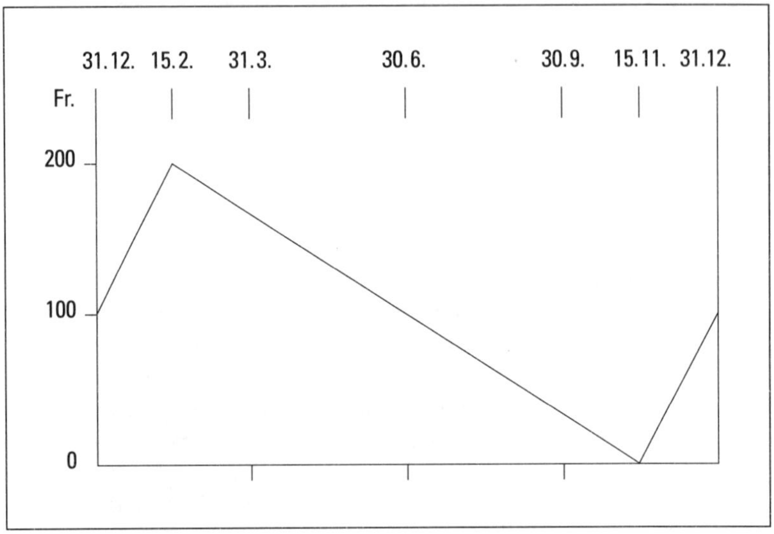

▲ Graphische Darstellung der flüssigen Mittel über ein Jahr

31. Dezember	100	zwischen diesen Daten gleichmässige Zunahme oder Abnahme
15. Februar	200	
15. November	0	
31. Dezember	100	

Zinssätze:
Bankkontokorrent
- Soll 7%
- Haben 1%

Mehrjährige Kassenobligationen 5%

Frage Ihr Kunde führt nur ein Bankkontokorrent, das am 15. November einen Saldo Null und im übrigen ein Guthaben gemäss obenstehender ◀ Darstellung aufweist. Welchen Ratschlag geben Sie ihm bezüglich der Kontobewirtschaftung

a) grundsätzlich?

b) zahlenmässig optimiert?

13.3 Beurteilung der Liquidität

Die folgenden Bilanzen zeigen die Situation von zwei vergleichbaren Unternehmen aus der gleichen Branche.

Firma X
Bilanz per 31. Dezember 19.3

Flüssige Mittel	20	Kreditoren	160
Debitoren	100	Übrige kurzfristige Schulden	60
Waren	80	Eigenkapital	450
Mobilien	120		
Immobilien	350		
	670		670

Firma Y
Bilanz per 31. Dezember 19.3

Flüssige Mittel	125	Kreditoren	140
Debitoren	175	Übrige kurzfristige Schulden	50
Waren	110	Hypotheken	190
Mobilien	160	Eigenkapital	570
Immobilien	380		
	950		950

Frage 1 Ermitteln Sie die Liquiditätskennzahlen.

Frage 2 Vergleichen und kommentieren Sie die Zahlungsbereitschaft dieser beiden Unternehmen.

14 Apparate AG

Prüfung: Berufsprüfung für Treuhänder 1988
Prüfungsfach: Allg. Betriebswirtschaft
Richtzeit: 30 Minuten
Thema: Organisation

Die Apparate AG stellt Apparate in zwei verschiedenen Produktlinien A und B her. Die beiden Produktlinien haben eine sehr verschiedene Kundschaft sowie unterschiedliche Herstellungsverfahren.

In jeder Produktlinie werden zahlreiche Modelle angeboten, die nach dem Baukastenverfahren aus teils selbst vorgefertigten, teils zugekauften Teilen und Teilgruppen kurzfristig von Fall zu Fall montiert werden. Deshalb sind die Lager an Fertigprodukten relativ niedrig. Die Werkstätten sind ausgerüstet einerseits mit Maschinen und Einrichtungen, die für beide Produktlinien verwendet werden können, andererseits mit solchen, die nur einer Produktlinie dienen. Einzelne der Produktionsanlagen sind nur je einmal vorhanden (z.B. grosse Drehbank, Wärmeofen etc.), andere mehrfach.

Die optimale Losgrösse für die Eigenfertigung wie auch die optimale Bestellmenge für den Zukauf von Teilen sind gross. Die Rohmaterialzufuhr bei den selbstgefertigten Teilen ist unsicher, deswegen werden hohe Sicherheitsbestände gehalten. All dies bewirkt, dass die Rohmaterial- und Teillager verhältnismässig hoch sind, die durchschnittliche Lagerdauer beträgt 11 Monate.

Die Apparate AG beschäftigt 300 Mitarbeiter, 240 in der technischen, 60 in der kaufmännischen Abteilung.

Die Forschungs- und Entwicklungsabteilung betreibt hauptsächlich produktbezogene angewandte Forschung.

Die Apparate AG ist rasch gewachsen. Die Organisation, die dabei mitwuchs, wurde mit der Zeit als schwerfällig empfunden, so dass eine Reorganisation durchgeführt wurde.

Sie finden nachstehend das ▶Organigramm 1 der Apparate AG vor der Reorganisation und das ▶Organigramm 2 nach der Reorganisation.

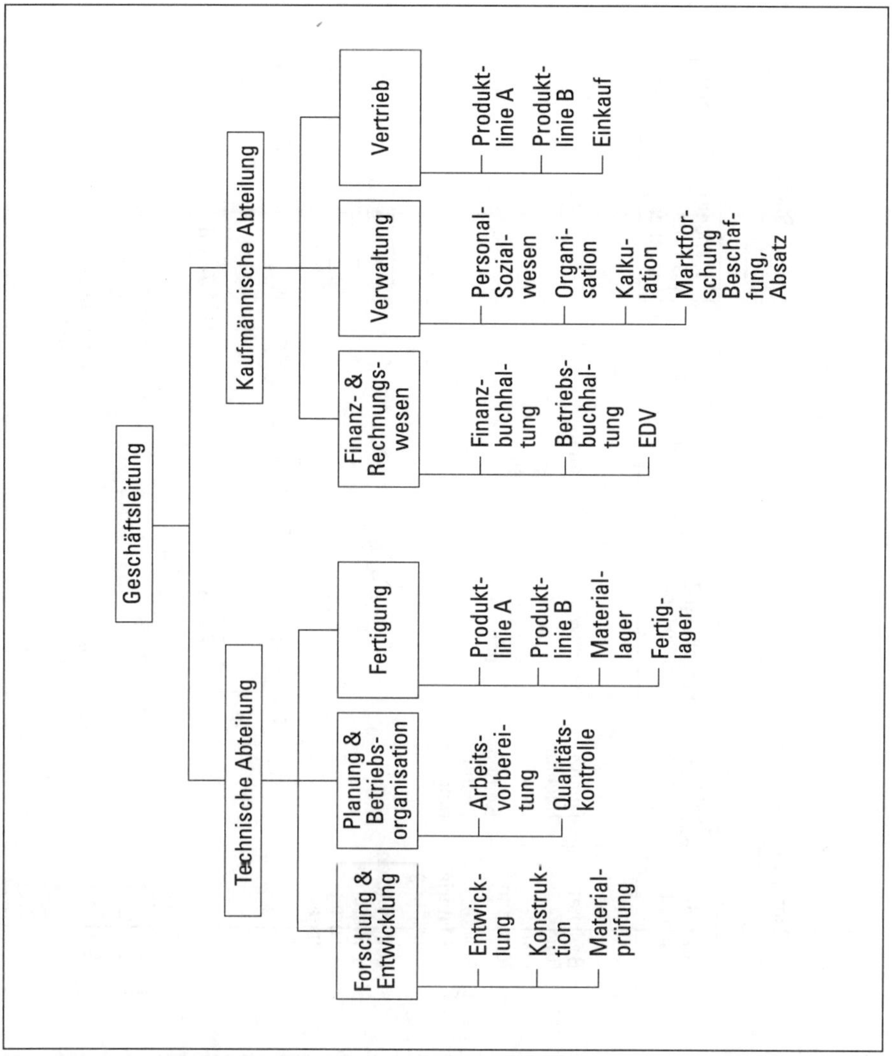

▲ Organigramm 1

Frage 1 Welche(s) Prinzip(ien) der Stellenbildung ist (sind) in Organigramm 1 angewandt worden?

Frage 2 Welche(s) Leitungsprinzip(ien) wurde(n) in Organigramm 1 verwirklicht?

Frage 3 Charakterisieren Sie das (die) Leitungsprinzip(ien) in Organigramm 1.

Frage 4 Welche Organisationsform(en) wurde(n) in Organigramm 2 verwirklicht?

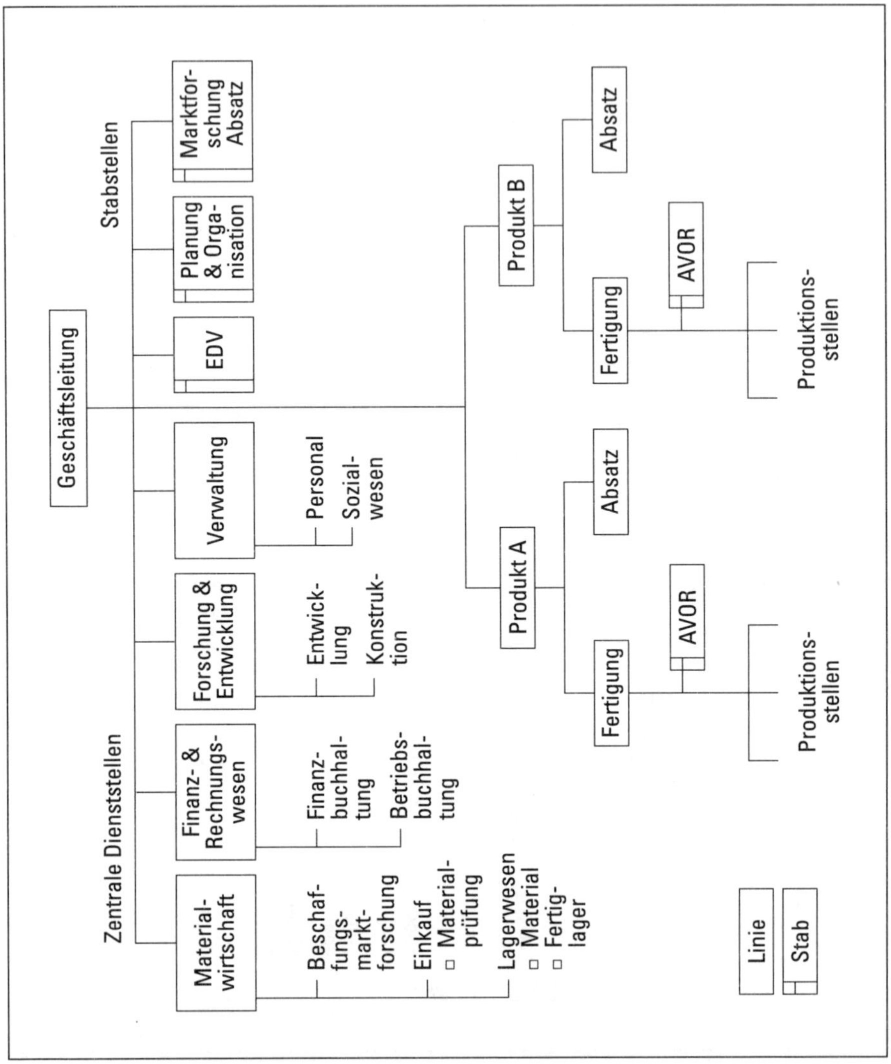

▲ Organigramm 2

Frage 5 Welche(s) Prinzip(ien) der Stellenbildung ist (sind) in Organigramm 2 angewandt worden?

Frage 6 a) Charakterisieren Sie die Stablinienorganisation.

b) Beschreiben Sie kurz die wesentlichen Nachteile der Stablinienorganisation.

Frage 7 Aus welchen Gründen ist wohl bei der Reorganisation die Organisation gemäss Organigramm 2 gewählt worden?

15 Traves AG

Prüfung: Berufsprüfung für Treuhänder 1988
Prüfungsfach: Allg. Betriebswirtschaft
Richtzeit: 30 Minuten
Thema: Investitionsrechnung

Die Traves AG hat folgende Plandaten für ein Investitionsprogramm, bei dem sukzessive investiert wird. Man schätzt, dass die Rückflüsse vom Markt her erst nach 2 Jahren eintreten werden. Die geplanten Daten für das Investitionsprogramm sind in nachstehender Tabelle angegeben.

Ende Jahr	Investition	Abschreibungen	Netto-Rückflüsse Betrieb
0	10 000		
1	8 000	5 000	
2	2 000	4 000	9 000
3		4 000	9 000
4		4 000	5 000
5		3 000	5 000
	20 000	20 000	28 000

Kalkulationszinssatz: 10%

Frage 1 Wieviele Jahre dauert es, bis sich die Investition selbst zurückbezahlt hat (Payback-Dauer)?

Nehmen Sie dabei an, dass sich die Netto-Rückflüsse gleichmässig über das ganze entsprechende Jahr verteilen. (Für die Fragen 2, 3 und 4 wird angenommen, die jährlichen Netto-Rückflüsse fänden auf einmal am Ende des Jahres statt.)

Frage 2 Berechnen Sie den Nettobarwert (Kapitalwert, Net Present Value, NPV).

Frage 3 Berechnen Sie den internen Ertragssatz (interner Zinsfuss, Effektivrendite, Internal Rate of Return, IRR).

Frage 4 Der Controller der Traves AG hat das Investitionsprogramm (siehe folgende ▶ Tabelle) bereits evaluiert, indem er die Renditen für die Perioden 1 bis 5 und die durchschnittliche Rendite berechnet hat.

Begründen Sie kurz aufgrund einer ganz groben Schätzung, dass diese Berechnung mit sehr grosser Wahrscheinlichkeit wirtschaftlich sinnlos ist.

Ende Jahr	Inve-stition	Abschrei-bungen	Buchwert Investition	ø Buchwert Investition	Netto-Rück-flüsse Betrieb	Gewinn	ROI (Rendite)
0	10 000	0	10 000			0	
1	8 000	(5 000)	13 000	11 500		(5 000)	– 43,48 %
2	2 000	(4 000)	11 000	12 000	9 000	5 000	41,67 %
3		(4 000)	7 000	9 000	9 000	5 000	55,56 %
4		(4 000)	3 000	5 000	5 000	1 000	20,00 %
5		(3 000)	0	1 500	5 000	2 000	133,33 %
	20 000	(20 000)			28 000	8 000	41,42 %

▲ Evaluation des Investitionsprogrammes

16 Walser AG

Prüfung:	Berufsprüfung für Treuhänder 1988
Prüfungsfach:	Allg. Betriebswirtschaft
Richtzeit:	15 Minuten
Thema:	Absatz-Controlling

Die Walser AG produziert und verkauft ein einziges Produkt. Gehen wir von folgenden Zahlen aus:

▪ Produktionskapazität	90	Stück
▪ Herstellkosten (variable Kosten)	8 500	Fr./Stück
▪ Herstellkosten (fixe Kosten)	288 000	Fr.
▪ Vertriebskosten (variable Kosten)	800	Fr./Stück
▪ Vertriebskosten (fixe Kosten)	95 000	Fr.
▪ Verkaufspreis	15 000	Fr./Stück

Für die folgenden Break even-Analysen (Teilkostenrechnung) kann auch mit Bruchteilen von Stücken gerechnet werden. Zeigen Sie jeweils den Gang Ihrer Berechnungen.

Frage 1 Wie hoch müsste die Absatzmenge (in Stück/Jahr) sein, damit alle Kosten gedeckt sind?

Frage 2 Wieviel Jahresumsatz (in Fr.) müsste für einen Gewinn von 120 000 Fr. pro Jahr erzielt werden?

Frage 3 Wieviel Jahresabsatz (Stück) müsste für eine Umsatzrendite von 12% pro Jahr erzielt werden?

Frage 4 Welche Umsatzrendite kann höchstens erzielt werden?

Frage 5 Wie wird sich die Break even-Analyse von Frage 1 ändern, wenn mit einer Steuer von 30% des Gewinnes gerechnet werden muss? Begründen Sie Ihre Antwort.

17 Fall Lindag

Prüfung: Berufsprüfung für Treuhänder 1988
Prüfungsfach: Allg. Betriebswirtschaft
Richtzeit: 60 Minuten
Thema: Rechnungswesen

Die Möbelfabrik Lindag hat im Jahre 1985 begonnen, ihre veralteten Produktionsanlagen durch moderne, teils computergesteuerte Maschinen zu ersetzen. Gleichzeitig wurde eine Kapazitätserweiterung angestrebt, was verschiedene Investitionen erforderte.

17.1 Teil 1

Damit die Lindag ihre Finanzpolitik für das Jahr 1987 optimal gestalten und allfällig entstandene Schwachstellen beseitigen kann, sind Sie beauftragt, die Entscheidungsgrundlagen anhand von Kennzahlen zu erarbeiten.

Frage 1 Vervollständigen Sie die Bilanz per Ende 1985 sowie die fehlenden Kennzahlen auf den nachstehenden ▶ Lösungsblättern 1/1 und 1/2.

Bilanz (alle Zahlen in 1000 Fr.)	31.12.1985
Flüssige Mittel	...
Forderungen	3 600
Vorräte	...
Umlaufsvermögen	...
Anlagevermögen	...
Total Aktiven	...
Kurzfristiges Fremdkapital	...
Langfristiges Fremdkapital	...
Fremdkapital	...
Eigenkapital (AK 1 000)	...
Total Passiven	40 000
Reingewinn	990
Cash-flow	2 000
durchschnittliches Eigenkapital	...
Umsatz	...

▲ Lösungsblatt 1/1

Kennzahlen (auf 2 Dezimalen runden)	
Cash ratio	40%
Quick ratio	...
Current ratio	...
Anlagendeckungsgrad 1	...
Anlagendeckungsgrad 2	136%
Intensität des Umlaufvermögens	...
Anlageintensität	...
Fremdfinanzierungsgrad	...
Eigenfinanzierungsgrad	30%
Grad der langfristigen Finanzierung	85%
Cash-flow Umsatzrate	6,06%
Eigenkapitalrentabilität	9%
Umschlagshäufigkeit des durchschnittlichen Eigenkapitals	...
Umsatzrentabilität	...

▲ Lösungsblatt 1/2

17.2 Teil 2

Die Zwischenbilanz der Lindag zeigt per 30. Juni 1987 folgendes Bild:

	in 1000 Fr.	
Flüssige Mittel	600	
Forderungen	4 800	
Vorräte	13 000	
Anlagevermögen	38 600	
Kurzfristiges Fremdkapital		9 000
Langfristiges Fremdkapital		34 400
Eigenkapital inkl. laufender Gewinn (AK 1 000)		13 600
	57 000	57 000

Die Geschäftsleitung der Lindag unterbreitet Ihnen folgende Massnahmen zur Beurteilung:

a) Ausschöpfen der Kreditlimiten auf den kurzfristigen Bankschulden zur Erhöhung der flüssigen Mittel.

b) Gratiskapitalerhöhung aus offenen Reserven (die Emissionsabgabe und die Verrechnungssteuer sind nicht zu berücksichtigen).

c) Aktienkapitalerhöhung (der Ausgabepreis pro Aktie entspricht dem Buchwert [EK : Anz. Aktien], Barliberierung – Verwendung: 4/5 Abbau langfristiges Fremdkapital, 1/5 Erhöhung der flüssigen Mittel).

d) Im Anlagevermögen ist u.a. ein langfristiges Darlehen enthalten. Der Darlehensschuldner ist bereit, es lange vor Fälligkeit in bar zurückzuzahlen.

Frage 2 Beurteilen Sie diese Massnahmen in bezug auf ihre unmittelbaren Auswirkungen auf die auf dem ▶ Lösungsblatt 2 aufgeführten Kennzahlen und ergänzen Sie die Matrix mit den entsprechenden Symbolen. Dabei ist von der Zwischenbilanz per 30.6.1987 auszugehen.

Kennzahlen	a)	b)	c)	d)
Cash ratio				
Quick ratio				
Current ratio				
Anlagendeckungsgrad 1				
Anlagendeckungsgrad 2				
Intensität des Umlaufsvermögens				
Anlageintensität				
Fremdfinanzierungsgrad				
Eigenfinanzierungsgrad				
Grad der langfristigen Finanzierung				
Symbole: + steigt – sinkt o keine Veränderung				

▲ Lösungsblatt 2

Frage 3 Welche Massnahmen a) bis d) sind Bilanzkosmetik und ändern die finanzielle Lage der Unternehmung nicht?

18 Heureka AG[1]

Prüfung: Steuerexperten-Diplomprüfung 1990
Prüfungsfach: Betriebswirtschaft, Rechnungswesen, Finanzierung
Richtzeit: 30 Minuten
Thema: Investitionsrechnung

Die Heureka AG könnte zur vorübergehenden Ergänzung ihrer eigenen Produktionskapazitäten die Fabrik eines ehemaligen Konkurrenten kaufen, und zwar das Anlagevermögen (Liegenschaft, Maschinen und Einrichtungen) für 1,7 Mio. Fr. und dazu das Nettoumlaufvermögen in Höhe von 1,0 Mio. Fr. Sie wäre in der Lage, die Hälfte des zu investierenden Betrages aus eigenen Mitteln und die andere Hälfte durch Aufnahme eines zu 8% verzinslichen Festkredites mit einer Laufzeit von 6 Jahren zu finanzieren.

Es ist beabsichtigt, die Anlage während 6 Jahren zu nutzen und dann das vorhandene Nettoumlaufvermögen, die Liegenschaft, die Maschinen und Einrichtungen zum dannzumaligen Buchwert an eine Gesellschaft der Unternehmungsgruppe zu verkaufen.

Für Ihre Berechnungen stehen Ihnen die folgenden Angaben über erwartete Gewinne resp. Nettoanlagenzugänge (Ersatz- und Erneuerungsinvestitionen abzüglich Erlös aus dem Verkauf von Anlagegütern) in den einzelnen Jahren und über den erwarteten Stand des Nettoumlaufvermögens am Jahresende zur Verfügung (Beträge in 1000 Fr.):

	Anlagenzugänge	Stand des Nettoumlaufvermögens	Gewinn
1. Jahr	360	1 062	108
2. Jahr	406	1 032	103
3. Jahr	66	1 058	139
4. Jahr	50	1 046	180
5. Jahr	84	1 066	221
6. Jahr	53	1 100	268

Es ist vorgesehen, jährlich 10% des Buchwertes der Anlagen (Liegenschaften, Maschinen und Einrichtungen) abzuschreiben.

---

1 Hinweis: Die vorliegende Aufgabenstellung wurde um das Thema «Konzernrechnungslegung» gekürzt.

Frage 1 Welche Rendite wirft die Investition ab, berechnet nach der statischen Methode und nach der dynamischen Methode?

Frage 2 Um wieviel Franken müsste der jährlich erzielte Gewinn höher oder niedriger sein, damit sich nach der dynamischen Berechnungsmethode eine Rendite von 10% ergibt?

Frage 3 Beeinflusst die Wahl der Abschreibungsmethode und der Finanzierungsart das Ergebnis der Investitionsrechnung? (Begründete Antwort).

19 Freuler AG

Prüfung:	Berufsprüfung für Treuhänder 1990
Prüfungsfach:	Allg. Betriebswirtschaft und Rechnungswesen
Richtzeit:	60 Minuten
Thema:	Ersatzinvestition

Der Gerätehersteller Freuler AG entwickelte und baute kürzlich (Ende 19.0) eine für seine Bedürfnisse gebaute Spezialanlage, mit der bestimmte Bauteile hergestellt werden sollen. Mit dieser bereits voll bezahlten Anlage wurden bisher nur wenige Versuchsexemplare produziert.

Die Daten für die Spezialanlage lauten:

▪ Spezialanlage	1 000 000	Fr.
▪ Abschreibung linear	4	Jahre
▪ Liquidationswert Ende 19.0	100 000	Fr.
▪ Liquidationswert Ende 19.4	25 000	Fr.
▪ Produktionsleistung	100	%

Per 1.1.19.1 bietet ein Vertreter einer Maschinenfabrik eine Anlage mit neuer Technologie an, die für die Produktion der Bauteile besser geeignet scheint. Sie arbeitet rationeller und nützt das Material besser aus. Aus der Offerte können folgende Leistungs- und Kostendaten entnommen werden:

▪ Alternative Maschine	1 500 000	Fr.
▪ Liquidationswert Ende 19.4	0	Fr.
▪ Nutzungsdauer	4	Jahre
▪ Einsparung Materialkosten	20	%
▪ Produktionsleistung	160	%
▪ Einsatzbereitschaft	1.1.19.1	

Für die Produktion und den Absatz der mit der bisherigen Anlage hergestellten Geräte gelten folgende Daten:

▪ Materialverbrauch	15	Fr./Stück
▪ Einzellohn	12	Fr./Stück
▪ variable Herstellgemeinkosten (lohnabhängig)	8	Fr./Stück
▪ fixe Herstellgemeinkosten (exkl. Abschreibung)	15 000	Fr./Jahr
▪ fixe Verwaltungs-/Vertriebskosten	12 000	Fr./Jahr
▪ Absatz	50 000	Stück/Jahr
▪ Absatzpreis	40	Fr./Stück
▪ kalkulatorischer Zins	12	%

Frage 1 Berechnen Sie mit der Kapitalwertmethode, ob der Einsatz der neuen Spezialanlage durch die leistungsfähigere und sparsamere Maschine wirtschaftlich sinnvoll ist.

Frage 2 Bestimmen Sie die Rückzahlungsfrist (Pay back-Dauer) für die Ersatzanlage.

Frage 3 Berechnen Sie den kalkulatorischen Zinssatz, für den beide Alternativen gleichwertig sind.

20 Spielwaren AG

Prüfung: Berufsprüfung für Treuhänder 1990
Prüfungsfach: Allg. Betriebswirtschaft und Rechnungswesen
Richtzeit: 60 Minuten
Thema: Break even-Analyse, Kalkulation

20.1 Nutzschwellenberechnung

Die Spielwaren AG in der Zentralschweiz stellt

- Puppenstuben,
- Spielwaren,
- Swiss Chalets und
- Souvenirartikel

her; dies alles in verschiedenen Grössen und Qualitätsstandards. Sie beraten die Spielwaren AG seit einem Jahr. Der Absatz der «Swiss Chalets klein» stagniert oder ist rückläufig. Der Buchhalter der Spielwaren AG unterbreitet Ihnen für die Sparte «Swiss Chalets klein» die folgenden Zahlen:

Kapazität	50%	75%	100%
Kosten			
■ **Materialkosten**	90 000	135 000	180 000
■ **Fertigungskosten**	85 000	110 000	135 000
■ **Verwaltung und Vertrieb**	40 000	45 000	50 000
	215 000	290 000	365 000
Hergestellte und verkaufte Stücke	10 000	15 000	20 000
Verkaufspreis	20	20	20
Verkaufserlös	200 000	300 000	400 000
(Verlust)/Gewinn	(15 000)	10 000	35 000

Die Geschäftsleitung möchte von Ihnen wissen:

Frage 1 Wie gross ist der Deckungsbeitrag eines «Swiss Chalets klein»?

Frage 2 Wie gross sind die «fixen» Kosten für die Produktion der «Swiss Chalets klein»?

Frage 3 Wo liegt die mengenmässige *und* die wertmässige Nutzschwelle der «Swiss Chalets klein»?

20.2 Kalkulation

Die Kapazität der Abteilung «Swiss Chalets gross» ist sehr gut ausgelastet. Es sind aus dieser Abteilung die folgenden Zahlen bekannt:

- Produktion und Verkauf bisher: 15 000 Stück
- Verkaufspreis des «Swiss Chalets gross»: 60 Fr.
- Reingewinnspanne 40% (vom Verkaufspreis gerechnet)
- Kosten:
  - Materialkosten 50%
  - Fertigungskosten = fix 40%
  - VV-Kosten 10%

Die Materialkosten erhöhen sich um 20% und die VV-Kosten um 10%.

Für Ihre folgenden Berechnungen können Sie davon ausgehen, dass sich die Material- und VV-Kosten proportional variabel zur Produktion verändern. Alle produzierten «Swiss Chalets gross» werden verkauft. Es wird nicht an Lager produziert.

Die Geschäftsleitung möchte von Ihnen folgende Fragen beantwortet haben (ungeachtet Ihrer Berechnungen unter 20.1):

Frage 4 Wie gross müsste der Verkaufspreis pro «Swiss Chalets gross» sein, wenn mit der gleichen Gewinnspanne (40%) gerechnet wird?

Frage 5 Wieviele «Swiss Chalets gross» müssen verkauft werden, wenn der Preis weiterhin 60,– Fr. pro Stück betragen soll, der absolute Gewinn aber gleich bleiben muss?

20.3 Gewinnmaximum

Der Präsident des Auslandschweizervereins in New York, John Miller, Marketingspezialist bei Macy's Department Store, verbrachte seine Ferien in der Schweiz. Vor seiner Heimreise in die USA kaufte er als Geschenke für seine Enkel und Neffen 5 Exemplare des Spielzeugs «Holzbausteine». Mit seinen Geschenken hatte John Miller durchschlagenden Erfolg.

John Miller stellte fest, dass dieses Spielzeug sehr gefragt ist und dass sich die Nachfrage nach diesem Spielzeug wie folgt verhält:

Nachfrage = Preis pro Stück = $90 - 0{,}002\,x$

Diese Aussage bedeutet: Bei 90,– Fr. können keine Spielzeugkästen verkauft werden, weil der Preis zu hoch erscheint. Wenn der Preis pro Spielkasten um 2,– Fr. gesenkt wird, können jeweils 1000 Spielkästen mehr verkauft werden.

John Miller ersucht nun die Spielwaren AG, ihm eine Offerte zu unterbreiten und schreibt, dass er jede von der Spielwaren AG gewünschte Anzahl «Holzbaukästen» übernehmen werde, sofern die vorerwähnte Preisrestriktion eingehalten wird.

Sie werden als Berater beauftragt, die entsprechenden Abklärungen vorzunehmen. Die Firma beabsichtigt, Ihre Ratschläge zu befolgen. Die Lösung ist unabhängig von den Fragen und Antworten unter 20.1 und 20.2 vorzunehmen.

Wenn die Spielwaren AG den Auftrag übernimmt, so wird das folgende Konsequenzen für die Firma haben (Zahlen etc. stark vereinfacht und Annahme, dass 5 Jahre geliefert werden kann):

Kalkulation

Einzelmaterial	22,00	Fr.	
Hilfsmaterial, Fertigungskosten	7,00	Fr.	
Vertrieb (Verpackung und Versand)	11,00	Fr.	
Total proportional variable Kosten	40,00	Fr.	
Anschaffung eines Hochleistungsautomaten	300 000,00	Fr.	
Bauliche Veränderungen für den Automaten	100 000,00	Fr.	
Zusätzliche Personalkosten (fix)	150 000,00	Fr.	p.a.
Zusätzlicher Fremdkapitalzins	ø 40 000,00	Fr.	p.a.

Der neue Automat ist nach fünf Jahren nichts mehr wert und die baulichen Veränderungen dienen dem Projekt nicht mehr. Der Automat und die baulichen Veränderungen müssen also innerhalb von fünf Jahren abgeschrieben werden.

Die Spielwaren AG möchte aus dem New Yorker-Auftrag den Gewinn maximieren.

Frage 6 Wieviele Stück und zu welchem Preis sollen pro Jahr offeriert werden (Gewinnmaximierung)?

Frage 7 Die Direktion beschliesst, 13 000 Stück pro Jahr zu liefern. Zu welchem Maximalpreis kann sie diese 13 000 Holzbaukästen offerieren, unter Berücksichtigung der Nachfragefunktion (90 – 0,002 x)?

Frage 8 Wie hoch sind bei 13 000 Stück

- der totale Absatz?
- der totale Aufwand?
- der totale Gewinn?

21 Materialwirtschaft und Personal

Prüfung: Berufsprüfung für Treuhänder 1992
Prüfungsfach: Allgemeine Betriebswirtschaft und Rechnungswesen
Richtzeit: 40 Minuten
Thema: Materialwirtschaft, Personal (Akkordlohn, Produktivität, Wirtschaftlichkeit)

21.1 Materialwirtschaft

Die ABC-Analyse ist in der Praxis ein verbreitetes Instrument der Materialwirtschaft.

Frage 1 Wann und weshalb wird im Zusammenhang mit der Materialwirtschaft eine ABC-Analyse durchgeführt?

Frage 2 Bestimmen Sie anhand der nachfolgenden Daten die ABC-Güter und begründen Sie Ihre Einteilung.

Rang	Art. Nr.	Mengenverbrauch		Wertverbrauch	
		absolut	%	absolut	%
1	1	50	0,2	56 000	56,1
2	2	3 750	16,9	25 500	25,6
3	4	1 000	4,5	7 200	7,2
4	5	150	0,7	3 480	3,5
5	3	250	1,1	2 700	2,7
6	6	7 500	33,8	2 400	2,4
7	8	5 000	22,5	1 600	1,6
8	7	4 500	20,3	900	0,9
		22 200	100,0	99 780	100,0

Frage 3 Nennen Sie zwei zusätzlich zur ABC-Analyse zu berücksichtigende Aspekte.

Frage 4 Zeigen Sie am Beispiel einer Treuhandunternehmung, dass das Prinzip der ABC-Analyse auch ausserhalb des Bereiches «Materialwirtschaft» angewandt werden kann.

21.2 Personal

In einer Schuhfabrik überlegt sich der Personalchef, ob er zur Erhöhung der Produktivität der Mitarbeiter vom bisherigen Zeitlohn auf einen Akkordlohn wechseln soll. Während der Einführungszeit des Akkordlohnes geht er dabei von folgenden Daten aus:

- Der Mindestlohn soll 75 % des bisherigen Lohnes betragen.
- Die Vorgabezeit pro Paar Schuhe beträgt 40 Minuten.
- Der Minutenfaktor wird aufgrund des bisherigen Zeitlohnes berechnet.

Bis anhin verdiente ein Mitarbeiter im Zeitlohn 24,00 Fr. pro Stunde und stellte durchschnittlich 12 Paar Schuhe pro Tag (à 8 Arbeitsstunden) her.

Frage 5 Wie gross ist der Stundenverdienst eines Mitarbeiters, wenn er mit Akkordlohn pro Tag (à 8 Arbeitsstunden) 16, 13 oder 8 Paar Schuhe herstellt?

Anzahl Paar Schuhe pro Tag	Vorgabezeit	Minutenfaktor	Arbeitsstunden/Tag	Verdienst pro Stunde

Frage 6 Welche Arten von Akkordlohn unterscheidet man und welche Art hat die Unternehmung gewählt? (mit kurzer Begründung)

Frage 7 Um wieviel Prozent hat sich die Produktivität einerseits und die Wirtschaftlichkeit des Mitarbeiters nach Einführung des Akkordlohnes andererseits verändert, wenn er im Akkordlohn durchschnittlich 15 Paar Schuhe herstellt? Belegen Sie Ihr Ergebnis zahlenmässig und interpretieren Sie es (unter der Voraussetzung gleichbleibender Verkaufspreise).

22 Elektronik AG

Prüfung: Treuhandexperten-Prüfung 1992
Prüfungsfach: Betriebsberatung und Betriebsorganisation
Richtzeit: 75 Minuten
Thema: Anwendung Kostenrechnung, Grundzüge Marketing

Die Elektronik AG entwickelte ein neues Produkt. Entwicklung und Versuche sind abgeschlossen. Die Serienproduktion des neuen Produktes kann anlaufen.

Bereits vor der Entwicklung wurde eine Marktpotentialanalyse zum Bedarf durchgeführt. Ergänzende Marktuntersuchungen ergaben nun folgende Anhaltspunkte zu den möglichen Absatzmengen in Abhängigkeit zu den Endverkaufspreisen:

Endverkaufspreis	voraussichtliche Absatzmengen
750 Fr.	16 000
900 Fr.	13 000
1 100 Fr.	10 000

Das neue Produkt wird über den Fachhandel vertrieben. Der Endverkaufspreis wird im Sinne der vertikalen Preisbindung durch den Produzenten vorgeschrieben. Für den Handel ist insgesamt eine Marge von 40% des Endverkaufspreises einzukalkulieren.

Prospekte, Plakate und POS-Material werden durch den Produzenten bereitgestellt und den Wiederverkäufern abgegeben. Es wird dafür mit Fixkosten von 800 000 Fr. gerechnet.

Ferner stellt die Elektronik AG die nationale Werbung sicher. Marktuntersuchungen ergaben folgende Anhaltspunkte betreffend Absatzsteigerung in Abhängigkeit zur Werbeintensität (Steigerung in Prozent der Ausgangsmengen gemäss obiger Tabelle):

Werbeaufwand	Absatzsteigerungen
+ 400 000 Fr.	10%
+ 800 000 Fr.	20%
+ 1 500 000 Fr.	30%

Für Verpackung, Versand, Fakturierung und Provisionen ist mit variablen Vertriebskosten von 20,– Fr. pro Stück zu rechnen.

In der Fabrikation fallen Fixkosten von 3 Mio. Fr. sowie folgende variable Kosten an:

bei einer Produktionsmenge von	Fr./Stück
9 000 – 13 999 14 000 – 17 000 17 000 – 20 000 über 20 000	130 120 110 80 zuzüglich sprungfixe Kosten von 300 000 Fr.

Vom neuen Produkt wird überdies ein anteilmässiger Betrag an die allgemeinen unternehmerischen Bereitschaftskosten von 500 000 Fr. erwartet.

Frage 1 Die Elektronik AG strebt einen möglichst grossen Gewinn an. Welche Kombination von Preis/Absatzmengen und Zusatzwerbung empfehlen Sie?

Frage 2 Was für ein Gewinn ist zu erwarten (Berechnungen und Zwischenergebnisse sind auszuweisen)?

Frage 3 Was ist und welche Fragestellungen beantwortet eine Marktpotentialanalyse?

Frage 4 Unter Absatzstrategie wird das zielgerichtete Vorgehen und das Aufeinanderabstimmen der Marketinginstrumente Produktepolitik, Distribution, Kommunikation und Konditionen verstanden.

Zeigen Sie anhand der Elektronik AG, welche Elemente des Fallbeispiels welchen Instrumenten zuzuordnen sind.

23 Fachbuch AG

Prüfung:	Bücherexperten-Prüfung 1994
Prüfungsfach:	Betriebswirtschaftslehre, Rechnungswesen, Organisation, EDV
Richtzeit:	75 Minuten
Thema:	Preisbestimmung und Kosten für die Neuauflage eines Lehrbuches

Annette Kälin, die bisher als Controller in einem Industriebetrieb tätig war, erhielt kürzlich die Stelle als Verlagsleiterin der Fachbuch AG, einem alteingesessenen Unternehmen, das vorwiegend wirtschaftswissenschaftliche Literatur für Studenten und Praktiker druckt und verkauft. Ihre erste Aufgabe betrifft die Preisfestsetzung für die 3. Auflage des Buches «Erfolgsanalyse» von Prof. Dr. Markus Moser. Die beiden ersten Auflagen konnten während je 4 Jahren verkauft werden. Bezüglich der 2. Auflage ergaben sich folgende Daten:

	1. Jahr	2. Jahr	3. Jahr	4. Jahr
▪ Anzahl gedruckte Exemplare	10 000	12 500	12 500	–
▪ Anzahl verkaufte Exemplare	8 000	9 000	8 000	5 000
▪ abgegebene Gratisexemplare	1 500	500	250	250
▪ Verkaufspreis an Buchhändler je Exemplar	36,–	36,–	36,–	36,–

Bezüglich der Produktionskosten (exkl. Druckkosten) für das Manuskript der 3. Auflage ergibt sich folgende Zusammenstellung:

▪ Zahlung an Moser für das Manuskript der völlig überarbeiteten Neufassung	10 000,–
▪ Bearbeitungskosten bei der Fachbuch AG	18 000,–
▪ Bearbeitungskosten bei anderen Firmen und aussenstehenden freien Mitarbeitern (grafische Gestaltung, Layout usw.)	50 000,–
▪ Vorbereitung des Schlagwort-Verzeichnisses durch einen aussenstehenden freien Mitarbeiter	2 000,–
	80 000,–

Diese Kosten von 80 000,– sind schon verursacht und in den nächsten Tagen zu bezahlen. Das Buch geht in der ersten Woche des neuen Jahres 19.1 in den Druck und soll in 2 Monaten in den Buchhandel ausgeliefert werden. Die Gesamtauflage soll wieder 35 000 Ex. umfassen.

Die Druckkosten hängen von der Anzahl miteinander zu druckender Exemplare ab. Die Druck AG offeriert für einen Produktionslauf:

Anzahl Exemplare	Offertpreis
2 500	50 000
5 000	85 000
7 500	115 000
10 000	140 000
12 500	160 000
über 12 500	160 000 + 3,–/Ex. über 12 500

Die Druck AG verlangt die Zahlung des entsprechenden Preises bei Beginn des Produktionslaufes. Annette Kälin beabsichtigt, 20 000,– für das Marketing dieses Buches im Jahr 19.1 auszugeben. In den folgenden Jahren 19.2, 19.3 und 19.4 werden es je 10 000,– sein. Diese Beträge werde jeweils Anfang Jahr ausgegeben.

Der Assistent von Frau Kälin hat folgende Aufstellung vorbereitet, um seinen Vorschlag für einen Verkaufspreis (An Buchhändler) von 66,– /Ex. zu unterstützen (den Hinweis von Frau Kälin, dass die Kapitalkosten für die Fachbuch AG mit 12% zu veranschlagen seien, betrachtet er als irrelevant für diese Kalkulation):

Erstellen und Vorbereiten des Manuskriptes	80 000
Marketing-Kosten	20 000
Druckkosten für 10 000 Exemplare	140 000
	240 000
Geschätzte Verkäufe 19.1	
(basierend auf den Verkaufsdaten der 2. Auflage)	8 000 Ex.
Kosten pro Exemplar 19.1 (240 000,– : 8 000)	30,–
Deckungsbeitrag 120% der Kosten,[1] inbegriffen 10%	
Autorenhonorar vom Verkaufspreis an Buchhändler (6,60)	36,–
Verkaufspreis von Buchhändler	66,–

Annette Kälin hat das Gefühl, dass der Grosshandelspreis von 66,–/Ex. zu hoch sei. Er liegt mehr als 50% über dem im letzten Jahr verlangten Preis

1 Aufgrund einer kürzlich erfolgten Untersuchung belastet der Verlag Bücher dieser Art Gemeinkosten (diverse Baraufwendungen) von 235 000,– im 1. Jahr und dann jährlich 180 000,– (Annahme: Anfall jeweils am Jahresende). Zur Deckung dieser Kosten, des Autorenhonorars, und eines Gewinnanteils schlägt der Assistent vor, den Verkaufspreis an Buchhändler um 120% über den Produktionskosten (Manuskript- und Druckkosten) festzusetzen.

für die 2. Auflage. Wenn noch die Buchhändler-Marge von etwa 50% vom Einstandspreis dazukommt, liegt der Verkaufspreis für die Käufer bei nahezu 100,–. Bücher ähnlichen Umfanges und Inhalts kosteten bisher nie über 90,–.

Die Zahlungen der Buchhändler erfolgen jeweils Ende Jahr. Ebenso werden die Autorenhonorare jeweils Ende Jahr ausbezahlt.

Ein im Verkauf tätiger Mitarbeiter der Fachbuch AG übermittelt Frau Kälin, dass im grössten Konkurrenzverlag in etwa drei Monaten ein ähnliches Werk eines bekannten Professors erscheinen soll. Dieser Verlag ist für seine niedrigen Preise und grossen Auflagen bekannt.

Schreiben Sie ein Expose für Frau Kälin, in dem Sie insbesondere die folgenden Punkte behandeln:

Frage 1 Nehmen Sie kritisch Stellung zum Vorschlag des Assistenten.

Frage 2 Erstellen Sie eine Kalkulation (oder mehrere Kalkulationen, max. 3) in einer Art und Weise, dass sie Frau Kälin hilfreich für ihre Preisentscheidung ist (sind).

Frage 3 Nehmen Sie an, die Fachbuch AG entschliesst sich, zu Beginn des Jahres 19.1 einen Produktionslauf von 35 000 Exemplaren zu bestellen. Welche weiteren relevanten Kosten können aus dieser Entscheidung entstehen? Was spricht dafür und dagegen, einen Produktionslauf von 35 000 Exemplaren 19.1 zu bestellen?

Frage 4 Frau Kälin rechnet damit, dass der Preis für die Verkaufschancen eine grössere Rolle spielt als in der Vergangenheit. Sie möchte deshalb wissen, bei welchem Detailverkaufspreis die von Ihnen in Frage 2 rechnerisch berücksichtigten Kosten, das Autorenhonorar sowie die übliche Buchhändler-Marge gerade gedeckt sind. Dabei ist davon auszugehen, dass die gesamte Auflage von 35 000 Exemplaren zu Beginn des Jahres 19.1 in einem einzigen Produktionslauf hergestellt wird. Die Anzahl der verkauften Exemplare darf gleich hoch angenommen werden wie für die 2. Auflage (d.h. 8000/9000/8000/5000 Exemplare in den Jahren 19.1 bis 19.4). Die Buchhändler bezahlen jeweils Ende Jahr.

24 Betriebswirtschaftslehre (diverse Probleme)

Prüfung:	Berufsprüfung für Treuhändler 1994
Prüfungsfach:	Betriebswirtschaftslehre und Rechnungswesen
Richtzeit:	45 Minuten
Thema:	Marketing, Materialwirtschaft, Führung, Produktion

24.1 Marketing

Als Marketingfachmann beraten Sie Industrie- und Dienstleistungsbetriebe.

Frage 1 Bei der Erfolgskontrolle einer Werbekampagne mittels Werbebriefen für einen bestimmten Autotyp stehen Ihnen folgende Daten zur Verfügung:

▪ total der versandten Werbebriefe	10 000
▪ Prozentualer Anteil der Werbeerinnerer nach 2 Monaten seit Erhalt des Werbebriefes	25 %
▪ effektiv erreichte Werbeadressaten	6 800
▪ Zahl der Werbeadressaten, die ein Auto aufgrund des Werbebriefes kauften	987

Ihr Kunde, ein Autoimporthändler, möchte aufgrund dieser Daten die folgenden Kennziffern von Ihnen:

a) die Zahl der Werbeerinnerer
b) den Kauferfolg.

Frage 2 Für einen Marktbericht ermitteln Sie aus den folgenden Daten über Produkt Z

a) das Marktvolumen von Produkt Z
b) den Marktanteil von X-AG.

Marktdaten:

▪ Marktpotential für Produkt Z pro Jahr:	200 Mio. Fr.
▪ Jahresumsatz von Produkt Z von X-AG:	15 Mio. Fr.
▪ Sättigungsgrad von Produkt Z:	92 %

24.2 Materialwirtschaft

In einer Industrieunternehmung sind in bezug auf das Lagerwesen folgende Daten bekannt:

Anforderungen (Bestellungen) aus der Fertigungsabteilung:

▪ Anzahl Anforderungen total pro Jahr	11 500	Stück
davon sofort erledigt	9 580	Stück
▪ mengenmässige Anforderungen total pro Jahr	1 155 000	kg
davon sofort ausgeführt total	908 000	kg
▪ Anfangsbestand des Lagers	110 000	kg
▪ Endbestand des Lagers	100 000	kg

Frage 3 Zuhanden der Geschäftsleitung müssen Sie folgende Kennziffern ermitteln:

a) Anforderungsbereitschaftsgrad,
b) Mengenbereitschaftsgrad,
c) durchschnittliche Lagerdauer.

Frage 4 Die Geschäftsleitung möchte von Ihnen wissen, welche Gründe für das Bestellpunkt- oder das Bestellrhythmussystem sprechen. Erläutern Sie kurz je zwei Vorteile.

24.3 Führung

Die Produkt-Portfolio-Analyse wird bei zunehmendem internationalen Konkurrenzkampf auf gesättigten Märkten durch Konzernleitungen immer häufiger eingesetzt. Dabei spielt das Modell des Produkt-Lebenszyklus eine zentrale Rolle.

Frage 5 Wie entwickeln sich der Gewinn und der Umsatz in den einzelnen Phasen des Produkt-Lebenszyklus? Kurzbeantwortung in einer Übersicht. Die einzelnen Phasen sind zu benennen.

Bezeichnung der Phase	Gewinn	Umsatz
1.		
2.		
3.		
4.		
5.		

▲ Entwicklung von Gewinn und Umsatz in den 5 Phasen des Produkt-Lebenszyklus

Frage 6 Charakterisieren Sie stichwortartig die vier Portfolio-Produkt-Kategorien, welche die Boston Consulting Group entwickelt hat. Dabei sollen pro Kategorie folgende Unterscheidungsmerkmale berücksichtigt werden (die Produkt-Kategorien sind zu nennen):

- Marktwachstum
- Marktanteil und
- dazugehörige Strategieart.

Produkt-Kategorie	Marktwachstum	Marktanteil	Strategieart
1.			
2.			
3.			
4.			

▲ Portfolio-Produkt-Kategorien der Boston Consulting Group

24.4 Produktion

Im Industriebetrieb X-AG beträgt der Verkaufspreis eines Produktes A 125,– Fr. pro Einheit. Die Produktionsplanung hat einen Break-even-Jahresumsatz für Produkt A von 3,45 Mio. Franken ermittelt, wobei man von Fixkosten im Betrag von 680 680,– Fr. pro Jahr ausging.

Die Geschäftsleitung von X-AG möchte vor dem Produktionsentscheid von der Produktionsplanung folgende Informationen haben (alle Berechnungen sind genau anzugeben):

Frage 7 Die Mindestanzahl von Produkten A, die jährlich produziert und verkauft werden müssen, damit die langfristige Preisuntergrenze (Nutzschwelle) von 3,45 Mio. Franken erreicht wird. Das Resultat ist auf Stück genau anzugeben.

Frage 8 Den Betrag zur Erzielung der kurzfristigen Preisuntergrenze für ein Produkt A. Das Resultat ist auf Rappen genau anzugeben.

Frage 9 Die langfristige Preisuntergrenze soll mengen- und betragsmässig ermittelt werden, und zwar unter Berücksichtigung der neuesten Informationen der Absatz- und Produktionsabteilung (Rundung der mengenmässigen Preisuntergrenze auf 10 Stück):

Wegen der Rezession rechnet die Absatzabteilung nur noch mit einem realisierbaren Verkaufspreis von 115,– Fr. pro Stück. Die variablen Stückkosten vermindern sich um 5 %, wogegen die Fixkosten unverändert bleiben.

25 Trinkwasserversorgungswerk

Prüfung:	Berufsprüfung für Treuhänder 1994
Prüfungsfach:	Betriebswirtschaftslehre und Rechnungswesen
Richtzeit:	60 Minuten
Thema:	Investitionsrechnung

Das Trinkwasserversorgungswerk der Tessiner Gemeinde G. (anschliessend TWW genannt) beabsichtigt, seine Produktions- und Verteileranlagen zu erneuern. Vorgesehen sind der Bau einer neuen Pumpstation und die Erweiterung des Verteilernetzes. Die voraussichtlichen Kosten für diese Investition werden auf 1,5 Mio Fr. geschätzt. Die Bauarbeiten sind für das Jahr 19.3 vorgesehen, so dass die neue Anlage zu Beginn des Jahres 19.4 betriebsbereit sein wird; die Bauabrechnungen werden auf den gleichen Zeitpunkt fällig. Die geschätzte Nutzungsdauer für die Investition beträgt 25 Jahre.

Die bisherige finanzielle Lage des TWW ist aus folgenden Angaben ersichtlich (die Beträge verstehen sich in 1000,– Fr.):

Bilanz per 31.12.19.2			
Liquide Mittel	9,8	15,6	Kreditoren
Debitoren	10,2	260,0	Darlehen Raiffeisenkasse (festverzinslich)
Anlagen	320,0	64,4	Eigenkapital
	340,0	340,0	
Erfolgsrechnung des Jahres 19.2			
Unterhalt der Anlagen	22,2	51,5	Einnahmen aus Wasserverbrauch[1]
Zinsaufwand (6 %)	15,6		
Abschreibungen (Anlagen)	30,0	8,7	Zählermieten
übr. liquid. wirksamer Aufw.	5,9	4,4	Anschlussgebühren
Reingewinn	0,9	10,0	Gemeindebeitrag (Subvention)
	74,6	74,6	

1 verrechnet wurden 58 500 m³

Bis Ende 19.3 bleibt die Einwohnerzahl der Gemeinde G. unverändert bei 650 Personen. Durch die Fertigstellung eines Wohnbaukomplexes wird die Bevölkerungszahl auf Beginn des Jahres 19.4 um 200 Personen steigen, so dass sich die Erweiterung der Trinkwasserversorgung aufdrängt. In der Folge wird in der Gemeinde G. mit einer gleichbleibenden Wohnbevölkerung gerechnet.

Die Gemeindeverwaltung von G. beauftragt ihren Finanzberater, verschiedene Berechnungen in Zusammenhang mit der Investition anzustellen.

Frage 1 Gemäss Bilanz vom 31.12.19.2 hat das TWW ein Bankdarlehen von 260 000,– Fr.

a) In wie vielen Jahren ist das Darlehen vollständig zurückbezahlt, wenn eine gleichbleibende, dem Cash-flow des Jahres 19.2 entsprechende Summe für die Zins- und Darlehensrückzahlung verwendet wird?

b) Das Ergebnis in Frage 1a) ist mittels einer Übersicht über die Entwicklung der Restschuld nachzuweisen. (Lösungshinweis: Die Annuitäten sind für jedes Jahr in einen Zins- und einen Rückzahlungsanteil aufzuspalten; der Zins ist jeweils auf 100,– Fr. *auf*zurunden.)

Frage 2 Für die weiteren Berechnungen ist von folgenden Annahmen auszugehen:

- die Trinkwassergebühren (Rp./m^3 auf ganze Rp. runden) bleiben für die ganze Nutzungsdauer der Investition unverändert (also wie 19.2),
- der Trinkwasserverbrauch pro Kopf bleibt ebenfalls gleich wie 19.2,
- die Einnahmen für die Zählermieten steigen per 19.4 um 2880,– Fr.,
- die weiteren Erträge gemäss Erfolgsrechnung 19.2 bleiben gleich,
- die Unterhaltskosten und übrigen liquiditätswirksamen Aufwendungen steigen ab 19.4 um insgesamt 3700,– Fr.

a) Wie gross ist der jährlich anfallende Cash-flow der Gesamtanlage ab 19.4?

b) Berechnen Sie den Kapitalwert (Net present value) der Investition von 1 500 000,– Fr., unter Berücksichtigung der Tatsache, dass während einigen Jahren ein Teil des Cash-flows für die Zins- und Rückzahlungen gegenüber der Raiffeisenkasse verwendet wird (vgl. Frage 1). Kapitalisierungssatz: 6%; Nutzungsdauer: 25 Jahre.

Lösungshinweis: Bei den Berechnungen ist vom Cash-flow, der in a) ermittelt worden ist, auszugehen. Ergebnis auf ganze Fr. runden.

c) Um wieviele Fr. (auf ganze Fr. runden) müsste der jährliche Gemeindebeitrag erhöht werden, damit der Kapitalwert 0 beträgt?

d) Nehmen Sie an, eine Erhöhung des Gemeindebeitrages sei nicht möglich; dadurch lässt sich eine Gebührenanpassung per 19.4 nicht umgehen. Um wieviele Rp./m^3 müsste der Verbrauchertarif erhöht werden, damit – unter Annahme eines gleichbleibenden Trinkwasserverbrauches pro Kopf wie bei Frage 1 – der Kapitalwert 0 wäre?

26 Allgemeine Betriebswirtschaft

Prüfung:	Berufsprüfung für Treuhänder 1996
Prüfungsfach:	Allgemeine Betriebswirtschaft und Rechnungswesen
Richtzeit:	60 Minuten

26.1 Finanzierung

Die Firma Gomotex benötigt trotz grosser Reservebildung in den letzten Jahren zur Finanzierung ihres starken Wachstums zusätzliches Kapital. Sie entschliesst sich deshalb zu einer Erhöhung ihres Aktienkapitals, das zur Zeit 100 Mio. Franken beträgt, um 10 %. Durch die Kapitalerhöhung sollen der Firma 200 Mio. Franken an flüssigen Mitteln zufliessen. Das Aktienkapital setzt sich aus Inhaber- und Namenaktien zusammen, wobei der Nennwert der Namenaktie das zweieinhalbfache des Nennwertes der Inhaberaktie beträgt. Durch die Kapitalerhöhung soll sich das Verhältnis zwischen den Inhaber- und den Namenaktien nicht ändern.

Zur Beantwortung der nachstehenden Fragen stehen Ihnen folgende Informationen zur Verfügung:

▪ Anzahl bisherige Inhaberaktien		750 000
▪ Nennwert der Inhaberaktie	Fr.	100
▪ Kurswert der Inhaberaktie vor Kapitalerhöhung	Fr.	2 500
▪ Kurswert der Namenaktie vor Kapitalerhöhung	Fr.	6 400
▪ Ausgabekurs Inhaberaktie	Fr.	2 000

Frage 1 Wie hoch ist das Bezugsverhältnis der Inhaber- und Namenaktien?

Frage 2 Wie gross ist das Bezugsrecht für Inhaberaktien? (Falls Sie das Bezugsverhältnis in Frage 1 nicht berechnen konnten, gehen Sie von einem Bezugsverhältnis von 5:1 aus.)

Frage 3 Wie hoch ist der theoretisch berechnete Börsenkurs einer Namenaktie nach Kapitalerhöhung?

Frage 4 Hat im vorliegenden Fall eine Kapitalverwässerung stattgefunden oder nicht? Begründen Sie kurz Ihre Antwort.

26.2 Organisation

Frage 5 Charakterisieren Sie die Spartenorganisation anhand der allgemeinen organisatorischen Strukturierungsprinzipien der Aufbauorganisation in Stichworten.

Frage 6 Bei welchen Gegebenheiten in einer Unternehmung drängt sich eine Spartenorganisation insbesondere auf? Nennen Sie vier Einflussfaktoren.

Frage 7 Welche drei Argumente sprechen für, welche drei gegen eine Spartenorganisation? (Max. ein Satz je Argument)

26.3 Führung

Als Assistent der Geschäftsleitung einer mittelgrossen Unternehmung stehen Sie vor der Aufgabe, ein Konzept für die strategische Planung zu erstellen. In diesem Zusammenhang, ist vorerst folgende Frage zu klären:

Frage 8 Worin bestehen die Unterschiede zwischen der strategischen und der operativen Planung? Weisen Sie diese Unterschiede anhand von sechs unterschiedlichen und eindeutig definierten Abgrenzungskriterien (in einer Matrixdarstellung; in Stichworten) nach.

26.4 Marketing

Frage 9 Erläutern Sie in wenigen Worten vier grundsätzliche Möglichkeiten, wie eine Unternehmung im Rahmen ihrer Preispolitik die Verkaufs-Preise festlegen kann.

Frage 10 Erläutern Sie den Unterschied zwischen der kurz- und der langfristigen Preisuntergrenze.

26.5 Materialbewirtschaftung/Statistik

Führen Sie anhand der folgenden Daten eine ABC-Analyse durch. Stellen Sie Ihre Lösungen in der nachstehenden ▶Tabelle bzw. dem nachstehenden ▶Lösungsblatt dar.

Material Nr.	Verbrauch in Stück	Preis pro Stück in Fr.
1	900	2,00
2	3000	0,50
3	500	45,00
4	1000	0,80
5	300	38,00
6	4000	0,05
7	800	8,00
8	750	6,00
9	300	3,00
10	1500	2,50

Frage 11 Berechnen Sie den mengenmässigen Verbrauch für jede Materialart in Prozenten.

Frage 12 Berechnen Sie den wertmässigen Verbrauch für jede Materialart in Prozenten und ordnen Sie die Materialarten in der Tabelle in absteigender Reihenfolge.

Frage 13 Teilen Sie die Materialarten in A-, B- und C-Güter (= Güterklassen) ein.

Rang	Mat. Nr.				Güterklasse
1.					
2.					
3.					
4.					
5.					
6.					
7.					
8.					
9.					
10.					

▲ Tabelle ABC-Analyse

Frage 14 Stellen Sie Ihre Lösung in einer Summenkurve dar (Beschriftung der Grafik, Kurvenverlauf).

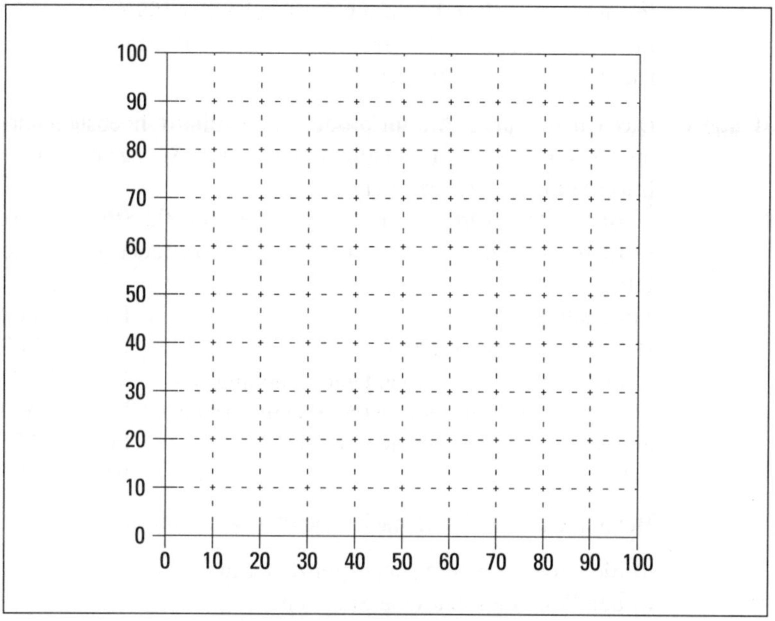

▲ Lösungsblatt

27 Allram

Prüfung: Berufsprüfung für Treuhänder 1996
Prüfungsfach: Allg. Betriebswirtschaft und Rechnungswesen
Richtzeit: 70 Minuten

Frage 1 Das Unternehmen Allram produziert qualitativ hochstehende Bilderrahmen aus Aluminium und Holz. Leider haben Sie zur Zeit nur sehr wenige Informationen zur Verfügung.

Bei einer erwarteten Produktion von 100 000 Stück im nächsten Jahr werden folgende geschätzte Kosten bzw. folgender geschätzter Erlös anfallen:

Materialkosten:	Fr.	800 000
Hilfsmaterial (wovon 50% variabel):	Fr.	700 000
Löhne (wovon 20% variabel):	Fr.	1 600 000
übrige Fertigungskosten (wovon 20% variabel):	Fr.	500 000
allgemeine Verw. + Vertriebs-Kosten (fix):	Fr.	666 000
Erlös:	Fr.	4 500 000

Berechnen Sie auf dem nachstehenden ▶Lösungsblatt:

a) die kurzfristige Preisuntergrenze je Stück,
b) den Deckungsbeitrag je Stück und
c) die mengenmässige Nutzschwelle aufgrund der gegebenen Daten (auf ganze Stück runden).

	Gesamtkosten [Fr.]		
Materialkosten	800 000		
Hilfsmaterial	700 000		
Löhne	1 600 000		
übrige Fertigungskosten	500 000		
allg. Verwaltungs- + Vertriebs-Kosten	666 000		
Total	4 266 000		
Erlös	4 500 000		

▲ Lösungsblatt

Frage 2 In einem Gespräch mit dem Geschäftsinhaber stellt sich heraus, dass die beiden Produktgruppen Aluminium und Holz, die auch weitgehend als selbständige Abteilungen funktionieren, getrennt betrachtet werden müssen. Für die Abteilung Aluminium erhalten Sie folgende Daten:

	Anteil variable Kosten	Gesamtkosten [Fr.]
Materialkosten	100%	500 000
Hilfsmaterial	50%	300 000
Löhne	20%	700 000
übrige Fertigungskosten	20%	300 000
allg. Verw. + Vertr.-Kosten	0%	400 000
		2 200 000

Der Contoller der Allram gibt Ihnen zusätzliche Angaben über die unterschiedlichen Grössen der Bilderrahmen. So produziert die Abteilung Aluminium drei verschiedene Grössen (A, B, C). Als relevantes Grössenkriterium gilt die Gesamtrahmenlänge. Zum Beispiel beträgt die Gesamtrahmenlänge des Rahmens A 50 cm (10,5 + 10,5 + 14,5 + 14,5), B = 150 cm, C = 200 cm. Von der Rahmengrösse scheinen nur die variablen Material- und Hilfsmaterialkosten beeinflusst zu werden (proportional im Verhältnis zur Rahmenlänge). Alle anderen variablen Kosten verhalten sich proportional zu den Stückzahlen. Folgende Mengen sollen angenommen werden: A: 20 000 Stück, B: 15 000 Stück, C: 25 000 Stück.

a) Berechnen Sie aufgrund der neuen Angaben die kurzfristigen Preisuntergrenzen der drei Aluminiumprodukte A, B, C.

	Total für die Abteilung					
	Gesamtkosten [Fr.]					
Materialkosten	500 000					
Hilfsmaterial	300 000					
Löhne	700 000					
übr. Fertigungskosten	300 000					
allg. Verw. + Vertr.-Kosten	400 000					
Total	2 200 000					

▲ Lösungsblatt

b) Wie gross wäre die mengenmässige Nutzschwelle (auf ganze Stück runden) des Produktes C, wenn angenommen wird, dass 20 000 A und 15 000 B produziert würden? (Erlös für A = Fr. 35.–, B = Fr. 45.–, C = Fr. 50.–)

Frage 3 Der Geschäftsleiter der Allram denkt an eine Expansion in den Bereich der Spezialfertigung (bezüglich der Rahmengrösse). Sie erhalten den Auftrag, für diese Idee das notwendige Zahlenmaterial mit dem Controller zu erarbeiten. Der Controller liefert Ihnen dazu eine detaillierte Analyse der Abteilung Aluminium. Daraus ist ersichtlich, dass der ganze Organisationsablauf der Aluminiumabteilung in folgende Teilschritte zerlegt werden kann: Einkauf/Lager, Formen, Färben, Schneiden, Zusammensetzen, Verpacken, Verkaufen.

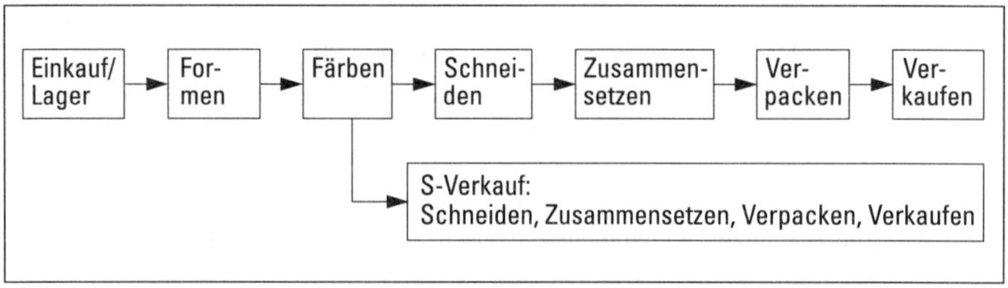

▲ Ablaufschema der Aluminiumabteilung der Allram (inkl. Spezialprodukte)

Die Spezialprodukte basieren auf den gleichen Materialien, welche erst beim Kundenkontakt auf die vom Kunden gewünschte Rahmengrösse zugeschnitten und zusammengesetzt werden. In den Bereichen Einkauf/Lager, Formen und Färben kann deshalb mit gleichen Kosten gerechnet werden, die auch für die normalen Produkte A, B, C gelten. Zugeschnitten, zusammengesetzt und verpackt werden die Spezialprodukte gleichzeitig mit dem Verkauf in einem neu zu gründenden Bereich (S-Verkauf). Letzterer ist losgelöst von der Verkaufsabteilung der normalen Produkte und verursacht durchschnittlich geschätzte Kosten von Fr. 15.– pro Spezialrahmen (unabhängig von der Rahmengrösse). Die Spezialprodukte sollen in Anlehnung an die bisherigen Produkte in 3 Rahmengrössen-Klassen eingeteilt werden: SA: < 125 cm, SB: 125 cm bis 174 cm, SC: 175 cm bis 250 cm. Dabei soll bei den rahmengrössenabhängigen Kosten – trotz der unterschiedlichen Rahmenlängen – mit den gleichen Kostenverteilungsverhältnissen wir für die Produkte A, B, C gerechnet werden. Für die Rahmengrössen-Klassen der Spezialrahmen werden einheitliche Verkaufspreise festgelegt. Beim Rahmen SA wird mit einem Erlös von Fr. 40.–, für SB von Fr. 50.– und für SC von Fr. 55.– gerechnet.

Variable Kosten der Abteilung Aluminium nach Angaben des Controllers:

Teilschritt	Material [Fr.]	Hilfsmaterial [Fr.]	Löhne [Fr.]	übrige Fertigungskosten [Fr.]	allg. Verw. + Vertriebs-Kosten [Fr.]	Total [Fr.]
Einkauf/Lager	500 000	20 000	18 000	8 000	0	
Formen		10 000	14 000	10 000	0	
Färben		20 000	20 000	8 000	0	
Schneiden		15 000	14 000	6 000	0	
Zusammensetzen		40 000	28 000	12 000	0	
Verpacken		25 000	20 000	16 000	0	
Verkaufen		20 000	26 000	0	0	
Total	**500 000**	**150 000**	**140 000**	**60 000**	**0**	**850 000**

a) Berechnen Sie den Deckungsbeitrag pro Stück der drei Spezialprodukte.

	Material	Hilfsmaterial	Löhne	übrige Fert.-kosten	allg. Verw. + Vertr.kosten				
	Fr.	Fr.	Fr.	Fr.	Fr.				

▲ Lösungsblatt

b) Um wieviel ändert sich der Gesamtgewinn des Unternehmens durch die Einführung der Spezialprodukte? (Annahme über den Absatz: SA: 500 Stück, SB: 1500 Stück, SC: 1000 Stück)

c) Wie hoch ist die mengenmässige Nutzschwelle (auf ganze Stück runden) für das Produkt C [im Vergleich zu Frage 2b)], wenn mit folgendem Absatz gerechnet wird: A: 20 000 Stück, B: 15 000 Stück, SA: 500 Stück, SB: 1500 Stück, SC: 1000 Stück? Bei der Berechnung ist von folgenden Deckungsbeiträgen auszugehen: für A + B zusammen Fr. 1 Mio., für S-Produkte zusammen Fr. 70 000.

Frage 4 Ein Do-It-Yourself-Geschäft wäre bereit, als einmaligen Auftrag 10 000 zugeschnittene Rahmen der Rahmengrösse SC direkt zu beziehen.

Welches wäre der Mindestpreis je Stück, wenn mit zusätzlichen Fixkosten (Investition in eine Maschine) von Fr. 40 000 gerechnet werden müsste und mindestens ein Deckungsbeitragssatz von 30% auf den variablen Kosten (nicht den zusätzlichen Fixkosten) erwirtschaftet werden sollte? Die Rahmen müssen nicht durch die Allram zusammengesetzt werden, und die Verpackungs- und Verkaufskosten können Sie vernachlässigen.

Teil 5

Lösungen

zu Teil 2 «Aufgaben»

Inhalt

Unternehmung und Umwelt

Grundlagen

L 9 **a)** Die Umweltanalyse wird für eine Unternehmung aus folgenden Gründen immer wichtiger:

- Die Anspruchsgruppen (Stakeholder, Interessengruppen) haben eine zunehmende Bedeutung, weil sie einerseits immer zahlreicher werden und andererseits grösseren Druck als früher ausüben können. Damit erhöht sich die **Relevanz** der Umwelt für die Unternehmung.
- Die Umwelt wird, beispielsweise aufgrund der technologischen Entwicklung und der zunehmenden Globalisierung der Wirtschaft, immer **dynamischer** und **komplexer,** d.h. sie verändert sich in stets kürzer werdenden Zeitabständen. Die Probleme, die sich der Unternehmung stellen, weisen vermehrt Zusammenhänge auf, die nicht mehr völlig überschaubar sind.
- Es gibt immer **weniger freie Güter.**

b)
- **Gesellschaftlicher Bereich:** Es entwicklen sich neue Essgewohnheiten (z.B. Fast Food) infolge eines veränderten Lebensstils (z.B. Arbeitszeiten) oder des Wandels kultureller Werte (z.B. Gesundheitsbewusstsein).
- **Ökologischer Bereich:** Zunehmende Umweltbelastungen (z.B. steigende Abfallmengen) überfordern die Regenerationsfähigkeit der Natur. Daraus folgt eine Verschärfung der Umweltschutzgesetze (z.B. Ver-

ordnung über Kehrichtsackgebühren). Dies führt unter anderem zu einer Reduktion von Verpackungsmaterialien. Die Unternehmung sieht sich auch wegen ihrer materialaufwendigen Verpackung der Esswaren vermehrt Angriffen von Umweltschutz- und Konsumentinnenorganisationen ausgesetzt.

- **Technologischer Bereich:** Entwicklung neuer Verpackungsmaterialien, neue Verarbeitungsmethoden von Nahrungsmitteln.
- **Ökonomischer Bereich:** allgemeine wirtschaftliche Entwicklung, Globalisierungstendenzen.

c)
- **Ökologischer und technologischer Bereich**
  - Schutzverpackungen ohne FCKW (Fluorchlorkohlenwasserstoffe),
  - Verwendung von rezykliertem Papier: Servietten, Tischsets, Kartonverpackungen, Briefpapier, Toilettenpapier,
  - Aufbau einer internen Umweltschutzabteilung,
  - Ersatz von Karton- durch Papierverpackungen,
  - Trennen und Wiederverwenden aller Abfälle: Karton, Plastik, Fritieröl und organische Reste,
  - Erstellen einer Ökoanalyse und Ökobilanz als Grundlage für weitere Umweltschutzaktivitäten,
  - Diesellastwagen (schwefelarmes Diesel) mit Katalysator für die Warentransporte,
  - Vermeiden von Leerfahrten.
- **Gesellschaftlicher und ökonomischer Bereich**
  Hier geht es darum, die Veränderungen und Entwicklungen genau zu verfolgen, um bei Bedarf sofort reagieren zu können. Dies bedingt den Aufbau entsprechender Frühwarnsysteme.

L 11 a) Bei der rechtlichen und wirtschaftlichen Selbständigkeit kommen das Konsortium, das Kartell und die Interessengemeinschaft in Frage.

- **Konsortium:** Dieses ist ungeeignet, da die Zusammenarbeit nicht nur auf einem Teilgebiet stattfinden soll und weil eine dauernde Kooperation angestrebt wird.
- **Kartell:** Dieses ist ebenfalls ungeeignet, weil die Zusammenarbeit in allen gemeinsamen Unternehmungsbereichen vorgenommen werden soll.
- **Interessengemeinschaft:** Diese ist geeignet, da eine mögliche Zusammenarbeit enger als beim Kartell ist und alle gemeinsamen Bereiche umfassen kann.

b) **Fusion** (Annexion oder Kombination).

c) Grundsätzlich kann in allen Unternehmungsbereichen ein Synergieeffekt erzielt werden, wie z.B.:
- EDV: gemeinsame Nutzung von Anlagen,
- Marketing: geringere Kosten durch gemeinsame Marketingaktivitäten (Werbung),
- Verwaltung: Senkung der Verwaltungskosten durch Zusammenlegung gewisser Aufgaben oder durch Aufgabenspezialisierung,
- Niederlassungen: Schliessen von Niederlassungen,
- Personal: Senkung der Personalkosten durch Personalabbau.

L 12 a) Nach dem alten Kartellgesetz (KG)[1] waren Kartelle wie folgt definiert: **Kartelle** sind «Verträge, Beschlüsse oder rechtlich nicht erzwingbare Abreden, die mittels gemeinsamer Beschränkung des Wettbewerbes den Markt für bestimmte Waren oder Leistungen beeinflussen oder zu beeinflussen geeignet sind, namentlich durch die Regelung der Erzeugung, des Absatzes oder Bezuges von Waren sowie der Preise und Geschäftsbedingungen. (Art. 2 Abs. 1)»

Das neue Kartellgesetz[2] spricht nicht von Kartellen, sondern von Wettbewerbsabreden. Nach Art. 4 KG handelt es sich bei **Wettbewerbsabreden** um «rechtlich erzwingbare oder nicht erzwingbare Vereinbarungen sowie aufeinander abgestimmte Verhaltensweisen von Unternehmen gleicher oder verschiedener Marktstufen, die eine Wettbewerbsbeschränkung bezwecken oder bewirken.»

Diese Definition schliesst sowohl die horizontalen (gleiche Produktionsstufe) wie auch die vertikalen (verschiedene Produktionsstufen) Abreden ein. Es ist nicht nötig, dass ein Vertrag im herkömmlichen Sinn abgeschlossen wurde. Vielmehr genügt es, wenn verschiedene Unternehmen ihr Marktverhalten aufeinander abstimmen (sogenanntes Gentleman's Agreement oder Frühstückskartell).

Wettbewerbsabreden sind unzulässig, wenn sie den Wettbewerb beseitigen oder in ungerechtfertigter Weise beschränken (Art. 5 Abs. 1 KG). In der Praxis wird zwischen sogenannten harten und weichen Kartellen unterschieden:

1. **«Harte Kartelle»:** Als harte Kartelle gelten Preis-, Mengen- und Gebietsabsprachen zwischen Unternehmen der gleichen Produktionsstufe. Es handelt sich somit um Abreden über (Art. 5 Abs. 3 KG)
   - die direkte oder indirekte Festsetzung von Preisen,

---

1 Bundesgesetz über Kartelle und ähnliche Organisationen (Kartellgesetz, KG) vom 20. Dezember 1985.

2 Bundesgesetz über Kartelle und andere Wettbewerbsabreden vom 6. Oktober 1995. Dieses gilt seit dem 1. Juli 1996. Neben den Kartellen regelt das Kartellgesetz auch unzulässige Verhaltensweisen von marktbeherrschenden Unternehmen sowie Unternehmenszusammenschlüsse.

- die Einschränkung von Produktions-, Bezugs- oder Liefermengen,
- die Aufteilung von Märkten nach Gebieten oder Geschäftspartnern.

In Art. 5 Abs. 3 KG stellt das Gesetz die Vermutung auf, dass Preis-, Mengen- und Gebietsabsprachen zwischen Unternehmen der gleichen Produktionsstufe den Wettbewerb beseitigen. In der Praxis dürfte es sehr schwierig sein, diese Vermutung zu widerlegen.

2. **«Weiche Kartelle»:** Wettbewerbsabreden sind auch unzulässig, wenn sie den Wettbewerb «erheblich beeinträchtigen und sich nicht durch Gründe der wirtschaftlichen Effizienz rechtfertigen lassen» (Art. 5 Abs. 1 KG). Kooperationsabreden sind «gerechtfertigt, wenn sie
   a. notwendig sind, um die Herstellungs- und Vertriebskosten zu senken, Produkte oder Produktionsverfahren zu verbessern, die Forschung oder die Verbreitung von technischem oder beruflichem Wissen zu fördern oder um Ressourcen rationeller zu nutzen; und
   b. den beteiligten Unternehmen in keinem Fall Möglichkeiten eröffnen, wirksamen Wettbewerb zu beseitigen.» (Art. 5 Abs. 2 KG)

   Beispiele für gerechtfertigte Wettbewerbsabreden sind Rationalisierungsabreden zwischen kleinen und mittleren Unternehmen, Zusammenarbeitsformen im Bereich Forschung und Entwicklung sowie Vertikalabreden, welche dazu beitragen, die Vertriebs- und Transaktionskosten zu senken.[1]

Somit liegt bei den harten Kartellen in den meisten Fällen ein offensichtlicher Verstoss gegen das Wettbewerbsrecht vor, während die Beurteilung der Unzulässigkeit weicher Kartelle schwieriger ist.

b) Einige **Beispiele** sind:

- Kartell des Buchhandels,
- Tarifabsprachen zwischen den Krankenkassen und der Ärzteorganisation FMH,
- Absprachen zwischen Unternehmungen oder Einschränkung der Bewerber auf kantonal ansässige Unternehmungen bei öffentlichen Submissionen.

c) Beim **Verbotsprinzip** sind Kartelle grundsätzlich nicht erlaubt, während sie beim **Missbrauchsprinzip** nur verboten werden, wenn der volkswirtschaftliche Schaden grösser als der Nutzen ist. Die Beweislast liegt hier beim Kläger (Staat oder Private) und nicht bei den Kartellen.

---

1 Botschaft zu einem Bundesgesetz über Kartelle und andere Wettbewerbsbeschränkungen (Kartellgesetz, KG) vom 23. November 1994.

d)
- **Vorteile**
  - Die Wettbewerbsintensität unter den bisherigen Wettbewerbern wird stark vermindert.
  - Der Markteintritt neuer Konkurrenten wird erschwert.
  - Der Strukturwandel verlangsamt sich oder kann sogar verhindert werden.
  - Es ist eine höhere Gewinnabschöpfung durch höhere Preise sowohl auf der Seite der Produzenten als auch der Verkäufer möglich.
  - Durch Preisbindungen gewinnt der Produzent zusätzlich an Einfluss auf das Marktgeschehen,
  - Dank exklusiven Lieferverträgen kann der Lieferant die Kontrolle über die Verbreitung seiner Produkte behalten.
- **Nachteile**
  - Das Ausbrechen aus dem engen «Kartellkorsett» wird stark erschwert (Preispolitik, Absatzpolitik).
  - Es kommt zu Behinderungen im Markt (Gebietskartell, Verzicht auf Wettbewerb).
  - Kartellabsprachen vermindern den Anreiz zu innovativem und kreativem Verhalten, weil der Wettbewerbsdruck fehlt.

L 13 a)
- Auf dem Absatzmarkt findet ein Preiszerfall statt, der keine kostendeckenden Preise mehr erlaubt.
- Man will überhöhte Preise (Monopolrente) sichern.
- Wettbewerbsparameter sollen ausgeschaltet und die Wettbewerbsintensität gemindert werden.
- Die Produktions- und Absatzplanung wird erleichtert, weil die Absatzmenge besser vorausgesagt werden kann.
- Kosten (Werbung etc.) können reduziert werden.

b)
- Die Kartellpreise müssen die Kosten decken. Ist dies nicht bei allen Unternehmungen der Fall, so muss ein interner Ausgleich zwischen den mit Verlust und den mit Gewinn produzierenden Unternehmungen stattfinden.
- Alle Kartellmitglieder müssen sich an die vereinbarten Preise halten.
- In der Regel werden Preisabsprachen durch Mengenabsprachen ergänzt, damit die Kartellmitglieder den vereinbarten Preis durch die Produktion von zu grossen Gütermengen nicht gefährden.

c)
- **Mindestpreiskartell:** Festsetzen eines Mindestpreises, der nicht unterschritten werden darf.
- **Einheitspreiskartell:** Festlegen eines Preises, an den sich alle Kartellmitglieder zu halten haben.
- **Richtpreiskartell:** Es handelt sich dabei um empfohlene Preise, von welchen nur unter bestimmten Umständen abgewichen werden kann (z.B.

Werbebranche). In diese Kategorie gehören auch Absprachen über Preisspannen. Dabei einigen sich die Kartellmitglieder auf einen Mindest- und einen Höchstpreis. Innerhalb dieser Spanne sind die Mitglieder frei. Ein Abweichen gegen oben ist in der Regel statthaft (z.B. Anwälte, Treuhandkammer), weil dabei niemand zu Schaden kommt.

d) Bei den möglichen Auswirkungen eines Preiskartells auf die einzelne Unternehmung ist zu unterscheiden, ob der neue Kartellpreis höher oder tiefer als der bisherige Preis ist, wobei der letztere Fall in der Praxis eher selten anzutreffen ist.

- Kartellpreis **höher** als der bisherige Preis:
  - **Absatz:** Die Unternehmung wird versuchen, infolge des Wegfalls der Preispolitik durch andere Marketinginstrumente, insbesondere die Produktpolitik, den zu erwartenden Umsatzrückgang zu vermeiden.
  - **Produktion:** Es entstehen wahrscheinlich Überkapazitäten (Leerkosten).
  - **Finanzen:** Der Gesamtgewinn sollte mindestens gleich bleiben, ansonsten würde ein wichtiger Grund für die Unternehmung zum Abschluss eines Kartellvertrags wegfallen.
- Kartellpreis **tiefer** als der bisherige Preis:
  - **Absatz:** Aufgrund des tieferen Preises ist eine Umsatzsteigerung möglich. Damit diese realisiert werden kann, müssen auch in diesem Fall die Marketinginstrumente unterstützend eingesetzt werden, da die Voraussetzungen eines vollkommenen Marktes in der Praxis nicht gegeben sind und zudem auch die Konkurrenz versuchen wird, keine Marktanteile zu verlieren.
  - **Produktion:** Eine Ausnützung bisheriger Überkapazitäten wird möglich oder es müssen neue Kapazitäten bereitgestellt werden. Der Druck zur Produktivitätssteigerung wird erhöht.
  - **Finanzen:** Auch in diesem Fall sollte der Gesamtgewinn mindestens gleich gross bleiben. Weil der Verkaufspreis sinkt, muss der Absatz dementsprechend gesteigert werden, um den gleichen Gesamtgewinn zu erreichen. Deshalb sind unter Umständen zusätzliche liquide Mittel nötig, um in neue Kapazitäten zu investieren.

L 15 a) Die Holdinggesellschaft ist die beherrschende Gesellschaft eines Konzerns. Unter einem Konzern verstehen wir den Zusammenschluss mehrerer Unternehmungen, die dabei ihre wirtschaftliche Selbständigkeit aufgeben und nur ihre rechtliche Selbständigkeit behalten. Die Holdinggesellschaft übernimmt die wirtschaftliche Verantwortung über den Konzern. Man trifft in der Praxis zwei Erscheinungsformen an:

- **Reine Holdinggesellschaft:** Sie beschränkt sich primär auf das Halten und Verwalten von Beteiligungen an ihren Tochtergesellschaften. Die reine Holding-Gesellschaft kann weiter in eine Finanz- und eine Management-Holding unterteilt werden, die unter der Lösung zu Aufgabe 16 näher charakterisiert werden.

- **Gemischte Holdinggesellschaft:** Sie entsteht dadurch, dass eine Unternehmung (= Stammhaus) durch Aktienübernahme bereits bestehende Gesellschaften teilweise oder vollständig übernimmt oder neue Gesellschaften gründet. Das Stammhaus behält aber seine ursprüngliche Tätigkeit bei.

b) Folgende **Gründe** sind wichtig:

- Vereinfachung der Konzernstruktur: klare Führungsstruktur, grössere Transparenz für die Aktionäre und die Öffentlichkeit.
- Übersichtliche Kapitalstruktur, bessere Finanzierungsmöglichkeiten für die einzelnen Tochtergesellschaften (Garantie der Holding-Gesellschaft).
- Grössere Flexibilität für die einzelnen Gesellschaften: Konzentration auf eigene Stärken, Marktnähe, grössere Anpassungsfähigkeit bei Umweltveränderungen. Dies unterstützt den Gedanken der Profit-Center- oder Investment-Center-Organisation.
- Die einzelnen Tochtergesellschaften können sich selbständig entwikkeln und eine eigene Identität schaffen.
- Den einzelnen Gesellschaften kann die Ergebnisverantwortung eindeutiger zugewiesen werden
- Beim Bund und in den meisten Kantonen bestehen Steuervorteile für reine Holding-Gesellschaften (Holding-Privileg).
- Ausländische Gesellschaften gründen eine Holding-Gesellschaft und verlegen ihren Sitz in die politisch und wirtschaftlich stabile Schweiz (Pirelli, Fiat).

c) Beispiele: CS Holding, Fiat Holding, Biber Holding, Bar Holding, Bucher Holding, Walter Meier Holding (WMH), Elektrowatt AG, Nestlé SA.

L 16 Bei der reinen Holding-Gesellschaft kann eine Finanz- und eine Management-Holding unterschieden werden:

- Eine **Finanz-Holding** beschränkt sich lediglich auf das Halten und Verwalten von Beteiligungen. Sie hat in erster Linie eine Finanzierungsfunktion. Eine Einflussnahme auf die Geschäftspolitik der betreffenden Unternehmungen steht nicht im Vordergrund.
- Eine **Management-Holding** übt in der Regel verschiedene Führungsfunktionen zur Lenkung und Entwicklung der Tochtergesellschaften aus. Insbesondere ist sie an der Formulierung der Geschäftspolitiken (Ziele und Strategien) der beherrschten Gesellschaften wesentlich beteiligt.

L 20 a)
- Export-/Importbeschränkungen,
- Transportkosten,
- qualifizierte Arbeitskräfte,
- Marktausweitung,
- Ausbau der relativen Machtposition,
- Zugang zum Markt der europäischen Union,
- zukünftige Zusammenarbeit mit europäischen Produzenten.

b) Eine Lösung könnte beispielsweise folgendermassen aussehen:

Standortanforderung	Gewichtung	Standort A_1		...	Standort A_n	
		Bewertung	Nutzen	...	Bewertung	Nutzen
1. Infrastruktur 2. Qualifizierte Arbeitskräfte 3. Steuerbelastung 4. Expansionsmöglichkeiten 5. Geldwertstabilität 6. Lieferantennähe 7. Politische Stabilität 8. Zentrale Lage in Europa	20 15 15 20 10 5 10 5					
Punktzahl insgesamt	100					
Rangfolge						

L 21 a) Mögliche Gründe sind:
- Raumnot am alten Standort,
- hohe Lohnkosten,
- hoher Steuerfuss,
- Arbeitskräftemangel,
- Miete,
- Konkurrenz,
- Expansionsmöglichkeiten (wegen neuer Technologie),
- Steuerbegünstigungen am neuen Standort.

b)
- **Anspruchsgruppen**
  - **Anwohner:** Die Immissionen der Schneidler AG fallen für die Anwohner des alten Standortes weg. Ihre Situation kann sich aber je nach der Geschäftstätigkeit des neuen Mieters verschlimmern. Die Anwohner am neuen Standort haben mit zusätzlichem Verkehrsaufkommen zu rechnen.

- **Personal:** Die Beschäftigten am alten Standort sind gezwungen, ebenfalls umzuziehen oder zu kündigen. Im letzteren Fall entstehen am neuen Standort Arbeitsplätze.
- **Staat:** Den staatlichen Stellen des alten Standortes gehen die Steuerzahlungen der Firma und derjenigen Mitarbeiter verloren, die wegen des Umzuges auch ihren Wohnort wechseln. Dazu kommen die Arbeitsplatzverluste für diejenigen Mitarbeiter, die ihre Stelle gekündigt haben und eventuell zusätzliche Sozialkosten verursachen. Die Steuerkraft der staatlichen Körperschaften des neuen Standortes (Gemeinde, Kanton) hingegen erhöht sich durch die Neuansiedlung. Dies wird durch die Firma selbst, die umgezogenen Mitarbeiter, die zusätzlich eingestellten Arbeitskräfte und die neuen Aufträge für das Gewerbe und die Lieferanten der Firma bedingt. Falls Arbeitsplätze mit bisher Arbeitslosen besetzt werden, werden auch die Sozialkosten vermindert. Allerdings können zusätzliche Kosten entstehen, wenn die bisherige infrastrukturelle Erschliessung des Standortes nicht ausreichend ist (Kanalisation, Strassen, öffentlicher Verkehr).
- **Gewerbe und Lieferanten:** Dem nur lokal tätigen Gewerbe und den Lieferanten am alten Standort gehen Aufträge verloren, während sie am neuen Standort gewonnen werden. Für regional oder sogar national tätige Lieferanten und Gewerbebetriebe spielt der Umzug der Schneidler AG keine grosse Rolle, da er höchstens administrative Umstellungen verlangt.
- **Kunden:** Grosskunden werden vom Wegzug weniger betroffen, da die Geschäftstätigkeit der Schneidler AG nicht sehr stark von der räumlichen Kundennähe abhängt. Kleinkunden dürften es eher vorziehen, ihre Aufträge von lokal ansässigen Druckereien ausführen zu lassen.
- **Konkurrenten:** Ausschlaggebend für die Konkurrenten ist die Änderung der Kundenstruktur der Schneidler AG. Bei Grossaufträgen dürfte sich die Konkurrenzsituation wenig ändern, hingegen entschärft sie sich bei den kleineren und mittleren Aufträgen. Am neuen Standort verschärft sie sich in diesem Segment.

- **Umweltbereiche**
  - **Ökologische Sphäre:** Für diese Sphäre gilt das, was vorstehend bereits zum Problem der Anwohner gesagt wurde. Die industriellen Belastungen für ein bisher wenig besiedeltes Gebiet erhöhen sich.
  - **Gesellschaftliche Sphäre:** Wie bereits erwähnt wurde, sind in diesem Bereich vor allem Arbeitsplatz- und Steuerkraftverlagerungen zu erwarten.

L 23 a) Die möglichen und zulässigen Standorte werden durch ein Punktbewertungsverfahren auf den erfolgversprechendsten Standort eingeschränkt. Die Nutzwertanalyse berücksichtigt dabei qualitative und quantitative Kriterien, wobei sich diese Beurteilungskriterien auf die Standortanforderungen beziehen. Das Vorgehen besteht darin, dass die relevanten Standortfaktoren aufgelistet und ihrer Bedeutung nach gewichtet werden. Anschliessend wird eine Bewertung durchgeführt, wobei man jedem Faktor eine Punktezahl gemäss einer Skala zuordnet. Im vorliegenden Beispiel besteht eine Skala von eins bis sechs. Aus der Multiplikation der beiden Zahlen erhält man den Nutzen jedes Standortfaktors. Durch die anschliessende Addition aller Nutzenwerte ergibt sich das Total jedes Standortes, wobei in der Regel derjenige vorgezogen wird, der am meisten Punkte auf sich vereinigt, d.h. den grössten Nutzen verspricht. Insbesondere bei geringen Unterschieden in der Gesamtpunktzahl sind allerdings ergänzende Analysen (z.B. Sensitivitätsanalysen) wichtig.

b) Siehe unter c)

c) Nutzwertanalyse

Standortfaktor	**Gewichtung**	**Standort 1**		**Standort 2**		**Standort 3**	
		B	**N**	**B**	**N**	**B**	**N**
Verkehrslage	8	4	32	3	24	4	32
Kundenfrequenz	16	6	96	4	64	6	96
Parkplätze	8	2	16	4	32	6	48
Kaufkraft der Kunden	8	6	48	4	32	5	40
Verkaufsfläche	10	6	60	3	30	3	30
Expansionsmöglichkeiten	8	2	16	3	24	3	24
Räumlichkeit (Miete, Unterhalt etc.)	10	2	20	5	50	4	40
Standortimage	12	6	72	2	24	4	48
Personal (Qualität, Quantität)	8	4	32	4	32	4	32
Öffnungszeiten	4	3	12	3	12	6	24
Steuern	4	2	8	2	8	4	16
Konkurrenz	4	2	8	4	16	4	16
Total	100		420		348		446
Rangfolge		**2. Rang**		**3. Rang**		**1. Rang**	

B = Bewertung; N = Nutzen

Ziele der Unternehmung

L 26 a) Die Unternehmung ist nicht losgelöst von den sie umgebenden Ökosystemen, sondern auf vielfältige Art und Weise mit ihnen verknüpft: Auf der Inputseite sind es die eingesetzten Ressourcen (insbesondere Material, Energie, Wasser, Boden, Luft), auf der Outputseite wird die ökologische Umwelt vor allem durch Abfälle, Emissionen (Wasserbelastung, Bodenbelastung, Luftbelastung), Lärm, Wärme und Strahlung belastet. Durch die Belastung entstehen Risiken für die Ökosysteme. Damit verbunden sind auch Risiken für die Mitarbeiter und Mitarbeiterinnen sowie für die ganze Gesellschaft. Viele Folgen der Umweltbelastung müssen von der Gesellschaft getragen werden. Daraus resultiert auch eine Verantwortung der Unternehmung gegenüber der Gesellschaft – der heutigen wie auch den zukünftigen Generationen. Nimmt eine Unternehmung ihre Verantwortung nicht wahr, kann dies zu Imageeinbussen und zu einem Rückgang des Absatzes führen. Auf politischer Ebene provoziert verantwortungsloses Handeln, dass rechtliche Regelungen diskutiert und in Kraft gesetzt werden, welche die unternehmerische Entscheidungsfreiheit einschränken können. Auf lange Frist gesehen muss die Wirtschaft deshalb aus eigenem Interesse dafür sorgen, dass die Ökosysteme im Gleichgewicht gehalten werden, weil sonst die eigene Existenzgrundlage zerstört wird.

b)
- **Marketing**
  - ökologisch sinnvollere Produkte anbieten (biologisch abbaubare Waschmittel, Sano-Produkte der Migros),
  - Vertriebswege,
  - wenig umweltbelastende Verpackung.
- **Forschung und Entwicklung**
  - umweltorientierter Anforderungskatalog an neue Produkte und neue Produktionsverfahren,
  - Verbesserung bisheriger Produktionsverfahren, um ökologische Aspekte besser zu berücksichtigen.
- **Materialwirtschaft**
  - vermehrte Berücksichtigung von ökologisch sinnvoll produzierten Materialien,
  - Druck auf Lieferanten, ökologische Aspekte stärker zu berücksichtigen.
- **Produktion**
  - Einsatz umweltfreundlicher Produktionsverfahren,
  - Recycling,
  - Nutzung der Abwärme (z.B. Einsatz von Wärmepumpen),
  - Reduktion der Umweltemissionen durch Umwelttechnologien (z.B. Einbau von Luftfiltern, Einsatz von Abwasserreinigungsanlagen).

- **Investition**
  - Einsatz von Produktionsanlagen, die weniger umweltbelastend sind,
  - Bevorzugung emissionsarmer Fahrzeuge,
  - Sonnenenergieanlagen (z.B. Sonnenzellen auf Hausdächern oder entlang von Autobahnen) statt herkömmlicher Energieanlagen.
- **Personal**
  - Behandlung ökologischer Themen in der Betriebszeitung,
  - Sensibilisierung des Personals für ökologische Aspekte (z.B. betriebliches Vorschlagswesen, getrenntes Sammeln der Abfälle),
  - Betonung ökologischer Aspekte und Zusammenhänge in der internen Weiterbildung,
  - stärkere Gewichtung ökologischer Kriterien bei der Formulierung von Anforderungsprofilen in Stellenbeschreibungen,
  - Förderung der Benützung öffentlicher Verkehrsmittel.
- **Rechnungswesen**
  - ökologische Buchhaltung (Stoff-, Energie- und Schadstoffbilanzen, Ökobilanzen),
  - Öko-Controlling.

c) Folgende Auswirkungen sind denkbar:

- **Führung**
  - regelmässige und systematische Analyse der relevanten Umweltbereiche im Hinblick auf Chancen und Gefahren im ökologischen Bereich,
  - Verankerung der ökologischen Verantwortung in der Unternehmungspolitik (Leitbild, Geschäftsreglemente etc.),
  - ökologieorientierte Zielvorgaben für die Mitarbeiter und Mitarbeiterinnen,
  - Unterstützung ökologischer Projekte und Initiativen,
  - stärkere Gewichtung ökologischer Kriterien bei Entscheidungsprozessen,
  - offene Informationspolitik gegenüber den Anspruchsgruppen der Unternehmung.
- **Organisation**
  - Schaffung einer Stelle für Fragen des Umweltschutzes,
  - klare ökologiebezogene Verteilung der Verantwortung in der Unternehmung (z.B. eigener Geschäftsleitungsbereich).

d) Verschiedene Probleme tauchen auf, wie beispielsweise

- höhere Herstellkosten für weniger umweltbelastende Produkte,
- fehlende Technologie zur Herstellung dieser Produkte,
- Akzeptanz beim Personal bei der Einführung von ökologischen Verhaltensgrundsätzen, z.B. Geschäftsreisen mit der Bahn statt mit dem Auto.

L 29 a) Produktivitäten:

Kugeln: $\frac{\text{20 Stück}}{\text{Tag und Mitarbeiter}}$ = **2,22 Stück/Mitarbeiterstunde**

Mobilés: $\frac{\text{18 Stück}}{\text{Tag und Mitarbeiter}}$ = **2 Stück/Mitarbeiterstunde**

Vasen: $\frac{\text{12 Stück}}{\text{Tag und Mitarbeiter}}$ = **1,33 Stück/Mitarbeiterstunde**

Wirtschaftlichkeiten:

Kugeln: $\frac{\text{20 Stück} \cdot \text{22 Fr./Stück}}{\text{9 Std.} \cdot \text{30 Fr./Stück}}$ = **1,63**

Mobilés: $\frac{\text{18 Stück} \cdot \text{29 Fr./Stück}}{\text{9 Std.} \cdot \text{36 Fr./Stück}}$ = **1,61**

Vasen: $\frac{\text{12 Stück} \cdot \text{70 Fr./Stück}}{\text{9 Std.} \cdot \text{40 Fr./Stück}}$ = **2,33**

b)
- Da es sich um unterschiedliche Produkte handelt, sind die Produktivitätswerte aus der Vasen- und Kugelabteilung nicht direkt vergleichbar.
- Die Nachfrage nach Vasen kann nicht mehr befriedigt werden.
- Durch die Reduktion des Sortimentes kann die Attraktivität der Sonora Desert AG als Lieferantin beeinträchtigt werden.
- Es ist unklar, ob eine Mehrproduktion der farbigen Glaskugeln auch abgesetzt werden könnte.
- In der Abteilung für farbige Kugeln können Überkapazitäten entstehen. Möglicherweise müsste Personal entlassen werden.
- Als Folge der geringeren Anforderungen in der Kugelproduktion könnte die Motivation und die Zufriedenheit der Mitarbeiter aus der Abteilung für Vasen sinken.
- Das Betriebsklima kann sich verschlechtern, da die versetzten Mitarbeiter als Konkurrenten der bisherigen Arbeiter in der «Kugelabteilung» auftreten. Dies wäre unter anderem dann der Fall, wenn die versetzten Mitarbeiter aus der Vasenabteilung zum bisherigen Stundenansatz entlöhnt würden und damit ein starkes Lohngefälle entstehen würde. Andererseits hätten Lohnkürzungen für die Beschäftigten aus der Abteilung der Vasen eine stark demotivierende Wirkung.
- Bei einer Schliessung der Abteilung entstehen Liquidationskosten. Damit wäre auch ein Verlust von Know-how verbunden (Herstellung höherwertiger Produkte).
- In der «Kugelabteilung» wären möglicherweise zusätzliche Produktionskapazitäten (Ausrüstung, Räume usw.) notwendig, was die Fixkosten erhöhen würde

c)
- Erhöhung der **Produktivität**
  - Verbesserung der Produktionsanlagen (Investitionen),
  - Ausbildung der Mitarbeiter,
  - Lohnerhöhung,
  - Verbesserung des Arbeitsklimas.
- Erhöhung der **Wirtschaftlichkeit**
  Im Prinzip können die gleichen Massnahmen wie bei der Produktivität ergriffen werden. Bei Lohnerhöhungen ist allerdings zu beachten, ob die daraus entstehenden zusätzlichen Kosten durch entsprechende Ertragssteigerungen zumindest gedeckt werden können. Zudem kommt eine Erhöhung der Verkaufspreise in Frage, die eine Ertragssteigerung zur Folge hat. Voraussetzung dazu ist allerdings, dass die zusätzlich hergestellten Produkte auch abgesetzt werden können.

Beurteilung: Bei einer Gesamtrechnung können keine eindeutigen Aussagen gemacht werden, weil es unklar ist, wie sich die einzelnen Massnahmen in bezug auf die Kosten auswirken. Beispielsweise können Kosteneinsparungen durch eine höhere Produktivität der Mitarbeiter aus der Vasenabteilung durch die Kosten für neue Produktionsanlagen neutralisiert werden. Demzufolge muss die gesamte Kostenstruktur betrachtet werden.

L 30 Die Wirtschaftlichkeit hängt von verschiedenen Faktoren ab (z.B. Konjunktur, Werbung, Qualität), die Produktivität und die Verkaufspreise sind nur zwei davon. Offenbar sind die Aufwendungen für andere Produktionsfaktoren überproportional zur Produktivität der Mitarbeiter und den Verkaufspreisen gestiegen (z.B. durch teure Maschinen), so dass die positiven Effekte der Mitarbeiterproduktivität und der gestiegenen Verkaufspreise überkompensiert wurden.

L 31 a)
- Produktivität des Materialeinsatzes (Blech):

$$\frac{300 \text{ Büchsen}}{50 \text{ kg Blech}} = \mathbf{6\ Büchsen/kg\ Blech}$$

- Produktivität der Maschine:

$$\frac{1 \text{ Büchse}}{2 \text{ Sekunden}} = \mathbf{1800\ Büchsen/Stunde}$$

b) Ausschuss bisher: 10% von 50 kg = 5 kg

Ausschuss neu: 4% von 50 kg = 2 kg

$$\text{Gewicht einer Büchse: } \frac{45 \text{ kg}}{300} = 0{,}150 \text{ kg}$$

$$\text{Anzahl Büchsen neu: } \frac{58 \text{ kg}}{0{,}150 \text{ kg}} = 320 \text{ Büchsen}$$

- Produktivität des Materialeinsatzes (Blech):

$$\frac{\text{320 Büchsen}}{\text{50 kg Blech}} = \textbf{6,4 Büchsen/kg Blech}$$

- Produktivität der Maschine:

$$\frac{\text{1 Büchse}}{\text{2,2 Sekunden}} = \textbf{1636 Büchsen/Stunde}$$

c) Die Einzelproduktivitäten entwickeln sich entgegengesetzt und eine Gesamtproduktivität lässt sich wegen der unterschiedlichen Mengeneinheiten nicht berechnen. Deshalb muss die Wirksamkeit der Produktivitätsveränderungen über die Veränderung der Wirtschaftlichkeit gemessen werden, um zu einer eindeutigen Aussage zu kommen. Teilaufgabe d) enthält das Resultat.

d) - **Variante A:**

$$W = \frac{\text{Ertrag in Fr.}}{\text{Aufwand in Fr.}}$$

$$= \frac{\text{300 Bü} \cdot \text{0,30 Fr./Bü}}{\text{50 kg} \cdot \text{1,2 Fr./kg} + \text{300 Bü} \cdot \text{0,025 Fr./Sek.} \cdot \text{2 Sek./Bü}}$$

$$= \frac{\text{90 Fr.}}{\text{75 Fr.}} = \textbf{1,2}$$

- **Variante B:**

$$W = \frac{\text{Ertrag in Fr.}}{\text{Aufwand in Fr.}}$$

$$= \frac{\text{320 Bü} \cdot \text{0,30 Fr./Bü}}{\text{50 kg} \cdot \text{1,2 Fr./kg} + \text{320 Bü} \cdot \text{0,025 Fr./Sek.} \cdot \text{2,2 Sek./Bü}}$$

$$= \frac{\text{96 Fr.}}{\text{77,60 Fr.}} = \textbf{1,24}$$

Variante B ist somit vorzuziehen.

e)
- Wie verändern sich weitere relevante Kosten (z. B. Lohnkosten)?
- Hat die Maschine durch die geringere Intensität eine grössere Nutzungsdauer?
- Nimmt die Belastung der Arbeitskräfte zu? Entstehen dadurch eventuell höhere Fehlzeiten und Fluktuationsraten?
- Wie verändert sich die Qualität der Büchsen?
- Wie wird das Ausschuss-Blech verwendet?

L 32 Die verwendeten Symbole sind:

P_H = Produktivität des Holzes
P_E = Produktivität der Energie
P_A = Produktivität der Arbeit
W_H = Wirtschaftlichkeit des Holzes
W_E = Wirtschaftlichkeit der Energie
W_A = Wirtschaftlichkeit der Arbeit
r = Rentabilität

a) $$P_H = \frac{24\,000 \text{ Stöcke}}{2000 \text{ m}^2} = \mathbf{12} \text{ Stöcke/m}^2$$

$$P_E = \frac{24\,000 \text{ Stöcke}}{500\,000 \text{ kwh}} = \mathbf{0{,}05} \text{ Stöcke/kWh}$$

$$P_A = \frac{24\,000 \text{ Stöcke}}{14\,400 \text{ Std.}} = \mathbf{1{,}67} \text{ Stöcke/Std.}$$

$$W_H = \frac{22 \text{ Fr./Stock} \cdot 24\,000 \text{ Stöcke}}{20 \cdot 1200 \text{ Fr.}} = \mathbf{22}$$

$$W_E = \frac{22 \text{ Fr./Stock} \cdot 24\,000 \text{ Stöcke}}{15\,000 \text{ Fr.}} = \mathbf{35{,}2}$$

$$W_A = \frac{22 \text{ Fr./Stock} \cdot 24\,000 \text{ Stöcke}}{25 \text{ Fr./Std.} \cdot 8 \cdot 1800 \text{ Std.}} = \mathbf{1{,}47}$$

b)

Umsatz		528 000 Fr.
Holz	24 000 Fr.	
Leim	1 000 Fr.	
Energie	15 000 Fr.	
Löhne	360 000 Fr.	
Übrige Betriebskosten	68 000 Fr.	
Total Kosten		468 000 Fr.
Betriebsgewinn		60 000 Fr.

Die Rentabilität beträgt:

- $$r = \frac{60\,000 \text{ Fr.}}{468\,000 \text{ Fr.}} \cdot 100 = \mathbf{12{,}8\%}$$

c)
- **Produktivitäten**
  - □ P_H = konstant
  - □ P_E = konstant

□ $P_A = \frac{24\,000 \text{ Stöcke}}{13\,500 \text{ Stunden}} = 1{,}78 \text{ Stöcke/Std.}$

Die **Produktivitäten des Holzes** und der **Energie** bleiben **konstant,** diejenige der **Arbeit** erhöht sich von 1,67 auf 1,78 Stöcke/Std., was einer **Zunahme** von **6,6%** entspricht.

- **Wirtschaftlichkeiten**

□ $W_H = \frac{24 \text{ Fr./Stock} \cdot 24\,000 \text{ Stöcke}}{20 \cdot 1200 \text{ Fr.}} = 24$

Die Wirtschaftlichkeit des Holzes erhöht sich von 22 auf 24, was einer **Zunahme** von **9,1%** entspricht.

□ $W_E = \frac{24 \text{ Fr./Stock} \cdot 24\,000 \text{ Stöcke}}{20\,000 \text{ Fr.}} = 28{,}8$

Die Wirtschaftlichkeit der Energie sinkt von 35,2 auf 28,8, was einer **Verminderung** von **18,2%** entspricht.

□ $W_A = \frac{24 \text{ Fr./Stock} \cdot 24\,000 \text{ Stöcke}}{26 \text{ Fr./Std.} \cdot 13\,500 \text{ Std.}} = 1{,}64$

Die Wirtschaftlichkeit der Arbeit erhöht sich von 1,47 auf 1,64, was einer **Zunahme** von **11,6%** entspricht.

d)

Umsatz		576 000 Fr.
Holz	24 000 Fr.	
Leim	1 000 Fr.	
Energie	20 000 Fr.	
Löhne	351 000 Fr.	
Übrige Betriebskosten	68 000 Fr.	
Total Kosten		464 000 Fr.
Betriebsgewinn		112 000 Fr.

Die Rentabilität beträgt:

- $r = \frac{112\,000 \text{ Fr.}}{464\,000 \text{ Fr.}} \cdot 100 = \mathbf{24{,}1\%}$

Die Rentabilität steigt von 12,8% auf 24,1%, was einer **Zunahme** von **88,3%** entspricht.

Rechtsform der Unternehmung

L 37 a)
- Kollektivgesellschaft,
- Kommanditgesellschaft,
- Aktiengesellschaft,
- GmbH,
- Kommanditaktiengesellschaft.

Nach Gesetz nicht erlaubt:
- Verein: Er ist nicht für eine wirtschaftliche Zielsetzung geschaffen.
- Genossenschaft: Die Genossenschaft bezweckt in der Hauptsache die Förderung wirtschaftlicher Interessen ihrer Mitglieder in gemeinsamer Selbsthilfe und ihre Mitgliederzahl ist nicht geschlossen (Prinzip der offenen Tür).
- Einfache Gesellschaft: Die Führung einer kaufmännischen Unternehmung in Form einer einfachen Gesellschaft ist nicht möglich.

b) Gründe **für** eine Kollektivgesellschaft
- persönliche Mitarbeit aller Gesellschafter,
- da vorwiegend dispositives Recht gilt, ist eine optimale Anpassung der Gesellschaft an die Bedürfnisse der Gesellschafter möglich,
- allenfalls geringere Steuern (keine Doppelbesteuerung[1]).

Gründe **gegen** eine Kollektivgesellschaft
- Ausscheiden (Neueintritt) eines Gesellschafters wird erschwert,
- Konkurrenzverbot für den Gesellschafter (Dieser Grund kann allerdings auch **für** die Kollektivgesellschaft sprechen.)
- geringe Kreditwürdigkeit, falls Gesellschafter nicht finanzstark sind,
- Vertretung der Gesellschaft muss genau geregelt werden (eventuell Abgrenzungsschwierigkeiten),
- grösseres Risiko für den Gesellschafter, weil beispielsweise die Haftung umfassender ist als bei einer AG: Nach dem Gesellschaftsvermögen haften subsidiär alle Gesellschafter persönlich, und zwar unbeschränkt und solidarisch mit ihrem ganzen Vermögen.

L 38 a) Grundsätzlich kommen alle nach Schweizerischem Recht möglichen Gesellschaftsformen in Frage (mit Ausnahme des Vereins und der Genossenschaft). Wie die detaillierte Analyse in b) zeigen wird, müssen bei allen Gesellschaftsformen – mit Ausnahme der AG – Kompromisse gemacht werden.

---

1 Bei einer Aktiengesellschaft wird die Dividende sowohl bei der Unternehmung (über den Reingewinn) als auch beim Aktionär (als Einkommen) besteuert.

b) Weil sowohl High als auch Tech sich finanziell am Projekt beteiligen wollen, was sich bei allen Gesellschaftsformen verwirklichen lässt, ist dieses Kriterium in jedem Falle erfüllt. Es wird deshalb in der nachfolgenden Aufstellung nicht berücksichtigt. Ebenfalls nicht aufgeführt wird die Absicht von Tech, eine persönliche Haftung und eine Verlustbeteiligung zu übernehmen. Falls das Gesetz bei einer der Gesellschaftsformen solches vorschreibt, ist er dazu bereit. Andernfalls ist eine freiwillige Haftung und Verlustbeteiligung, unabhängig von der Gesellschaftsform, wahrscheinlich immer erwünscht. Somit sind es keine Voraussetzungen, die erfüllt sein müssen. Obwohl die Genossenschaft für High und Tech nicht in Frage kommt, weil bei der Gründung mindestens 7 Genossenschafter anwesend zu sein haben, wird sie aus Gründen der Vollständigkeit und zur Illustration trotzdem aufgeführt. Die einfache Gesellschaft ist als Gesellschaftsform für zwei natürliche Personen nur für Projekte erlaubt und nicht als dauernde Institution.

	Herr High				Herr Tech		
	Minimale Haftung	Volle Mitarbeit	Gewinn	Kein Verlust	Keine Mitarbeit	Gewinn	Leichter Verkauf
Einfache Gesellschaft	Ja[1]	Ja	Ja	Ja[1]	Ja[1]	Ja	Nein
Kollektiv-gesellschaft	Nein	Ja	Ja	Ja[1]	Ja[1]	Ja	Nein
Kommandit-gesellschaft	Ja[3]	Ja	Ja	Ja[1]	Ja[3]	Ja	Nein
Aktien-gesellschaft	Ja	Ja	Ja	Ja[2]	Ja	Ja	Ja[1]
Kommandit-AG	Ja	Nein	Ja	Ja[1]	Nein	Ja	Ja[1]
GmbH	Ja	Ja	Ja	Ja[2]	Nein	Ja	Ja[1]
Genossenschaft	Ja	Nein		Ja	Ja	Nein	Nein

[1] = vertragliche Regelung [2] = Nominalwert nicht garantiert [3] = Kommanditär

Betriebswirtschaftslehre als Wissenschaft

L 40 a)
- Hat das Fachgebiet ein eigenes Erfahrungsobjekt?
- Hat das Fachgebiet ein eigenes Erkenntnisobjekt?
- Benützt es wissenschaftlich anerkannte Forschungsmethoden?

Bei der Beurteilung einer Wissenschaft sollte berücksichtigt werden, in welchem **Forschungszusammenhang** (Entdeckungs-, Begründungs- oder Verwendungszusammenhang) eine Aussage gemacht wird oder in welcher **Phase wissenschaftlicher Entwicklung** im Sinne von Kuhn sich ein Fachgebiet befindet.

b) Ob ein Fachgebiet eine Wissenschaft ist oder nicht, hängt letztlich davon ab, welche Kriterien für eine Beurteilung angewendet werden. Somit ist diese Frage ein Werturteil, deren Beantwortung stark von den gesellschaftlichen und politischen Einstellungen abhängt sowie von der historischen Entwicklung eines Fachgebietes geprägt ist.

L 41 a) Unter der Werturteilsproblematik in der Wissenschaft versteht man die Frage, inwieweit eine Wissenschaft wertfrei sein muss oder nicht, d.h. von den Werturteilen des Wissenschaftlers frei sein sollte.

b)
- Wertungen im **Basisbereich:** Es handelt sich um Wertungen, die eine unumgängliche Voraussetzung für jede Forschungstätigkeit darstellen. Beispiele sind die Wahl des Forschungsthemas und der Forschungsmethode.
- Wertungen im **Objektbereich:** Zum Untersuchungsobjekt wissenschaftlicher Arbeit werden Wertungen, Einstellungen oder Meinungen gemacht (z.B. bei einer Untersuchung über die Werthaltungen der schweizerischen Führungskräfte).
- Wertungen im **Aussagenzusammenhang:** Darunter versteht man in der Regel Aussagen, die bestimmte Verhaltensweisen oder Stellungnahmen als gerechtfertigt deklarieren. Sie sollten entweder vermieden werden oder klar als solche bezeichnet sein, damit kein falsches Bild (der Objektivität) vermittelt wird.

c) Die Wahl der Forschungsstrategie stellt vorerst ein Werturteil im Basisbereich dar. Allerdings hängt ihre Wahl in starkem Masse vom gewählten Forschungsziel ab. Im besonderen stellt sich die Frage, ob ein theoretisches oder ein praktisches (angewandtes) Ziel angestrebt wird.

L 42 a) Unter dem Begriff Paradigma versteht Kuhn wissenschaftliche Leistungen, auf denen normale Wissenschaft beruht und die wie folgt charakterisiert werden können:

- Die wissenschaftlichen Leistungen sind neuartig genug, um eine beständige Gruppe von Anhängern anzuziehen, die ihre Wissenschaft bisher auf andere Art betrieben hatten.
- Das neue Paradigma muss offen genug sein, um der neuen Gruppe von Fachleuten alle möglichen ungelösten Aufgaben zu stellen.

b) In der Betriebswirtschaftslehre können

- die einzelnen Ansätze weniger klar voneinander abgegrenzt werden,
- verschiedene Ansätze und somit Paradigmen nebeneinander existieren.

Ein Grund mag darin liegen, dass die Betriebswirtschaftslehre als Sozialwissenschaft anderen Gesetzen ausgesetzt ist als es die Naturwissenschaften sind. Kuhn hat aber seine Erkenntnisse fast ausschliesslich aufgrund des Studiums der Naturwissenschaften gewonnen.

c) Die normale Wissenschaft beruht auf einem Paradigma, mit dessen Hilfe Probleme erkannt und gelöst werden können.

Marketing

Grundlagen

L 4 a) Unter **Marktsegmentierung** versteht man die Aufteilung des Gesamtmarktes in homogene Käufergruppen nach verschiedenen Kriterien. Dabei sollen die Marktsegmente in sich weitestgehend homogen, aber im Verhältnis zu anderen Käufergruppen möglichst heterogen sein, um eine Abgrenzung zwischen den einzelnen Segmenten zu ermöglichen und zu erleichtern. Voraussetzungen sind:

- Messbarkeit: Die Segmente müssen messbar sein, um die nötigen Daten für einen erfolgreichen Einsatz der Marketing-Instrumente zu liefern.
- Kausalzusammenhang: Es muss ein eindeutiger Zusammenhang zwischen den Segmentierungskriterien und den Eigenschaften des Produktes, das die Bedürfnisse des Zielmarktes abdecken soll, bestehen.
- Entscheidungsträgerorientierung: Der Käufer ist in der Regel nicht der einzige, der am Kaufentscheid beteiligt ist. Deshalb sind die Merkmale aller Kaufbeeinflusser zu berücksichtigen.
- Segmentgrösse: Das zu bearbeitende Segment sollte so gross sein, dass sich ein eigenes Marketingprogramm lohnt.
- Konstanz: Die Eigenschaften des Segmentes sollten über eine längere Zeit hinweg Bestand haben.

b) Beispiele möglicher **Abgrenzungskriterien** sind:
- Geographische Segmentierung: Region, Nation.
- Demographische Segmentierung: Alter, Geschlecht, Beruf.
- Sozialpsychologische Segmentierung: Lebensstil, Kontaktfähigkeit, Werthaltung, soziale Schicht.
- Verhaltensbezogene Segmentierung: Art der Freizeitgestaltung, Trinkgewohnheiten.

c) **Schwierigkeiten:** Es ist sehr schwierig, die einzelnen Märkte klar voneinander abzugrenzen, da sich die verschiedenen Marktsegmentierungskriterien überschneiden. Mit zunehmendem Detaillierungsgrad der Segmentierungskriterien geht die Messbarkeit der Daten schnell verloren. Wegen der dabei abnehmenden Segmentgrösse wird es problematisch, spezifische Marketingprogramme für die einzelnen Segmente zu realisieren.
Massnahmen: Sämtliche Marketing-Instrumente müssen auf klar definierte Zielgruppen, resp. Marktsegmente ausgerichtet werden (z.B. Bier als geschmackvolles Getränk für Geniesser).

Marktforschung

L 9

- **Begriffe**
  - **Strukturiertes, geleitetes Interview:**
    - Der Fragenkatalog dient als Leitfaden.
    - Der Interviewer kann die Reihenfolge der Fragen ändern, Fragen weglassen oder zusätzliche Fragen stellen.
  - **Standardisiertes Interview:**
    - Wortlaut der Fragen ist genau festgelegt.
    - Reihenfolge der Fragen ist genau vorgegeben.

  Beides sind persönliche Befragungsarten.

- **Kriterien für die Wahl der Befragungstechnik**
  - Ziele der Befragung.
  - Qualität und Qualifikation der Interviewer: z.B. Zuverlässigkeit der Befrager, Einfluss der Befrager.
  - Qualität und Qualifikation der Befragten: z.B. geleitetes Interview für Expertenbefragungen.
  - Kosten der Befragung: Geleitete Interviews sind teurer.
  - Thema: Ist das Thema einfach oder kompliziert? Bestehen sprachliche Schwierigkeiten?
  - Zeit: Geleitetes Interview braucht viel Zeit.

- **Wahl**

  Bei einer Befragung von 350 Hausfrauen sind aus folgenden Gründen eher **standardisierte Interviews** vorzuziehen:
  - grosse Anzahl von Befragten,
  - Zeitaufwand für geleitete Interviews sehr gross,
  - Kosten für geleitete Interviews sehr hoch,
  - Thema wahrscheinlich eher einfach, keine Expertenbefragung.

L 11 a) Die Beantwortung dieser Frage ist abhängig von der Bedeutung, die der Verpackung im gesamten Marketing-Mix zukommt. Im vorliegenden Fall kann auf die Durchführung eines Markttestes verzichtet werden. Es bieten sich andere Möglichkeiten, die kostengünstiger sind und mit denen bessere und aussagekräftigere Informationen gewonnen werden können, z.B. Befragungen mit verschiedenen Verpackungsarten.

b) Der Testmarkt sollte in bezug auf die Struktur (z.B. Bevölkerungsschichten, Zielgruppe, Segmentierungsmerkmale) möglichst mit dem Markt identisch sein, in dem man in Zukunft tätig sein will.

c)
- Die Testdauer ist zu kurz. Es werden nur Neugier- und Spontankäufe berücksichtigt.
- Der Zeitpunkt kann falsch gewählt worden sein.
- Ungenügender oder falscher Einsatz der Marketing-Instrumente kann unwahre Resultate liefern.
- Die Anforderungen an den Testmarkt werden nicht erfüllt, weil er nicht repräsentativ für den gesamten Markt ist.

d) Die Zuordnung der Resultate auf die einzelnen Variablen, im vorliegenden Fall auf die Verpackung, ist schwierig. Welche Variablen hatten welchen Einfluss auf die Ergebnisse? Lassen sich die Ergebnisse überhaupt auf den Gesamtmarkt übertragen?

L 15 a)
- **Qualitative Methoden:** Der zukünftige Umsatz wird geschätzt durch:
  - Geschäftsleitung,
  - Vertreter im Aussendienst,
  - Befragung von Händlern,
  - Befragung von Endverbrauchern.
- **Quantitative Methoden** beruhen auf statistischen und mathematischen Verfahren, z.B. die Methode der exponentiellen Glättung. Die Grundidee ist die Verknüpfung von festgestellten Ergebnissen mit der Zeit, wie etwa die Umsatzentwicklung in Abhängigkeit von der Zeit.

b)
- **Vorteile** der qualitativen Methode:
  - einfacher, weniger Probleme mit der Datengewinnung,
  - kostengünstiger,
  - täuscht nicht eine Genauigkeit vor, die häufig nicht vorhanden ist.

- **Nachteile** der qualitativen Methode:
  - ungenau,
  - Einfluss subjektiver Wertvorstellungen der schätzenden Person.

Die Vor- und Nachteile der quantitativen Absatprognosen verhalten sich spiegelbildlich zu denjenigen der qualitativen Methoden.

Produktpolitik

L 21

- **Gegenwärtige Produktpolitik**
  - Grundbedürfnis: Transport von Personen und Gütern.
  - Leistungsgestaltung:
    - Leistungsprogramm: Kinderwagen, 1./2. Klasse, Speisewagen, Telefon im Zug,
    - Rollmaterial: technische Eigenschaften, Innenausstattung,
    - Fahrplan in Buchform und auf Diskette.
  - Zusätzliche Leistungen:
    - Reisen (mit Hotel),
    - Kreditkarte (Railcard),
    - Einkaufsmöglichkeiten in Bahnhöfen,
    - Restaurationsbetriebe.
- **Zukünftige Produktpolitik**
  - Produktmodifikation:
    - Komfortable Innenausstattung des Rollmaterials,
    - Ausbau der Dienstleistungen,
    - Ausdehnung des Billettverkaufs auf private Geschäfte,
    - vereinfachte Fahrradbeförderung,
    - behindertengerechte Einstiege,
    - Erweiterung geeigneter Bahnhöfe zu Dienstleistungszentren (Shopping-Center, Vermietung von Büroflächen etc.),
    - Attraktivitätssteigerung für den Güterverkehr: Huckepack-Korridor,
    - Verkürzung der Reisezeiten:
    - neues Rollmaterial,
    - neue Schienenführung.
  - Produktinnovation:
    - Gesamteuropäischer Verkehrsverbund,
    - Streckenübernahmen im Ausland: «Freier Zugang zur Schiene»,
    - Einführen einer Luxusklasse,
    - Bürozüge,
    - Hotelzüge,
    - mehrtägige Zugsreisen, z.B. «Orient-Express».

- Produktelimination:
  - Teilprivatisierung von geeigneten Strecken, Restaurations- und Speditionsbetrieben,
  - Schalterautomaten auf Kleinbahnhöfen.

L 23 a) Das Aufgabengebiet einer F&E-Abteilung lässt sich grundsätzlich in die Hauptbereiche **Grundlagenforschung, angewandte Forschung** und **Entwicklung** aufteilen. Zu den wichtigsten Aufgaben dieser Bereiche gehören:

- Weiterentwicklung alter Produkte und Entwicklung neuer Produkte,
- Konstruktion neuer Produktionsverfahren, Werkzeuge und Anlagen,
- Erprobung der Neuentwicklungen,
- Betriebsnormen ausarbeiten unter Berücksichtigung überbetrieblicher Normen,
- Angebote bearbeiten: Kundenberatung, Projekte ausarbeiten,
- Verwalten von Stücklisten, Zeichnungen und der technischen Bibliothek,
- Patentschriften auswerten.[1]

b) Es sind verschiedene Faktoren, welche die immer grösser werdenden Kosten für die Forschung und Entwicklung erklären:

- **Technologie:** Die Anwendung der heutigen Technologie ist sehr kapitalintensiv (z.B. CIM, Robotertechnik). Zudem werden die finanziellen Aufwendungen für die Erforschung neuer Technologien immer grösser.
- **Ökologie:** Im Bereich des Umweltschutzes und des Recycling steht die umweltschonende Technologie erst am Anfang der Entwicklung und es sind noch gewaltige Anstrengungen zu unternehmen, um diese Probleme in den Griff zu bekommen.
- **Wettbewerbsfähigkeit:** Im Zeichen der zunehmenden Globalisierung[2] der Märkte und einer sich immer schneller verändernden Umwelt der Unternehmung sind erhöhte F&E-Kosten ein Mittel, um im stärker werdenden Wettbewerb bestehen zu können.
- **Gesättigte Märkte:** Vor allem in den Ländern der westlichen Zivilisation sind die existenziellen Grundbedürfnisse der Mehrheit der Bevölkerung gedeckt. Es geht nur noch darum, die Konsumbedürfnisse zu decken. Diese Bedürfnisse unterliegen aber einem ständig schneller werdenden Wandel. Die Konsumenten verlangen immer neue Produkte. Um marktfähig zu bleiben, müssen die Unternehmungen diese Bedürfnisse befriedigen, was sich unter anderem in steigenden F&E-Kosten bemerkbar macht.

---

1 Warnecke, Hans-Jürgen: Der Produktionsbetrieb. Berlin 1984, S. 184.

2 Globalisierung der Märkte bedeutet, dass sich die Gegebenheiten auf den verschiedenen Märkten immer mehr annähern (z.B. Konsumentenbedürfnisse, Rechtssysteme, technische Normen).

c) Es gibt grundsätzlich zwei Möglichkeiten, die F&E-Abteilung organisatorisch zu behandeln. Sie kann entweder als selbständige Abteilung oder Unterabteilung der Produktion geführt werden (Variante 1: angewandte Forschung) oder man bildet eine Stabsabteilung (Variante 2: Grundlagenforschung):

- Variante 1 wird meistens dann in Betracht gezogen, wenn eine enge Zusammenarbeit zwischen Produktion und F&E nötig ist. Kurze Entscheidungs- und Kommunikationswege helfen, die F&E effizienter zu gestalten.

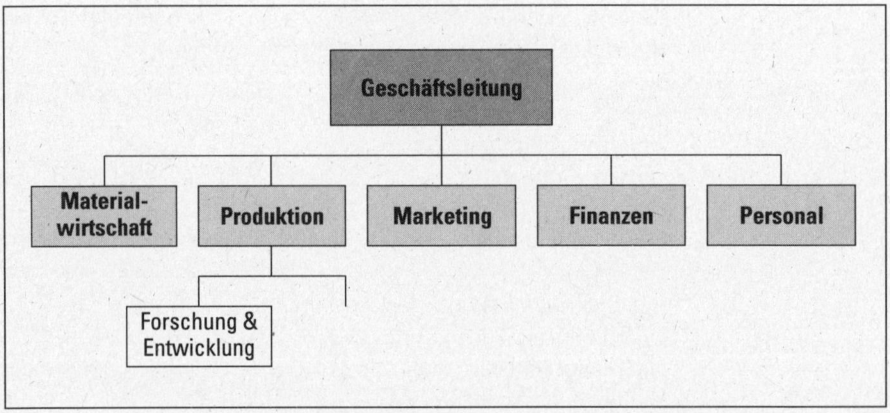

- Variante 2 kommt vor allem dann in Frage, wenn den Forschern möglichst freie Hand gewährt werden soll.

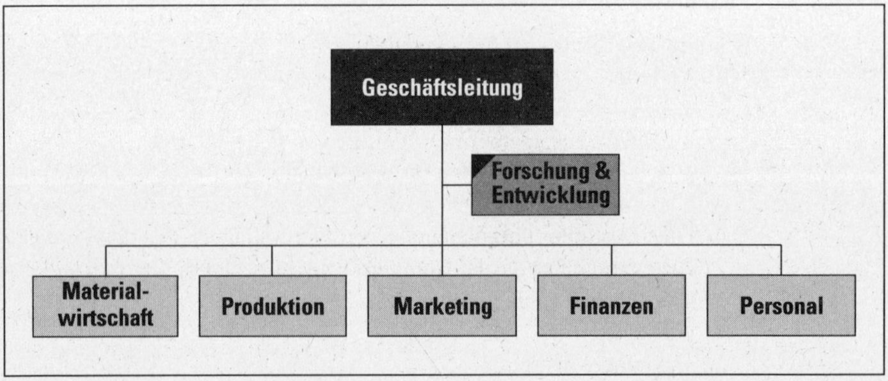

Distributionspolitik

L 27 a) Generell sind der direkte und der indirekte Absatzweg denkbar. Beim direkten Absatz liefert die Solaris AG direkt an den Konsumenten. Beim indirekten Absatz übernimmt der Einzelhandel den Verkauf an die Konsumenten. Denkbar ist auch die Einschaltung des Grosshandels, dessen Aufgabe es ist, die Verteilung an den Einzelhandel vorzunehmen.

1. Direkter Absatz

- Vorteile:
  - kundennah, frühzeitiges Erkennen von Kundenproblemen und -wünschen,
  - persönlicher Verkauf,
  - hohe Marge,
  - gute Kontrollmöglichkeiten,
  - gute Beratung möglich.
- Nachteile:
  - kleine Abnahmemengen, deshalb viele Kleinkunden mit geringem Absatz,
  - ständige Marktbeobachtung notwendig,
  - Distributionsorgane nötig (z.B. Aussendienst, Spedition),
  - unter Umständen Erweiterung des Sortimentes mit fremden Komplementärgütern notwendig,
  - Werbung muss selbst übernommen werden.

  Diese Nachteile führen insgesamt zu einer hohen finanziellen und zeitlichen Beanspruchung der Ressourcen der Unternehmung, weil die Marketingabteilung stark ausgebaut werden muss.

2. Indirekter Absatz über Einzelhandel

- Vorteile:
  - grössere Abnahmemengen,
  - Einzelhändler übernimmt einen Teil der Werbung,
  - wenige Kunden mit grösserem Umsatz,
  - Aussendienst kleiner.

  Diese Vorteile führen zu einer geringeren finanziellen und zeitlichen Beanspruchung der Ressourcen der Unternehmung. Es genügt eine kleine Marketingabteilung.
- Nachteile:
  - kleinere Marge,
  - Verlust der Marktnähe,
  - evtl. Exklusiv-Lieferverträge: Einer oder mehrere Einzelhändler verlangen das alleinige Verkaufsrecht für die Anlage.

3. Indirekter Absatz über Grosshandel

- Vorteile:
  - grosse Abnahmemengen, wenige Kunden mit grossem Umsatz,
  - Grosshändler übernimmt die Werbung,
  - Grosshändler übernimmt den Hauptteil der Distribution.

  Die Vorteile verstärken sich noch im Vergleich zum indirekten Absatz über den Einzelhandel.
- Nachteile:
  - kleine Marge,
  - leichte «Erpressbarkeit» (Rabatte etc.),
  - fehlende Konsumentennähe,
  - evtl. Exklusiv-Lieferverträge: Ein Grosshändler verlangt das alleinige Recht zum Weiterverkauf der Anlage.

L 28 a)

- **Direkter Absatz:** Der Produzent tritt als unmittelbarer Verkäufer gegenüber dem Endverbraucher auf.
- **Indirekter Absatz:** Der Produzent vertreibt seine Produkte über Zwischenstufen, vor allem über den Gross- und Einzelhandel, wobei sich für ihn zwei Möglichkeiten bieten. Er kann den Einzelhändler direkt beliefern oder er liefert an den Grosshändler, der die weitere Verteilung der Waren an die Einzelhändler übernimmt, die sie an die Endverbraucher verkaufen.

b) Der direkte Absatz täglicher Bedarfsartikel lohnt sich im Gegensatz zu Möbeln nicht, weil

- ein gesonderter Einkauf der verschiedenen Artikel zu aufwendig ist (Einkaufszeit, Einkaufsweg).
- der Kunde es vorzieht, die verschiedenen benötigten Artikel am gleichen Ort einzukaufen.

c)

- Er muss ein breites Produktionsprogramm haben.
- Die Produkte sind tendenziell günstiger wegen des Direktverkaufs.

d) Der Autokäufer erwartet bei einem Kaufabschluss nicht nur einen Neuwagen. Er ist auch auf einen guten Kundendienst in Form von Wartungs- und Reparaturmöglichkeiten angewiesen. Ein Aufbau eines eigenen Kundendienstnetzes bringt aber grosse finanzielle und organisatorische Belastungen mit sich, die die Automobilhersteller nicht tragen wollen.

L 29 a) Bekannte Beispiele sind:
- Coca-Cola,
- Benetton,
- The Body Shop,
- McDonald's,
- Burger King,
- Holiday Inn,
- Hertz,
- Avis,
- Manpower,
- Portas (Tür- und Küchenrenovierungen),
- Yves Rocher,
- Schweiz: Inlingua, Kieser Training AG.

b) Der **Franchise-Geber** muss über folgende Voraussetzungen verfügen:
- guter Produkt- oder Unternehmungsnamen,
- ein spezielles Produktionsverfahren oder eine besondere Rezeptur,
- Möglichkeit der Belieferung mit Rohstoffen oder Waren,
- gutes Marketing-Konzept,
- effiziente Geschäftsführungsmethoden,
- Konzept für schnelle und einheitliche Personalschulung.

c) Der **Franchise-Nehmer** sollte folgende Voraussetzungen erfüllen:
- Zugang zum entsprechenden Markt,
- Kenntnis des Marktes und der kulturellen Gegebenheiten,
- eine gute Standortmöglichkeit,
- die nötigen finanziellen Mittel,
- unternehmerische Fähigkeiten.

L 30

	Discountladen	**Fachgeschäft**
Preis	▪ Preis ist tief (weit unter dem empfohlenen Einzelhandelspreis).	▪ Preis ist hoch (entspricht dem empfohlenen Richtpreis).
Service	▪ geringer Service (Kosten-einsparmöglichkeiten), ▪ Selbstbedienung, ▪ weniger qualifiziertes Personal (Kosteneinsparmöglichkeiten).	▪ umfassender Service (Beratung etc.), ▪ persönlicher Verkauf, ▪ Fachpersonal.
Sortiment	▪ ziemlich schmal, wenig tief, ▪ bekannte Markenartikel mit hoher Umschlagsgeschwindigkeit ▪ günstig beschaffbare Artikel, ▪ einfache Artikel mit geringen Anforderungen an Service, ▪ meist keine risikobehafteten Frischprodukte im Foodbereich.	▪ breit und tief, ▪ zusätzlich weniger bekannte Spezialartikel, ▪ zusätzlich erklärungsbedürftige Artikel, ▪ zusätzlich kompliziertere Artikel, ▪ zusätzlich risikobehaftete Frisch-produkte.
Waren-präsentation	▪ Verkaufsraum entspricht dem Lagerraum, ▪ Preisangaben auf separaten Schildern, ▪ im Grosshandel Grossgebinde.	▪ Lager von Verkaufsraum getrennt, ▪ Ware direkt angeschrieben.
Standort	▪ mietgünstige Nebenlage.	▪ zentral, Passantenlage.

L 32 a) Der Grossverteiler und der Detailhändler üben beide die Funktion des Absatzmittlers aus. Im Gegensatz zum Detailhändler übernimmt der Grossverteiler aber auch Funktionen des Grosshandels (z.B. Warenverteilung). Er besitzt in der Regel ein Filialnetz, das mindestens regional stark verbreitet ist. Zusätzlich unterhält er oft auch eigene Produktionsbetriebe.
Beispiele für Grossverteiler sind Migros, Coop, Dritte Kraft (Denner, Usego und Hofer+Curti) und die landwirtschaftlichen Genossenschaften, die den Einkauf für die von den Bauern benötigten Produktionsmittel zentralisiert betreiben.

b) Massnahmen zur Profilierung der Detaillisten gegenüber den Grossverteilern sind:

- qualitativ hochstehende Produkte und Dienstleistungen,
- Markenartikel,
- persönliche Bedienung,
- Zusatzleistungen wie z.B. Hauslieferdienst,
- Funktion der «Lückenfüller»,

- grosszügige und schöne Ladengestaltung,
- angenehme Präsentation der Ware,
- Nischenpolitik,
- Zusammenarbeit mit den Markenartikelherstellern (z. B. in der Werbung).

L 34 a)

- Information,
- Zentralisierung von Einkauf, Lagerung und Verteilung,
- Finanzierungen aller Art,
- einheitliche Werbung und Verkaufsaktionen,
- Unterstützung in der Unternehmungsführung,
- Schulung.

b)

- **Vorteile des Detaillisten**
  - günstigerer Einkauf,
  - günstigere Finanzierungsmöglichkeiten,
  - geringere Kosten bei gemeinsamen Werbemassnahmen,
  - Konzentration auf seine Stärken: Schwächen können durch die Zentrale mittels Beratung und laufender Hilfe verbessert werden,
  - Stärkung des Marktauftrittes und der relativen Machtposition (z. B. gemeinsame Verkaufsaktionen, einheitliches Erscheinungsbild).
- **Nachteile des Detaillisten**
  - teilweiser Verlust der Selbständigkeit in der Produkt- und Kommunikationspolitik,
  - Gefahr des Verlustes von Know-how.
- **Vorteile des Produzenten**
  - bessere Produktions- und Absatzplanung durch die Grossbezüge,
  - Senkung der Vertriebs- und Werbekosten,
  - Verminderung des administrativen Aufwandes,
  - Absatzförderung durch den verstärkten Marktauftritt der Einzelhändler.
- **Nachteile des Produzenten**
  - Probleme bei Lieferungen an Nichtmitglieder der Einkaufsorganisation,
  - grössere Abhängigkeit.

Konditionenpolitik

L 39 a) Berechnen der gesuchte Menge x durch die Gleichsetzung des jeweiligen Gewinnes der beiden Absatzarten:

$$x\,(170 - 160) = x\,(180 - 160) - 4x - 1\,800\,000$$
$$x = \mathbf{300\,000\ Stück}$$

b)
- Ausbau der Distributionsorganisation,
- Ausbau des Kundendienstes,
- fehlende detaillierte Marktkenntnisse und -beziehungen,
- zusätzliche Werbekosten,
- mögliche Schwankungen der Absatzmenge,
- Gegenmassnahmen des Grosshandels.

c) Der Zwischenhandel kann dem Hersteller insbesondere Funktionen abnehmen, die
- für den Hersteller ressourcenintensiv (personell, finanziell) sind und
- die der Handel effizienter als der Hersteller erfüllen kann.

Dazu gehören im einzelnen
- Sortimentsfunktion: Zusammenstellung einzelner Produkte zu einem breiten Sortiment,
- Bereitstellung von Lager- und Verkaufsfläche in Kundennähe, um beispielsweise die saisonalen Nachfrageschwankungen ausgleichen zu können (Festtage, Ferienzeit),
- Werbung am «Point of purchase» und Präsentation der Produkte in Verkaufsvitrinen und Schaufenstern,
- Verkaufsförderungsmassnahmen: Aktionen, Rabatte, Gutscheine etc.,
- Distribution: Service, Verteilung,
- Übernahme grosser Teile des Werbeaufwandes.

L 40 a) Die beiden Deckungsbeiträge müssen gleich hoch sein:

$$300\,(16-4) = x\,(14-4)$$
$$x = \textbf{360 Stück}$$

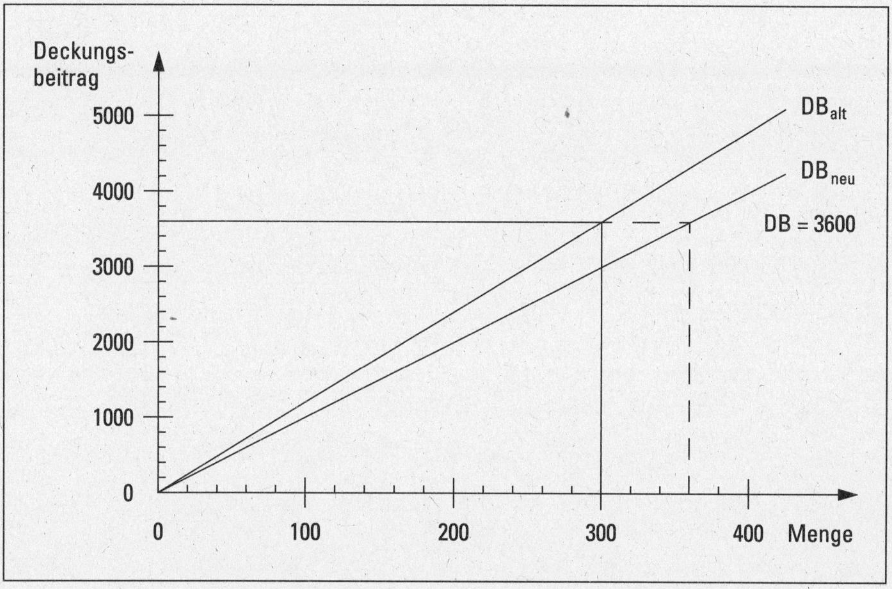

b)
- effektive Nachfrage,
- Einsatz der übrigen Marketing-Instrumente,
- Verhalten der Konkurrenz.

L 41 a) Ein Substitutionsgut ist ein Gut, das relativ leicht durch ein anderes ersetzt werden kann, weil es gleiche oder ähnliche Bedürfnisse befriedigt. Dabei wählt der Käufer nur das eine oder das andere Produkt. Substitutionsgüter sind sehr preiselastisch, deshalb kommt insbesondere der Preispolitik im Rahmen des Marketing-Mix ein hoher Stellenwert zu.

b) Neuer Deckungsbeitrag = 675 000 Fr. (75 % von 900 000 Fr.)
Geschätzter Umsatz für P_1 = 300 Stück (240 + 60)
Geschätzter Umsatz für P_2 = 500 Stück (360 + 140)
Deckungsbeitrag/Stück für P_1 = 1500 Fr.
Deckungsbeitrag/Stück für P_2 = x Fr.

$$DB_{neu} = \text{Umsatz } P_1 \cdot DB_{P_1} + \text{Umsatz } P_2 \cdot x$$
$$675\,000 = 300 \cdot 1500 + 500x$$
$$x = 450 \text{ Fr.}$$

Daraus ergibt sich für das Produkt P_2 ein **Verkaufspreis** von **4200,– Fr.**, der sich aus den variablen Stückkosten von 3750,– Fr. und dem Deckungsbeitrag von 450,– Fr. zusammensetzt.

L 42 a) Gewinn = Erlös – Kosten = 0

Erlös = Kosten

$p\,x = K_{fix} + k_{var}\,x$

$25x = 5000 + 20x$

$x = 1000$ Stück

Der mengenmässige Break even-Punkt liegt bei **1000 Stück**, der wertmässige bei **25 000 Fr.**

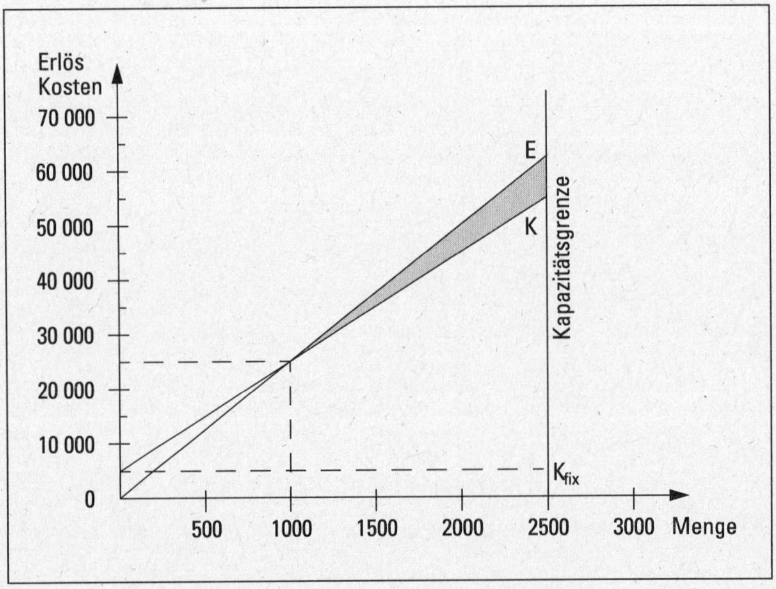

b) Die kurzfristige Preisuntergrenze besteht dort, wo der Preis den variablen Stückkosten entspricht:

$$K = K_{fix} + k_{var}\,x$$
$$= 5000 + 20x$$

Daraus folgt ein Preis von **20 Fr./Stück.**

Die langfristige Preisuntergrenze bedeutet, dass der Preis sämtliche Kosten deckt, also den Durchschnittskosten pro Stück entspricht. Die Stückzahlen (x_{max}), die sich maximal herstellen lassen, werden durch die Kapazitätsgrenze bestimmt:

$$p = \frac{K_{x_{max}}}{x_{max}} = \frac{5000 + 20 \cdot 2500}{2500} = \mathbf{22\ Fr./Stück}$$

c)
- Erhöhung des Einsatzes der verschiedenen Marketing-Instrumente,
- Verbesserung der Kostenstruktur,
- Kooperation mit einer anderen Unternehmung, um Kosteneinsparpotentiale auszuschöpfen.

L 43 a) Auswahlkriterien sind die kritische Menge x (Break even-Menge) und der Deckungsbeitrag jedes Modelles. Die kritische Menge ist diejenige Menge, bei der der Gewinn null entspricht. Demgegenüber entspricht der Deckungsbeitrag der Differenz aus dem Verkaufspreis und den variablen Stückkosten. Für die kritische Menge ergibt sich folgende Formel:

Gewinn = Erlös – Kosten = 0

$$0 = p\,x - K_{fix} - k_{var}\,x$$

$$x = \frac{K_{fix}}{p - k_{var}}$$

	Kritische Menge	Deckungsbeitrag
Modell 1:	$\frac{13\,750}{93-38} = 250$	$93 - 38 = 55$
Modell 2:	$\frac{15\,250}{88-27} = 250$	$88 - 27 = 61$
Modell 3:	$\frac{25\,200}{121-16} = 240$	$121 - 16 = 105$

Gewählt wird **Modell 3** aufgrund der kleinsten kritischen Menge und des grössten Deckungsbeitrages.

b) x = produzierte Menge (75 % von 1200) = 900 Stück

y = Preisreduktion

Gewinn = Erlös – Kosten = 0

Erlös = Kosten

$$(p - y)\,x = K_{fix} + k_{var}\,x$$

$$(121 - y)\,900 = 25\,200 + 16 \cdot 900$$

$$y = 77 \text{ Fr.}$$

Die Reduktion kann maximal **77,– Fr.** betragen, was einem kritischen Preis von 44,– Fr. entspricht.

c)

$$\text{Gewinn}_{alt} = p\,x - K_{fix} - k_{var}\,x$$

$$= 121 \cdot 900 - 25\,200 - 16 \cdot 900 = 69\,300 \text{ Fr.}$$

$$\text{Gewinn}_{neu} = (p - 20) \cdot 1{,}05\,x - K_{fix} - k_{var} \cdot 1{,}05\,x$$

$$= 101 \cdot 945 - 25\,200 - 16 \cdot 945 = 55\,125 \text{ Fr.}$$

Der Gewinn **nimmt ab.**

L 45 a) Preisdifferenzierung liegt dann vor, wenn das gleiche Produkt an verschiedene Käufergruppen zu unterschiedlichen Preisen verkauft wird.

b) Mögliche Arten einer Preisdifferenzierung sind:

- räumliche Preisdifferenzierung,
- zeitliche Preisdifferenzierung,
- Preisdifferenzierung nach Abnahmemengen,
- Preisdifferenzierung nach Auftragsgrösse,
- Preisdifferenzierung nach Absatzweg und Absatzform,
- Preisdifferenzierung nach Kundengruppen.

c) Die Voraussetzungen einer Preisdifferenzierung sind:

- Die einzelnen Marktsegmente müssen sich nach bestimmten Merkmalen unterscheiden. Zudem müssen die Zielgruppen (Käufergruppen) isoliert werden können und eine unterschiedliche Preiselastizität aufweisen.
- Die Märkte müssen unvollkommen sein, sonst würden alle Zielgruppen wegen der Markttransparenz zum tiefsten Preis kaufen.

d)

- **Chancen**
  - neue Käuferschichten,
  - höherer Marktanteil,
  - höherer Umsatz,
  - höherer Gewinn,
  - bessere Ausnützung der (Produktions-)Kapazitäten.
- **Gefahren**
  - Die bisherigen Kunden werden verärgert und können sich sogar der Konkurrenz zuwenden.
  - Es wird nur ein Kostenbeitrag statt eine Kostendeckung angestrebt (Umsatz- statt Gewinndenken).
  - Die bisherigen Kunden versuchen, die Preisdifferenzierung auszunutzen. Sie wechseln in die tiefere Preisklasse, sofern dies möglich ist.
  - Kunden der tieferen Preisklasse können die Ware an Käufer des höheren Preissegments günstiger weiterverkaufen.

e) Wenig sinnvoll bzw. geeignet scheinen die Preisdifferenzierung nach Abnahmemengen (über einen bestimmten Zeitraum) und nach dem Bestellzeitpunkt zu sein, da der Händler die Ware *sofort* weiterverkaufen will. Alle anderen Arten der Preisdifferenzierung kann der Importeur jedoch anwenden.

Kommunikationspolitik

L 52

1. Werbeobjekt: T-Shirt Costla

2. Werbesubjekt: Eigenschaften der Zielgruppe: qualitätsbewusst, imagebewusst, sportlich, findet Gefallen an Exklusivem.

3. Werbeziele:
   - Produkt bekanntmachen,
   - Aufbau eines Qualitätsimages,
   - Aufbau eines exklusiven Markenimages,
   - Positionierung als lockere Freizeitbekleidung,
   - Positionierung im höheren Preissegment.

4. Werbebotschaft: Die Ansprache des Konsumenten findet primär über das Image und sekundär über die Qualität statt; eventuell einen Slogan einbauen, der das Emotionale anspricht.

5. Werbemedien:
   - Inserate in Zeitschriften und Zeitungen, die von einem kaufkräftigen Publikum gelesen werden,
   - Werbung an Sportveranstaltungen und in Sportstätten,
   - Sponsoring von Sportveranstaltungen,
   - Plakate,
   - Tragtaschen,
   - Kleber,
   - Gestaltung von Costla-Verkaufsregalen.

6. Werbeperiode: Die Werbung ist vorwiegend auf den Frühling und Sommer auszurichten. Zu Beginn der Markteinführungsphase sind mehr Mittel zu investieren, um das Produkt bekanntzumachen und die Werbeziele, mindestens bereits teilweise, zu erreichen. Die Werbung wird jährlich wiederholt, wobei in der Vorsaison von einem relativ tiefen Niveau aus eine kontinuierliche Intensivierung bis zum saisonalen «Werbehöhepunkt» stattfindet. Daraufhin flachen die Werbeanstrengungen wieder ab und werden ab Frühherbst höchstens punktuell weitergeführt.

7. Werbeort: Er ergibt sich in der Regel aus den Werbemedien.

8. Werbebudget: Es wurde noch kein Budget festgelegt.

Anschliessend erfolgt die **Werbeerfolgskontrolle.** Erste Hinweise über den Erfolg der Werbeanstrengungen gibt die Entwicklung des Umsatzes. Falls es nötig ist, wird die Wirksamkeit der einzelnen Massnahmen durch Marktuntersuchungen weiter analysiert. Dazu gehören etwa Imagemessungen (Produkt- und Qualitätsimage) und die Ermittlung des Bekanntheitsgrades mittels der Kennziffern Berührungs-, Beeindruckungs- und Erinnerungserfolg.

L 55 a)

1. Werbeobjekt:	Waschmaschine
2. Werbesubjekt:	allgemein Hausfrauen und -männer, speziell Singles
3. Werbeziel:	hoher Bekanntheitsgrad der neuen Maschine
4. Werbebotschaft:	ökologische Vorteile der neuen Waschmaschine
5. Werbemedien:	Zeitschriften, TV-Spot
6. Werbeperiode:	nächstes Halbjahr
7. Werbeort:	ganze Schweiz
8. Werbebudget:	entsprechend den Werbezielen
9. Werbeerfolgskontrolle:	Verkaufserfolg

b)

- Produktpolitik:
  - Garantieleistungen,
  - Kundendienst.
- Distributionspolitik:
  - Absatzweg,
  - Absatzform,
  - Distributionslogistik.
- Konditionenpolitik:
  - Preispolitik,
  - Rabattpolitik.
- Kommunikationspolitik:
  - Verkaufsförderungsmassnahmen,
  - Public Relations.

c) Der Marktanteil sagt etwas über die Wettbewerbsstärke aus. Bei grösserem Marktanteil kann tendenziell auch davon ausgegangen werden, dass die Unternehmung über eine bessere Kostenstruktur als die Konkurrenz verfügt (Stichwort: Erfahrungskurve) und somit in der Preispolitik flexibler ist. Richtet sich die Boxo AG auf Ziele bezüglich der Absatzmenge aus, so ist es möglich, dass sie trotz steigender Absatzmenge an Marktanteil und somit an Wettbewerbsstärke verliert.

Marketing-Mix

L 60

- Produktpolitik:
  - guter Kundendienst (z. B. Service, Reparaturdienst, grosszügige Behandlung von Reklamationen),
  - Garantieleistungen,
  - breites Sortiment,
  - Zusatzsortiment (Autoradio, Pneus etc.).
- Distributionspolitik:
  - kurze Liefertermine,
  - bei Wunsch persönliche Übergabe am vom Kunden gewünschten Ort.
- Konditionenpolitik:
  - Rabattpolitik (allgemein und bei Folgekäufen),
  - zusätzliche Gratisleistungen (z. B. Autoradio).
- Kommunikationspolitik:
  - Werbung,
  - Sponsoring lokaler Veranstaltungen,
  - Unterstützung lokaler Vereine,
  - Teilnahme an Gewerbeausstellungen.

L 62 a) Neu waren die folgenden beiden Ideen:

- **SWATCH als Accessoire-Uhr:** Ebenso wie Bekleidungs- und Freizeitartikel unterliegen Accessoires den Modeschwankungen. Durch die neue Produktionstechnologie, die für eine Massenherstellung notwendig geworden war, wurde es möglich, das gleiche Modell in beliebig vielen Designs anzubieten. Auf diese Weise konnte man besser auf die verschiedenen Kundenbedürfnisse eingehen. Damit war eine Abkehr von der traditionellen Wertvorstellung über die Uhr verbunden. Die Uhr wurde zu einem Gebrauchsgut, das beliebig oft ausgewechselt werden kann. Dementsprechend wurde auch ein tieferes Preisniveau erforderlich, als es bisher für Uhren üblich gewesen war.
- **SWATCH als Zweit-Uhr:** Bei vielen Gelegenheiten ist eine teure Uhr am Handgelenk hinderlich oder riskant, so zum Beispiel bei sportlicher Betätigung oder auf Reisen. In diesen Situationen kann man eine billige Zweit-Uhr tragen, die aber trotzdem die gewohnte und gewünschte Qualität bietet.

b) Aus den unter a) genannten Punkten ergab sich, dass die SWATCH sich am Markt nur dann durchsetzen konnte, wenn es gelang, grosse Mengen abzusetzen. Grosse Absatzmengen bedingen aber Massenfertigung, wenn gleichzeitig die Stückkosten tief sein sollen. Tiefe Herstellkosten und damit tiefe Verkaufspreise waren aber für die Marktfähigkeit des SWATCH-Konzeptes unabdingbar. Weil die Technologie, die diese Bedingungen erfüllte, noch unbekannt war, musste sie erfunden werden.

c) Die Überlegungen können stichwortartig folgendermassen zusammengefasst werden:

- **Produktpolitik**
  - Billig-Uhr in gewohnter Qualität: quarzgenau, stossicher, wasserdicht, 1-Jahres-Garantie,
  - zusätzliche Eigenschaften: extrem leicht, relativ dünn, selbständiges Auswechseln der Batterien, kein Service-Après notwendig,
  - Design: klar in der Aussage, modisch, im Trend,
  - verschiedene Verwendungsmöglichkeiten: Sportuhr, Freizeituhr, Modeuhr, Erstuhr und Reiseuhr,
  - dauernde Produktanpassung: neue Formen und Technologien, Damen- und Kinderswatch.
- **Konditionenpolitik**
  - Bruttogewinnmarge genügend gross, um die hohen Werbekosten finanzieren zu können,
  - attraktive Marge für den Handel,
  - Preis nicht zu hoch für Impulskäufe (ca. 50,– Fr.),
  - neue Positionierung im Uhrenmarkt: tiefer Preis, mittleres Prestige,
  - auf allen Märkten gleiches Preisniveau.
- **Distributionspolitik**

  Weil
  - die SWATCH dort gekauft wird, wo man Uhren kauft,
  - eine zu intensive Distribution zu Discountpreisen führt,
  - der Absatzkanal imagebildend ist,
  - der Verkauf in zu vielen Absatzkanäle zu kostspielig ist und
  - die SWATCH ein «Impulskauf»-Produkt ist,

  wurde eine selektive Distribution gewählt, und zwar
  - primär über Warenhäuser,
  - sekundär über Fachgeschäfte (Uhren-, Sportgeschäfte und Boutiquen) und
  - tertiär über Versandhandel.

  Die Distribution erfolgt weltweit.
- **Kommunikationspolitik**
  - Schaffung eines hohen Bekanntheitsgrades,
  - Schaffung eines Markenprofils.

Die Werbung wurde weltweit in sämtlichen Medien plaziert und inhaltlich gleich gestaltet. Dazu kamen ungewöhnliche Aktionen wie die SWATCH-Breakdance Weltmeisterschaft, die Riesenuhr an einem Frankfurter Hochhaus oder SWATCH-Heissluftballons.

d) Denkbar ist eine Anwendung dieser Idee bei

- Autos,
- Telefonen,
- Sportausrüstungen,
- Einrichtungsgegenständen wie Kleinmöbel, Lampen oder Regalen.

L 64 a) Wichtige Entscheidungen sind:
- Standort des Geschäftes und des Lagers,
- Gesellschaftsform,
- Finanzierung,
- Marketingkonzept,
- Lieferanten,
- Produktsortiment,
- Versand als zusätzliche Absatzmöglichkeit,
- Personal.

b) Die zukünftigen Käufer zeichnen sich durch eines oder mehrere der folgenden Merkmale aus:
- gesundheitsbewusst,
- naturbewusst,
- achten auf hohe Qualität und gute fachliche Bedienung,
- gehören in der Regel zur mittleren und hohen Kaufkraftklasse,
- leiden unter Schlafstörungen.

c)
- **Produktpolitik**
  Auf die einzelnen Produkte kann kein Einfluss genommen werden. Ein Spielraum bleibt nur bei der Sortimentspolitik. Möglich sind:
  - Sortimentserweiterung, z.B. Bettgestelle und Bettüberwürfe,
  - Sortimentsvertiefung, z.B. Nierenschutz und Bettsocken.
- **Distributionspolitik**
  - Geschäft an einer guten Passantenlage,
  - Versandhandel in der ganzen Schweiz,
  - Filialen eröffnen.
- **Konditionenpolitik**
  Die Preise sind im allgemeinen von den Lieferanten als empfohlene Richtpreise vorgegeben. Eine eigentliche Preisbindung kann aber nicht durchgesetzt werden. Aus Image-Gründen ist es nicht empfehlenswert, die vorgegebenen Preise dauernd zu unterbieten, hingegen sind Verkaufsaktionen zu reduzierten Preisen denkbar.
- **Kommunikationspolitik**
  - Werbung in Tageszeitungen und Fachzeitschriften,
  - Teilnahme an Gewerbeausstellungen,
  - Verkaufsförderungsmassnahmen: Wettbewerbe, Einführungspreise, Direct-Mailing mit Gutschein,
  - guter Kundenservice: freundliche, fachmännische Bedienung und grosszügige Behandlung von Reklamationen.

Material- und Produktionswirtschaft

Materialwirtschaft

L 6 **a)** Die Analyse zeigt, dass einige grössere Bestellungen (maximal fünf) im Umfang von total 100 000 Einheiten nicht sofort ausgeführt werden konnten.

b)
- **Servicegrad 1**

$$\frac{\text{Anzahl sofort ausgeführte Anforderungen}}{\text{Anzahl Anforderungen/Jahr}} \cdot 100 = \frac{995}{1000} \cdot 100$$

= **99,5%**

- **Servicegrad 2**

$$\frac{\text{Wert der befriedigten Bedarfsanforderungen}}{\text{Wert der Bedarfsanforderungen}} \cdot 100 = \frac{995 \cdot 2}{1000 \cdot 2} \cdot 100$$

= **99,5%**

- **Durchschnittlicher Lagerbestand**

$$\frac{\text{Anfangsbestand + Endbestand}}{2} = \frac{100\,000 + 100\,000}{2}$$

= **100 000 Einheiten**

Der durchschnittliche Lagerbestand hat einen Wert von **200 000 Fr.**

- **Lagerumschlagshäufigkeit**

$$\frac{\text{Lagerabgang/Jahr}}{\text{ø Lagerbestand}} = \frac{1\,000\,000}{100\,000} = \mathbf{10}$$

- **Durchschnittliche Lagerdauer**

$$\frac{\text{Zahl der Tage pro Periode}}{\text{Lagerumschlagshäufigkeit}} = \frac{360 \text{ Tage}}{10} = \mathbf{36\ Tage}$$

L 10 a) Erfahrungsgemäss besitzt mengenmässig ein kleiner Prozentsatz der eingesetzten Materialien wertmässig einen hohen Anteil am Gesamtverbrauchswert der verbrauchten Güter. Die ABC-Analyse dient dazu, diese Erfahrung fassbar zu machen. Dazu werden die Güter in die drei Klassen A, B und C eingeteilt.

- **A-Güter:** Sie machen ungefähr 80% des Gesamtverbrauchswertes aus, aber nur etwa 15% der gesamten Verbrauchsmenge.
- **B-Güter:** Die entsprechenden Zahlen lauten 15% des Gesamtverbrauchswertes und 35% der Gesamtverbrauchsmenge.
- **C-Güter:** Sie umfassen 5% des Gesamtverbrauchswertes und 50% der Gesamtverbrauchsmenge.

Daraus wird deutlich, dass vor allem die A-Güter eine grössere wirtschaftliche Beachtung verdienen. In der Regel können hier durch entsprechende Massnahmen am meisten Kosten gespart werden. Das bedeutet allerdings nicht, dass die Beschaffungs- und Lagerplanung der B- und C-Güter vernachlässigt werden kann.

Die ABC-Analyse ist in ihrer Anwendung nicht nur auf die Verbrauchsmengen und -werte beschränkt. Sie kann unter anderem auch die Anzahl und den Wert sowohl der Bestellmengen als auch der Lieferungen untersuchen. Eine Anwendung in anderen Teilbereichen der Unternehmung ist etwa im Verkauf denkbar, um die Beziehung zwischen Umsatz und Gewinn oder zwischen den einzelnen Produkten und dem damit erzielten Umsatz festzustellen.

b) Zuerst wird der Gesamtverbrauchswert und der damit verbundene Rang der einzelnen Materialarten berechnet.

Artikel	Verbrauch		Preis	Verbrauchswert		Rang
	in ME	in %		in GE	in %	
A 5831	300	1,8	14,–	4 200	7,4	**6**
B 4223	200	1,2	4,–	800	1,4	**15**
D 1798	500	3,1	12,–	6 000	10,6	**3**
E 6185	800	4,9	6,–	4 800	8,5	**4**
L 2741	1 500	9,2	2,–	3 000	5,3	**9**
L 3311	1 000	6,1	2,80	2 800	4,9	**10**
M 7439	5 000	30,5	–,20	1 000	1,8	**13**
M 7820	2 000	12,2	–,80	1 600	2,8	**11**
N 2784	200	1,2	23,–	4 600	8,1	**5**
P 1437	50	0,3	80,–	4 000	7,1	**7**
R 6874	50	0,3	200,–	10 000	17,7	**1**
R 8413	100	0,6	34,–	3 400	6,0	**8**
T 2880	200	1,2	40,–	8 000	14,1	**2**
V 2828	2 000	12,2	–,45	900	1,6	**14**
X 8427	2 500	15,2	–,60	1 500	2,7	**12**
Total	16 400	100,0		56 600	100,0	

Anschliessend werden die Güter in absteigender Reihenfolge nach dem Gesamtverbrauchswert geordnet und gemäss ihrer Anteile am Gesamtverbrauchswert und der Gesamtverbrauchsmenge in die drei Klassen A, B und C eingeteilt.

Rang	Artikel	Mengen-verbrauch in %	kumuliert	Mengen-verbrauch pro Klasse in %	Wert-verbrauch in %	kumuliert	Wert-verbrauch pro Klasse in %	Klasse
1	R 6874	0,3	0,3		17,7	17,7		
2	T 2880	1,2	1,5		14,1	31,8		
3	D 1798	3,1	4,6		10,6	42,4		
4	E 6185	4,9	9,5	12,8	8,5	50,9	73,5	**A**
5	N 2784	1,2	10,7		8,1	59,0		
6	A 5831	1,8	12,5		7,4	66,4		
7	P 1437	0,3	12,8		7,1	73,5		
8	R 8413	0,6	13,4		6,0	79,5		
9	L 2741	9,2	22,6	15,9	5,3	84,8	16,2	**B**
10	L 3311	6,1	28,7		4,9	89,7		
11	M 7820	12,2	40,9		2,8	92,5		
12	X 8427	15,2	56,1		2,7	95,2		
13	M 7439	30,5	86,6	71,3	1,8	97,0	10,3	**C**
14	V 2828	12,2	98,8		1,6	98,6		
15	B 4223	1,2	100,0		1,4	100,0		

c) Für die Ausgestaltung des Bestellwesens aufgrund der Resultate der ABC-Analyse sind die folgenden zusätzlichen Informationen über die einzelnen Artikel notwendig:

- **Bedarfsverlauf:** Kann eine genaue Prognose über den Bedarfsverlauf gemacht werden?
- **Beschaffung:** Kann die für einen reibungslosen Produktionsablauf notwendige Menge jederzeit beschafft werden oder ist mit Schwierigkeiten zu rechnen? Wie hoch sind die mit einer Bestellung verbundenen Kosten?
- **Lagerraumbeanspruchung:** Welche Güter beanspruchen wieviel Lagerraum? Wie oft müssen die Güter dem Lager entnommen werden (Umschlagshäufigkeit)?
- **Lagerfähigkeit:** Wie lange können die Güter gelagert werden? Steht das technische Know-how für schwer zu lagernde Güter überhaupt zur Verfügung?
- **Personal:** Ist das Know-how, das bei einer Änderung des Bestellwesens gebraucht wird, überhaupt vorhanden

L 13 a) Materialbedarf

	a	b	c	d	e	f	g
1 P_1 500 P_1	2 1 000	– –	100 50 000	2 1 000	2 1 000	50 25 000	– –
1 P_2 300 P_2	12 3 600	10 3 000	1 275 382 500	– –	1 300	120 36 000	100 30 000
Total	**4 600**	**3 000**	**432 500**	**1 000**	**1 300**	**61 000**	**30 000**

b) ABC-Analyse

Teil	Menge (E)	Mengenanteil (%)	Wert (Fr.)	Wertanteil (%)	Rang
a	4 600	0,86	1 380 000	13,73	3
b	3 000	0,56	150 000	1,49	7
c	432 500	81,08	865 000	8,60	6
d	1 000	0,19	1 500 000	14,92	2
e	1 300	0,24	1 040 000	10,34	5
f	61 000	11,44	1 220 000	12,13	4
g	30 000	5,62	3 900 000	38,79	1
Total	533 400	100,00	10 055 000	100,00	

Rang	Teil	Wertanteil (%)	Kum. Anteil	Mengenanteil (%)	Kum. Anteil	Klasse
1	g	38,79	38,79	5,62	5,62	A
2	d	14,92	53,71	0,19	5,81	
3	a	13,73	67,44	0,86	6,67	
4	f	12,13	79,57	11,44	18,11	B
5	e	10,34	89,91	0,24	18,35	
6	c	8,60	98,51	81,08	99,43	C
7	b	1,49	100,00	0,56	100,00	

Der Einsatzfaktor b wird der Klasse C zugeordnet, da sein Wertanteil sehr klein ist. Mit obiger Einteilung vereinigen die A-Güter 67,44 % des Wertes und 6,67 % der Menge auf sich. Bei den B-Gütern sind diese Grössen 22,47 % bzw. 11,68 %, bei den C-Gütern 10,09 % und 81,65 %.

Für die A-Güter ist es sinnvoll, eine detaillierte und umfassende Beschaffungs- und Lagerplanung vorzunehmen. Bei dieser Gruppe wirkt es sich am stärksten aus, wenn falsche Mengen beschafft werden, weil dadurch die Kosten unverhältnismässig steigen. Das in diesen Einsatzfaktoren gebundene Kapital fällt bei den Lagerhaltungskosten stark ins Gewicht.

L 19 a) $$x_{opt} = \sqrt{\frac{2 \cdot k_{f_B} \cdot M}{k_{v_{KL}}}} = \sqrt{\frac{2 \cdot 30 \cdot 30\,000}{48 \cdot 0{,}15}} = 500 \text{ Stück}$$

Die optimale Bestellmenge beträgt somit **500 Stück.**

b) $$\text{Bestellhäufigkeit } n = \frac{M}{x_{opt}} = \frac{30\,000 \text{ Stück}}{500 \text{ Stück}} = \mathbf{60}$$

$$\text{Zeit zwischen zwei Bestelleingängen } t = \frac{360 \text{ Tage}}{60} = \mathbf{6\ Tage}$$

c) Massnahmen für Kosteneinsparungen

Massnahmen	Fragen
Rabatte bei höherer Bestellmenge	Sind die Einsparungen durch den tieferen Preis höher als die höheren Zins- und Lagerkosten (höheres gebundenes Kapital, höheres Lagerrisiko, höhere Versicherungsprämien, höhere Raumkosten, evtl. zusätzliches Personal)?
Wechsel zu Lieferanten mit tieferem Preis	▪ Lieferzuverlässigkeit (z. B. Einhaltung der Termine), ▪ Produktqualität, ▪ wie lange bleibt er lieferfähig?
Einsparungen bei den Lagerkosten	▪ Können billigere Räume gefunden werden? ▪ Kann das Lagerrisiko vermindert werden? ▪ Bestehen günstigere Angebote für die Versicherungsprämien ▪ Welche Rationalisierungsmassnahmen (z. B. Umstellung auf EDV, Einsparung von Personal, Vereinfachung der betrieblichen Abläufe) lassen sich durchführen?

L 20 a) $$x_{opt} = \sqrt{\frac{2 \cdot k_{f_B} \cdot M}{k_{v_{LK}}}} = \sqrt{\frac{2 \cdot 200 \cdot 12\,000}{6 \cdot (0{,}1 + 0{,}1)}} = 2000$$

Bestellmenge am 1. Januar: 2000 + 3000 = **5000 Stück**

b) Für das zweite Halbjahr ergibt sich aufgrund der veränderten Daten eine neue optimale Bestellmenge x_{opt}:

$$x_{opt} = \sqrt{\frac{2 \cdot 200 \cdot 20\,000}{5 \cdot (0{,}05 + 0{,}05)}} = \textbf{4000 Stück}$$

Im laufenden Jahr werden somit insgesamt 29 000 Stücke bestellt.

c) Nein, denn für jede Zeitperiode (1. und 2. Halbjahr) ist die optimale Bestellmenge bestellt worden. Hätte man den gesamten Jahresverbrauch (29 000 Stück) der Berechnung der optimalen Bestellmenge zu Beginn des Jahres zugrunde gelegt, so hätte man im ersten Halbjahr ein unnötiges Lager gebildet, dass zusätzliche Zins- und Lagerhaltungskosten verursacht hätte.

L 21 a)
- **Sicherheitsbestand** ist derjenige Bestand, der immer vorhanden sein muss, um den Produktionsvorgang bei Ausfällen in der Beschaffung aufrechterhalten zu können.
- **Bestellpunkt** ist derjenige Punkt, bei dem eine Bestellung notwendig wird. Er wird zum voraus festgelegt und wird auch kritischer Bestand genannt, weil der zukünftige Bedarf bei Schwierigkeiten im Zusam-

menhang mit der Bestellung aus ihm gedeckt werden muss. Er ist nicht zu verwechseln mit dem Sicherheitsbestand.

- **Wiederbeschaffungszeit** ist derjenige Zeitraum, der von der Aufgabe der Bestellung bis zum Eintreffen der Ware verstreicht.

b)

Vorgang	**Zeit**	**Verbrauch**
Bestellung	3 Tage	9 Tonnen
Erledigung	2 Tage	6 Tonnen
Transport	2 Tage	6 Tonnen
Total	7 Tage	21 Tonnen

- Sicherheitsbestand: **15 Tonnen**
- Bestellpunkt: **36 Tonnen**
- Wiederbeschaffungszeit: **7 Tage**

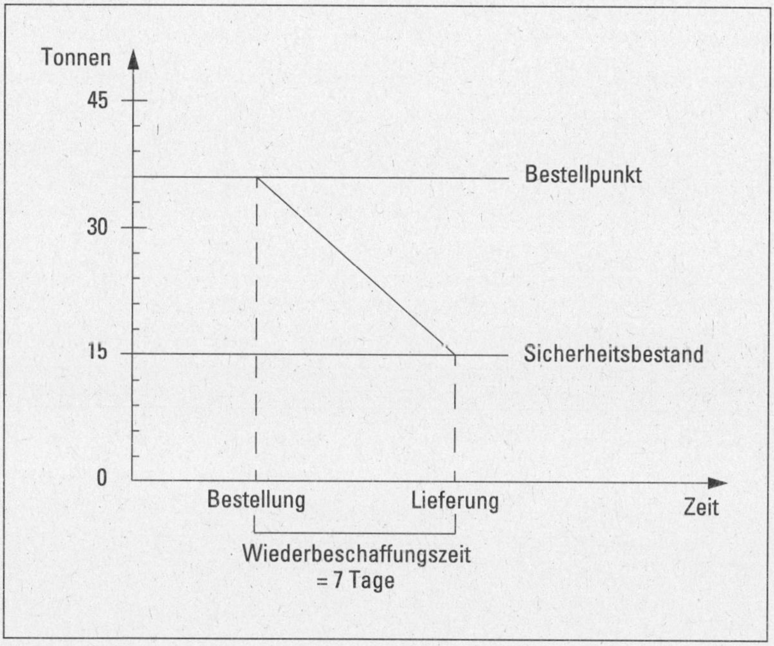

c) Mögliche Einflussfaktoren sind:

- Zuverlässigkeit der Lieferanten,
- Haltbarkeit des Mehls,
- Einstellung der Geschäftsleitung gegenüber dem Risiko,
- Sicherheit der Plandaten (z. B. bezüglich des Bedarfs).

L 24 a)

8 Monate à 17,5 Tonnen	= 140 Tonnen
4 Monate à 28 Tonnen	= 112 Tonnen
Jahresverbrauch	= 252 Tonnen

Da die Produktion kontinuierlich ist, spielt der unterschiedliche Bedarf an Gussteilen keine Rolle. Aus dem Jahresverbrauch lässt sich der durchschnittliche monatliche Bedarf berechnen, der 21 Tonnen beträgt. Weil ein Lastwagen mit 7 Tonnen beladen werden kann, sind (mindestens) **3 Lieferungen** notwendig.

b) Der Lagerbestand am 1. Januar setzt sich aus dem Sicherheitsbestand und dem für die Produktion benötigten Material bis zur nächsten Lieferung (7 Tonnen) zusammen. Die Höhe des Sicherheitsbestandes hängt von der Art und Anzahl der Einflussfaktoren ab, die man berücksichtigt. Er sollte aber mindestens den Bedarf für die Lieferzeit decken. Bei einem Verbrauch von 21 Tonnen pro Monat und durchschnittlich 21 Arbeitstagen ergibt sich ein Tagesverbrauch von 1 Tonne, was bei einer Lieferzeit von 10 Tagen einem Sicherheitsbestand von 10 Tonnen entspricht. Pro Lastwagen können 7 Tonnen geliefert werden, so dass am 1. Januar **17 Tonnen Gussteile** am Lager sind.

c) Weil der Verbrauch kontinuierlich ist, ist das **Bestellrhythmussystem** zu wählen. Die Bestellungen erfolgen alle 7 Tage, wobei die Bestellmenge im Gegensatz zum theoretischen Modell fix ist.

Produktionswirtschaft

L 48 Kostenoptimale Auflage:

$$x_{opt} = \sqrt{\frac{2 \cdot K_{f_U} \cdot M}{k_{v_{LK}}}} = \sqrt{\frac{2 \cdot 80\,000 \cdot 2000}{375 \cdot 0{,}12}}$$

$$= 2666{,}7 \text{ Modelle}$$

Die kostenoptimale Auflage beträgt somit **2667 Modelle.**

Anhang: Modelle, lineare Programmierung und Simulation

L 52 a) Zielfunktion: $G = 5\,x_M + 4\,x_K \rightarrow \max!$ (Deckungsbeitrag)

b) Restriktionen:

(1)	$20\,x_M + 10\,x_K$	$\leq 60\,000$	(Kostenstelle I)
(2)	$2\,x_M + 6\,x_K$	$\leq 18\,000$	(Kostenstelle II)
(3)	$10\,x_M + 10\,x_K$	$\leq 35\,000$	(Kostenstelle III)
(4)	x_M, x_K	≥ 0	

c) Graphische Darstellung

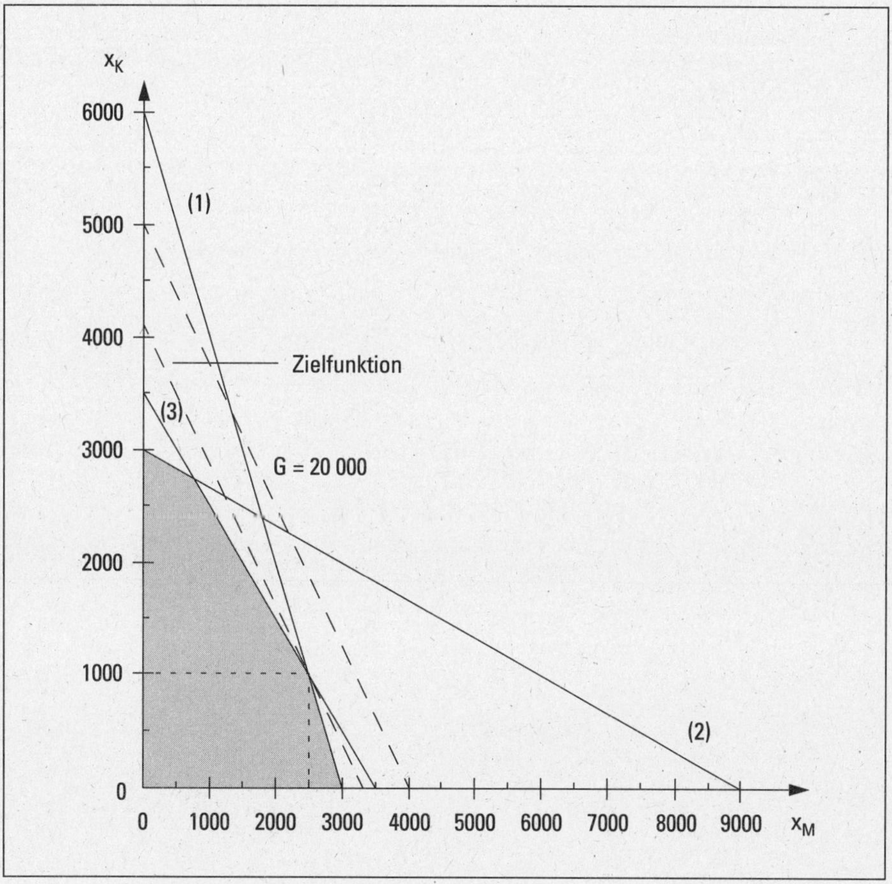

Von **Artikel M** werden **2500 Stück** hergestellt, von **Artikel K 1000 Stück.** Der Deckungsbeitrag beträgt 16 500,– Fr.

L 53 Zielfunktion: $G = 30\,x_A + 90\,x_B \rightarrow \max!$ (Gewinn)

Restriktionen:

(1)	$3\,x_A + 12\,x_B \leq 240$	(Eingangslager)
(2)	$5\,x_B \leq 125$	(Zwischenlager)
(3)	$2\,x_A + 4\,x_B \leq 120$	(Fertigproduktelager)
(4)	$x_A, x_B \geq 0$	

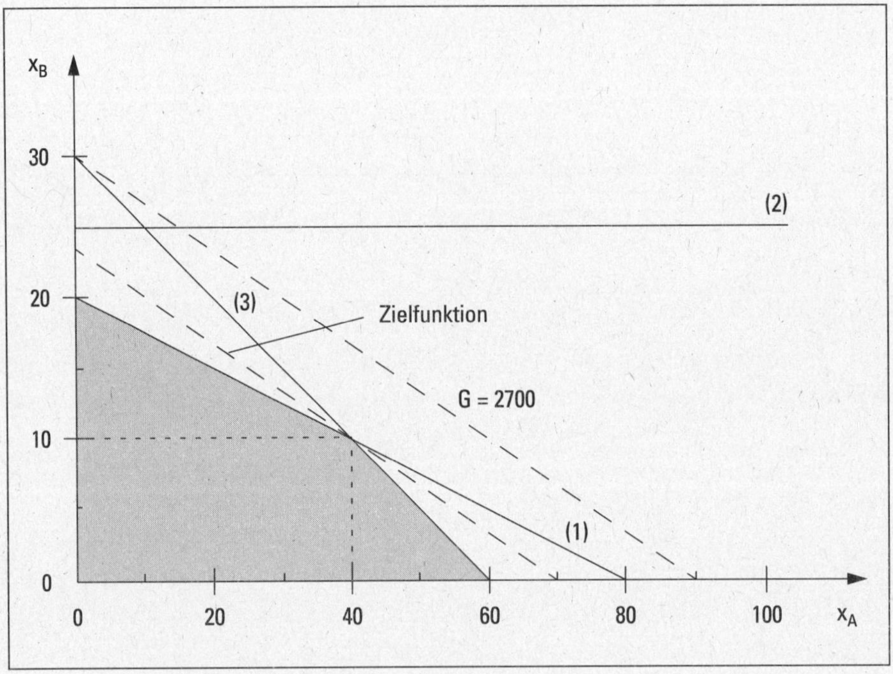

Von **Produkt A** werden **40 Einheiten** hergestellt, von **Produkt B 10 Einheiten**. Der Gewinn beläuft sich auf 2100,– Fr.

L 54 Zielfunktion: $G = 50\,x_M + 40\,x_S \rightarrow \max!$ (Deckungsbeitrag)

Restriktionen:

(1)	$10\,x_M + 5\,x_S \leq 15$	(Mannstunden)
(2)	$2\,x_M + 2\,x_S \leq 4$	(Maschine 1)
(3)	$6\,x_S \leq 8$	(Maschine 2)
(4)	$x_M, x_S \geq 0$	

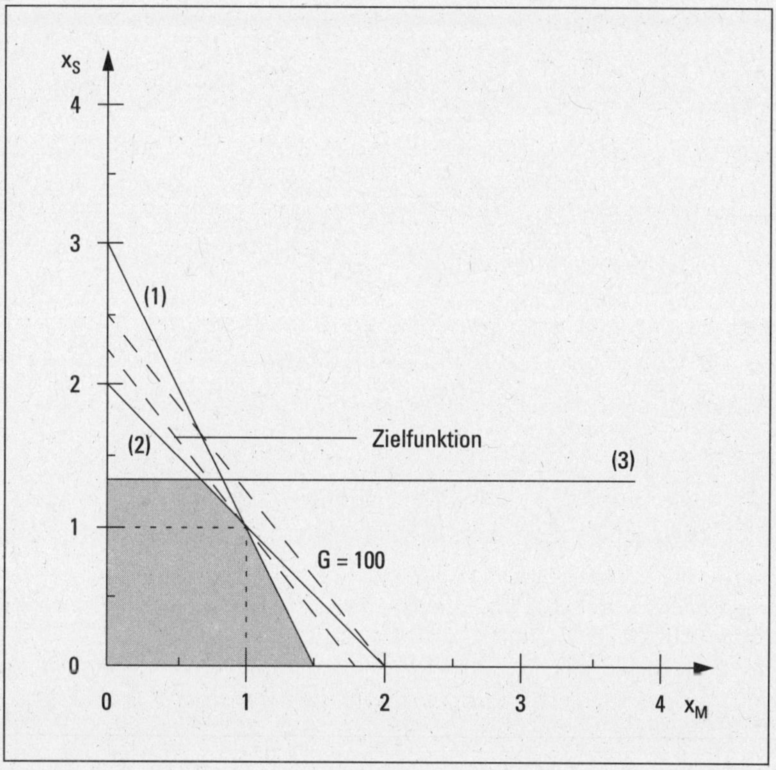

Von den **Muttern** und **Schrauben** werden je **1 Tonne** hergestellt, wobei ein Deckungsbeitrag von 90,– Fr. resultiert.

L 55 a) Zielfunktion: $G = 2000\,x_A + 1500\,x_B \rightarrow \max!$ (Gewinn)

Restriktionen:
(1) $100\,x_A + 120\,x_B \leq 6000$ (Maschine 1)
(2) $50\,x_A + 20\,x_B \leq 3000$ (Maschine 2)
(3) $30\,x_A + 25\,x_B \leq 4000$ (Maschine 3)
(4) $x_A, x_B \geq 0$

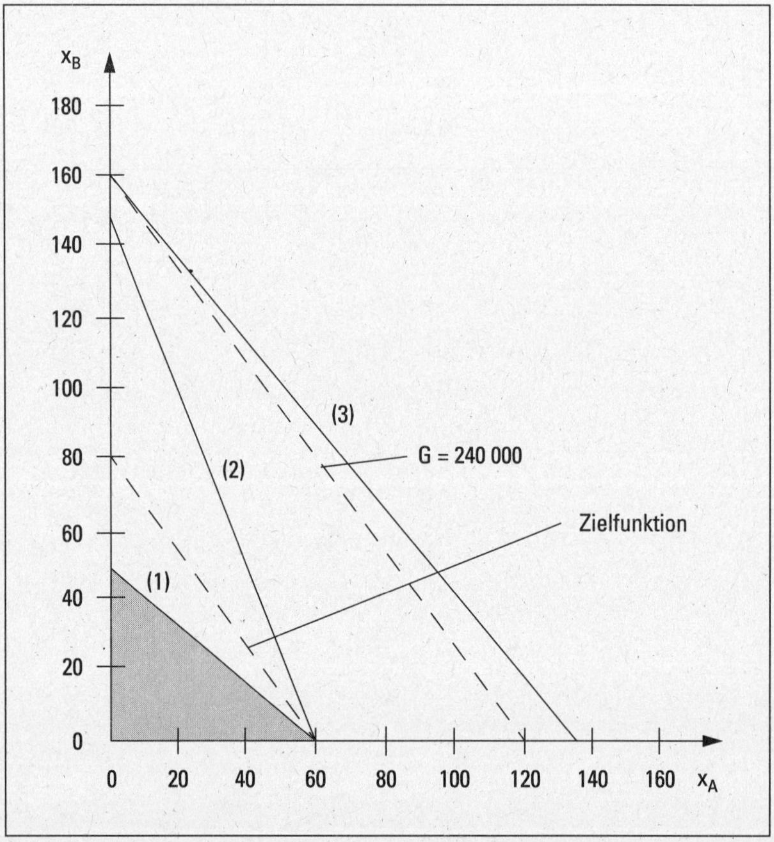

Es wird **nur Produkt A** hergestellt. Die Produktionsmenge beträgt **60 Einheiten** und der Maximalgewinn 120 000,– Fr.

b)
- Gesamtkapazität von Maschine 3: 4000 Std.
- Auslastung bei maximalem Gewinn: 1800 Std.

Da die verfügbare Kapazität (4000 Std. – 1800 Std. = 2200 Std.) grösser ist als die zusätzlich benötigte Kapazität (1800 Std.), kann die Blank AG den Auftrag annehmen.

L 56 a) Daten für das Produkt P_2

- variable Kosten k_{var}: 310 Fr. (Material 60 Fr., Löhne 130 Fr., Maschinen 120 Fr.)
- fixe Kosten K_{fix}: 4800 Fr.
- Verkaufspreis p: 318 Fr.

Break even-Punkt:

$$\begin{aligned} \text{Erlös} &= \text{Kosten} \\ p\,x &= k_{var}\,x + K_{fix} \\ 318\,x &= 310\,x + 4800 \\ x &= 600 \end{aligned}$$

Der Break even-Punkt liegt bei **600 Einheiten.**

b)

	Produkt 1	**Produkt 2**
Verkaufserlös	90 Fr.	318 Fr.
Materialkosten A	10 Fr.	20 Fr.
Materialkosten B	20 Fr.	30 Fr.
Materialkosten C	–	10 Fr.
Lohnkosten	20 Fr.	130 Fr.
Maschinenkosten	10 Fr.	120 Fr.
Deckungsbeitrag	**30 Fr.**	**8 Fr.**

c) Zielfunktion: $G = 30\,x_1 + 8\,x_2 \rightarrow \max!$ (Deckungsbeitrag)

Restriktionen:

(1) $4\,x_1 + 10\,x_2 \leq 18\,000$ (Maschine 1)

(2) $12\,x_1 + 6\,x_2 \leq 24\,000$ (Maschine 2)

(3) $6\,x_1 \leq 12\,000$ (Maschine 3)

(4) $x_1 \geq 0$

(5) $x_2 \geq 600$ ($x_2 \geq$ Break even-Menge)

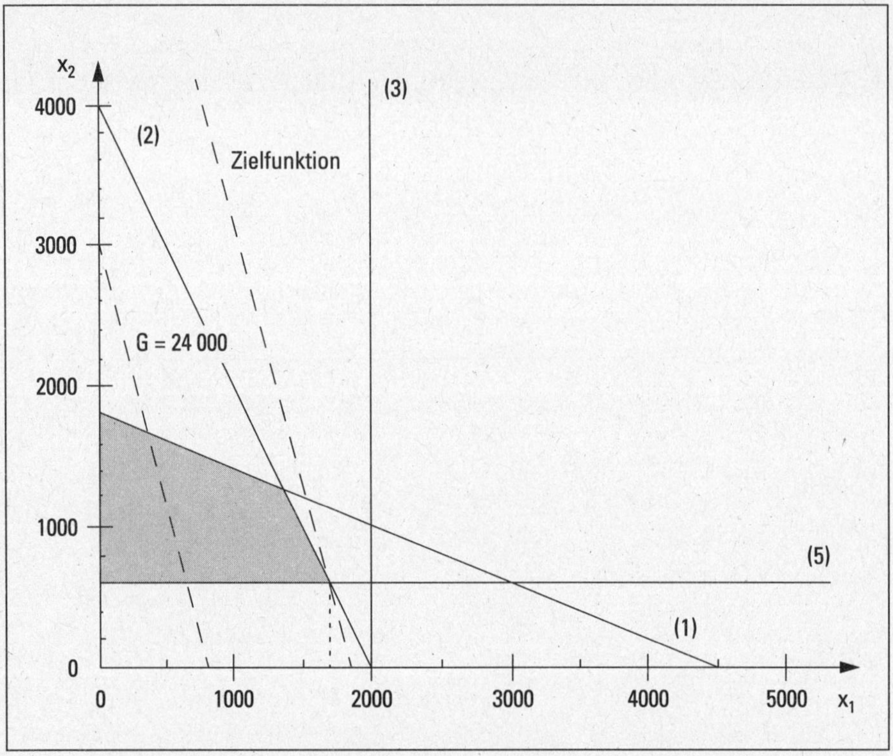

Von **Produkt 2** werden **600 Stück** hergestellt, von **Produkt 1 1700 Stück.** Der maximale Deckungsbeitrag liegt bei 55 800,– Fr.

Rechnungswesen

Bilanz

L 3 Buchungssätze zu den Geschäftsfällen (Soll/Haben):

1.	Kreditoren	/ Bank
2.	Mobilien	/ Kassa
3.	Kreditoren	/ Post
4.	Auto	/ Bank
5.	Kassa	/ Darlehen
6.	Kassa	/ Bank
7.	Hypothek	/ Bank
8.	versch. Aufwendungen	/ Kasse
9.	Debitoren	/ Honorare
10.	Telefongebüren	/ Post
11.	Abschreibungen	/ Anlagen
12.	Bank	/ Zinsen

Erfolgsrechnung

L 9 **a)** Buchungssätze zu den Geschäftsfällen:

Fahrzeuge	/	Liquide Mittel	25 000
Löhne	/	Liquide Mittel	70 000
Benzin	/	Liquide Mittel	10 000
Allg. Aufwand	/	Liquide Mittel	4 000
Liquide Mittel	/	Erlös	100 000
Abschreibungen	/	Fahrzeuge	10 000
Liquide Mittel	/	Wertschriftenerfolg	1 000
Zinsaufwand	/	Liquide Mittel	5001

b)

Schlussbilanz			
Liquide Mittel	31 500	Darlehen	10 000
Wertschriften	10 000	Kapital Langsam	40 000
Fahrzeuge	15 000	Gewinn	6 500
	56 500		56 500

Erfolgsrechnung			
Löhne	70 000	Erlös	100 000
Benzin	10 000	Wertschriftenerfolg	1 000
Abschreibungen	10 000		
Allg. Aufwand	4 000		
Zinsaufwand	500		
Gewinn	6 500		
	101 000		101 000

c)

$$r_{EK} = \frac{\text{Gewinn}}{\text{ø Eigenkapital}} \cdot 100 = \frac{6\,500}{\frac{40\,000 + 46\,500}{2}} \cdot 100 = \mathbf{15{,}0\%}$$

$$r_{GK} = \frac{\text{Gewinn + FK-Zinsen}}{\text{ø Gesamtkapital}} \cdot 100 = \frac{6\,500 + 500}{\frac{50\,000 + 56\,500}{2}} \cdot 100 = \mathbf{13{,}1\%}$$

Buchführung und Jahresabschluss in der doppelten Buchführung

L 14 b)

- **Fall 1: Verkaufserlös = Buchwert der Anlage**
  1. Anlagen/Bank (Kauf einer Anlage)
  2. Abschreibungen/Wertberichtigung Anlagen (indirekte Abschreibung)
  3. Wertberichtigung Anlagen/Anlagen (Auflösung der Wertberichtigung)
  4. Bank/Anlagen (erfolgsneutraler Erlös aus Anlagenverkauf zum Buchwert)

- **Fall 2: Verkaufserlös > Buchwert der Anlage**
  1. Anlagen/Bank (Kauf einer Anlage)
  2. Abschreibungen/Wertberichtigung Anlagen (indirekte Abschreibung)
  3. Wertberichtigung Anlagen/Anlagen (Auflösung der Wertberichtigung)
  4. Bank/Anlagen(erfolgsneutraler Anteil des Anlagenverkaufs)
  5. Bank/Gewinn aus Veräusserung von Anlagevermögen (Mehrerlös über den Buchwert der Anlage, vgl. Art. 663 Abs. 2 OR)

- **Fall 3: Verkauferlös < Buchwert der Anlage**
  1. Anlagen/Bank (Kauf einer Anlage)
  2. Abschreibungen/Wertberichtigung Anlagen (indirekte Abschreibung)
  3. Wertberichtigung Anlagen/Anlagen (Auflösung der Wertberichtigung)
  4. Bank/Anlagen (erfolgsneutraler Anteil des Anlagenverkaufs)
  5. a.o. Aufwand/Anlagen (Elimination der Anlage aus dem Bestand)

Analyse von Bilanz und Erfolgsrechnung

L 20 a)

- **Rentabilität**

□ EK-Rentabilität (netto) $= \frac{3\,600}{41\,800} \cdot 100 =$ **8,6%**

□ GK-Rentabilität (netto) $= \frac{3\,600}{63\,700} \cdot 100 =$ **5,7%**

Es werden zwei Annahmen getroffen. Erstens wird der Gewinnvortrag gleich dem erwirtschafteten Jahresgewinn dieses Jahres gesetzt. Zweitens wird unterstellt, dass der Gewinn gleichmässig über das ganze Jahr verteilt anfällt. Deshalb darf bei der Berechnung des durchschnittlich eingesetzten Kapitals nur das arithmetische Mittel aus dem Anfangsbestand (0) und dem Endbestand (3600) berücksichtigt werden.

- **Liquidität**
  - Liquiditätsgrad 1 = $\frac{4\,300}{1\,900} \cdot 100 = \mathbf{226\%}$
  - Liquiditätsgrad 2 = $\frac{4\,500}{1\,900} \cdot 100 = \mathbf{237\%}$
  - Liquiditätsgrad 3 = $\frac{13\,500}{1\,900} \cdot 100 = \mathbf{711\%}$
- **Eigenfinanzierungsgrad** = $\frac{43\,600}{65\,500} \cdot 100 = \mathbf{67\%}$
- **Anlagendeckungsgrad**
  - Anlagendeckungsgrad 1 = $\frac{43\,600}{52\,000} \cdot 100 = \mathbf{84\%}$
  - Anlagendeckungsgrad 2 = $\frac{63\,600}{52\,000} \cdot 100 = \mathbf{122\%}$

Die eher tiefen Rentabilitäten und die hohen Lagerbestände stimmen nachdenklich. Die zu hohen Liquiditätswerte lassen auf ein schlechtes Finanzmanagement schliessen. Diese Umstände deuten auf eine wirtschaftlich ungünstige Lage des Sanitärgeschäftes hin, was eine Darlehensgewährung erschwert. Allerdings könnte das Darlehen über die Lagerhalle gesichert werden.

b) Weiter zu untersuchen wäre die Kreditwürdigkeit und -fähigkeit des Schulfreundes. Daneben sind auch die allgemeinen wirtschaftlichen Rahmenbedingungen und diejenigen der Sanitärbranche, eventuell der Baubranche insgesamt, wichtig. Weitere Angaben für eine vertiefte Beurteilung kann die Auftragslage des Geschäftes liefern.

L 22 a)

- **Gesamtkapitalrentabilität** = $\frac{300 + 60}{3100 + 150} \cdot 100 = \mathbf{11{,}1\%}$
- **Eigenkapitalrentabilität** = $\frac{300}{2100 + 150} \cdot 100 = \mathbf{13{,}3\%}$

Für den linear über das Jahr anfallenden Jahresgewinn wird der Durchschnitt aus dem Gewinn zu Beginn des Jahres (0) und demjenigen am Schluss des Jahres (300) in die Berechnungen einbezogen.

b)

- **Gesamtkapitalrentabilität** = $\frac{300 + 60}{3100} \cdot 100 = \mathbf{11{,}6\%}$
- **Eigenkapitalrentabilität** = $\frac{300}{2100} \cdot 100 = \mathbf{14{,}3\%}$

Finanzielle Führung

L 29

Kostenart	Ausgaben		Bindungsdauer in Tagen	Kumulierte Ausgaben
	pro Jahr	pro Tag		
Material	1 250 000	3 472	95	329 840
Löhne	1 500 000	4 167	95	395 865
HGK	600 000	1 667	115	191 705
VVGK	500 000	1 389	45	62 505
Maximaler Kapitalbedarf				**979 915**

L 30 a)

- **Kurzfristige Finanzplanung (Cash Management)**
  Sicherung der Zahlungsbereitschaft (Cash Management) durch
  - Vermeidung von Überschüssen und Fehlbeträgen,
  - optimale Ausnützung von Zahlungsfristen und
  - optimale Anlage der nicht benötigten flüssigen Mittel.
- **Langfristige Finanzplanung**
  - Finanzierung der zukünftigen Geschäftstätigkeiten durch rechtzeitige und günstigste Finanzierungsmöglichkeiten,
  - Ursachen und Veränderungen der Zahlungsströme aufzeigen.

b) Der Finanzplan entwickelt sich für die Unternehmung dann zu einem Primärplan, wenn die Finanzbeschaffung zum Engpass wird. Dies kann etwa durch eine fahrlässige Finanzplanung, durch Liquiditätsprobleme oder durch sich verschlechternde wirtschaftliche Rahmenbedingungen (Rezession, ungünstige Bedingungen auf dem Geld- und Kapitalmarkt) bedingt sein. Gutenberg spricht in diesem Zusammenhang von der Dominanz des Minimumsektors.

c) Den Bilanzkennziffern kommt ein grosser Stellenwert innerhalb der Finanzplanung zu. Sie dienen zur

- Führung der Unternehmung mittels Vorgabegrössen (Management by Objectives),
- Kontrolle der Führung durch Kennziffern (Soll-Ist-Vergleich),
- Branchen- und Konkurrenzvergleich,
- Einhaltung branchenspezifischer Richtlinien und Vorschriften (z.B. Eigenkapitalvorschriften bei Banken),
- Vereinfachung der Finanzkontrolle (Standardisierung).

L 31

Einnahmen (in 1000 Fr.)	**1. Quartal**	**2. Quartal**	**3. Quartal**
Barverkäufe	450	300	300
Debitoreneingänge	500	600	200
Wertschriftenerträge	150	120	100
Total	1 100	1 020	600
Ausgaben (in 1000 Fr.)	**1. Quartal**	**2. Quartal**	**3. Quartal**
Lohnaufwand	100	120	100
Barlöhne	50	30	–
Miete	10	10	10
Wareneinkauf auf Kredit	500	500	800
Lieferantenrechnungen	200	500	500
Zinsen	5	5	5
Total	865	1 165	1 415
Liquidität pro Quartal	**235**	**– 145**	**– 815**
Liquidität kumuliert (+ 80 AB)	**315**	**170**	**– 645**

Finanzierung

Beteiligungsfinanzierung

L 11 a) Gründe für eine Kapitalerhöhung sind:

- Kapitalbeschaffung zum Ausbau der Geschäftstätigkeit,
- Kapitalbeschaffung zu günstigen Konditionen möglich,
- Erweiterung des Aktionärkreises,
- Dividendenpolitik,
- steuerliche Vorteile (Ertragssteuern),
- rechtliche Vorschriften (Banken, Versicherungen).

b) $K_e = K_a - BR\left(\frac{a}{n} + 1\right) = 4000 - 200\left(\frac{5}{1} + 1\right) = \mathbf{2800\ Fr.}$

c) Er hat verschiedene Möglichkeiten:

- Verwendung für später auszugebende Options- oder Wandelanleihe,
- Verkauf an der Börse,
- ausserbörslicher Verkauf an neue oder bisherige Aktionäre.

Probleme: Durch den Ausschluss des Bezugsrechtes der bisherigen Aktionäre erhalten diese kein Entgelt für die Kapitalverwässerung. Ihr Engagement wird nicht gewürdigt. Gleichzeitig geben sie das Mitspracherecht über die Verwendung der vom Verwaltungsrat zurückbehaltenen Aktien auf.

L 12 a) $$K_n = \frac{aK_a + nK_e}{a+n}$$

$$K_e = \frac{K_n(a+n) - aK_a}{n} = \left(\frac{a}{n}+1\right) K_n - \frac{a}{n} K_a$$

$$= \left(\frac{6}{1}+1\right) 340 - \frac{6}{1}\, 360 \; = \; \mathbf{220\ Fr.}$$

b) Bezugsrecht = $K_a - K_n$ = 360 – 340 = **20 Fr.**

L 13 a) Bisheriges Verhältnis Inhaberaktien zu Namenaktien (Nennwert):

$$\frac{54\,000 \cdot 100}{4\,500 \cdot 200} = 6 : 1$$

Das Verhältnis Inhaberaktien zu Namenaktien der Kapitalerhöhung muss dem bisherigen Verhältnis von Inhaberaktien zu Namenaktien entsprechen:
1,2 Mio. (Inhaber) : 0,2 Mio. (Namen) = 6 : 1

Bezugsverhältnis

- **Inhaberaktie:** 5,4 Mio. : 1,2 Mio. = **9 : 2**
- **Namenaktie:** 0,9 Mio. : 0,2 Mio. = **9 : 2**

b)
- **Inhaberaktie:** $$\frac{180 - 120}{\frac{9}{2}+1} = \mathbf{10{,}90\ Fr.}$$
- **Namenaktie:** $$\frac{340 - 240}{\frac{9}{2}+1} = \mathbf{18{,}20\ Fr.}$$

c)
- **Inhaberaktie:** $$\frac{9 \cdot 180 + 2 \cdot 120}{9+2} = \mathbf{169{,}10\ Fr.}$$
- **Namenaktie:** $$\frac{9 \cdot 340 + 2 \cdot 240}{9+2} = \mathbf{321{,}80\ Fr.}$$

L 14 a) $$K_e = K_a - BR\left(\frac{a}{n}+1\right) = 400 - 30\left(\frac{4}{1}+1\right) = \mathbf{250\ Fr.}$$

b) $$K_a = BR\left(\frac{a}{n}+1\right) + K_e = 35\left(\frac{4}{1}+1\right) + 250 = 425\ \text{Fr.}$$

Der Börsenkurs (abzüglich des Bezugsrechtes) beträgt **390 Fr.**

c) $r = \frac{10 + 1}{390} \cdot 100 = \mathbf{2{,}8\%}$

d)
- Die Unternehmung wird die Dividende auch tatsächlich um 10% erhöhen.
- Kursveränderungen der Aktie während des nächsten Jahres werden in den Renditeberechnungen nicht berücksichtigt.
- Der Investor konnte die Aktie zum Kurs von 390 Fr. kaufen.

L 15 a)
- **Bezugsverhältnis:** Das Bezugsverhältnis gibt an, wieviele alte Aktien zum Bezug neuer Aktien notwendig sind. Es findet auch Anwendung bei Partizipationsscheinen.
- **Emissionsagio:** Unter dem Emissionsagio versteht man die Differenz zwischen Ausgabekurs und Nennwert der Titel (Aktien, PS).
- **Kapitalverwässerung:** Unter einer Kapitalverwässerung versteht man die Verminderung des Reservenanteils pro Aktie.

b) $\text{Bezugsrecht} = \frac{186 - 110}{\frac{1}{4} + 1} = \mathbf{60{,}80\ Fr.}$

c)

	4 Aktien à 124,– Fr.	= 496,– Fr.
./.	4 junge Aktien à 110,– Fr.	= 440,– Fr.
	Bezugsrecht	= **56,– Fr.**

L 16 a) $\frac{\text{Gewinn}}{i} = \frac{15}{0{,}1} = \mathbf{150\ Fr.}$

b)
- **Dividendenerhöhung**

  $\text{Neuer Wert der Aktie} = \frac{15 + 5}{0{,}1} = 200\ \text{Fr.}$

- **Kapitalerhöhung**
  Auf 4 alte Aktien kann eine neue Aktie zu 120,– Fr. (Emissionskurs) bezogen werden. Diese neue Aktie hat aber – gemäss unseren Berechnungen für die Dividendenerhöhung – einen Wert von 200,– Fr. Der Aktionär kommt somit in den Genuss von zusätzlichen 20,– Fr. pro Aktie, die den Wert eines Bezugsrechtes darstellen:

  $\frac{200 - 120}{4} = 20\ \text{Fr.}$

  Der Wert der Aktie erhöht sich somit gesamthaft auf **220,– Fr.**

c) Bezugsrecht = $\dfrac{220 - 120}{\dfrac{4}{1} + 1}$ = **20 Fr.**

d) Aufgrund von Punkt 2. unter b) wird deutlich, dass es in erster Linie zwei Gründe sind, die zu einem Emissionskurs von 120,– Fr. und nicht zu einem höheren geführt haben:

- dividendenpolitische Massnahme (zusätzliche «Dividende»),
- liquiditätspolitische Überlegungen: Die Unternehmung hat offenbar genügend Liquidität.

Innenfinanzierung

L 21

Jahr	Anschaffungskosten	Maschinen			Abschreibungen	Betrag für Investition	Investitionssumme	Restbetrag
		neu	ersetzt	Bestand				
1	50 000	10	–	10	10 000	10 000	10 000	–
2	10 000	2	–	12	12 000	12 000	10 000	2 000
3	10 000	2	–	14	14 000	16 000	15 000	1 000
4	15 000	3	–	17	17 000	18 000	15 000	3 000
5	15 000	3	–	20	20 000	23 000	20 000	3 000
6	20 000	4	10	14	14 000	17 000	15 000	2 000
7	15 000	3	2	15	15 000	17 000	15 000	2 000

Eine 65%ige Umsatzsteigerung erfordert einen Bestand von 17 Maschinen. Im siebten Jahr beträgt deren Anzahl aber nur 15, so dass eine vollständige Finanzierung aus den Abschreibungsgegenwerten nicht möglich ist.

L 24 a) Folgende Sachverhalte sind zu bedenken:

- Der ständig wachsende Kapitalbedarf einer Unternehmung kann nicht vollständig durch Beteiligungs- und Fremdfinanzierung gelöst werden, sondern es müssen auch selbst erarbeitete Mittel zur Verfügung gestellt werden. Die Möglichkeit einer Beteiligungsfinanzierung hängt stark von der allgemeinen Börsenverfassung ab und eine zu hohe Fremdfinanzierung führt zu einer riskanten Verschuldung, was sich wiederum negativ auf die Konditionen der Fremdkapitalbeschaffung auswirkt.

- Mit der Selbstfinanzierung werden die Beteiligungsverhältnisse nicht tangiert, obschon das Eigenkapital (Reserven) der Unternehmung erhöht wird.
- Die Selbstfinanzierung ist äusserst liquiditätsschonend, weil damit keine festen periodischen Zinszahlungen verbunden sind.
- Durch die Bildung von stillen Reserven können Steuern eingespart oder die Zahlung kann auf einen späteren Zeitpunkt (bei der Auflösung der stillen Reserven) verlegt werden. Gleichzeitig lässt sich die Doppelbesteuerung (des Gewinnes bei der Kapitalgesellschaft und der Dividende beim Aktionär) auf dem nicht ausgeschütteten Teil des Gewinnes vermeiden.
- In Zeiten hoher Inflation ermöglicht die Selbstfinanzierung die Bewahrung der Unternehmungssubstanz und erlaubt, notwendige Investitionen vornehmen zu können.

b) Mögliche Probleme sind:

- Die Aktionäre werden durch eine zu geringe Dividende verärgert.
- Gewinne sind in der Regel nur als Buchgewinne vorhanden, nicht als liquide Mittel.
- Es ist eine Verringerung der EK-Rentabilität durch Erhöhung des EK möglich (negativer Leverage-Effekt).

c)

- Bei einem Verlust müssen stille Reserven aufgelöst werden. Bei der Dividendenzahlung wird somit die Unternehmungssubstanz angegriffen.
- Die Risikobereitschaft nimmt zu, da eventuelle Verluste durch die Auflösung oder geringere Bildung von stillen Reserven verschleiert werden können.
- Durch die verdeckte Form der Selbstfinanzierung kann die wahre Situation der Unternehmung über Bildung und Auflösung von stillen Reserven verschleiert werden, was sich entsprechend auf die Börsenkurse auswirkt.[1]

---

1 Im Anhang zur Bilanz und Jahresrechnung ist der Bestand oder die Bildung stiller Reserven nur in einem speziellen Fall auszuweisen. Der entsprechende Artikel des Obligationenrechts (OR 663b Abs. 8) lautet: «Der Anhang enthält den Gesamtbetrag der aufgelösten Wiederbeschaffungsreserven und der darüber hinausgehenden stillen Reserven, soweit dieser den Gesamtbetrag der neugebildeten derartigen Reserven übersteigt, wenn dadurch das erwirtschaftete Ergebnis wesentlich günstiger dargestellt wird.» Damit wird nur ein kleiner Teil der Veränderung der stillen Reserven dem externen Leser offengelegt. Die Bestandesgrössen bleiben weiterhin unbekannt. Die Auswirkungen der stillen Reservenpolitik auf die Ertragslage werden nur offengelegt, wenn das Ergebnis hierdurch wesentlich verbessert wird. Dabei bietet die Interpretation der «Wesentlichkeit» einen weiteren Freiraum in der Informationspolitik (Hanspeter Thiel: Stille Reserven als ungelöstes Problem. In: Der Schweizer Treuhänder, Nr. 11, 1991, S. 557).

L 25 a) Unter Selbstfinanzierung versteht man die Beschaffung von Kapital durch zurückbehaltene selbsterarbeitete Gewinne (Innenfinanzierung).

b)
- Lohmann-Ruchti-Effekt: Kein Einfluss.
- Leverage-Effekt: Je nachdem ist die Fremdfinanzierung günstiger als die Selbstfinanzierung.
- Dividendenpolitik: Sie ist direkt abhängig vom Ausmass der Selbstfinanzierung.
- Innenfinanzierung: Selbstfinanzierung ist ein Teil davon.
- Kapitalverwässerung: Kein Einfluss.

c)
- Ertragswert: Kein Einfluss.
- Cash-flow: Kein Einfluss.
- Beteiligungsfinanzierung: Sie dürfte bei Unternehmungen, die eine hohe Selbstfinanzierung aufweisen, einfacher sein.
- Kreditfinanzierung: Das Ausmass der Selbstfinanzierung ist bei sonst unveränderten Bedingungen ein Indikator für das Risiko, das ein Kreditgeber eingeht.
- Rentabilität: Kein Einfluss.

L 27
- Für eine **gewinnunabhängige** (stabile) Dividendenpolitik sprechen die folgenden Gründe:
  - Sie verhindert spekulative Börsentransaktionen.
  - Der innere Wert der Aktie steigt, falls weniger ausgeschüttet wird, als aufgrund der Gewinnsituation möglich wäre. Dies führt zu einem indirekten Vermögenszuwachs.
  - Wegen der Doppelbesteuerung (Gewinn bei der AG und Dividende beim Aktionär) ist eine hohe Ausschüttungsquote steuerlich uninteressant.
- Für eine **gewinnabhängige** Dividendenpolitik lassen sich die folgenden Überlegungen anführen:
  - Die Aktie ist ein Risikopapier.
  - Der Aktionär soll direkt am guten Geschäftsgang beteiligt sein.
  - Auch bei einer gewinnabhängigen Dividendenpolitik können noch andere Faktoren berücksichtigt werden.

Kreditfinanzierung

L 29 z_q = Quartalszinssatz Wechselkredit auf Anfangskapital
z_j = Jahreszinssatz Kontokorrent
d = Diskontsatz
i = Kalkulationszinssatz pro Quartal
Z = Beliebiger Kapitalbetrag
K_k = Kapitalwert der Kontokorrentzinsen
K_d = Kapitalwert der Wechselzinsen

Maximal zulässiger Jahreszinssatz z_j bei $K_k = K_d$

$$K_k = \frac{Z \cdot z_j}{(1+i)^4}$$

$$K_d = Z \cdot z_q \cdot a_{\overline{4}|}$$

$$z_q = \frac{d}{1-d} = 4{,}17\%$$

$$\frac{Z \cdot z_j}{(1+i)^4} = Z \cdot z_q \cdot a_{\overline{4}|}$$

$$z_j = z_q \cdot (1+i)^4 \cdot a_{\overline{4}|} = 4{,}17 \cdot 1{,}02^4 \cdot 3{,}808 = \mathbf{17{,}2\%}$$

L 30

Betrag	Zeitdauer	Zinssatz für diese Zeitdauer	Zinsbetrag
230 000	6 Monate	5% (2 · 2,5%)	11 500
140 000	3 Monate	2,5%	3 500

Die Kobit AG muss den Preis um **15 000,– Fr.** erhöhen, damit es für sie vorteilhafter wird, auf die Vorauszahlungen zu verzichten.

L 34 a)
- Aktien,
- Optionsanleihe mit Optionsschein,
- Optionsanleihe ohne Optionsschein,
- Optionsscheine.

Zudem sind beliebige Kombinationen der verschiedenen Anlagevarianten möglich.

b) ▪ **Variante 1:** 1000 Aktien

Kursgewinn:	1000 · 105	=	105 000 Fr.
Dividende:	1000 · 40	=	40 000 Fr.
Gewinn		=	145 000 Fr.

▪ **Variante 2:** Optionsanleihe (800 000 Fr.) mit Optionsschein (400 Stück)

Zinsertrag:	5% v. 800 000	=	40 000 Fr.
Kursgewinn Optionsscheine[1]:	400 · 5	=	2 000 Fr.
Gewinn		=	42 000 Fr.

▪ **Variante 3:** Optionsanleihe ohne Optionsschein (820 000 Fr.)

Zinsertrag:	5% v. 820 000	=	41 000 Fr.

▪ **Variante 4:** 16 000 Optionsscheine (à 5 Fr.)

Kursgewinn Optionsscheine[1]:	16 000 · 5	=	80 000 Fr.

Er wird die Variante **Aktienkauf** wählen.

c) Weitere Faktoren, die zu berücksichtigen sind:

- Wie sicher sind die angenommenen Daten?
- Welches Risiko will der Anleger eingehen?
- Wie schnell kann der Anleger – in Abhängigkeit von seiner Anlagevariante – sein investiertes Kapital wieder in Geld umwandeln?

L 35

- **Kosten:** Sie spielen nur eine Rolle, wenn nicht gewandelt wird.
  Variante A: Zinsen (300 · 9) = 2700,– Fr.
  Variante B: Dividende (100 · 9) = 900,– Fr.
  Variante B ist kostengünstiger.
- **Dringlichkeit des EK-Bedarfs:** Bei Variante A ist nicht sicher, ob das Eigenkapital erhöht werden kann bzw. zu welchem Zeitpunkt gewandelt wird, weil sich die Entwicklung des Aktienkurses nicht vorhersagen lässt. Die **Variante B** ist dann vorzuziehen, wenn sich der Aktienkurs nicht innert kurzer Frist über den Wandelpreis hinaus bewegt.
- **Höhe des Agios:** Mit **Variante A** kann bei einer Wandlung ein viel höheres Agio erreicht werden als bei Variante B. Voraussetzung ist allerdings eine günstige Börsenstimmung, die den Aktienkurs über den Wandelpreis treibt.
- **Dividendenpolitik:** Die Kapitalerhöhung bei **Variante B** kann als dividendenpolitische Massnahme eingesetzt werden (Bezugsrecht).

---

1 Der Kursgewinn pro Optionsschein ergibt sich aufgrund folgender Berechnung:

	Wert des Optionsscheines am 31.12.96 : 905 – 850	= 55 Fr.
./.	Preis des Optionsscheins am 1.1.96 (= Kursdifferenz zwischen Optionsanleihe mit und ohne Optionsschein, d.h. 2,5% v. 2000)	= 50 Fr.
=	Kursgewinn pro Optionsschein	= 5 Fr.

L 36 a) Sämtlichen Überlegungen des Finanzchefs liegen statische Aspekte zugrunde. Das heisst, die angegebenen Daten wurden ohne den Faktor Zeit erstellt. Rein rechnerisch ist dem Ergebnis nichts beizufügen, da die Auszahlungen richtig miteinander verglichen wurden. Aber die Ergebnisse ändern sich, wenn in die Überlegungen dynamische Aspekte einbezogen werden. Deswegen drängt sich in diesem Fall die Methode der Diskontierung auf, wie schon die Aussage der Assistentin belegt. Sie kommt deshalb mit einem Kalkulationszinssatz von 5 % zu anderen Ergebnissen als der Finanzchef.

b) Berechnung der Barwerte

- **Obligationenanleihe**

Emissionskosten	300 000 Fr.
Zinsen (500 000 · 7,722)	3 861 000 Fr.
Rückzahlung (10 Mio. · 0,614)	6 140 000 Fr.
Kapitalwert	10 301 000 Fr.

- **Leasing**

Bereitstellungsgebühr	50 000 Fr.
Mieten[1] (120 · 111 500 · 94,275)	10 511 663 Fr.
Kapitalwert	10 561 663 Fr.

Die Variante **Obligationenanleihe** ist **günstiger.**

Optimale Finanzierung

L 37 a) $r_{EK} = \frac{\text{Gewinn} - \text{FK-Zinsen}}{\text{ø Eigenkapital}}$

- Variante 1: $r_{EK} = \frac{24\,000 - 0}{400\,000} \cdot 100 = \mathbf{6\%}$
- Variante 2: $r_{EK} = \frac{24\,000 - 12\,000}{200\,000} \cdot 100 = \mathbf{6\%}$
- Variante 3: $r_{EK} = \frac{24\,000 - 19\,200}{80\,000} \cdot 100 = \mathbf{6\%}$

---

1 Barwertfaktor der Miete (Zinssatz/Jahr = 5 %; Zinssatz/Monat = 0,417 %):

$$a_{\overline{120}|} = \frac{(1+i)^{120} - 1}{i\,(1+i)^{120}} = \frac{0{,}64767}{0{,}00687} = 94{,}275$$

b) Weil die Eigenkapitalrentabilität in allen drei Varianten gleich gross ist, wird die **Gestaltung der Kapitalstruktur** zum ausschlaggebenden Punkt, die anhand folgender Entscheidungskriterien weiter untersucht werden muss:

- Wenn die **Unabhängigkeit** von fremden Kapitalgebern das entscheidende Kriterium ist, wird die Variante 1 vorgezogen.
- Bei einer Finanzierung über die Aufnahme von Fremdkapital sind die Auswirkungen sowohl der Darlehensrückzahlungen als auch der periodischen Zinszahlungen auf die **Liquidität** zu beachten.
- Weiter spielt die **Sicherheit** des Projektes eine Rolle. Kann beispielsweise fest mit dem prognostizierten Projektgewinn gerechnet werden oder ist er nur eine ungenaue Schätzung? Lässt sich das Projekt überhaupt in der geplanten Art und Weise durchführen?
- Einen wichtigen Einfluss auf die Entscheidung haben die **alternativen Anlagemöglichkeiten** und die **Entwicklung des allgemeinen Zinssatzniveaus.** Es stellt sich die Frage, wie und ob überhaupt die eigenen Mittel jetzt oder in Zukunft höher verzinslich angelegt werden können.

L 39 a) Berechnung der verschiedenen Renditen:

- $r_g = \frac{\text{Bruttogewinn}}{\text{ø Gesamtkapital}} \cdot 100 = \frac{12}{100} \cdot 100 = 12\%$
- $r_f = \frac{\text{FK-Zins}}{\text{ø Fremdkapital}} \cdot 100 = \frac{2}{40} \cdot 100 = 5\%$

Im vorliegenden Fall kann der Leverage-Effekt **ausgenützt** werden, weil die Gesamtkapitalrendite r_g grösser als die Fremdkapitalverzinsung r_f ist.

b) Die Steuern betragen 4 Mio. Fr.

- $r_g = \frac{\text{Bruttogewinn} - \text{Steuern}}{\text{ø Gesamtkapital}} \cdot 100 = \frac{12-4}{100} \cdot 100 = 8\%$
- $r_f = \frac{\text{FK-Zins}}{\text{ø Fremdkapital}} \cdot 100 = \frac{2}{40} \cdot 100 = 5\%$

Das Ergebnis ändert sich nicht, der Leverage-Effekt kann nach wie vor **ausgenützt** werden.

c)

Variante 1:	Variante 2:
$r_{f_1} = 5\%$	$r_{f_2} = \frac{5\% + 7\%}{2} = 6\%$
$FK_1 = 40$ Mio. Fr.	$FK_2 = 80$ Mio. Fr.
$EK_1 = 60$ Mio. Fr.	$EK_2 = 20$ Mio. Fr.

Es lässt sich eine Break even-Analyse durchführen. Die Bedingung ist:

$r_{e_1} = r_{e_2}$

Wenn der Bruttogewinn mit G und der Steuersatz mit s bezeichnet wird, kann folgende Gleichung abgeleitet werden:

$$(1) \quad \frac{G - r_{f_1} FK_1 - s\,(G - r_{f_1} FK_1)}{EK_1} = \frac{G - r_{f_2} FK_2 - s\,(G - r_{f_2} FK_2)}{EK_2}$$

Durch Umformen ergibt sich:

$$(2) \quad \frac{(G - r_{f_1} FK_1)\,(1 - s)}{EK_1} = \frac{(G - r_{f_2} FK_2)\,(1 - s)}{EK_2}$$

Diese Gleichung zeigt, dass die Höhe des Bruttogewinns unabhängig vom Steuersatz ist:

$$(3) \quad \frac{G - r_{f_1} FK_1}{EK_1} = \frac{G - r_{f_2} FK_2}{EK_2}$$

Werden die entsprechenden Zahlen eingesetzt, erhält man:

$$(4) \quad \frac{G - 0{,}05 \cdot 40}{60} = \frac{G - 0{,}06 \cdot 80}{20}$$

(5) $G = 6{,}2$ [Mio. Fr.]

Der Break even-Punkt für den Bruttogewinn G beträgt **6,2 Mio. Fr.**

d) Die Anleihe bringt eine hohe Verschuldung mit sich. Mögliche Folgen sind:

- Verlust der Kreditwürdigkeit,
- Gefahr der Fremdbestimmung,
- Liquiditätsbelastung bei Zahlung der FK-Zinsen und bei Rückzahlung des FK.

L 40 a) $$r_{EK} = \frac{\text{Einzahlungsüberschuss} - \text{FK-Zinsen}}{\text{ø Eigenkapital}} \cdot 100$$

- Bester Fall: $r_{EK} = \frac{165\,000 - 75\,000}{250\,000} \cdot 100 = \mathbf{36\%}$
- Schlechtester Fall: $r_{EK} = \frac{105\,000 - 75\,000}{250\,000} \cdot 100 = \mathbf{12\%}$
- Wahrscheinlichster Fall: $r_{EK} = \frac{135\,000 - 75\,000}{250\,000} \cdot 100 = \mathbf{24\%}$

b) ▪ **Bester Fall**

- Variante 1: $r_{EK} = \frac{165\,000 - 56\,250}{500\,000} \cdot 100 = \mathbf{21{,}8\%}$
- Variante 2: $r_{EK} = \frac{165\,000 - 37\,500}{750\,000} \cdot 100 = \mathbf{17\%}$
- Variante 3: $r_{EK} = \frac{165\,000 - 18\,750}{1\,000\,000} \cdot 100 = \mathbf{14{,}6\%}$
- Variante 4: $r_{EK} = \frac{165\,000}{1\,250\,000} \cdot 100 = \mathbf{13{,}2\%}$

▪ **Schlechtester Fall**

- Variante 1: $r_{EK} = \frac{105\,000 - 56\,250}{500\,000} \cdot 100 = \mathbf{9{,}8\%}$
- Variante 2: $r_{EK} = \frac{105\,000 - 37\,500}{750\,000} \cdot 100 = \mathbf{9\%}$
- Variante 3: $r_{EK} = \frac{105\,000 - 18\,750}{1\,000\,000} \cdot 100 = \mathbf{8{,}6\%}$
- Variante 4: $r_{EK} = \frac{105\,000}{1\,250\,000} \cdot 100 = \mathbf{8{,}4\%}$

▪ **Wahrscheinlichster Fall**

- Variante 1: $r_{EK} = \frac{135\,000 - 56\,250}{500\,000} \cdot 100 = \mathbf{15{,}8\%}$
- Variante 2: $r_{EK} = \frac{135\,000 - 37\,500}{750\,000} \cdot 100 = \mathbf{13\%}$
- Variante 3: $r_{EK} = \frac{135\,000 - 18\,750}{1\,000\,000} \cdot 100 = \mathbf{11{,}6\%}$
- Variante 4: $r_{EK} = \frac{135\,000}{1\,250\,000} \cdot 100 = \mathbf{10{,}8\%}$

c) $\text{Verschuldungsgrad} = \frac{\text{Fremdkapital}}{\text{Gesamtkapital}} \cdot 100$

In a) ändert sich der Verschuldungsgrad nicht, weil das Angebot der Mercy-Bank vollumfänglich angenommen wird und das Fremdkapital in allen drei Fällen gleich bleibt.
In b) nimmt der Verschuldungsgrad ab, weil das beanspruchte Fremdkapital bei gleichbleibendem Gesamtkapital kleiner wird.

d) Mit abnehmendem Verschuldungsgrad und bei gleichbleibendem Fremdkapitalzinssatz sinkt auch die Eigenkapitalrendite. Dies zeigt, dass der Leverage-Effekt wirkt.

L 42

- **Rentabilität:** Durch die Beschaffung von Fremdkapital über die Ausgabe einer Obligationenanleihe kann möglicherweise der Leverage-Effekt ausgenützt werden.
- **Liquidität:** Die Finanzierung über Eigenkapital ist liquiditätsschonend, während bei der Obligationenanleihe periodische Zinszahlungen und die Rückzahlung der Anleihe die Liquidität belasten.
- **Risiko:** Falls ein Verlust eintritt, kann er über das Eigenkapital aufgefangen werden. Ist allerdings das Eigenkapital zu tief, besteht die Gefahr der Überschuldung.
- **Unabhängigkeit:** Die Beteiligungsfinanzierung erhöht die Unabhängigkeit im Gegensatz zur Kreditfinanzierung.
- **Finanzimage:** Das Finanzimage spielt im vorliegenden Fall nur bei der Kreditfinanzierung über die Obligationenanleihe eine Rolle. Bei einem guten Finanzimage wird die Beschaffung des Fremdkapitals keine Schwierigkeiten bereiten.
- **Wirtschaftliche Rahmenbedingungen:** Je nach Verfassung des Kapitalmarktes und der Höhe des allgemeinen Zinsniveaus erweist sich die Beteiligungsfinanzierung durch Familienmitglieder als günstiger oder schlechter als die Kreditfinanzierung durch die Obligationenanleihe.

L 43 a) Es handelt sich um eine Kollektivgesellschaft. Allerdings lässt sich die Kommanditgesellschaft aufgrund der vorliegenden Informationen nicht ausschliessen, weil in der Praxis die Kommanditsummen in der Bilanz oft nicht gesondert ausgewiesen werden.

b) Weil die Unternehmung einen Verschuldungsgrad von 67% aufweist und der Gewinn jährlich nur 150 000 Fr. beträgt (auf den die Gesellschafter noch Gewinnsteuern bezahlen müssen), kommen die **Fremd-** und die **Selbstfinanzierung** als Finanzierungsmöglichkeiten nicht in Betracht. Das gleiche lässt sich in dieser Situation über den teilweisen oder völligen Verkauf der Warenvorräte sagen **(Verflüssigungsfinanzierung).** Bei einer (Teil-)Liquidation könnte nur ein beträchtlich geringerer Erlös als der bilanzierte Wert erzielt werden. Ein solches Vorgehen ist auch kaum ratsam, da die Firma einerseits auf den Warenverkauf angewiesen ist und andererseits sich der gewünschte Investitionsbetrag mit der Liquidation von Restbeständen nicht realisieren lässt. Anlagevermögen ist ebenfalls nicht im gesuchten Umfang vorhanden, so dass die Investitionsprojekte folgendermassen finanziert werden könnten:

- Erhöhung des Eigenkapitals durch Einzahlungen von Weber und/oder Hauri **(Beteiligungsfinanzierung).**
- Aufnahme eines oder mehrerer neuer Gesellschafter, die ebenfalls Mittel einzahlen **(Beteiligungsfinanzierung).**
- **Leasing:** Hier stellt sich die Frage, ob ein Leasinggeber gefunden werden kann und wie hoch die jährlichen Leasingraten sind.

Unter den ersten beiden Punkten ist auch das Einbringen von Sacheinlagen möglich (z.B. Grundstücke, Liegenschaften, Wertpapiere), die als Sicherheit für weiteres Fremdkapital dienen können.

c) Als mögliche neue Rechtsformen kommen in erster Linie in Frage:

- **Kommanditgesellschaft:** Sinngemäss gelten die Bemerkungen unter b) zur **Fremd-, Selbst-** und **Verflüssigungsfinanzierung** auch für diese Gesellschaftsform. Demzufolge kommt bei dieser Rechtsform nur eine **Beteiligungsfinanzierung** in Frage. Dabei können weitere Gesellschafter als Kommanditäre aufgenommen werden, was aus Haftungsgründen einfacher als bei der Kollektivgesellschaft sein dürfte. Die Beteiligung der Kommanditäre ist analog zur Kollektivgesellschaft auch über Sacheinlagen möglich. Sie sind nicht an der Geschäftsführung beteiligt.
- **Aktiengesellschaft:** Bei der Umwandlung in eine Aktiengesellschaft – zur Gründung braucht es drei Aktionäre – kommt ebenfalls nur eine **Beteiligungsfinanzierung** in Frage. Dies kann durch die Aufnahme neuer finanzkräftiger Aktionäre oder durch Kapitalerhöhungen von Weber und Hauri geschehen. Eventuell besteht noch die Möglichkeit, **Aktionärsdarlehen** zu erhalten. Dazu gilt es zu beachten, dass eine Umwandlung einer Personengesellschaft in eine Aktiengesellschaft mit finanziellen Folgen verbunden ist (Gründungskosten). Da Neubewertungen vorgenommen werden, sind zusätzlich noch Steuern zu bezahlen. (Im Gegenteil dazu kann die Umwandlung einer Kollektivgesellschaft in eine Kommanditgesellschaft formlos durchgeführt werden und ist mit weniger Kosten verbunden.)

d)
- Fusion mit einer anderen Unternehmung,
- Kreditaufnahme,
- Verkauf der Firma.

Investition

Grundlagen

L2 a) Der Investitionspolitik kommt strategischer Charakter zu. Sie ist deshalb eine wesentliche Aufgabe der Unternehmungsleitung und wirkt sich unmittelbar auf Rentabilität und Liquidität sowie Sicherheit und Unabhängigkeit der Unternehmung aus. Ohne zu investieren, kann eine Unternehmung in einer zunehmend dynamischer und komplexer werdenden Umwelt nicht überleben.

Bei Investitionen, die von strategischer Bedeutung sind (z.B. bei Produktionsanlagen für neue Produkte), kann nur die Unternehmungsleitung entscheiden, da sie den notwendigen Überblick über die Unternehmungsziele und die Strategien hat. Sie muss das Gesamtinteresse im Auge behalten. Sie sollte die Fähigkeit und das Wissen haben, die Auswirkungen einer Investition auf die verschiedenen Bereiche der Unternehmung und die gegenseitigen Interdependenzen abschätzen zu können. Eine Delegation von Investitionsentscheidungen, die von geringerer Wichtigkeit sind (z.B. begrenzte Investitionssumme) und nur einzelne Teilbereiche und Abteilungen der Unternehmung betreffen, ist hingegen durchaus sinnvoll. Bei solchen Investitionsprojekten ist ein Einbezug der Mitarbeiter und Mitarbeiterinnen von grossem Nutzen, da sie am besten über Anliegen, die sie unmittelbar betreffen, entscheiden können. Damit wird auch ihre Motivation gesteigert.

b) Motive und Ziele, welche Investitionen auslösen können:
- Gewinn- und Rentabilitätsstreben,
- Erhaltung und Verbesserung der Wettbewerbsfähigkeit,
- Umsatzsteigerung und Erweiterung von Marktanteilen,
- Bewahrung und Ausbau der Unternehmungssubstanz,
- Sicherheit und Unabhängigkeit der Unternehmung,
- Bilanz- und Liquiditätsziele,
- Ansehen der Firma,
- persönliches Image und Prestige,
- politische Macht und gesellschaftlicher Einfluss,
- soziale Absicherung und Zufriedenheit der Belegschaft,
- umweltschonende Massnahmen (z.B. bei Produktionsverfahren oder bei Transporten).[1]

c) Die wichtigsten Aspekte, die es bei einer Investitionsentscheidung zu beachten gilt, sind:
- **Langfristiger Zeithorizont:** Investitionsentscheide haben in der Regel langfristige Auswirkungen, was folgende Konsequenzen nach sich zieht:
  - Langfristige Kapitalbindung, verbunden mit fixen Belastungen wie Abschreibungen und Zinsen,
  - starre Kostenstruktur,
  - grosses Risiko: Je langfristiger die Auswirkungen sind, desto weniger genau lassen sich die für eine Investition relevanten Daten abschätzen.

  Damit wird die Flexibilität der Unternehmung erheblich eingeschränkt.
- **Knappheit des Kapitals:** Grundsätzlich ist davon auszugehen, dass das Kapital nicht in beliebiger Höhe zur Verfügung steht. Oder mit anderen Worten: Es stehen mehr Investitionsprojekte zur Auswahl als finanziert werden können. Dies führt dazu, dass eine Auswahl bzw. Ablehnung von Investitionsprojekten vorgenommen werden muss.
- **Komplexität:** Investitionen stehen nicht nur im Bereich der Finanzwirtschaft im Zentrum, sondern zeigen in allen Unternehmungsbereichen erhebliche Auswirkungen. Speziell davon betroffen sind das Personalwesen, der Marketingbereich, die Materialwirtschaft und der Produktionsbereich.
- **Datenmenge:** Es fallen eine Vielzahl von Daten an, die für einen Investitionsentscheid relevant sind. Neben innerbetrieblichen Informationen ist vor allem auch die Umwelt der Unternehmung einzubeziehen, insbesondere Informationen über den Markt, die Konkurrenz, die Techno-

---

1 Müller-Hedrich, Bernd W.: Betriebliche Investitionswirtschaft. 6. Auflage, Stuttgart 1992, S. 13f.

logie, die volkswirtschaftlichen Bedingungen, die weiteren Anspruchsgruppen und die politische Situation.

- **Erfolg der Unternehmung:** Zusammenfassend kann festgestellt werden, dass Investitionen einen massgeblichen Einfluss auf den Gesamterfolg und überhaupt auf das Bestehen einer Unternehmung haben.

L 7 Der Investitionsentscheidungsprozess kann in folgende Phasen unterteilt werden:

1. **Investitionsplanung**

1.1 **Anregungsphase**

- Anregungen für neue Produkte durch Kunden oder Lieferanten,
- Ableitung aus der Unternehmungspolitik,
- Anstösse von Mitarbeitern und Mitarbeiterinnen.

1.2 **Abklärung der Realisierbarkeit**

- Technische Realisierbarkeit
- Suche eines Anbieters
- Wirtschaftliche Realisierbarkeit
  - Möglichkeit der Kapitalbeschaffung,
  - Herstellungskosten,
  - Schätzung des Umsatzes durch Preis- und Absatzprognosen der Fachgeschäfte (Absatz- und Finanzplan),
  - Schätzung des Gewinnes und der Rentabilität.

1.3 **Investitionsantrag**

Werden die Gewinnchancen als genügend gross eingeschätzt, wird der Antrag zur Annahme empfohlen.

2. **Investitionsentscheidung**

Schätzt der Generalimporteur (die Unternehmungsleitung) die Gewinnchancen ebenfalls als genügend gross ein, wird das Projekt realisiert.

3. **Realisierung der Investition**

1. Bestellungen von Fach- und Spielwarengeschäften werden schriftlich entgegengenommen.
2. Es werden verschiedene Offerten eingeholt.
3. Das benötigte Kapital wird bereitgestellt (Selbstfinanzierung) oder das zugesicherte Kapital (Fremdfinanzierung) in Anspruch genommen und die entsprechenden Verträge bezüglich Haftung, Laufzeit und Zinsen werden abgeschlossen (Berücksichtigung im Finanzplan).
4. Gemäss den vorliegenden Bestellungen wird der Produktionsauftrag erteilt. Die Bedingungen wie Menge, Preis, Lieferzeit, Qualität, Garantie und Zahlungsmodalitäten (Berücksichtigung im Finanzplan) werden vertraglich festgelegt.

5. Die Ware wird entgegengenommen und nach einer Qualitätsprüfung an den Handel ausgeliefert.
6. Im Falle einer Finanzierung über Fremdkapital werden die Zahlungen gemäss den Verträgen vorgenommen und entsprechend den vertraglichen Abmachungen werden die Produktionskosten bezahlt.

4. **Investitionskontrolle**
Gemäss den vorliegenden Absatz- und Finanzplänen wird periodisch der Erfolg der Investition überprüft.

L 8 a)
- **Technische Imponderabilien**
  - Einfachheit und Unfallsicherheit bei der Maschinenbedienung,
  - Präzision der Aggregate,
  - lautloser und erschütterungsfreier Arbeitsgang,
  - Hitze-, Lärm- und Staubbelästigung.
- **Wirtschaftliche Imponderabilien**
  - Situation auf dem Arbeitsmarkt,
  - Sicherheit der politischen und wirtschaftlichen Verhältnisse (Währungspolitik, Stabilität der politischen Lage),
  - Einhaltung der Liefertermine,
  - Materialbeschaffung (Lieferzeit, konstante Qualität),
  - Expansionszwang.
- **Psychologische Imponderabilien**
  - Risikofreudigkeit der Unternehmungsleitung,
  - Prestige der Investition,
  - Unternehmungstradition,
  - soziale Einstellung der Unternehmungsleitung.
- **Soziale Imponderabilien**
  - psychische und physische Belastung des Personals, z.B. durch Nachtarbeit oder Lärm.
- **Ökologische Imponderabilien**
  - Entsorgungsprobleme,
  - Luftverschmutzung.

b) Bei einer Investition dürfen quantitativ nicht oder nur schlecht erfassbare Faktoren auf keinen Fall ausser acht gelassen werden. Ihre Bedeutung für eine Investitionsentscheidung ist oft gleich gross oder sogar noch grösser als diejenige rein rechnerischer Faktoren. Beispielsweise kann die Standortentscheidung für den Bau einer Produktionsanlage wesentlich davon abhängen, wie stabil die politische Lage in den betreffenden Ländern ist. Obwohl die Rendite im Land X höher als im Land Y ist, kann der letzteren Variante der Vorzug gegeben werden, weil die Unsicherheiten über die Entwicklungen im wirtschaftlichen und politischen Bereich viel kleiner sind.

c) Es bestehen grundsätzlich zwei Möglichkeiten, wie Imponderabilien bei einer Investitionsentscheidung berücksichtigt werden können:

- Es wird versucht, die Imponderabilien – trotz grosser Schwierigkeiten – zu quantifizieren und in die Investitionsrechnung einzubeziehen. Dazu eignet sich die Nutzwertanalyse, bei der sowohl die quantifizierbaren als auch die nicht quantifizierbaren Faktoren in einer einzigen Rechnung berücksichtigt werden. Alle Faktoren werden aufgelistet und nach ihrer Bedeutung gewichtet. Anschliessend erfolgt eine Bewertung aufgrund einer Punkteskala. Die Multiplikation der Gewichtung mit der Bewertung ergibt den Nutzen des betreffenden Einflussfaktors, die Summe aller Nutzen den Gesamtnutzen. Durch unterschiedliche Gewichtungen und Bewertungen lässt sich der Einfluss der einzelnen Faktoren variieren und es können unterschiedliche Szenarien ermittelt werden.
- Die Imponderabilien werden ausserhalb der Investitionsrechnung in den Entscheidungsprozess einbezogen und bewertet. So kann ein Punktesystem aufgestellt werden, mit dessen Hilfe man die monetär schwer erfassbaren Daten ihrem Gewicht entsprechend mit Punkten bewertet. Ein allgemein gültiges Punktesystem lässt sich allerdings nicht entwickeln, weil die Auswahl und Gewichtung der einzelnen Daten von Fall zu Fall stark abweicht. Trotzdem stellt ein solches Punktesystem ein wertvolles Hilfsmittel dar, das in einzelnen Unternehmungen eingesetzt wird. Man kann sich auch mit einer Checkliste begnügen, in der die Imponderabilien zusammengestellt sind. Daneben kommt es häufig vor, dass diese Daten lediglich bei der Begründung des Investitionsantrages aufgeführt werden.

Im allgemeinen besitzt das Vorgehen gemäss der zweiten Möglichkeit den grössten Aussagewert, weil monetär schwer erfassbare Daten für den Investitionsentscheid zwar wichtig, aber für eine Investitionsrechnung ungeeignet sind.[1]

---

1 In Anlehnung an Staehelin, Erwin: Investitionsrechnung. Chur/Zürich 1993, S. 26f.

Investitionsrechenverfahren

L 12

	Modell M	**Modell O**
Steuern	355,80	415,20
Versicherung	824,40	930,50
Abschreibung	4 000,–	4 250,–
Zinsen	800,–	850,–
Fixe Kosten	5 980,20	6 445,70
Fahrkosten 15 000 km	3 900,–	3 300,–
Fahrkosten 40 000 km	10 400,–	8 800,–
Gesamtkosten 15 000 km	9 880,20	9 745,70
Gesamtkosten 40 000 km	16 380,20	15 245,70

Das **Modell O** schneidet in beiden Kostenvergleichen besser ab.

L 13 a)

	Modell A	**Modell B**	**Modell C**
Abgaben	350	400	400
Abschreibung	6 000	8 308	6 364
Zinsen	960	1 440	1 400
Benzin	4 620	3 960	4 290
Reifen	488	480	475
Service	1 500	1 300	900
Gesamtkosten	13 918	15 888	13 829

Das **Modell C** ist am kostengünstigsten.

b)
- Veränderungen der Kosten,
- Reparaturanfälligkeit,
- ökologische Kriterien,
- Image der Fahrzeugmarke,
- Zuverlässigkeit und Fachkompetenz des Garagisten,
- unterschiedlicher Anfall der Kosten in betragsmässiger und zeitlicher Hinsicht.

L 16 a)
- **Statische Berechnung**

  $$\text{Paybackfrist} = \frac{250\,000}{50\,000} = \textbf{5 Jahre}$$

- **Dynamische Berechnung**

  $$a_{\overline{n}} = \frac{I_0}{g} = \frac{250\,000}{50\,000} = 5$$

Bei einem Kalkulationszinssatz von 10% und einem Abzinsungssummenfaktor $a_{\overline{n}|}$ von 5 erhält man aus Tabelle B eine Zeitdauer von rund **7,3 Jahren.**

b) $a_{\overline{8}|} = 5{,}335$

$$5{,}335 \cdot 32x \geq 250\,000$$
$$x \geq 1464{,}4$$

Die jährliche Mindestabsatzmenge beträgt somit **1465 Stück.**

L 17 a)
- **Kapitalwert**
  - Grundstück A: 230 000 · 0,665 – 120 000 = **32 950 Fr.**
  - Grundstück B: 360 000 · 0,665 – 200 000 = **39 400 Fr.**
- **Interner Zinssatz (IRR)**
  - Grundstück A: $(1 + i)^7 \cdot 120\,000 = 230\,000$
    Daraus ergibt sich ein interner Zinssatz von **9,7%.**
  - Grundstück B: $(1 + i)^7 \cdot 200\,000 = 360\,000$
    Daraus ergibt sich ein interner Zinssatz von **8,8%.**

b) Aufgrund der Berechnungen mit Hilfe der Kapitalwertmethode wäre das Grundstück B zu wählen, gemäss der internen Verzinsung aber Grundstück A. Deshalb müssen weitere Kriterien in die Entscheidung einbezogen werden. Zu beachten wären etwa die alternativen Anlagemöglichkeiten der bei Variante A nicht gebrauchten 80 000 Fr., die Lage und die infrastrukturelle Erschliessung der Grundstücke.

L 18 a) Die Kapitalwertberechnung ergibt (alle Beträge in 1000 Fr.):

Jahr	**Faktor**	**Standort A**	**Standort B**
19.1	0,926	–138,9	–92,6
19.2	0,857	0	–85,7
19.3	0,794	79,4	79,4
19.4	0,735	147,0	73,5
19.5	0,681	204,3	204,3
Kapitalwert		291,8	178,9
Wahrscheinlichkeit		0,5	0,8
Erwarteter Kapitalwert		145,9	143,1

Der Standort A wäre aufgrund des erwarteten Kapitalwerts vorzuziehen, wobei die Differenz zum Standort B allerdings sehr klein ist. Zusätzlich ist jedoch zu berücksichtigen, dass die erwarteten Einzahlungsüberschüsse beim Standort A mit einem Unsicherheitsfaktor von 50% behaftet sind, während er beim Standort B nur 20% beträgt. Angesichts der kleinen Unterschiede beim erwarteten Kapitalwert wäre der **Standort B** vorzuziehen.

Letztlich hängt der Entscheid aber von der Risikobereitschaft der Unternehmungsleitung ab.

b) Ein weiteres Verfahren zur Standortbewertung ist die **Nutzwertanalyse**. Bei dieser Methode werden alle Faktoren aufgelistet und ihrer Bedeutung nach gewichtet. Anschliessend erfolgt eine Bewertung aufgrund einer Punkteskala. Die Multiplikation der Gewichtung mit der Bewertung ergibt den Nutzen des betreffenden Einflussfaktors, die Summe aller Nutzen den Gesamtnutzen. Durch unterschiedliche Gewichtungen und Bewertungen lässt sich der Einfluss der einzelnen Faktoren variieren und es können unterschiedliche Szenarien ermittelt werden.
Im Gegensatz zur Nutzwertanalyse gehen beim unter a) dargestellten Verfahren alle diese Faktoren in die Berechnung der Einzahlungsüberschüsse ein, ohne dass ihre einzelnen Einflüsse explizit sichtbar werden.

L 20 a)
- $K_A = 2{,}487 \cdot 52\,000 - 110\,000 =$ **19 324 Fr.**
- $K_B = 3{,}170 \cdot 32\,000 - 80\,000 =$ **21 440 Fr.**

b)
- Investition A: $a_{\overline{n}} = \dfrac{110\,000}{52\,000} = 2{,}115 \Rightarrow \text{IRR} \approx$ **19,7%**
- Investition B: $a_{\overline{n}} = \dfrac{80\,000}{32\,000} = 2{,}5 \Rightarrow \text{IRR} \approx$ **21,9%**

Zwei wichtige Voraussetzungen für die objektive Vergleichbarkeit des internen Zinssatzes alternativer Investitionsprojekte sind die gleiche Höhe des Investitionsbetrages und die gleiche Nutzungsdauer der Investition.

c) **Investition B**

d)
- **Kapitalwerte**

$$K_A = a_{\overline{12}} \cdot g - (I_0 + a_{\overline{3}} I_0 + a_{\overline{6}} I_0 + a_{\overline{9}} I_0)$$
$$= 6{,}814 \cdot 52\,000 - 110\,000\,(1 + 0{,}751 + 0{,}564 + 0{,}424)$$
$$= 53\,038 \text{ Fr.}$$

$$K_B = a_{\overline{12}} \cdot g - (I_0 + a_{\overline{4}} I_0 + a_{\overline{8}} I_0)$$
$$= 6{,}814 \cdot 32\,000 - 80\,000\,(1 + 0{,}683 + 0{,}467)$$
$$= 46\,048 \text{ Fr.}$$

- **Interne Verzinsung**
Die interne Verzinsung der beiden Varianten ist unabhängig davon, wie oft eine Investition wiederholt wird. Sie ändert sich demzufolge nicht. Der Abzinsungsfaktor berücksichtigt für jedes Jahr den zukünftigen Anfall der Investitionssumme und der Einzahlungsüberschüsse.

Aufgrund der Berechnungen mit Hilfe der Kapitalwertmethode wäre die Alternative A zu wählen, gemäss der internen Verzinsung aber Alternative B. Deshalb sind weitere Kriterien zur Entscheidungsfindung herbeizuziehen. Dazu gehören etwa

- die alternativen Investitions- oder Anlagemöglichkeiten für die Differenz aus den Kapitaleinsätzen der beiden Varianten,
- der Umfang der von den Lieferanten angebotenen Serviceleistungen (Wartung, Reparaturen),
- die Garantieleistungen,
- die Bedienerfreundlichkeit,
- ökologische und soziale Überlegungen (z.B. Stromverbrauch, Lärm- und Stressbelastung),
- das Leistungspotential der einzelnen Investitionen und
- die Qualität der hergestellten Produkte.

L 21 Für beide Projekte gilt: $L_n = 0$.

- **Projekt A**

$$\text{Paybackfrist} = \frac{6{,}0}{1{,}2} = \mathbf{5\ Jahre}$$

$$K_0 = 6{,}145 \cdot 1{,}2 - 6 = \mathbf{1{,}374\ Mio.\ Fr.}$$

- **Projekt B**
  Achten Sie darauf, dass die Einzahlungen und die verschiedenen Auszahlungen jeweils in der Zukunft anfallen.

$$\text{Paybackfrist} = \frac{2 \cdot 1{,}2 + 4}{1{,}4} + 2 = \mathbf{6{,}6\ Jahre}$$

$$K_0 = 1{,}4\,(6{,}145 - 1{,}736) - 1{,}2 \cdot 1{,}736 - 4{,}0 \cdot 0{,}826 = \mathbf{0{,}785\ Mio.\ Fr.}$$

Aufgrund der Wirtschaftlichkeitsrechnungen ist Projekt A vorzuziehen. Es gilt aber zu beachten, dass bei Projekt B die Liquiditätsbelastung kleiner ist und mit der Eigenentwicklung des Produktes technisches Know-how gewonnen wird.

L 22 a)

	Maschine 1	Maschine 2
▪ **Kapitaleinsatz**	**Maschine 1**	**Maschine 2**
▫ Anschaffungspreis	300 000	480 000
▫ Ausbildungskosten	2 000	3 000
▫ Liquidationserlös	0	60 000
⇒ Durchschnittlicher Kapitaleinsatz	151 000	271 500
▪ **Kosten pro Jahr**	**Maschine 1**	**Maschine 2**
▫ Abschreibung	30 200	28 200
▫ Unterhaltskosten	18 000	20 000
▫ Energiekosten	8 000	4 000
▫ Übrige fixe Betriebskosten	20 000	25 000
▫ Variable Betriebskosten	56 000	72 000
▫ Zinsen	15 100	27 150
⇒ Kosten total	147 300	176 350
▪ **Erlös**	160 000	198 000
▪ **Gewinn (Erlös – Kosten total)**	12 700	21 650

Die Berechnung des ROI ist eine reine Gewinn- und Kostenrechnung. Deshalb werden die kalkulatorischen Zinsen und Abschreibungen berücksichtigt. Bei der Berechnung nach der Pay back-Methode könnten die Zinsen, wenn sie nicht liquiditätswirksam sind, ebenfalls aufgerechnet werden. In der Praxis ist dieser Fall aber eher selten anzutreffen, deshalb finden die Zinsen in der folgenden Lösung keine Beachtung. Die Abschreibungen werden auf jeden Fall berücksichtigt.

- **Maschine 1**
  - ROI $= \frac{12\,700}{151\,000} \cdot 100 =$ **8,4%**
  - Pay back $= \frac{302\,000}{12\,700 + 30\,200} =$ **7 Jahre**
- **Maschine 2**
  - ROI $= \frac{21\,650}{271\,500} \cdot 100 =$ **8,0%**
  - Pay back $= \frac{483\,000}{21\,650 + 28\,200} =$ **9,7 Jahre**

b)

- **Maschine 1**
  - $K_0 = 6{,}145 \cdot (12\,700 + 30\,200) - 302\,000 =$ **–38 380 Fr.**
  - $a_{\overline{n}|} = \frac{302\,000}{12\,700 + 30\,200} = 7{,}040$

  Der interne Zinssatz beträgt gerundet **7%**.

- **Maschine 2**
  - $K_0 = 7{,}606 \cdot (28\,200 + 21\,650) - 483\,000 + 60\,000 \cdot 0{,}239$
    $= \mathbf{-89\,501\ Fr.}$
  - $a_{\overline{n}|} = \dfrac{483\,000}{21\,650 + 28\,200} = 9{,}689$

  Der interne Zinssatz beträgt gerundet **9,7%.**

c) Man entscheidet sich für keine der Varianten, da bei beiden der Kapitalwert unter 0 liegt und die Verzinsungen (ROI und IRR) unter dem geforderten Ausgangswert von 10% liegen.

L 24 a) Man berechnet den Barwert der Einsparungen von Variante 2 (Präzisionsmaschine) gegenüber Variante 1 (herkömmliche Messvorrichtungen). Falls dieser Wert über 0 liegt, ist die Variante 2 vorteilhafter.

	1. Jahr	2. Jahr	3. Jahr	4. Jahr	5. Jahr	6. Jahr	7. Jahr	Total
Anschaffung	–200 000							
Ausbildung		–45 000						
Unterhalt		2 000	–6 000	–6 000	–6 000	–6 000	–6 000	
Personal		37 500	75 000	75 000	75 000	75 000	75 000	
Restwert							40 000	
Einsparung nominal	–200 000	–5 500	69 000	69 000	69 000	69 000	109 000	
$a_{\overline{n}|}$	1	0,862	0,743	0,641	0,552	0,476	0,410	
Barwert der Einsparung	–200 000	–4 741	51 267	44 229	38 088	32 844	44 690	6 377

Der Barwert der Einsparung von Variante 2 beträgt 6377 Fr. Die Anschaffung der Präzisionsmaschine **lohnt sich** deshalb.

b)
- zusätzliche Verwendbarkeit der Maschine,
- rationelleres und genaueres Messen,
- Störungsanfälligkeit,
- Lieferantenbeziehungen,
- Akzeptanz im Betrieb.

L 25 Die Berechnung der Kapitalwerte erfolgt aufgrund der Auszahlungen. Dies bedeutet, dass eventuelle Liquidationserlöse abgezogen werden müssen. Da die Systemnebenkosten bei beiden Finanzierungsmöglichkeiten gleich hoch sind, können sie für die Berechnungen weggelassen werden. Sie würden jeweils nur die Kapitalwerte um den gleichen Betrag erhöhen. Für eine Beurteilung der vorteilhafteren Variante ist aber die Höhe der Kapitalwerte nicht von Belang. Wichtig ist nur, welche Variante den tieferen oder den höheren Wert liefert. Im vorliegenden Fall wird die Variante mit dem tieferen absoluten Wert vorgezogen, weil nur Auszahlungen betrachtet werden.

- **Variante Kauf**

Kaufpreis:	500 000 + 0,926 · 1 200 000	= 1 611 200 Fr.
Wartungsabonnement:	(5,206 – 0,926) · 80 000	= 342 400 Fr.
Liquidationserlös:	0,583 · (–50 000)	= –29 150 Fr.

Der gesamte Kapitalwert beträgt 1 924 450 Fr.

- **Variante Leasing**

Schulung:	0,857 · 25 000	= 21 425 Fr.
Erste 5 Leasing-Raten:	(4,623 – 0,926) · 516 000	= 1 907 652 Fr.
Letzte Leasing-Rate:[1]	0,583 · 120 000	= 69 960 Fr.

Der gesamte Kapitalwert beträgt 1 999 037 Fr.

Die Variante **Kauf** ist günstiger.

L 26 **Berechnung der Kapitalwerte**

- Variante **Kauf der Bude**

Einzahlungen 1.– 3. Jahr:	(24 000 – 1 200) · 2,487	= 56 704 Fr.
Einzahlungen 4.– 10, Jahr:	(6,145 – 2,487) · 12 000	= 43 896 Fr.
Liquidationserlös:	0,386 · 5 000	= 1 930 Fr.
./. Kaufpreis		40 000 Fr.

Der gesamte Kapitalwert beträgt 62 530 Fr.

- Variante **Miete des Kiosks**

Einzahlungen:	17 500 Fr.	
./. Miete	6 000 Fr.	11 500 Fr.

Der gesamte Kapitalwert beträgt 70 668 Fr. (6,145 · 11 500).

Die Variante **Miete des Kioskes ist vorzuziehen.** Sie weist bereits einen höheren Kapitalwert auf, obwohl beim Kauf der Bude die Mietzahlungen für die letzten 7 Jahre nicht berücksichtigt sind.

L 27 Es werden die Kapitalwerte der Auszahlungen berechnet. Dabei ist zu beachten, dass die Variante mit dem tieferen Wert vorzuziehen ist.

- **Variante Leasing**

Abschlussgebühr:		= 4 300 Fr.
1. Leasingrate:		= 21 000 Fr.
2.– 4. Leasingrate:	3,170 · 21 000	= 66 570 Fr.

Der gesamte Kapitalwert beträgt 91 870 Fr.

---

1 Es wird von einer Vertragsverlängerung ausgegangen und nicht von einem Kauf der Anlage.

- **Variante Darlehen**

Anzahlung:			26 000 Fr.
Versicherung:	3,170 · 2 000	=	6 340 Fr.
Rückzahlung:	3,170 · 15 000	=	47 550 Fr.
Zins 1. Jahr:	0,909 · 3 000	=	2 727 Fr.
Zins 2. Jahr:	0,826 · 2 250	=	1 859 Fr.
Zins 3. Jahr:	0,751 · 1 500	=	1 127 Fr.
Zins 4. Jahr:	0,683 · 750	=	512 Fr.

Der gesamte Kapitalwert beträgt 86 115 Fr.

Das **Darlehen** des Freundes ist **vorzuziehen.**

L 28 Es werden die Kapitalwerte berechnet. Da Herr Rieter den Betrag, der nach der Investition übrigbleibt, zu 4 % anlegen kann, rechnet er mit diesem Kalkulationszinssatz.

- **Variante Einfamilienhaus**

Einzahlungsüberschüsse:	4,452 · 42 000	=	186 984 Fr.
Wert der Liegenschaft:	0,822 · 1 325 000	=	1 089 150 Fr.
Restbetrag:[1]		=	50 000 Fr.
./. Kaufpreis:			1 200 000 Fr.

Der gesamte Kapitalwert beträgt 126 134 Fr.

- **Variante Obligationenanleihe (13 Anleihen à 95 000 Fr.)**

Zinsen:	4,452 · 65 000	=	289 380 Fr.
Rückzahlung:	0,822 · 1 300 000	=	1 068 600 Fr.
Restbetrag:[1]		=	15 000 Fr.
./. Kaufpreis:			1 235 000 Fr.

Der gesamte Kapitalwert beträgt 137 980 Fr.

Die **Obligationenanleihe** ist vorzuziehen.

L 29 a) Es werden die Kapitalwerte der Auszahlungen berechnet. Dabei ist zu beachten, dass die Variante mit dem tieferen Wert vorzuziehen ist.
Der Kaufpreis für die erste Maschine spielt bei den Berechnungen keine Rolle, weil die erste Maschine im Entscheidungszeitpunkt bereits gekauft ist und sie auf jeden Fall bezahlt werden muss. In einer dynamischen Betrachtung sind nur zukünftige Ereignisse von Belang.

- **Variante 1**

Betriebskosten:	3,889 · 32 000	=	124 448 Fr.

Der gesamte Kapitalwert beträgt 124 448 Fr.

---

1 Da er den Restbetrag zu 4% anlegen kann und den gleichen Zinssatz als Kalkulationszinssatz wählt, verändert sich der Restbetrag im Laufe der Zeit nicht.

- **Variante 2**

Kaufpreis (abzüglich 10% Rabatt):	= 54 000 Fr.
Betriebskosten 1.– 2. Jahr: 1,647 · 20 000	= 32 940 Fr.
Betriebskosten 3.– 4. Jahr: (2,914 – 1,647) · 22 000	= 27 874 Fr.
Betriebskosten 5.– 6. Jahr: (3,889 – 2,914) · 24 000	= 23 400 Fr.
./. Liquidationserlös: 0,456 · 6 000	= 2 736 Fr.
./. Verkauf Maschine 1:	17 000 Fr.

Der gesamte Kapitalwert beträgt 118 478 Fr.

Die Firma geht auf die Offerte ein, da die modernere Maschine günstiger ist.

b)
- Liquiditätsbelastung durch neue Anlage,
- Zusatzleistungen wie Service- und Garantieleistungen,
- zusätzliche Umschulungskosten,
- Leistungsmöglichkeiten,
- Qualität der Leistung,
- zusätzliche Einsparpotentiale,
- Problematik des Lieferantenwechsels (z.B. aus unternehmungspolitischer Sicht erwünscht oder überhaupt möglich?).

L 30 a)

Einzahlungen	20 000
./. Abschreibungen	8 000
./. Zinsen (0,1 · 40 000)	4 000
Gewinn	8 000

$$\text{ROI} = \frac{8\,000}{40\,000} \cdot 100 = \mathbf{20\%}$$

b) $$a_{\overline{n}|} = \frac{80\,000}{20\,000} = 4$$

Durch Interpolation erhält man eine interne Verzinsung von **21,4%.**

c)
- **Annahme vollkommener Information:** Die jährlichen Einzahlungsüberschüsse sind nur geschätzt und können nicht als sichere Werte gelten. Deshalb müssen verschiedene Varianten beurteilt werden (z.B. anhand einer Sensitivitätsanalyse).
- **Wiederanlage** der Einzahlungsüberschüsse: Es wird unterstellt, dass die Einzahlungsüberschüsse zum internen Zinssatz reinvestiert werden können. Es ist aber überhaupt nicht gesagt, dass sich dies in der Zukunft auch realisieren lässt.
- **Vernachlässigung von Mehrfachkriterien:** Es werden nur Renditeüberlegungen beim Investitionsentscheid berücksichtigt. Für eine vertiefte Analyse sind aber auch der Kapitalwert und die Rückflussfrist zu berechnen.

- **Vernachlässigung qualitativer Daten:** Eine Berücksichtigung qualitativer Daten (z.B. Imponderabilien) kann mit einer Nutzwertanalyse vorgenommen werden.

L 31 Der interne Zinssatz entspricht einem Kapitalwert von 0 Fr. Weil ein Liquidationserlös am Ende der Lebensdauer der Anlage realisiert werden kann und die Einzahlungsüberschüsse nicht konstant anfallen, müssen aufgrund von Schätzwerten Kapitalwerte berechnet werden, die möglichst nahe über und unter 0 liegen. Anschliessend kann durch Interpolation die interne Verzinsung berechnet werden.

	Betrag	12%		14%	
		Faktor	Barwert	Faktor	Barwert
Liquidationserlös	4 000	0,322	1 288	0,270	1 080
Einzahlungsüberschüsse 1.–3. Jahr	7 000	2,402	16 814	2,322	16 254
Einzahlungsüberschüsse 4.–10. Jahr	10 000	(5,650 – 2,402)	32 480	(5,216 – 2,322)	28 940
Barwerte total			50 582		46 274
./. Investition			50 000		50 000
Kapitalwerte			582		–3 726

Durch Interpolation erhält man einen internen Zinssatz von **12,3%.**
Die Frage, ob die Anlage beschafft werden soll oder nicht, hängt davon ab,

- wie realistisch die Einschätzungen über die zusätzlichen Einzahlungsüberschüsse sind,
- zu welchem Zinssatz die Investitionssumme sonst angelegt werden könnte und
- ob alternative Beschaffungsmöglichkeiten bestehen.

Unternehmungsbewertung

L 35 a)
- Kauf,
- Verkauf,
- Auflösung,
- Sanierung,
- Umwandlung,
- Erbgang,
- Fusion,
- Aufnahme neuer Gesellschafter,
- Ausscheiden von Gesellschaftern.

(Die letzten zwei Punkte beziehen sich auf Personengesellschaften und die GmbH).

b)
- Substanzwert = **2 Mio. Fr.**
- Ertragswert = $\frac{90\,000}{0{,}08}$ = **1,125 Mio. Fr.**
- Mittelwert = $\frac{2\text{ Mio.} + 1{,}125\text{ Mio.}}{2}$ = **1,563 Mio. Fr.**

c) Der Goodwill stellt die Differenz zwischen dem Substanzwert und dem Ertragswert einer Unternehmung dar. Gründe dafür sind:
- gutes Management,
- gute Fachkräfte,
- guter Standort,
- positives Corporate Image (Ruf und Ansehen der Unternehmung),
- gute Kundenbeziehungen,
- gute Lieferantenbeziehungen,
- gute Organisation,
- selbst geschaffene Patente,
- positives Finanzimage (hohe Kreditwürdigkeit),
- Alter der Firma,
- laufende Verträge (Absatzverträge),
- neueste Fabrikationsverfahren,
- günstige Konkurrenzsituation (evtl. monopolähnliche Stellung),
- effektive Werbung.

L 36 a)
- Substanzwert = 350 000 Fr.
- Ertragswert = $\frac{48\,000}{0{,}12}$ = 400 000 Fr.
- Mittelwert = $\frac{350\,000 + 400\,000}{2}$ = **375 000 Fr.**

b) Goodwill = Ertragswert – Substanzwert = **50 000 Fr.**

L 37 a) Nettosubstanzwert = Vermögen – FK = **1 Mio. Fr.**
Der aufgrund der veröffentlichten Bilanz errechnete Substanzwert eignet sich nicht zur Ermittlung des Kaufpreises der Unternehmung. Für solche Fälle müssen immer Sonderbewertungen vorgenommen werden. Ein notwendiger Schritt dazu besteht in der Auflösung der stillen Reserven (siehe unter b). Der Kaufpreis der Unternehmung hängt zudem von weiteren Faktoren ab, die wesentlich für das Bestehen einer Unternehmung, aber nicht bilanzierbar sind. Darunter fallen beispielsweise die Fähigkeiten des Personals, die Organisation der Unternehmung und die Marktanteile, sowie die Erwartungen des Käufers über deren zukünftigen Nutzen. Einen Überblick solcher Vermögensteile gibt die Lösung der Aufgabe 35c.

b)
- Nettosubstanzwert (Sachvermögen = Vorräte und Anlagevermögen)

Liquide Mittel, Debitoren	0,2 Mio.
Vorräte	0,42 Mio.
Anlagevermögen	1,4 Mio.
Vermögen zu Tageswerten	2,02 Mio.
./. Fremdkapital	0,5 Mio.
Bereinigter Nettosubstanzwert	1,52 Mio.

- Ertragswert $= \frac{0{,}24 \text{ Mio.}}{0{,}12} = 2$ Mio. Fr.
- **Mittelwert** $= \frac{1{,}52 + 2}{2} =$ **1,76 Mio. Fr.**

c) Der originäre Goodwill stellt den selbstgeschaffenen Goodwill der Unternehmung dar, der nicht bilanziert werden darf, weil sonst ein nicht realisierter Gewinn ausgewiesen würde.

- Goodwill = Ertragswert – Substanzwert = **0,48 Mio. Fr.**

L 38 a)
- Nettosubstanzwert = Aktienkapital + offene und stille Reserven
  = 0,25 Mio. + 0,35 Mio. + 0,35 Mio.
  = **0,95 Mio. Fr.**

  oder = Vermögen + stille Reserven – FK
  = 1,0 Mio. + 0,35 Mio. – 0,4 Mio.
  = **0,95 Mio. Fr.**

- Ertragswert $= \frac{0{,}1 \text{ Mio.}}{0{,}08} =$ **1,25 Mio. Fr.**
- Mittelwert $= \frac{1{,}25 \text{ Mio.} + 0{,}95 \text{ Mio.}}{2} =$ **1,1 Mio. Fr.**
- Goodwillrentenmethode (Übergewinnverfahren)
  = 0,95 Mio. + 3,993 (0,1 Mio. – 0,08 · 0,95 Mio.) = **1,05 Mio. Fr.**

b) Der Substanzwert berücksichtigt nur bilanzierfähige Vermögenswerte, während im Ertragswert auch nicht bilanzierfähige Einflussfaktoren über die Kapitalisierung des Gewinnes indirekt zum Ausdruck kommen.

c) Bei einem Restaurationsbetrieb handelt es sich in erster Linie um einen personenbezogenen Goodwill (v.a. Köche, Management). Da die Goodwillrentendauer in einem solchen Fall eher kurz ist, erscheint die vorgeschlagene Zeit von 5 Jahren als zu lang. Dadurch wird auch der nach der Goodwillrentenmethode berechnete Unternehmungswert verfälscht, indem ein zu hoher Wert ausgewiesen wird.

d) Es sind die zukünftigen Entwicklungen abzuschätzen:

- Bleibt das Personal? Gute Bedienung und gute Köche sind bei einem Restaurationsbetrieb Faktoren, die den personenbezogenen Goodwill wesentlich beeinflussen.
- Wie ist der Standort in Zukunft zu beurteilen bezüglich
  - Konkurrenz,
  - Verkehrslage: Erreichbarkeit, Parkplätze etc.,
  - Passantenlage,
  - Erweiterungsmöglichkeiten.
- Entwicklung der volkswirtschaftlichen Rahmenbedingungen: Eine Rezessionsphase kann sich nachfragehemmend auswirken, eine gute Konjunktur nachfragefördernd.

L 39 a) Der Goodwill entspricht den nicht bilanzierungsfähigen immateriellen Einflussfaktoren auf die Gewinnentwicklung. Dazu zählen beispielsweise qualifiziertes Personal, Stammkundschaft und eine gute Verteilorganisation. Weil der Substanzwert nur die bilanzierungsfähigen materiellen und immateriellen Vermögenswerte enthält, der Ertragswert aber alle Einflussfaktoren auf den Geschäftsgang über die Kapitalisierung des Gewinnes indirekt berücksichtigt, bezeichnet man die Differenz als Goodwill. Aufgrund des Kriteriums «Einflussfaktoren» werden der personenbezogene und der sachbezogene Goodwill und aufgrund des Kriteriums «Entstehung» der originäre (= selbstgeschaffene) und der derivative (= käuflich erworbene) Goodwill unterschieden.

b)
- **Persönliche, subjektive Faktoren**
  - Management und Personal,
  - Kundenstamm,
  - Corporate Image,
  - Lieferantenbeziehungen,
  - Bonität,
  - Zusammensetzung des Verwaltungsrates.

- **Sachliche, objektive Faktoren**
  - Standort,
  - Transportverhältnisse,
  - Organisation der Unternehmung,
  - Alter der Unternehmung,
  - Marktstellung,
  - Patente,
  - Produktionsverfahren,
  - Maschinenpark,
  - Kartellzugehörigkeit,
  - Monopole,
  - Know-how.

c)

- Substanzwert: keine Berücksichtigung
- Ertragswert: indirekt durch die Kapitalisierung des Gewinnes
- Mittelwert: durch den Ertragswert
- Goodwillrentendauer: durch den Übergewinn

d) U = 200 + 4,212 (20 – 0,06 · 200) = **233,7 Mio. Fr.**

L 40 a)

- Die nicht betriebsnotwendigen Immobilien und der Immobilienerfolg sollen ausgeschieden werden.
- Die stillen Reserven auf den Immobilien sind aufzulösen. Deshalb wird bei der Berechnung des Unternehmungswertes der Versicherungswert der Immobilien berücksichtigt.
- Weil die Angaben über die Höhe der Eigenkapital- und Fremdkapitalzinsen fehlen, können die verschiedenen Unternehmungswerte nur nach der Bruttomethode berechnet werden.

Als Konsequenz für die folgenden Berechnungen ergibt sich, dass einerseits der Betriebswert der Unternehmung aufgrund des Betriebserfolges und der betrieblichen Vermögenswerte und andererseits der Unternehmungswert unter Berücksichtigung der Immobilien und des Immobilienerfolges angegeben werden muss.

b)

- **Substanzwert**
  - Betrieb: UV + AV (inkl. Aufwertung der Immobilien) – Immobilien = 20 + 125 (80 + 45) – 85 = **60 Mio. Fr.**
  - Unternehmung: UV + AV = 20 + 125 (80 + 45) = **145 Mio. Fr.**
- **Ertragswert**
  - Betrieb: $\frac{\text{Reingewinn} - \text{Immobilienertrag}}{0{,}1} = \frac{9 - 7{,}5}{0{,}1}$ = **15 Mio. Fr.**
  - Unternehmung: Betriebswert + Immobilien = 15 + 85 = **100 Mio. Fr.**

Somit resultiert in beiden Fällen ein Badwill von **45 Mio. Fr.**

c) Die Aussage steht in völligem Widerspruch zur Ertragslage der Unternehmung. Der betriebliche Ertrag ist mit 1,5 Mio. Fr. sehr dürftig ausgefallen und rechtfertigt die Aussagen in keiner Weise. Die Frischauf AG lebt vor allem vom Ertrag aus den nicht betriebsnotwendigen Immobilien, der das Gesamtergebnis viel besser aussehen lässt, als es sich aus der betrieblichen Tätigkeit ergibt.

d)
- **Mittelwert**
  Wenn der Ertragswert kleiner als der Substanzwert ist, wird auf eine Berechnung des Mittelwertes verzichtet und man stützt sich ausschliesslich auf den Ertragswert ab.

- **Übergewinnverfahren**
  Betrieb: $60 + 3{,}791\,(1{,}5 - 0{,}1 \cdot 60)$ = **42,9 Mio. Fr.**
  Unternehmung: Betriebswert + Immobilien (85) = **127,9 Mio. Fr.**

Personal

Personalbedarfsermittlung

L 5 a) Der quantitative Personalbedarf (PB) für die Planperiode (Monat) lässt sich wie folgt berechnen:

- **Monatlicher Zeitaufwand für die Tätigkeiten:**

Offerten:	400 · 120 Min.	=	48 000 Min.
Fakturen:	250 · 20 Min.	=	5 000 Min.
Beratungen:	600 · 30 Min.	=	18 000 Min.
Total		=	71 000 Min.

- **Monatliche Arbeitszeit eines Mitarbeiters:**

Vertragliche Arbeitszeit:	4 · 40 · 60 Min.	= 9 600 Min.
./. übrige administrative Tätigkeiten:	0,4 · 9 600 Min.	= 3 840 Min.
./. Krankheits- und Ferienabsenzen:	24 · 60 Min.	= 1 440 Min.
./. Erholungszeit:	20 · 1,5 · 60 Min.	= 1 800 Min.
verfügbare Arbeitszeit:		= 2 520 Min.

Daraus ergibt sich ein Soll-Bestand von:

$$\text{Soll-Bestand} = \frac{71\,000 \text{ Min.}}{2\,520 \text{ Min./Mitarbeiter}} = 28{,}17 \text{ Mitarbeiter}$$

Der bisherige Arbeitskräftebestand liegt knapp an der unteren Grenze des Soll-Bestandes. Ohne zusätzliche Arbeitskräfte dürfte es in Spitzenzeiten zu Arbeitsverzögerungen kommen, was sich negativ auf den Kundendienst auswirkt. Es ist deshalb zu empfehlen, eine weitere Arbeitskraft einzustellen und bei grossem Arbeitsanfall zusätzlich auf Temporärkräfte zurückzugreifen.

b) Die Berechnungen sind mit folgenden Schwierigkeiten verbunden:
- nur für einfache, klar abgrenzbare Arbeiten geeignet; in der Praxis oft nicht möglich,
- keine Berücksichtigung saisonaler Schwankungen,
- Erfassung der Daten in der Praxis nicht einfach,
- Vernachlässigung qualitativer Personaldaten,
- keine Berücksichtigung unterschiedlicher Produktivitäten der Mitarbeiter und Mitarbeiterinnen.

L 7 a) Eine Stellenbeschreibung kann in die drei Bereiche **Instanzenbild, Aufgabenbild** und **Leistungsbild** unterteilt werden, die die folgenden Themenkreise behandeln:
- Festlegung der Aufgaben-, Kompetenz- und Verantwortungsbereiche,
- Umschreibung der Leistungs- und Führungsanforderungen,
- Einordnung der Stelle in die Organisationsstruktur und Bestimmung des formalen Dienstweges, der die reinen Mitteilungswege und die Entscheidungswege umfasst,
- Beschreibung der Aufstiegsmöglichkeiten,
- Festsetzung der Lohnstruktur,
- Erfassung des Personalbedarfs.

b)
- **Personalbedarfsermittlung:** Aufgrund der Stellenbeschreibung kann der Personalbedarf in quantitativer, qualitativer, zeitlicher und örtlicher Hinsicht erfasst werden.
- **Personalbeschaffung:** Die mit den Stellenbeschreibungen festgestellten Über- oder Unterdeckungen im Personalbedarf dienen als Ausgangspunkt für die Personalbeschaffung.
- **Personaleinsatz:** Die aus den Stellenbeschreibungen gewonnenen Anforderungsprofile lassen sich mit den bei den Mitarbeitern und Mitarbeiterinnen vorhandenen Fähigkeiten und Möglichkeiten vergleichen. Aufgrund dieses Vergleichs erfolgt die Zuordnung zu den entsprechenden Stellen.
- **Personalmotivation** und **-honorierung:** Die Stellenbeschreibung zeigt die Aufgaben (Anforderungen) an den Stelleninhaber. Diese können mit der erbrachten Aufgabenerfüllung verglichen werden. Sowohl die Anforderungen (Arbeitsbewertung) als auch der Erfüllungsgrad (Leistungsbeurteilung) können als Grundlage für die Entlohnung dienen.
- **Personalentwicklung:** Die Stellenbeschreibung liefert die Daten, mit denen die Anforderungen an die Mitarbeiter und Mitarbeiterinnen bei der Laufbahnplanung erfasst werden können. Dadurch lassen sich Lük-

ken in der Ausbildung und in den Fähigkeiten ermitteln, die dann gezielt geschlossen werden können. Weiter dient die Stellenbeschreibung grundsätzlich zur Planung des betrieblichen Weiterbildungswesens, indem sie die fehlenden Kenntnisse und Fähigkeiten für gegenwärtige und zukünftige Aufgaben deutlich macht.

- **Personalfreistellung:** Mit Hilfe der Stellenbeschreibungen lassen sich personelle Über- und Unterdeckungen in qualitativer, quantitativer, zeitlicher und örtlicher Hinsicht eruieren. Anschliessend können die entsprechenden Massnahmen getroffen werden. Zu diesen zählen etwa Entlassungen, innerbetriebliche Versetzungen, Arbeitszeitverkürzungen und das Outplacement von Kaderangehörigen.

c)

- **Statische Betrachtung:** Die Stellenbeschreibung darf nicht als unveränderliche Grösse betrachtet werden. Die Anforderungen und Aufgabenverteilungen unterliegen einem ständigen Wechsel. Neue Aufgaben können entstehen und alte überflüssig werden. Deshalb ist eine periodische Überarbeitung und Neubeurteilung notwendig.
- **Detaillierungsgrad:** Eine der schwierigsten Aufgaben ist es, den optimalen Detaillierungsgrad für Stellenbeschreibungen zu finden:
  - Ein **zu hoher Detaillierungsgrad** führt zu einem Formalismus, der informelle Vorgänge, die häufig sehr wichtig sind, ausser acht lässt. Er verhindert eine gewisse Flexibilität, die zur Ausführung vieler Arbeiten notwendig ist. Eine solche Stellenbeschreibung ist zudem kaum praktikabel und muss dauernd an die veränderten Gegebenheiten angepasst werden. Zu beachten ist auch, dass je nach Persönlichkeit die Wirkungsmöglichkeiten, die in einer Stelle gegeben sind, verschieden wahrgenommen werden. Eine Stellenbeschreibung sollte deshalb bewusst Freiräume für persönliche Interpretationsmöglichkeiten des Stelleninhabers offen lassen.
  - Ein **zu niedriger Detaillierungsgrad** hingegen bedeutet, dass die Aufgaben- und Kompetenzbereiche zu wenig genau umschrieben und gegeneinander abgegrenzt werden. Oft kommt es deshalb einerseits zu Streitigkeiten über Zuständigkeiten und andererseits werden Aufgaben nicht wahrgenommen und ausgeführt, weil sich niemand dafür verantwortlich fühlt.

  Möglichkeiten, diesem Widerspruch zu begegnen, sind etwa der Aufbau einer entsprechenden Unternehmungskultur, das Fördern informeller Strukturen und ein situativer Führungsstil.
- **Wechsel des Stelleninhabers:** Wenn eine Stelle über längere Zeit von der gleichen Person besetzt worden ist, gleichen sich das Anforderungsprofil und die Fähigkeiten des Stelleninhabers in der Regel an. Ein neuer Mitarbeiter oder eine neue Mitarbeiterin bringt aber eigene Vorstellungen und Fähigkeiten mit, die bei einer Neubeschreibung berücksichtigt werden müssen.

Personalbeschaffung

L 9 a) Gründe, die **dafür** sprechen, sind:

- Betriebseigene Mitarbeiter oder Mitarbeiterinnen sind bereits in den Betrieb integriert und mit den Geschäftsgepflogenheiten und der Unternehmungskultur vertraut.
- Der Unternehmungsleitung sind sowohl die Leistungen und Fähigkeiten als auch die Schwächen der internen Bewerber und Bewerberinnen bekannt.
- Die interne Lösung bildet einen Anreiz für Mitarbeiter und Mitarbeiterinnen, die an einer Beförderung interessiert sind und wirkt sich motivierend auf ihre Arbeit aus.
- Es ist eine kürzere Einarbeitungszeit notwendig.
- Die interne Lösung erlaubt unter Umständen eine schnellere Realisierung.

Gründe, die **dagegen** sprechen, sind:

- Neue Leute bringen neue Ideen und Erfahrungen mit.
- Eventuelle interne Intrigen können entschärft werden.
- Ein Vergleich mit den Qualifikationen und Forderungen externer Arbeitskräfte ist möglich.
- Es lassen sich wichtige Kenntnisse über die Stellung der Unternehmung im Arbeitsmarkt gewinnen.

b)

1. Anforderungsprofil erstellen.
2. Inserate in den einschlägigen Zeitungen und Zeitschriften erscheinen lassen, wobei der Leserkreis möglichst der gesuchten Person entsprechen soll. Persönliche Beziehungen ausnützen und eventuell ein Personalvermittlungsbüro beauftragen.
3. Zeugnisse, Referenzen und Werdegang des Bewerbers oder der Bewerberin betrachten und vergleichen.
4. Interviews durchführen, um die Tätigkeit zu erläutern und ein Bild der Unternehmung zu vermitteln. Ein weiteres Ziel der Interviews – neben dem Kennenlernen der Bewerber und Bewerberinnen – ist das Erfassen der Grundhaltung des Bewerbers oder der Bewerberin. Stimmen die Ideen und die Arbeitsweise des Kandidaten oder der Kandidatin mit den Vorstellungen der Unternehmungsleitung (Unternehmungskultur) überein?
5. Eventuell Eignungs- und Persönlichkeitstests durchführen.
6. Referenzen bei früheren Arbeitgebern einholen.
7. Bei Eignung weitere Interviews durchführen, um den Kandidaten oder die Kandidatin besser kennenzulernen und offene Fragen zu klären.

L 10 a)

- Stellenausschreibung an der Universität sowie in Studentenzeitungen und -zeitschriften,
- Teilnahme an Firmenpräsentationen,
- Ausnützen persönlicher Beziehungen zu den Lehrkräften,
- Inserate in Tageszeitungen und Fachzeitschriften,
- möglicherweise Einschalten von Personalvermittlungsbüros.

Wichtig bei der Gestaltung des Stelleninserates ist es, dem Leser oder der Leserin genaue Informationen über die zu besetzende Stelle zu geben. Dazu gehören in erster Linie die Aufgabenumschreibung, die Anforderungen, die Arbeitsbedingungen und die Angaben über den Bewerbungsvorgang. Zudem sollen weitere Anreize wie etwa Beförderungsmöglichkeiten und Weiterbildung erwähnt werden.

b)

1. Sichten der Bewerbungsunterlagen: Praktika, Zeugnisse, Referenzen.
2. Interview: Das erste Interview gilt einem grundsätzlichen Kennenlernen des Kandidaten oder der Kandidatin. Dabei stehen folgende Fragen im Vordergrund: Decken sich seine oder ihre Erwartungen mit unseren Anforderungen? Entspricht er oder sie charakterlich der Stelle? Zudem können der Betrieb und die zukünftigen Mitarbeiter und Mitarbeiterinnen vorgestellt werden.
3. Eventuell Eignungs- und Persönlichkeitstests durchführen.
4. Abklären der Referenzen und Praktika.
5. Bei Eignung folgen weitere Interviews zur Klärung der noch offenen Fragen.

L 13 a) Möglichkeiten, um Wettbewerbsvorteile auf dem Arbeitsmarkt zu erzielen, sind:

- Aufbau und Pflege eines Beziehungsnetzes zu Universitäten, Studentenorganisationen, Personalvermittlungsbüros,
- Aufbau und Pflege eines positiven Firmenimages: «Man arbeitet gerne bei uns!»,
- materielle Anreize: gute Entlöhnung, Sozialleistungen, Mitarbeiteraktien, Einkaufsvergünstigungen, Sportanlagen,
- immaterielle Anreize: Job Sharing, flexible Arbeitszeiten, Teilzeitarbeit (auch für Führungskräfte), Laufbahnplanung, Weiterbildung,
- gutes Betriebsklima (Führungsstil).

b) Folgende Instrumente können eingesetzt werden:

- Stelleninserate (intern/extern/über Personalberater),
- eigene Mitarbeiter als Vermittler,
- Beantwortung von Stellengesuchen,
- direkte Ansprache der Absolventen und Absolventinnen von Ausbildungsinstitutionen,

- Beziehungspflege zu Schulen, Verbänden, Vereinen, öffentlichen Verwaltungsstellen, Kunden usw.,
- Public Relations-Aktionen wie Tag der offenen Tür, Seminare, Wettbewerbe, Quiz usw.,
- Artikel in Zeitungen und Fachzeitschriften,
- Stellenangebote in Verkaufsprospekten,
- Plakate.[1]

L 14 a) Beispiel eines Anforderungsprofils für zukünftiges Aussendienstpersonal:

Merkmal	Wert				
Äussere Erscheinung				4	
Menschenkenntnis, Anpassungsfähigkeit					5
Kontaktfreudig, offen, freundlich					5
Leistungsorientiert				4	
Initiative, Selbständigkeit				4	
Ausdauer, Zähigkeit					5
Psychische Widerstandskraft				4	
Kenntnisse der Verkaufstechnik	1				
Kenntnisse des Versicherungswesens	1				
Gedächtnis			3		
Beweglichkeit im Denken				4	
Sprachliches Ausdrucksvermögen			3		
Praktisch-rechnerisches Denken		2			
Allgemeine Gesundheit				4	

Obwohl Kenntnisse des Versicherungswesens und der Verkaufstechnik für die ausgebildeten Berater und Beraterinnen von entscheidender Bedeutung sind, werden diese von den Bewerbern und Bewerberinnen weder verlangt noch vorausgesetzt. Auf beiden Gebieten ist die Unternehmung in der Lage, neue Mitarbeiter und Mitarbeiterinnen durch eine umfassende Ausbildung zu fördern.

1 Fopp, Leonhard: Mitarbeiterauswahl und Mitarbeiterförderung. Bern 1979, S. 16.

b) Um die schwierige Aufgabe der Selektion des Aussendienstpersonals zu erleichtern, stehen eine Reihe von **Hilfsmitteln** zur Verfügung:

- **Gesprächsvorbereitung:**
  - Bewerbungsbogen,
  - Blatt zur Analyse des Lebenslaufes,
  - Fragebogen,
  - Eignungstests.
- **Gesprächsführung:**
  - Interviewleitfaden,
  - Notizen aus der Gesprächsvorbereitung.
- **Gesprächsauswertung:**
  - Beobachtungsbogen,
  - Referenzauskünfte,
  - Eignungsprofil.[1]

Personaleinsatz

L 16[2] a) Job sharing bedeutet, dass mehrere Arbeitskräfte sich eine oder mehrere Stellen teilen. Das Team ist als Ganzes verantwortlich für die zu erledigenden Arbeiten. Es ist in der Aufteilung der Arbeitszeit im vorgegebenen Rahmen autonom.

b) **Vorteile**

- Für den Arbeitnehmer:
  - kleinere und flexiblere Arbeitszeitbelastung,
  - Frauen, die eine Teilzeitbeschäftigung wünschen, können gefördert werden.
- Für den Arbeitgeber:
  - Senkung der Fehl- und Fluktuationsrate (z.T. wegen Stellvertretungspflicht),
  - höhere Produktivität aufgrund steigender Motivation,
  - höhere Effizienz der Stelleninhaber, weil sie Aufgaben und Funktionen nach ihren Fähigkeiten übernehmen können,
  - permanente Besetzung des Arbeitsplatzes,
  - Erfahrungen und Wissen mehrerer Personen grösser als die einer einzelnen Person,
  - Kosteneinsparungen bei der Personalsuche,
  - Zusammenarbeit kann Arbeitsklima und damit die Leistung fördern.

---

1 Zur Lösung dieser Aufgabe vgl. Fopp, Leonhard: Mitarbeiterauswahl und Mitarbeiterförderung. Bern 1979, S. 18f.

2 Die Lösung stützt sich auf Ergenzinger, Rudolf: Arbeitszeitflexibilisierung – Konsequenzen für das Management. Bern/Stuttgart 1993, S. 309ff.

Nachteile

- oft unklare Verantwortung nach aussen,
- Kommunikationsschwierigkeiten möglich,
- höhere Kosten bei Administration, Sozialleistungen und Weiterbildung,
- Wirkung der Konflikte im Team vordergründig stärker als in einer hierarchischen Struktur,
- unterschiedliche Arbeitsproduktivität und -qualität der Job Sharer,
- Probleme bei unerwartetem Stellenwechsel,
- rechtliche Probleme bei Stellvertretungspflicht und Kündigungsschutz[1].

c) Mit Ausnahme der höchsten Stufe der operativen Leitung – wo entsprechende Erfahrungen fehlen – ist das Job sharing auf allen Kaderstufen denkbar. Es ist damit jede Stelle für Job sharing geeignet. Voraussetzungen sind:

- zeitliche und funktionale Teilbarkeit der Stelle,
- Eignung der Stelleninhaber und Stelleninhaberinnen,
- entsprechende Arbeitsorganisation,
- Akzeptanz in der Belegschaft und im Kader,
- kein autoritärer Führungsstil,
- Lösung der unter b) angesprochenen rechtlichen Probleme.

d)
- Doppelbesetzungen von Lehrerstellen,
- Doppelbesetzungen von Kindergärtnerinnen,
- zwei Sekretärinnen teilen sich eine Stelle,
- mehrere Krankenschwestern teilen sich eine Stelle,
- Teilung einer Schicht in der Produktion,
- zwei Professoren oder Professorinnen teilen eine Stelle.

Personalmotivation und -honorierung

L 20 a)

	Arbeitswerte	**Lohngruppe**	**Grundlohn**
Schlosser:	7	2 (95%)	**3800,– Fr.**
Dreher:	13	4 (110%)	**4400,– Fr.**
Kranführer:	11	3 (100%)	**4000,– Fr.**
Werksbote:	5	1 (85%)	**3400,– Fr.**

b) Stufenwertzahlverfahren

1 Das schweizerische Arbeitsrecht sieht keine Gruppenarbeitsverträge vor.

c)

Kriterium	Gewichtung	Beurteilung	Total
Zuverlässigkeit	3	3	9
Selbständigkeit	2	2	4
Zusammenarbeit	1	4	4
			17

Das Total von 17 Punkten für den Werksboten entspricht einem Veränderungsfaktor von 1,2. Mit dem Grundlohn (3400,– Fr.) multipliziert, ergibt sich eine Lohnauszahlung von **4080,– Fr.**

L 25 a) Er arbeitet im **Geldakkord,** weil er aufgrund der Angabe **«Normalmenge/Stunde»** pro Stück bezahlt wird.

b) Effektiv hergestellte Menge/Stunde: $1{,}25 \cdot 12 = $ **15 Stück**

c) Stundenverdienst: $1{,}25 \cdot 1{,}2 \cdot 18 = $ **27 Fr.**

d) Leistungsgrad 75 %: $0{,}75 \cdot 1{,}2 \cdot 18 = 16{,}20$ Fr.
Der Mindestlohn beträgt aber **18,– Fr.**
Leistungsgrad 100 %: $1{,}2 \cdot 18 = $ **21,60 Fr.**

e) Mindestlohn 20,– Fr.: $20 \cdot 1{,}2 = 24{,}–$ Fr.
Akkordzuschlag 33,33 %: $18 \cdot 1{,}3333 = 24{,}–$ Fr.
Da beide Varianten den gleichen Akkordrichtsatz ergeben, wird der Arbeiter wahrscheinlich die **erste Variante** wählen, weil in diesem Fall der garantierte Mindestlohn grösser ist.

L 26 a) Stundenverdienst $= 4 \cdot 0{,}4 \cdot 15 = $ **24 Fr.**

b) Stundenverdienst $= 5 \cdot 0{,}4 \cdot 15 = $ **30 Fr.**

c) Minutenfaktor $= 15 \cdot 0{,}4 = $ **6 Fr./Stück**

d)
- bessere Anpassungsfähigkeit bei Vorgabeänderungen,
- Zeitvorgaben werden für die betriebliche Kapazitätsplanung benötigt.

L 27 a)
- Geldsatz/Mengeneinheit: $\frac{26 \text{ Fr.}}{8 \text{ Stück}} = 3{,}25$ Fr./Stück
- Akkordrichtsatz/Stunde: $6 \cdot 3{,}25 = 19{,}50$ Fr.
- Akkordgrundlohn: $\frac{19{,}50 \text{ Fr.}}{1{,}2} = 16{,}25$ Fr.

b) 9 Stück: $9 \cdot 3{,}25 = $ **29,25 Fr.**
6 Stück: $6 \cdot 3{,}25 = $ **19,50 Fr.**
4 Stück: $4 \cdot 3{,}25 = 13{,}–$ Fr.
Der Akkordgrundlohn beträgt aber **16,25 Fr.**

c)
- Akkordrichtsatz/Stunde: $1{,}2 \cdot 19{,}5 = 23{,}40$ Fr.
- Geldsatz/Mengeneinheit: $\dfrac{23{,}40 \text{ Fr.}}{6 \text{ Stück}} = 3{,}90$ Fr./Stück
- Stundenverdienst: $8 \cdot 3{,}9 =$ **31,20 Fr.**

L 28 Alter Zeitlohn = Minutenfaktor · Vorgabezeit · Menge

$$20{,}25 = 0{,}15 \cdot 6 \cdot x$$

$x =$ **22,5 Stück**

L 29 Die verwendeten Symbole sind:

G_A = Geldsatz des Akkordlohnes
G_Z = Geldsatz des Zeitlohnes
Z = Akkordzuschlag

a) $G_A = \dfrac{\text{Normalstundenlohn}}{\text{Normalmenge}} = \dfrac{30,\!– \text{ Fr.}}{\text{Stück}} =$ **1,50 Fr./Stück**

b) $G_Z = \dfrac{24,\!– \text{ Fr.}}{18 \text{ Stück}} = 1{,}33$ Fr./Stück

$Z = \dfrac{G_A - G_Z}{G_Z} \cdot 100 = \dfrac{1{,}50 \text{ Fr./Stück} - 1{,}33 \text{ Fr./Stück}}{1{,}33 \text{ Fr./Stück}} =$ **12,78%**

c)

	Erlös (in Fr.)	Kosten (in Fr.)			Gewinn (in Fr.)
		Stundenlohn	Sozialleistungen	Total	
Akkordlohn	80	30	4,50	34,50	45,50
Zeitlohn	72	24	3,60	27,60	44,40

Der zusätzliche Gewinn beträgt **1,10 Fr./Std.**

d) Stundenverdienst: $24 \cdot 1{,}50$ Fr. = **36,– Fr.**

Leistungsgrad in %:

$\dfrac{\text{Erreichte Menge}}{\text{Normalmenge}} \cdot 100 = \dfrac{24 \text{ Stück}}{20 \text{ Stück}} \cdot 100 =$ **120%**

e) Die folgenden **Probleme** sind zu lösen:
- Akzeptanz bei den von einer Umstellung Betroffenen,
- personelle Zusammensetzung der Gruppe, um Konflikten vorzubeugen,
- Entlöhnung der Gruppe (soll die Gruppe als Ganzes oder jeder Einzelne direkt entlöhnt werden?),
- gruppeninterne Konflikte,
- Organisation der Gruppe.

L 32 a) Ein partizipativer Führungsstil ist angezeigt. Ein autoritärer Führungsstil wäre bei diesen aufgeschlossenen Mitarbeitern und Mitarbeiterinnen fehl am Platz. In der Computerbranche sind Kreativität und Innovation unverzichtbare Fähigkeiten, die durch einen autoritären Führungsstil stark in ihrer Entfaltung behindert würden.

b)
- Die **Anforderungsgerechtigkeit** beruht auf der Berücksichtigung des Schwierigkeitsgrades der Arbeit, d.h. speziell auf den Anforderungen, die an die Mitarbeiter und Mitarbeiterinnen gestellt werden.
- Die **Leistungsgerechtigkeit** betrachtet in erster Linie den von den Arbeitnehmern und Arbeitnehmerinnen erbrachten Leistungsbeitrag an die Unternehmungsziele. Für die Unternehmung hat dieser Aspekt der Gerechtigkeit ein besonderes Gewicht, da hohe Leistungen einen zentralen Stellenwert besitzen. Allerdings muss die Unternehmung die entsprechenden Voraussetzungen für eine hohe Leistungsbereitschaft der Arbeitnehmer schaffen (Entlöhnung, interessante Arbeit, gutes Betriebsklima etc.).
- Mit der **Verhaltensgerechtigkeit** wird versucht, das allgemeine Verhalten (z.B. gegenüber Mitarbeitern, Kunden oder den Einrichtungen) in die Lohnbestimmung einzubeziehen.
- Die **Sozialgerechtigkeit** berücksichtigt soziale und sozialpolitische Anliegen wie etwa Altersvorsorge, Mutterschaftsurlaub und Lohnzahlungen bei Krankheit.

c)
- **Grundlohn:** Dieser basiert auf den Anforderungen des Arbeitsplatzes, d.h. auf der Summe der Kenntnisse, Fähigkeiten und Eigenschaften, die für die Stellenbesetzung erforderlich sind. Der Grundlohn wird unabhängig vom Stelleninhaber festgesetzt.
- **Leistungs- und Verhaltensanteil:** Dieser berücksichtigt die Qualität und Quantität der Leistung sowie das Verhalten der Mitarbeiter und Mitarbeiterinnen und ist im Gegensatz zum Grundlohn personengebunden. Der Wert des Leistungs- und Verhaltensanteils wird in Prozenten des Grundlohnes ausgedrückt.
- **Alterskomponente:** Diese wird sowohl durch das Lebensalter als auch durch das Dienstalter beeinflusst. Damit soll einerseits die bei steigendem Alter zunehmende Lebenserfahrung berücksichtigt werden, andererseits auch die in der Anzahl Dienstjahre zum Ausdruck kommende Firmentreue belohnt werden.
- **Sozialanteil:** Dieser Lohnbestandteil (Kinderzulagen, Sozialleistungen) ist gesetzlich geregelt.
- **Sonstige ausserordentliche Anteile:** Darunter fallen insbesondere Zulagen in Zeiten eines ausgetrockneten Arbeitsmarktes oder für Berufe, in denen ein Mangel an Arbeitskräften besteht.

d) Eine festgeschriebene Bewertung der Stellen ist angesichts des kleinen Personalbestandes unnötig. Die Löhne können nach folgenden Kriterien festgelegt werden:
- Alter des Mitarbeiters,
- Verantwortung,
- Dauer der bisherigen Anstellung,
- bisherige Tätigkeit und fachliche Ausbildung,
- berufliche Fähigkeiten,
- Lohnniveau in der Branche,
- Ertragslage.

Die Berücksichtigung dieser verschiedenen Kriterien führt dazu, dass das gesamte Lohnsystem flexibel gestaltet wird. Für ähnliche Arbeiten können deshalb unterschiedliche Löhne bezahlt werden, je nachdem wie der einzelne Mitarbeiter oder die einzelne Mitarbeiterin sich bewährt. Die folgenden Angaben sind auf diesem Hintergrund zu sehen, wobei 100% einer Vollzeitstelle für allgemeine Büroarbeiten entspricht.

Stelle	Ansatz
■ Allgemeine Büroarbeiten (2 halbe Stellen)	60%
■ Buchhaltung, Chefsekretärin	110%
■ Programmierer	120 – 150%
■ Leiter der Programmierung	180 – 220%
■ Verkaufsleitung	180 – 220%
■ Geschäftsleitung	250%

e) Möglichkeiten sind:
- Schaffung eines familiären Arbeitsklimas,
- flexible Arbeitszeiten,
- Freiheiten bei der Arbeitsplatzgestaltung,
- Freiheiten bei der Arbeitsausführung,
- Mitarbeiterbeteiligung am Geschäftserfolg,
- Belohnungen für ausserordentliche Leistungen.

f) Zwei Anreize stehen im Vordergrund:
- Aufnahme in die Geschäftsleitung,
- Beteiligung am Geschäftserfolg.

Personalentwicklung

L 38 a) Drei **Hauptgründe** sind für diese Entscheidung verantwortlich:
- ausgetrockneter Arbeitsmarkt,
- gesellschaftlicher Wertewandel,
- Emanzipation der Frauen.

b) Wesentliche **Probleme** sind:
- Frauen müssen mehr leisten als Männer, um akzeptiert zu werden.
- Die geringe Anzahl Frauen mit technischer Ausbildung erschwert die Karriere vor allem in der Industrie.
- Zwei Karrieren in einer Partnerschaft: Berufliche Aufstiege verlangen häufig einen Wohnortswechsel, wobei sich meistens die Frau nach dem Mann richtet.
- Dreifachbelastung Beruf/Familie/Haushalt: Die Teilzeitarbeit ist in der Schweiz kaum verbreitet, deshalb sind solche Beschäftigungen fast immer mit einem beruflichen Abstieg verbunden.
- Frauen haben bei Konflikten die Möglichkeit, in die traditionelle Frauenrolle (Mutter und Hausfrau) auszuweichen.

c) Es ist eine Vielzahl von Massnahmen denkbar wie beispielsweise:
- Job Sharing,
- Beförderung der Frau bei gleicher Qualifikation,
- Einführung einer Beauftragten für Frauenfragen,
- faktische, nicht nur juristische Lohngleichheit für Mann und Frau,
- Einrichtung von Kinderhorten und Tagesschulen,
- bezahlter Mutterschaftsurlaub (bzw. Verlängerung des Urlaubs),
- bezahlter Urlaub bei Krankheit eines Kindes.

d) Auf der Kostenseite fallen die gestiegenen Löhne für die Frauen ins Gewicht, da diese denjenigen der Männer angeglichen werden müssen. Es dürfte kaum möglich sein, diese Lohnerhöhungen durch Lohnsenkungen bei den Männern auszugleichen. Weitere Schwierigkeiten dürften sich beim Selbstwertgefühl der Männer ergeben, die für die gleiche Arbeit nicht mehr einen höheren Lohn als die Frauen erhalten.

Organisation

Grundlagen

L 9 a)
- **Allgemeine Regelungen** ordnen betriebliche Tatbestände endgültig oder mindestens auf längere Sicht. Es handelt sich demzufolge vor allem um solche Tatbestände, die sich immer wieder in gleicher oder ähnlicher Weise wiederholen.
- **Spezielle Regelungen** sind solche, welche betriebliche Tatbestände in jedem Fall wieder neu, spezifisch auf die Situation bezogen, regeln.

b) Je grösser die Gleichartigkeit, Regelmässigkeit und Wiederholbarkeit betrieblicher Prozesse ist, um so mehr allgemeine Regelungen können getroffen werden und um so weniger spezielle Anordnungen sind erforderlich. Gutenberg bezeichnet die Tatsache, dass mit abnehmender Veränderlichkeit betrieblicher Tatbestände die Tendenz zur allgemeinen Regelung zunimmt, als das **Substitutionsprinzip der Organisation.**

c)
- Erhebliche Vereinfachung der Führungsaufgaben,
- Entlastung der Führungsorgane,
- Rationalisierung der Betriebsabläufe,
- Leistungssteigerung der von den Regelungen Betroffenen durch Übungs- und Lerneffekte,
- Vermeidung von Konflikten.

d) - **Nachteile**
  - Starre und schwerfällige Organisationsprozesse und -strukturen durch die Schematisierung der Betriebsabläufe,
  - Einschränkung der Kreativität,
  - Verringerung der Flexibilität und Dispositionsfähigkeit,
  - Einschränkung des individuellen Gestaltungs- und Entscheidungsspielraums,
  - Versachlichung betrieblicher Steuerungsprozesse und organisatorischer Einrichtungen.
- **Massnahmen,** um den Nachteilen allgemeiner Regelungen begegnen zu können, sind:
  - Erweiterung des persönlichen Handlungsspielraums (Aufgaben- und Entscheidungsdelegation),
  - Führung im Sinne des «Management by Exception» (Führung durch Abweichungskontrolle),
  - offene Kommunikation (Unternehmungskultur),
  - geringerer Detaillierungsgrad bei der Ausgestaltung der Stellenbeschreibung.

Organisationsformen

L 17 a) Die Stablinienorganisation weist folgende Merkmale auf:
- Einliniensystem, ergänzt mit Stabsstellen, die
  - die Linienstellen als permanente unternehmungsinterne Hilfsorgane der Führung unterstützen,
  - Träger von Beratungs- und Dienstleistungsaufgaben gegenüber Linienstellen sind sowie
  - über keine Anordnungsbefugnisse gegenüber nachgeordneten Linienstellen verfügen.
- Starke Tendenz zur Entscheidungszentralisation.
- Vielfach nach Funktionen gegliedert.

b) Das Organigramm sollte mit den Abteilungen «Materialwirtschaft» und «Finanz- und Rechnungswesen» sowie den Unterabteilungen «Werbung», «Verkauf» und «Finanzbuchhaltung» ergänzt werden.

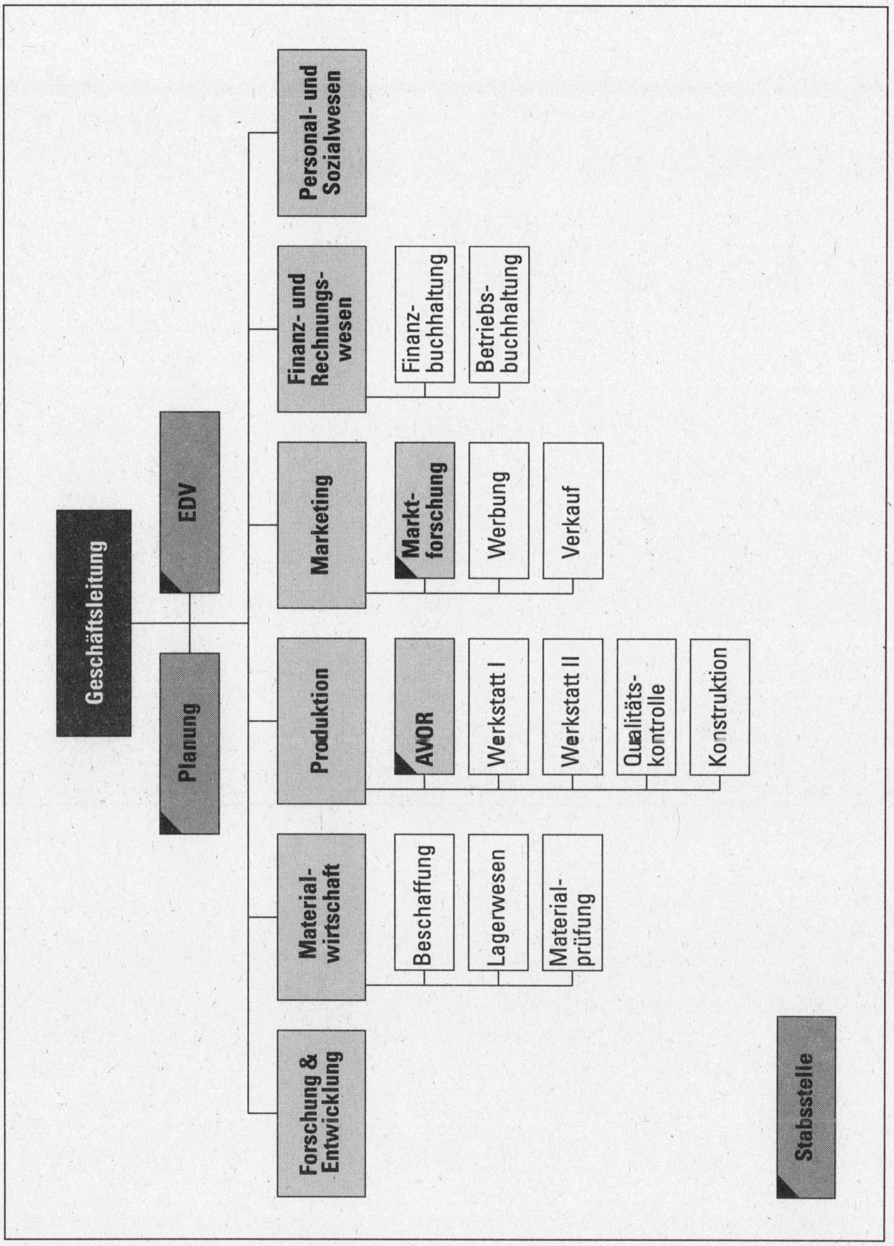

L 18 Mehrere Lösungen sind möglich, wobei folgende Punkte beachtet werden sollten:

- Die Abteilung «Finanzen und Administration» sollte aufgelöst werden, da in ihr zu viele verschiedenartige Funktionen vereinigt sind:
  - Die Personalabteilung ist auf einer zu tiefen Führungsstufe angesiedelt. Sie wird ausgegliedert und zu einer neuen Abteilung «Personal- und Sozialwesen» aufgewertet.
  - Aus den bisherigen Stellen der Verwaltung werden Stabsstellen gebildet. Die «Arbeitsvorbereitung» und die «Marktforschung» werden der Abteilung «Produktion» bzw. «Marketing» (vormals Vertrieb) zugeordnet. Die «Allgemeine Verwaltung» wird in eine Stabsstelle «Rechtsdienste» umgewandelt und zusammen mit der «Planung und Organisation» der Geschäftsleitung unterstellt.
  - Aus der bisherigen Unterabteilung «Rechnungswesen» wird eine neue Abteilung «Finanz- und Rechnungswesen» gebildet. Die EDV wird ausgegliedert und als Stabsstelle direkt der Geschäftsleitung unterstellt.
- Die Unterabteilung «Public Relations» kann je nach Aufgabenbereich entweder als Stabsstelle der Geschäftsleitung zugeordnet oder als Unterabteilung dem «Marketing» unterstellt werden.
- Die Stelle «Forschung & Entwicklung» wäre auch als Stabsstelle bei der Geschäftsleitung denkbar.
- Die Führungsstufe «Fertigung» in der Abteilung «Produktion» wird gestrichen.
- «Lager 1» und «Lager 2» können der Abteilung «Materialwirtschaft» als Unterabteilung «Lagerwesen» zugeordnet werden. Hingegen ist es kaum sinnvoll, das Fertiglager in die Materialwirtschaft zu integrieren, da es aus Kostengründen bereits bei einer externen Transportfirma eingerichtet wurde (evtl. administrative Aufgabe des Verkaufs).
- Bisher fehlte eine Unterabteilung «Einkauf».

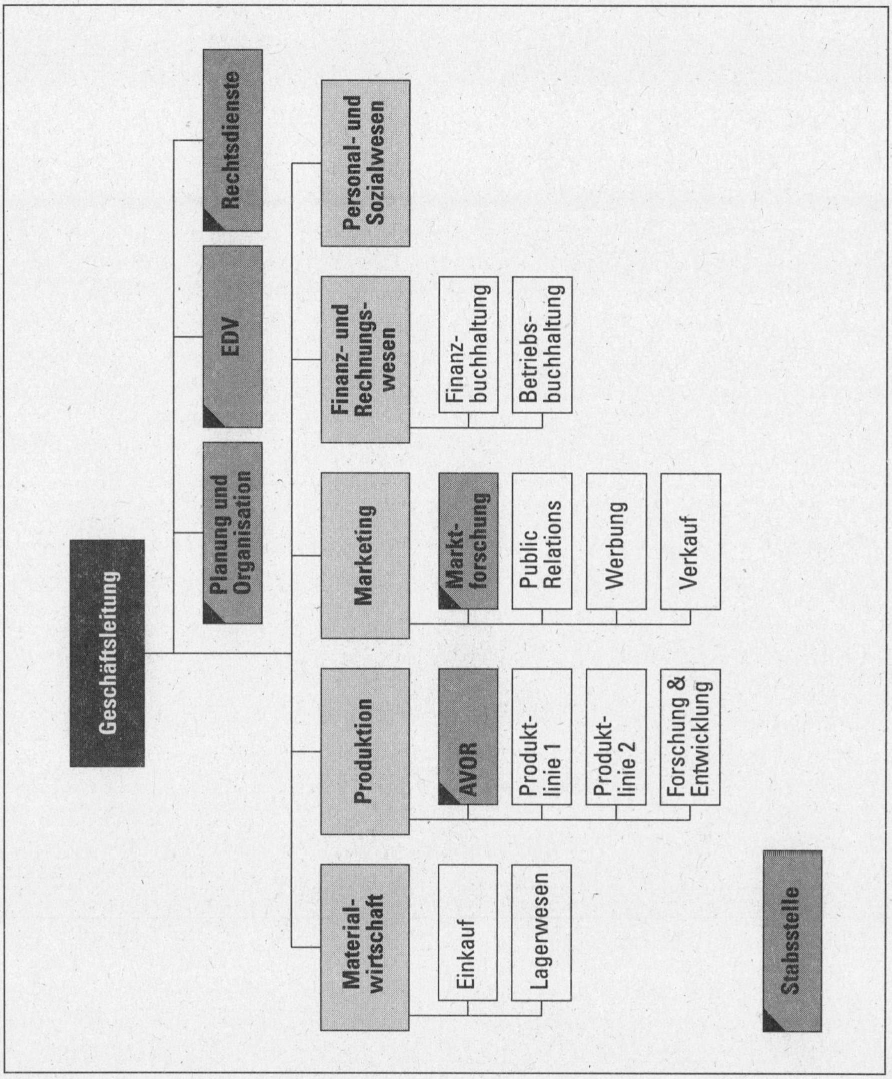
Geschäftsleitung
Planung und Organisation
EDV
Rechtsdienste
Material-wirtschaft
Einkauf
Lagerwesen
Produktion
AVOR
Produkt-linie 1
Produkt-linie 2
Forschung & Entwicklung
Marketing
Markt-forschung
Public Relations
Werbung
Verkauf
Finanz- und Rechnungs-wesen
Finanz-buchhaltung
Betriebs-buchhaltung
Personal- und Sozialwesen
Stabsstelle

L 19 a)
- **Leitungsprinzip:** Einliniensystem (Stablinienorganisation)
- **Prinzip der Stellenbildung:** verrichtungsorientiert
- **Aufteilung der Entscheidungskompetenzen:** tendenziell Entscheidungszentralisation

b) Organisatorische Mängel
- Grundsätzlich sind der Verwaltung zu viele verschiedenartige Aufgaben zugeordnet.
  - Die Marktforschung muss als Stabsstelle entweder der Geschäftsleitung oder dem Marketing (vormals Vertrieb) unterstellt werden.
  - Die Abteilung «Public Relations» kann je nach Aufgabenbereich entweder als Stabsstelle der Geschäftsleitung unterstellt oder als Unterabteilung dem Marketing zugeordnet werden.
  - Das Rechnungswesen wird zu einer neuen Abteilung «Finanz- und Rechnungswesen» aufgewertet.
- Die EDV wird als Stabsstelle der Geschäftsleitung unterstellt.
- Die bisherige Stabsstelle «Personal» kann, abhängig von der Grösse der Unternehmung, als eigene Abteilung geführt werden.

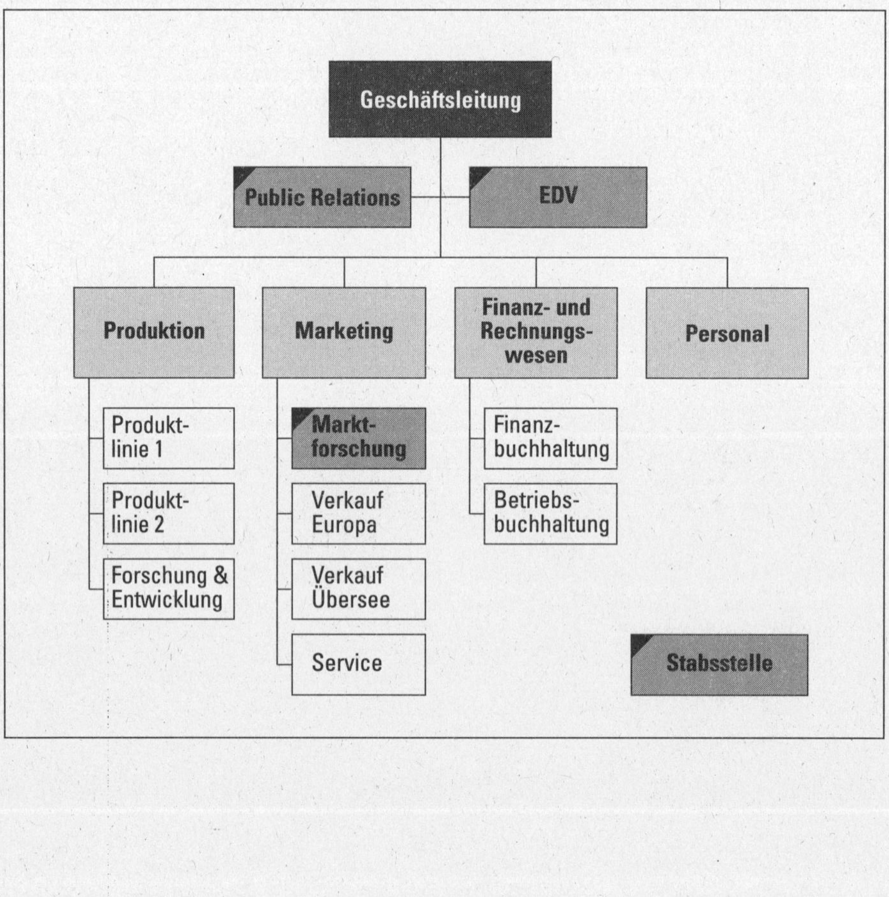

L 20 Die Abteilung «Finanz- und Rechnungswesen» kann um die Unterabteilungen «Finanzbuchhaltung» und «Betriebsbuchhaltung» ergänzt werden. Weil der Vertrieb eine Aufgabe des Marketings ist, sollte die Stelle «Marketing und Vertrieb» in «Marketing» umbenannt werden.

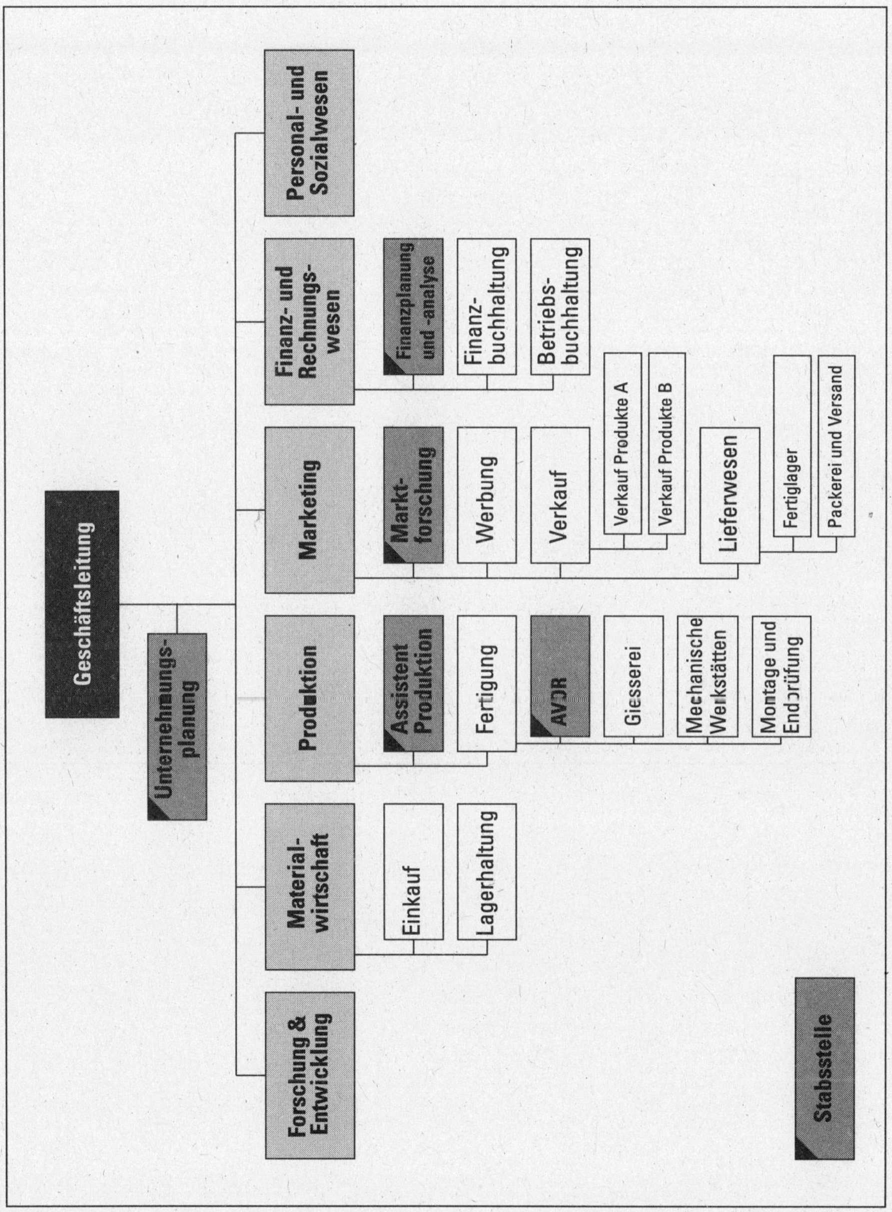

L 21 a)

- **Leitungsprinzip:** Einliniensystem
- **Prinzip der Stellenbildung:** verrichtungsorientiert
- **Aufteilung der Entscheidungskompetenzen:** tendenziell Entscheidungszentralisation

b)

- **Vertreter:** Die Vertreter sollten als Aussendienstmitarbeiter dem Verkaufsleiter unterstellt werden.
- **Leiter Rechnungswesen:** Die Unterstellung unter den Verkaufsleiter ist falsch. Man könnte eine eigene Abteilung auf der zweiten Führungsstufe bilden oder die bisherige Unterabteilung einer neu zu schaffenden Abteilung «Verwaltung» zuordnen.
- **Verkaufsplanung:** Sie ist eine Stabsstelle des Verkaufsleiters.
- **Bürochef:** Die Aufgaben dieser Unterabteilung sind zwar unklar, doch sollte ihr der Einkauf nicht unterstellt werden (es sei denn, dass es sich nur um den Büromaterialeinkauf handelt). Der Einkauf wird deshalb in die neue Abteilung «Materialwirtschaft» integriert. Die Unterabteilung selbst wird aufgelöst und die Stelle «Korrespondenz» als «Administration» in die neue Abteilung «Verwaltung» eingeordnet.
- **Magaziner (Lager):** Diese Unterabteilung sollte zusammen mit dem Einkauf die Abteilung «Materialwirtschaft» bilden (je nach Bedeutung des Materialeinkaufs, z.B. gemessen in Prozent des Umsatzes).
- **Monteure:** Diese können dem Verkaufsleiter unterstellt werden, da ihre Aufgabe darin besteht, die verkauften Produkte beim Kunden zu installieren (z.B. Kücheneinbau).
- **Personal:** Diese Unterabteilung sollte nicht dem Betriebsleiter unterstellt sein, sondern entweder als Stabsstelle der Geschäftsleitung oder der neuen Abteilung «Verwaltung» zugeordnet werden. Für eine eigene Abteilung auf der zweiten Führungsstufe scheint die Firma zu klein zu sein.

c) Stablinienorganisation

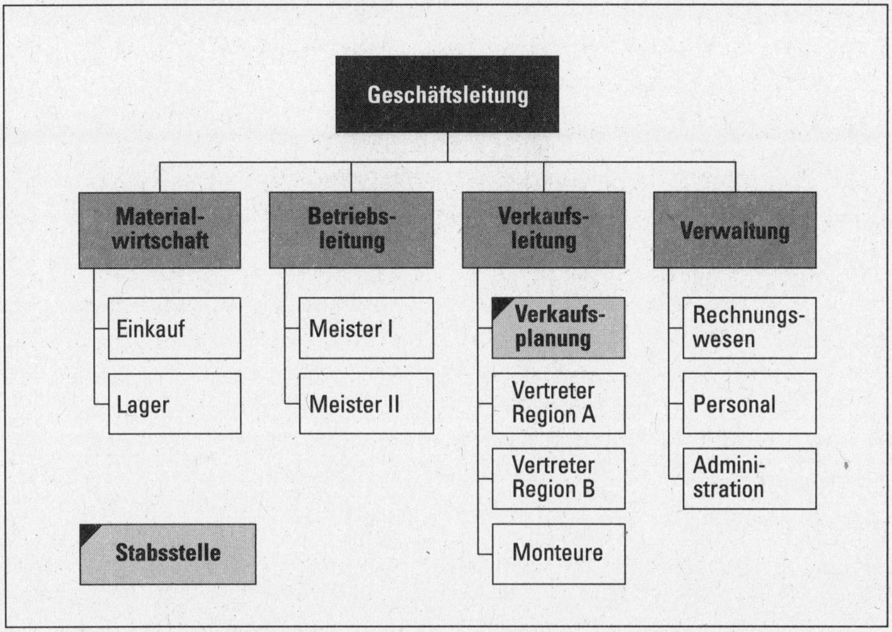

d) Die Stablinienorganisation ist vor allem bei Unternehmungen mit einer homogenen Produktlinie anzutreffen, die häufig funktional organisiert sind.

e)
- **Vorteile**
  - Die Linieninstanzen werden entlastet, indem sie Aufgaben an die Stäbe abgeben können.
  - Durch die Stabsbildung ergibt sich eine erhöhte Kapazität für sorgfältigere Entscheidungsvorbereitungen.
  - Eine starke Spezialisierung auf die einzelnen Funktionen ist möglich (Know-how).
  - Durch die Funktionalteilung wird vermieden, dass Markt- und Ressourceninterdependenzen[1] wie bei der Spartenorganisation entstehen.
- **Nachteile**
  - Die Spezialisierung kann die Innovationsfähigkeit vermindern und die Reaktionsfähigkeit auf veränderte Kundenbedürfnisse hemmen.
  - Die Stablinienorganisation verlangt einen hohen Koordinationsaufwand für die Linienstellen.

1 Marktinterdependenzen bestehen beispielsweise dann, wenn mehrere Sparten einer Unternehmung um die gleichen Kunden kämpfen. Ressourceninterdependenzen ergeben sich etwa bei begrenzten Investitionssummen.

- Die Spezialisierung erlaubt keine eindeutige Ergebniszuweisung, was sich negativ auf die Motivation auswirken könnte.

Insbesondere in bezug auf das Verhältnis zwischen den Linien- und den Stabsstellen bestehen folgende Nachteile[1]:

- Die Einrichtung von Stabsstellen ist mit Kosten verbunden (Gehälter, Infrastruktur, Koordinationsaufwand). Zudem besteht die Gefahr, dass sich überdimensionierte Stabsstrukturen bilden, die den Entscheidungsprozess verlangsamen und die Kosten stark erhöhen.
- Durch die strikte Trennung von Entscheidungsvorbereitung, -akt und -durchsetzung kann es für die Stäbe schwierig werden, Anerkennung für ihre Vorschläge zu finden.
- Das Spezialwissen der Stabsstellen birgt die Gefahr in sich, dass die übergeordnete gesamtheitliche Betrachtungsweise verloren geht.
- Zwischen Linie und Stab können häufig Zielkonflikte beobachtet werden. Die Linienmanager sind vorwiegend im operativen Bereich tätig und deshalb stärker mit Aufgaben beschäftigt, die einen kurzfristigen Zeithorizont umfassen, während die Stäbe unter anderem strategische Aufgaben bearbeiten und demzufolge eher langfristig orientiert sind.
- Aufgrund ihrer breiten Informationsbasis besitzen Stäbe oft einen Wissensvorsprung, der zu einer starken Machtstellung führen kann. Deshalb spricht man von «grauen Eminenzen» und «Macht der Stäbe».
- Eine ungenügende Kommunikation zwischen Stabs- und Linienstellen kann zu Konflikten (fehlende gegenseitige Orientierung) oder zu praxisferner Aufgabenerfüllung der Stäbe aufgrund falscher Annahmen führen. Dadurch können sich Frustration und nachlassende Motivation einstellen.
- Die fachliche Kompetenz der Stabsstellen kann die vorgesetzten Linienstellen dazu verleiten, unangenehme Entscheidungen oder Entscheidungen von grosser Tragweite an die Stäbe zu delegieren. Die Stäbe sind aber gar nicht in der Lage, solche Entscheidungen zu treffen, da sie in der Regel nicht über den notwendigen Gesamtzusammenhang der entscheidungsrelevanten Kriterien verfügen.

1 Die Lösung stützt sich auf Rühli, Edwin: Unternehmungsführung und Unternehmungspolitik, Band 1. 2., veränderte Auflage, Bern/Stuttgart 1985, S. 214 ff.

L 23 a)

- Die Unternehmungsplanung muss der Geschäftsleitung unterstellt sein.
- Die bisherige Stabsstelle «AVOR» gehört aufgrund ihres Aufgabenbereiches nicht zur Geschäftsleitung, sondern zur Produktion (vormals Fertigung).
- Kaufmännische Verwaltung und Rechnungswesen dürfen nicht getrennt sein. Sie können in der Stabsstelle «Rechnungswesen» zusammengefasst werden.
- Der Einkauf ist keine Stabsstelle und gehört zusammen mit dem Lager zu der neuen Unterabteilung «Materialwirtschaft».
- Das Marketing hat eine zu geringe Bedeutung, da bisher nur eine Stelle «Vertrieb» unter der kaufmännischen Leitung besteht. Deshalb sollte eine eigene Abteilung gegründet werden.
- Die Unterabteilung «Fertigung» erscheint sehr gross. Es ist zu überlegen, die ganze Organisation divisional (nach Produktbereichen) auszurichten.
- Die Unterabteilung «Entwicklung und Konstruktion» kann bei einer divisionalen Gliederung ersetzt werden, indem jeder Sparte eine eigene Stabsstelle «Forschung und Entwicklung» zugewiesen wird. Für die Grundlagenforschung wäre zusätzlich eine Stabsstelle bei der Geschäftsleitung denkbar.
- Die Nebenbetriebe der Produktion (vormals Fertigung) können je nach Aufgabenbereich auch als Zentralabteilung geführt werden.

b) Spartenorganisation

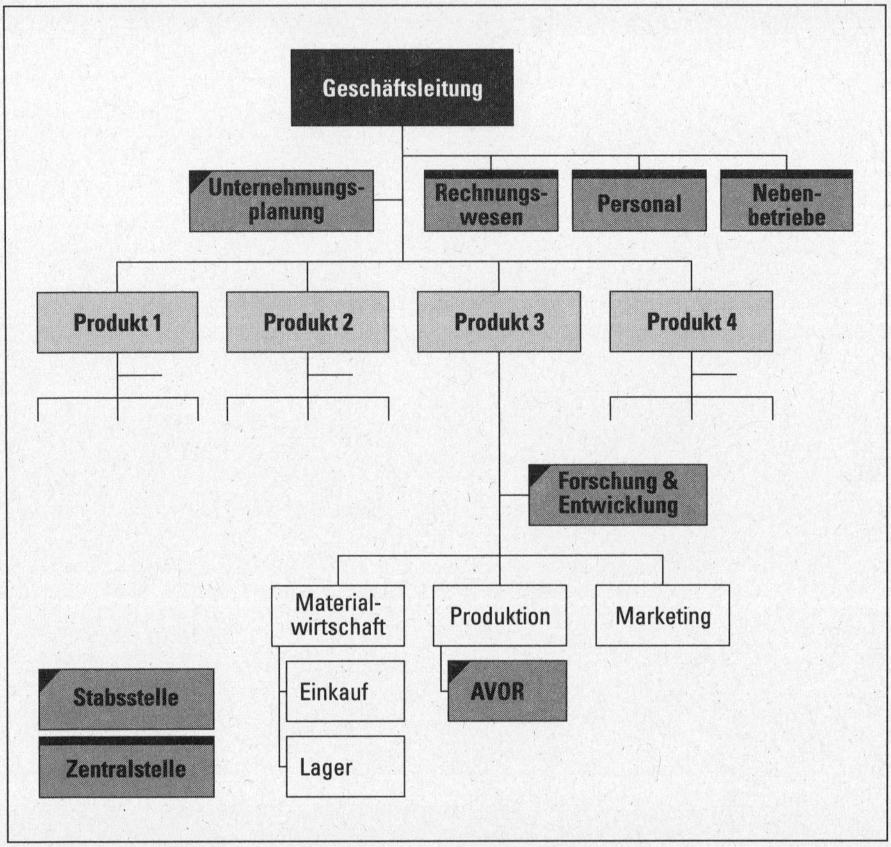

L 24 a) Stablinienorganisation

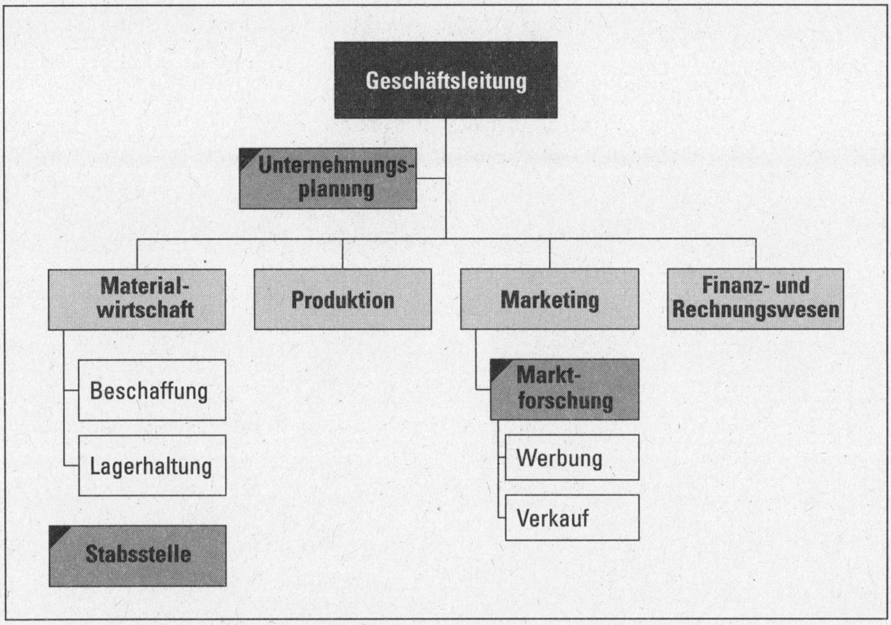

b) Produkt-Matrix-Organisation

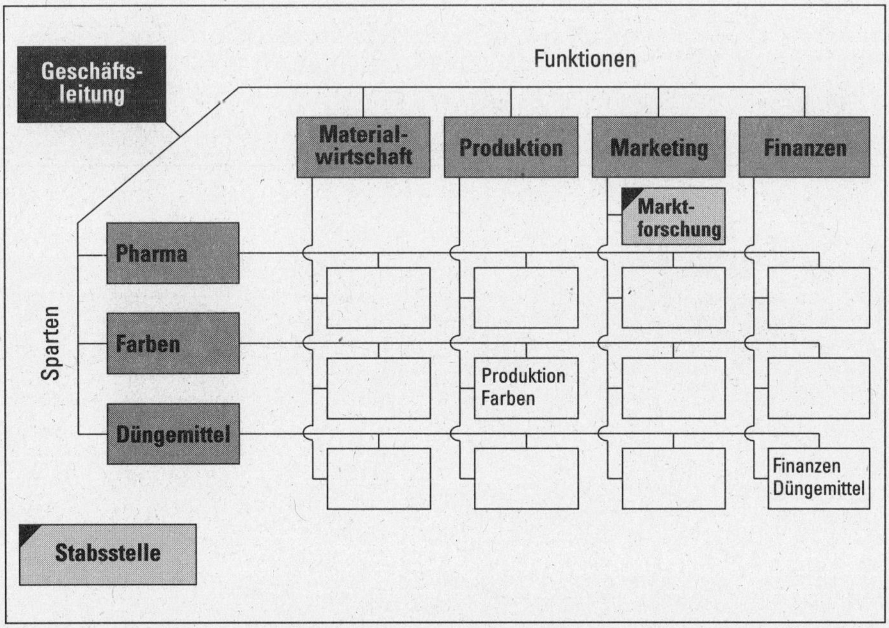

Anwendung der Produkt-Matrix-Organisation sinnvoll bei:

- Unternehmungen mit heterogenen Produktlinien,
- einem grossen Bedarf an Koordination zwischen Sparte und Funktion,
- Unternehmungen ab einer bestimmten Grösse,
- kooperativem Führungsstil und Betonung der Teamarbeit,
- einer vielfältigen, dynamischen und unsicheren Umwelt,
- dem Vorhandensein zweier für die Aufgabenerfüllung etwa gleich wichtiger Dimensionen.

c) Der Produktmanager betreut sein Produkt bzw. seine Produktlinie über alle Funktionen und den Lebenszyklus des Produktes bzw. der Produkte hinweg. Dabei hat er bei den Funktionsstellen die Weisungsbefugnisse bezüglich des **Was** und des **Wann** in bezug auf sein Produkt bzw. seine Produkte. Die Weisungsbefugnisse des Funktionsmanagers bezüglich des Produktes bzw. der Produkte beziehen sich auf das **Wie** (Ausnützen der fachlichen Spezialisierung der Funktionen) und eventuell auf das **Wer** (personelle Spezialisierung).

d) Profit-Center-Organisation

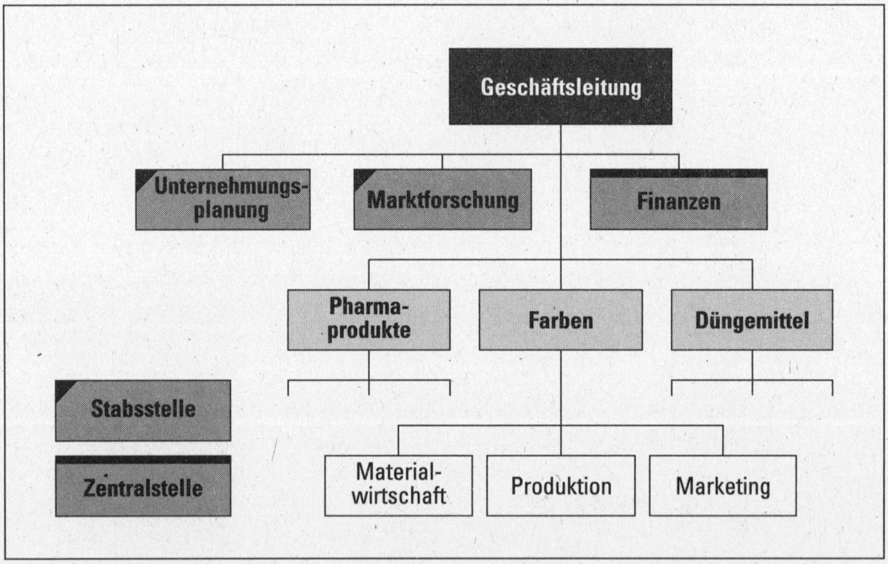

Voraussetzungen zur Anwendung der Profit-Center-Organisation sind:

- die klare Zuordnung der Erfolgsverantwortung an das Profit-Center,
- die möglichst weitgehende Abgrenzbarkeit der sich auf das einzelne Profit-Center beziehenden Aufwendungen und Erträge,
- eine weitgehende Entscheidungsdezentralisation,
- das Vorhandensein mehrerer Produktlinien,
- eine gewisse Grösse der Unternehmung.

L 26 a)
- **Leitungsprinzip:** Einliniensystem (Stablinienorganisation)
- **Prinzip der Stellenbildung:** verrichtungsorientiert
- **Aufteilung der Entscheidungskompetenzen:** tendenziell Entscheidungszentralisation

b) Allgemeine Hinweise

Die Firma ist in allen Kontinenten und auf sehr verschiedenen Märkten tätig. Wegen der funktionalen Gliederung sind die Kontakte zum Ausland auf verschiedene Bereiche verteilt. Entscheidungen sind deshalb mit intensiven Abstimmungsprozessen verbunden. Dies erschwert die Zielabstimmung und es fehlt eine klare Entscheidungsverantwortung. Zudem wird dadurch eine genaue Ergebnisverantwortung erschwert. Es empfiehlt sich deshalb eine Spartenorganisation nach geographischen Gesichtspunkten, die mit Zentralabteilungen zu ergänzen ist, die sich mit länderübergreifenden Problemen beschäftigen. Denkbar wäre aber auch eine Matrixorganisation, die nach Regionen und Funktionen gegliedert wäre. Auf sie wird aber an dieser Stelle nicht näher eingegangen.

Spezielle Hinweise

- Aus den bisherigen Abteilungen «Finanzen und Planung» sowie «Personal und Verwaltung» werden Zentralabteilungen mit den gleichen Aufgabenbereichen gebildet. Die bisherige Stelle «Planung» wird aber als Stabsstelle der Konzernleitung angegliedert.
- Da die Unternehmung in über 100 Ländern vertreten ist, spielen rechtliche, steuerliche und versicherungstechnische Belange eine wichtige Rolle. Dem kann durch die Bildung einer entsprechenden Zentralabteilung «Steuern und Recht» begegnet werden.
- Es werden folgende Regionalabteilungen geschaffen: «Schweiz», «Deutschland und Österreich», «Europa», «Pazifik» und «Nordamerika».
- Die bisherige Stabsstelle «Regionalmanagement und Export» wird aufgelöst und als die beiden Unterabteilungen «Regionalmanagement» und «Exportvertretungen» in den einzelnen Regionalabteilungen geführt.
- In den Regionalabteilungen wird eine neue Stabsstelle «Regionalcontrolling» geschaffen, um die Entwicklung, Durchführung, Überwachung und Koordination der regionalen Tätigkeiten zu gewährleisten.
- Die Aufgaben der beiden bisherigen Abteilungen «Produktion und Beschaffung» sowie «Marketing» werden den Regionalabteilungen zugeordnet und im Regionalmanagement zusammengefasst. In der Regionalabteilung «Schweiz» werden eigene Unterabteilungen für das Marketing, die Produktion und die Beschaffung gebildet, da die grundlegenden Produktinnovationen und -modifikationen vorwiegend im Heimatland erfolgen. Dies ergibt sich aus der Tatsache, dass die «Forschung und Entwicklung» bei der schweizerischen Konzernzentrale angesiedelt ist und die Unternehmung im Heimmarkt nach wie vor um-

satzmässig und in bezug auf die Anzahl der Mitarbeiter stark verwurzelt ist. Die grosse Anzahl der Mitarbeiter deutet auch darauf hin, dass bedeutende Teile der Aufgabenbereiche von Produktion und Beschaffung in der Schweiz erledigt werden. Die Beschaffung wäre allerdings auch als Zentralabteilung denkbar.

c) Neue Organisationsstruktur[1]

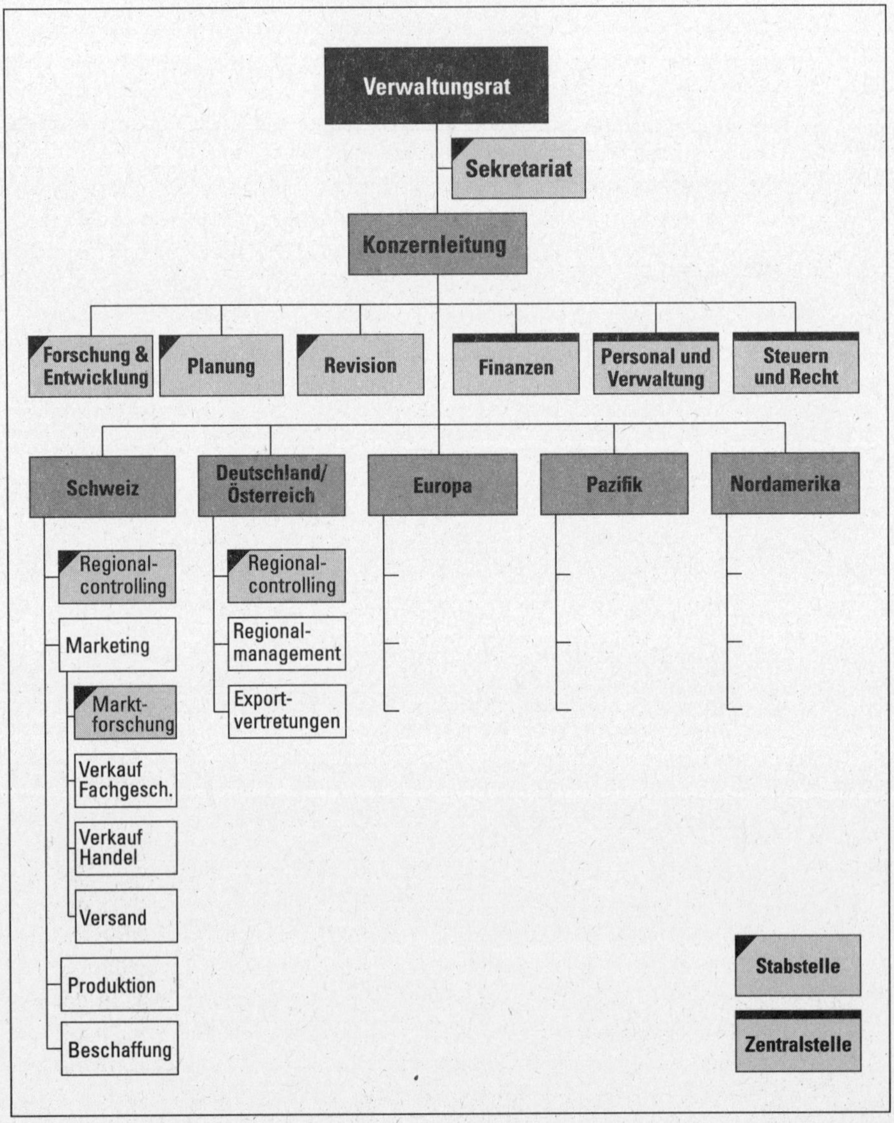

1 Die Lösung stützt sich teilweise auf Bleicher, Knut: Organisation. 2., vollständig neu bearbeitete und erweiterte Auflage, Wiesbaden 1991, S. 552 ff.

d) Weitere Gründe für eine Neuorganisation können sein:

- Generationenwechsel an der Spitze,
- Machtkampf in der Führung,
- Austritt von Mitgliedern der Geschäftsleitung,
- veränderte Umweltbedingungen,
- Akquisition von oder Fusion mit anderen Unternehmungen,
- schlechte Ertragslage: Start eines Turnaround,
- Änderung der Gesellschaftsform, z.B. Umwandlung in eine Holdinggesellschaft,
- Diversifikation.

Eine Unternehmung kann bei einer Neuorganisation auf folgende Schwierigkeiten stossen:

- **Akzeptanz beim Personal:** Jede Umstrukturierung bringt Veränderungen mit sich und verlangt von den Angestellten eine Neuorientierung. Liebgewordene Gewohnheiten und Privilegien müssen unter Umständen aufgegeben werden, aber die Bereitschaft dazu fehlt vielerorts. Dies kann zu Widerständen und Kündigungen führen. Ein Einbezug der Betroffenen ermöglicht es allerdings, die Akzeptanz für Änderungen erhöhen. Häufig wird die fehlende Akzeptanz beim Personal durch eine nicht transparente Informationspolitik der Unternehmungsführung verschärft, welche die von einer Umstrukturierung Betroffenen zu lange im ungewissen über ihre Zukunft lässt.
- **Rücktritte und Versetzungen:** In solchen Fällen stellt sich das Nachfolgeproblem. Finden die Verantwortlichen einen geeigneten Nachfolger innert nützlicher Frist? Ist intern der gesuchte Nachwuchs vorhanden oder müssen externe Lösungen in Betracht gezogen werden? Mit Rücktritten ist oft auch ein erheblicher Verlust von Management-Know-how verbunden.
- **Machtfrage:** Auf den höheren Kaderstufen ist eine Umstrukturierung immer auch mit der Frage verbunden, welcher Einflussbereich vergrössert und welcher verkleinert wird. Entwickelt sich diese Frage zu einem Entweder-Oder-Entscheid, dürfte die unterlegene Partei die Unternehmung verlassen.

L 27 a) Folgende Möglichkeiten sind denkbar:

- Bei Stellenbeschreibungen, Anforderungsprofilen und Beförderungen können entsprechende Fähigkeiten und Eigenschaften gefordert werden.
- Eine Stabsstelle «Umwelt» wird geschaffen, die die Investitionsprojekte und die allgemeine Geschäftspolitik auf entsprechende Probleme hin untersucht.
- Vertretern aus Umweltschutzorganisationen wird ein Einsitz im Verwaltungsrat zugestanden und/oder sie werden bei der Projektplanung miteinbezogen.
- Als ergänzende Massnahme sollte eine offene Informations- und Kommunikationspolitik nach innen und aussen betrieben werden. Beispiele sind etwa Gespräche mit Betroffenen und die ehrliche und glaubwürdige Information der Öffentlichkeit sowie der eigenen Mitarbeiter und Mitarbeiterinnen (Hauszeitung, Geschäftsbericht, Pressecommuniqué, Tag der offenen Tür).

b) Schwierigkeiten werden verursacht durch

- Widerstand bei Belegschaft und Kader gegenüber Änderungen,
- Festlegung der Entscheidungskompetenzen der mit Umweltfragen Beauftragten,
- Kostenfrage: Umweltverträglichere Produkte oder Investitionen sind häufig, vor allem bei einer kurzfristigen Betrachtung, noch teurer als umweltbelastende,
- Erfassungsprobleme: Es bestehen keine standardisierten Regeln und Normen im Umweltschutzbereich. Beispielsweise ist das Instrument der Ökobilanz noch zu wenig standardisiert, um problemlos in jedem Betrieb angewendet werden zu können, obwohl eine Reihe verschiedener guter Ansätze besteht.[1]

---

1 Vgl. dazu Schaltegger, Stefan/Sturm, Andreas: Ökologieorientierte Entscheidungen in Unternehmen. Bern/Stuttgart/Wien 1992.

Führung

Grundlagen

L 4 **a)** Unter **Führung** kann die Gesamtheit aller Institutionen, Prozesse und Instrumente verstanden werden, welche im Rahmen der Problemlösung durch eine Personengemeinschaft (mit komplexen zwischenmenschlichen Beziehungen) der Willensbildung (Planung und Entscheidung) und der Willensdurchsetzung (Anordnung und Kontrolle) dient. Führung umfasst damit sowohl führungstechnische als auch menschenbezogene Aspekte.

b)
- **Planung:** Die Aufgabe der Planung umfasst die systematische Problemerkennung und -lösung. Dazu gehört die
  - Analyse der Ausgangslage, die auch der eigenständigen Zielfindung dienen kann,
  - die Umsetzung oder auch die Revision der vorgegebenen Ziele,
  - die Festlegung der dazu notwendigen Massnahmen und Ressourceneinsätze.

  Die Planung erarbeitet mehrere Handlungsalternativen für die Entscheidungsfindung.
- **Entscheidung:** Eine von der Planung ausgearbeitete Handlungsvariante wird für gültig erklärt und es erfolgt die definitive Zuteilung der Ressourcen.
- **Anordnung:** Bei der Anordnung handelt es sich um die Übertragung von Aufgaben aufgrund der ausgewählten Handlungsalternative. Diese

Funktion ist vor allem bei der Realisierung der beschlossenen Massnahmen wichtig.

- **Kontrolle:** Die Kontrolle umfasst die Überwachung des gesamten Problemlösungsprozesses und der dabei erzielten Resultate.

c) Als erstes Element des Führungsprozesses bildet die Planung die Grundlage für die weiteren Führungsfunktionen.

- Durch die systematische **Entscheidungsvorbereitung** beeinflusst sie wesentlich das zukünftige Verhalten der Unternehmung. Einerseits steckt sie das mögliche Entscheidungsfeld ab und trifft damit Vorentscheidungen, andererseits hängt die Qualität der Entscheidungen zu einem grossen Teil von der Qualität der Planungsunterlagen ab.
- Im Rahmen der Realisierung von Entscheidungen bildet die Planung die **Grundlage für Anordnungen,** sei es in Form von zu erreichenden Zielen oder in Form von Instruktionen, wie ein Problem zu lösen sei.
- Die Planung ermöglicht erst die **Kontrolle,** da die Zielerfüllung nur durch einen Vergleich zwischen geplanten und tatsächlich erreichten Ergebnissen kontrolliert werden kann (Soll-Ist-Kontrolle). Damit lässt die Kontrolle Rückschlüsse auf die Effizienz des unternehmerischen Handelns zu und liefert wesentliche Informationen für die zukünftige Planung, indem aus der Analyse der Abweichungen neue Erkenntnisse für das weitere Verhalten abgeleitet werden können.

Führungsfunktionen

L 13 Planung

- **Element der Führung:** Der Planung kommt im Rahmen der Führung eine grosse Bedeutung zu. Als erstes Element des Führungsprozesses bildet sie die Grundlage für die weiteren Führungsfunktionen (Entscheidung, Anordnung, Kontrolle).
- Im Rahmen des **Problemlösungsprozesses** erfüllt die Planung die folgenden Aufgaben:
  - die effektive Ausgangslage zu erfassen,
  - mögliche Ziele zu formulieren,
  - mögliche Massnahmen zu entwickeln,
  - die dazu notwendigen Mittel aufzuzeigen,
  - die Durchführung der für gültig erklärten Massnahmen und den Einsatz der genehmigten Ressourcen vorzubereiten,
  - die aus der Umsetzung der Massnahmen erwarteten Ergebnisse aufzuzeigen (Prognose) und zu beurteilen (Bewertung).

- Da es sich in der Regel um eine Vielzahl von Massnahmen handelt, müssen diese aufeinander abgestimmt werden. Damit erfüllt die Planung eine wichtige **Koordinations-** und **Integrationsfunktion**, indem die Pläne der verschiedenen Hierarchieebenen aufeinander abgestuft werden und das Handeln der Teilbereiche auf eine gemeinsame Linie («unité de doctrine») hin ausgerichtet wird.
- Ein wichtiger Aspekt ist zudem, dass durch ein **systematisches und vollständiges Vorgehen** möglichst viele Faktoren, die auf das Unternehmungsgeschehen einwirken können, erfasst und bewertet werden (z.B. mit Hilfe von Checklisten). Damit kann auch eine Selektion in wichtige und weniger wichtige Bestimmungsfaktoren der Unternehmungstätigkeit einhergehen.
- Zudem übernimmt die Planung die wichtige Funktion eines **Bewusstwerdungsprozesses** über Entwicklungen und Einflussgrössen in der In- und Umwelt der Unternehmung.

Intuition: Gemäss Duden bedeutet Intuition «das unmittelbare, nicht diskursive, nicht auf Reflexion beruhende Erkennen, Erfassen eines Sachverhaltes oder eines komplizierten Vorganges».
In der Praxis stellt sich bei komplexen Problemstellungen oder unter Zeitdruck häufig die Schwierigkeit, dass ein genaues Erfassen von Situationen und Entwicklungen unmöglich ist, weil die der Planung zugrunde gelegten Daten selten vollständig und Prognosen über die zukünftige Entwicklung immer unvollkommen und mit einem Unsicherheitsfaktor behaftet sind. Zudem stellt sich oft die Frage, welche Daten aus der grossen Informationsflut für die Unternehmung relevant sind und welche nicht. Diesem Sachverhalt kann bis zu einem gewissen Grade mit einer entsprechenden Ausgestaltung der Planungskonzeption (z.B. Grundsatz der Flexibilität, rollende Planung) begegnet werden.
Allerdings kann die Planung mehrere Varianten erarbeiten, denen unterschiedliche Eintrittswahrscheinlichkeiten als Entscheidungshilfe zugeordnet werden können. Zusätzlich kann sich die Unternehmung auf einen breiten Erfahrungshorizont abstützen.

Ergebnis: Bei komplexen und neuartigen Problemstellungen oder unter Zeitdruck muss man sich manchmal trotzdem auf die Intuition verlassen, weil sie es ermöglicht, solche Situationen zu erfassen und zu bewerten, die durch eine Planung nicht mehr vollständig analysierbar wären. Planung und Intuition ergänzen sich in diesem Sinne.

L 18 a) Produkt 1: $0{,}8 \cdot 390 + 0{,}2 \cdot 430 = 398$
Produkt 2: $0{,}8 \cdot 410 + 0{,}2 \cdot 410 = 410$
Produkt 3: $0{,}8 \cdot 400 + 0{,}2 \cdot 420 = 404$

Produkt 2 ist die optimale Wahl.

b) $(1-\alpha)\,390 + 430\,\alpha = (1-\alpha)\,410 + 410\,\alpha$

$$\alpha = \mathbf{0{,}5}$$

c)
- **Allgemein**
  - Problem der sicheren Informationen (Erfassung, Gewichtung),
  - keine Berücksichtigung der individuellen Lage der Unternehmung,
  - Risikofaktoren nur schwer einzuschätzen (nicht quantifizierbar),
  - keine Berücksichtigung irrationaler Faktoren.
- **Speziell**
  Die Bestimmung der Höhe des Pessimismus-Optimismus-Faktors ist sehr subjektiv.

L 19 a) **1. Schritt:** Minimalen Gewinn pro Marktprognose bestimmen:
- Antike Möbel: 35
- Designer Möbel: 45
- Klassische Möbel: 58

2. Schritt: Variante mit dem höchsten Gewinn auswählen: Es wird die Strategie **Klassische Möbel** ausgewählt.

b) Bei der Maximax-Regel wird allen Daten die gleiche Wahrscheinlichkeit zugeordnet. Der grösste zu erwartende Gewinn bestimmt daher die zu wählende Strategie.

- Antike Möbel: $\frac{85 + 35 + 58}{3} = 59{,}33$
- Designer Möbel: $\frac{94 + 45 + 86}{3} = 75$
- Klassische Möbel: $\frac{76 + 58 + 68}{3} = 67{,}33$

Man entscheidet sich für die Produktion von **Designer Möbeln.**

c)
- Problem der sicheren Informationen (Erfassung, Gewichtung),
- keine Berücksichtigung der individuellen Lage der Unternehmung,
- Risikofaktoren nur schwer einzuschätzen (nicht quantifizierbar),
- keine Berücksichtigung irrationaler Faktoren.

Unternehmungskultur und Führungsstil

L 28 a)

- **Autoritärer Führungsstil**
  - Der Vorgesetzte entscheidet allein und ohne Anhörung der Mitarbeiter und Mitarbeiterinnen.
  - Die Weitergabe der Anordnungen geschieht in Form von Befehlen.
  - Es gibt keine Kompetenzen und keine Autonomie in der Aufgabenausführung für die Mitarbeiter und Mitarbeiterinnen.
  - Es findet eine ständige und völlige Überwachung der Aufgabenerfüllung statt.
  - Die Ziele werden strikte durchgesetzt.
- **Kooperativer Führungsstil**
  - Die Ziele werden gemeinsam erarbeitet.
  - Die Mitarbeiter und Mitarbeiterinnen sind autonom in der Aufgabenerfüllung und erhalten die entsprechenden Kompetenzen.
  - Die Aufgabenerfüllung wird durch die Selbstkontrolle gewährleistet.
  - Die Ziele werden durch Überzeugen durchgesetzt.
  - Die Mitarbeiter und Mitarbeiterinnen handeln in der Aufgabenerfüllung eigenverantwortlich.

b)

- **Autoritärer Führungsstil**
  - Die Mitarbeiter und Mitarbeiterinnen sind frustriert und nicht motiviert.
  - Es gibt Konflikte zwischen Vorgesetzten und Mitarbeitern.
  - Ein autoritärer Führungsstil erzeugt Desinteresse an der Arbeit.
  - Die Denkfähigkeit der Untergebenen bleibt ungenutzt.
- **Kooperativer Führungsstil**
  - Die Aufsicht des Vorgesetzten über die Aufgabenerfüllung wird erschwert oder möglicherweise zu spät wahrgenommen.
  - Es herrscht eine «Laissez faire»-Stimmung.
  - Die Mitarbeiter und Mitarbeiterinnen können versuchen, die Kooperationsbereitschaft des Vorgesetzten auszunützen.
  - Die Mitarbeiter und Mitarbeiterinnen können mit der Aufgabenerfüllung überfordert sein (fehlende Fähigkeiten oder Entscheidungskompetenzen).

c) Mögliche Faktoren sind insbesondere:

- Eigenschaften des **Vorgesetzten:**
  - Führungsqualitäten,
  - Führungserfahrung,
  - sein Menschenbild in bezug auf seine Mitarbeiter und Mitarbeiterinnen.

- Eigenschaften der **Mitarbeiter und Mitarbeiterinnen:**
  - Fachwissen,
  - Bedürfnis nach persönlicher Entfaltung,
  - Interesse an der Problemstellung,
  - Verantwortungsbewusstsein.
- Art der **Problemstellung:**
  - Komplexitätsgrad,
  - Novitätsgrad,
  - Bedeutung für die Unternehmung.
- **Führungsgrundsätze** der Unternehmung
- **Umwelt** der Unternehmung:
  - Branche,
  - gesellschaftliche Wertvorstellungen.
- **Situative** Gegebenheiten:
  - Gruppenstrukturen,
  - organisatorische Regelungen,
  - die zur Verfügung stehende Zeit.

L 32 a) Unter dem **Führungsstil** ist das Resultat der Ausgestaltung der Führungsfunktionen Planung, Entscheidung, Anordnung und Kontrolle zu verstehen.

b) Der Führungsstil ergibt sich einerseits aus

- der Bestimmung der an der Führung Beteiligten, der Gestaltung der Führungsprozesse sowie der Führungsinstrumente und andererseits aus
- der Integration der individuellen Bedürfnisse der Mitarbeiter im Führungsprozess, der Gestaltung der Beziehung zwischen den Vorgesetzten und den Mitarbeitern sowie der Berücksichtigung sozialer und kultureller Normen.

c) Ein situativer Führungsstil stellt hohe Anforderungen an den Führenden. Dabei stehen sechs Fragen im Vordergrund:

- Kann die Situation immer richtig erkannt werden?
- Lassen sich überhaupt typische Situationen erkennen, denen typisierte Führungsstile zugeordnet werden können?
- Können die Fähigkeiten der Mitarbeiter zur Lösung situationsbezogener Probleme richtig eingeschätzt werden?
- Ist der Vorgesetzte überhaupt fähig und willens, verschiedene Führungsstile anzuwenden?
- Wird die Beziehung zwischen dem Vorgesetzten und den Mitarbeitern durch dauernde Änderungen des Führungsstils nicht zu stark belastet?
- Kann in der Hektik des Alltags der situative Führungsstil überhaupt praktiziert werden?

d) ■ **Vorteile**
- □ keine starren Regeln, deshalb flexibel und anpassungsfähig,
- □ keine Über- oder Unterforderung der Mitarbeiter und Mitarbeiterinnen,
- □ trägt der komplexen Wirklichkeit Rechnung,
- □ motivierend, da der situative Führungsstil tendenziell kooperativ ist.

■ **Nachteile**

Die Nachteile des situativen Führungsstils lassen sich – ausgehend von den Voraussetzungen seiner Anwendbarkeit – wie folgt festhalten:
- □ hohe Abhängigkeit von der Fähigkeit der Vorgesetzten, die Situationen und die Fähigkeiten der Mitarbeiter richtig einzuschätzen,
- □ häufig ergeben sich Situationen, die kein typisiertes Verhalten zulassen,
- □ fehlende Konstanz in den zwischenmenschlichen Beziehungen, welche zu Unruhe und Missverständnissen führen kann,
- □ begrenzte Anwendbarkeit in der Hektik des Alltags.

e) Einige Grundverhaltensweisen sind:
- ■ Respekt vor der Würde des Mitmenschen,
- ■ Wahrung des Anstandes,
- ■ Glaubwürdigkeit und Commitment der Vorgesetzten,
- ■ Gleichbehandlung aller Mitarbeiter und Mitarbeiterinnen,
- ■ Mitarbeiter soll seine Meinung jederzeit ohne Angst vor Sanktionen frei äussern können.

Unternehmungspolitik

L 37 a)
- ■ **Globalisierung der Märkte:** Globalisierung der Märkte bedeutet, dass sich die Bedingungen (z.B. Konsumentenbedürfnisse, Rechtssysteme, technische Normen) auf den Märkten weltweit (global) immer mehr angleichen. Dies erlaubt den Unternehmungen, auf allen Märkten gleiche oder zumindest stark standardisierte Produkte anzubieten und so Kosten- und Qualitätsvorteile durch eine vereinheitlichte Produktion zu realisieren (Economies of Scale, Erfahrungskurve). Beispiele sind etwa Automobile, Computer, Bankdienstleistungen und elektronische Produkte.
- ■ **Entstehen neuer Wirtschaftsräume:** Neue Wirtschaftsräume entwickeln sich im pazifischen Raum, wo mehrere Länder auf dem Sprung vom Schwellenland zur Industrienation sind oder diesen Schritt bereits vollzogen haben (Südkorea, Thailand, Malaysia, Taiwan) sowie in den ehemaligen Ostblockstaaten, inklusive der westlich orientierten Länder der

früheren Sowjetunion. In den osteuropäischen Ländern ist ein riesiger wirtschaftlicher Nachholbedarf bei Konsum- und Investitionsgütern sowie im ökologischen Bereich vorhanden, der mittelfristig einen neuen Wachstumsschub auslösen wird. In Westeuropa besteht seit dem 1. Januar 1993 innerhalb der EU ein einheitlicher Wirtschaftsraum, der durch die vier Freiheiten freier Personen-, Güter-, Dienstleistungs- und Kapitalverkehr charakterisiert ist.

- **Allgemeiner Wertewandel:** Der Wertewandel findet auf verschiedenen Ebenen statt. Auf der ökologischen Ebene nimmt das gesellschaftliche Bedürfnis nach umweltfreundlicheren Produkten und Produktionsverfahren zu. Unternehmungen, die diesen Bedingungen nicht genügen, geraten zunehmend unter gesellschaftlichen Druck. Dies unterstreicht die Tatsache, dass umweltfreundliche Produkte bei den Konsumenten sehr gefragt sind und dementsprechend guten Absatz finden. Damit einher gehen verstärkte Bemühungen im Bereich des Recycling und Umweltschutzes. Die gesetzlichen Bestimmungen werden in Zukunft verschärft, und es dürften grosse Investitionen nötig werden, um diese Herausforderungen zu meistern. Dies eröffnet aber auch Chancen für Innovationen (z.B. neue Technologien).
  Zum Wertewandel gehört auch die zunehmende Anerkennung und Gleichstellung der Frauen in Gesellschaft und Wirtschaft (z.B. Chancengleichheit bei Stellenbewerbungen, gleicher Lohn für gleichwertige Arbeit, gesplittete AHV-Renten).
- **Gesetzesebene:** Auf der wirtschaftspolitischen Ebene ist zu beobachten, dass versucht wird, schweizerische Gesetze EU-konform zu gestalten und dringend notwendige Strukturreformen vorzunehmen. Stichwort dazu ist die «Deregulierung» in verschiedensten Wirtschaftszweigen durch Abbau von kartellrechtlichen und kartellähnlichen Vorschriften (z.B. öffentliches Submissionswesen, Regelungsdichte bei Baubewilligungen, Gesundheitspolitik, Landwirtschaftspolitik). Dies führt zu einer verschärften Konkurrenz auf den Heimmärkten, was sich wiederum positiv auf die internationale Wettbewerbsfähigkeit auswirken kann.[1]

Weitere Trends, auf die nicht näher eingegangen wird, sind folgende:

- Die Produktlebenszyklen vieler Produkte verkürzen sich.
- Nationale und internationale Kooperationen werden weiter zunehmen.
- Das Bedürfnis nach Flexibilisierung der Arbeitszeit verstärkt sich.
- Es ist eine markante Verbesserung der Produktivität in verschiedensten Branchen zu erwarten (Lean Production).

---

1 Siehe dazu Porter, Michael E.: Nationale Wettbewerbskraft – woher kommt die? In: HARVARDmanager, Nr. 4, 1990, S. 103ff.

- Die Verlagerungen von Produktionsstätten in Länder mit tieferem Lohnniveau setzt sich fort.
- Die Informationsflut steigt weiter an.
- Die Bedeutung von Rentnern und Rentnerinnen als Konsumenten und Konsumentinnen wächst.
- Ethisches Denken gewinnt an Bedeutung.

Eine Unternehmung kann sich auf die Dauer den gesellschaftlichen Veränderungen nicht entziehen. In der einen oder anderen Weise sind alle Entwicklungen für die einzelne Unternehmung relevant. Der Einfluss dieser Veränderungen unterscheidet sich nur in der Stärke und in der Fristigkeit, mit der sie auf die Unternehmungen einwirken.

b)
- Institutionalisierung der Umwelt- und Unternehmungsanalyse (z.B. Gap-, Markt-, Wettbewerbsanalyse und Analyse gesellschaftlicher Entwicklungen),
- systematische Kundenorientierung, um Konsumentenbedürfnisse zu erfassen (Marktforschung, Auswertung der Kundenkontakte etc.),
- Aufbau einer entsprechenden Unternehmungskultur,
- Förderung von Vorgesetzten mit den unter c) genannten Fähigkeiten,
- Aus- und Weiterbildung.

In der Praxis werden diese Aufgaben nach Möglichkeit einer Stabsstelle zugeordnet, die sich in einem übergreifenden und koordinierenden Sinne all dieser Fragen annehmen kann.

c) Die bisherigen Managementfähigkeiten wie[1]
- Setzen von Zielen und Grundsätzen,
- Organisation, Motivation und Kontrolle von Personen,
- Analyse von Situationen und Erstellung von strategischen und operativen Plänen,
- Reaktion auf Wandel durch die Entwicklung neuer Strategien und Reorganisationsmassnahmen,
- Realisierung von Wandel durch neue Grundsätze und Vorgehensweisen und
- Schaffen von befriedigendem Wachstum, Ertragskraft und Rentabilität

müssen durch die nachstehend aufgeführten Qualifikationen ergänzt werden:[2]

---

1 Hickman, Craig R./Silva, Michael A.: Der Weg zu Spitzenleistungen (Creating Excellence). München, 1986, S. 28.

2 Quelle: Berthel, Jürgen: Führungskraft 2000: In HARVARDmanager Nr. 3, 1987, S. 115.

Geforderte Qualifikationen	Begründung
Intellektuelle, kreative Potentiale	
▪ Ambiguitätstoleranz: Toleranz von ▫ Problem-Unklarheiten, ▫ Zielunklarheiten und -konflikten, ▫ Unklarheiten über geforderte Aktivitäten.	Manager müssen ertragen und bewältigen, dass häufig schlecht strukturierte, komplexe Probleme zu lösen sind, die mit zahllosen subjektiven Ungewissheiten verbunden sind.
▪ Lernfähigkeit und -bereitschaft: Ergänzen und/ oder Verändern der derzeitigen Potentiale durch Aneignen von Wissen, Fähigkeiten und Verhaltensweisen.	Rasch veraltendes Fachwissen, neue berufliche Anforderungen durch Innovationen.
▪ Fähigkeit zum Lösen schlechtstrukturierter Probleme: Wahrnehmen, Erkennen, Definieren und Lösen schlecht strukturierter Probleme.	Umweltkomplexität, zunehmende Turbulenzen, ungewisse Entwicklung zentraler ökonomischer Grössen.
▪ Sensibilität für schwache Signale: Aufnehmen und Interpretieren von vagen Informationen aus dem Vorfeld von konkreten Bedrohungen und Chancen.	Verbessern der Konkurrenzfähigkeit durch rechtzeitige strategische Neuorientierung.
▪ Kreativität: Konzeption neuer Arrangements von Objekten, Ressourcen, Produkten und Programmen.	Im Wettbewerb sind deutliche Vorsprünge häufig nur möglich durch merkbares Absetzen von der Konkurrenz mittels völlig neuer Lösungen.
Soziale, teamdynamische Potentiale	
▪ Verhaltensbeeinflussung: Beeinflussen der Einstellungen und des Verhaltens anderer; Interaktionen in und zwischen Gruppen.	Die Mitarbeiter haben zunehmend eigene persönliche Ziele, zudem anspruchsvolle Führungserwartungen.
▪ Teamfähigkeit: Effiziente statusfreie Zusammenarbeit mehrerer Personen zum Erreichen gemeinsamer Ziele.	Zunehmend müssen Personen mit unterschiedlicher fachlicher Herkunft zusammenarbeiten; Informationsflut.
▪ Kommunikationsfähigkeit: ▫ soziale Fähigkeit zum Mitteilen von Gedanken und Gefühlen an andere, zu Beziehungen in Gruppen, ▫ technische Fähigkeit zur fehlerlosen Informationsübermittlung, ▫ Aufdecken und Abbau von Informationspathologien.	Hohe Kommunikationsintensität (50 Prozent) der Managerarbeit; grössere Anforderungen an das Kommunikationssystem durch komplexe Probleme.

Geforderte Qualifikationen	Begründung
▪ Konfliktfähigkeit: Erkennen, Aushalten und Beherrschen von Konflikten mit positiven oder negativen Konsequenzen.	Hohe Konfliktträchtigkeit der Managerarbeit durch die Konkurrenz um knappe Ressourcen.
▪ Erfahrung im Einsatz von Experten: □ Erkennen, wann anstehende Probleme mit fremdem Sachwissen zu lösen sind, □ Experten bestimmen, einsetzen und eingliedern.	Einsatz fremden Sachwissens notwendig durch tiefe Spezialisierung und zunehmend unerwartete, unbekannte Aufgaben.
Wertbezogene Potentiale	
▪ Wertebewusstsein: Sichtbares Ausdrücken und Pflegen zentraler Werte der Unternehmungsphilosophie: strategische Erfolgspotentiale/Innovationen	Unternehmungen abhängig von interner und externer Erkennbarkeit verhaltensprägender und produktbestimmender Werte und Normen.
▪ Konzeptionelle Gesamtsicht: □ Langfristig vorausschauendes, in Alternativen und Konsequenzen strukturiertes Denken im Rahmen übergeordneter Ziele, □ Denken in Gesamtzusammenhängen im Bewusstsein der Vernetzung betrieblicher Einzelaktivitäten.	Notwendigkeit zutreffender und distanzierter Diagnose von Stärken und Schwächen der Unternehmung, des gezielten Ausbaus oder Abbaus der Stärken und Schwächen für optimale Ergebnisse unter gegebenen Marktkonstellationen.
▪ Zukunftsorientierung: Positive Einstellung gegenüber Veränderungen von Objekten, Personen, Situationen und Zielen; breitere Wahrnehmungsperspektive, Offenheit gegenüber neuen Ideen, Konzeptionen, Strukturen; Bereitschaft für neue Erfahrungen.	Schneller Wandel, wachsende Bedrohung durch Wettbewerb; eine erfolgreiche Bewältigung der Zukunft ist eher wahrscheinlich, wenn sie als Chance begriffen wird.

L 40 a)

- Die **Lernkurve** beruht darauf, dass mit zunehmender Ausbringungsmenge sowohl die Fertigungszeiten als auch die Fehlerquote und damit die Produktionskosten sinken.
- Die **Erfahrungskurve** ist das umfassendere Modell zur Erklärung von Kostensenkungen als die Lernkurve. Ursachen für die Kostenreduzierung bei der Erfahrungskurve sind:
  - □ Übergang zu rationelleren Fertigungsverfahren,
  - □ Übergang zu rationelleren Organisationsformen der Fertigung (z.B. Fliessprinzip),
  - □ tiefere Personalkosten aufgrund von Lerneffekten und verbesserten Arbeitsmethoden,

- effizienteres Lagerwesen,
- rationellere Distribution,
- allgemeine Fixkostendegression bei zunehmender Beschäftigung.

Kostensenkungen aufgrund der Erfahrung sind aber auch in allen anderen Funktionsbereichen (z.B. Finanzierung, Investition oder Marketing) der Unternehmung denkbar.

b)
- **Economies of Scale:** Sie machen sich die Tatsache zunutze, dass bei steigender Produktionsmenge die Fixkosten pro Stück automatisch sinken, da sie sich auf eine grössere Menge verteilen. Als Mass für die «Economies of Scale» gilt die **Produktionsmenge pro Zeiteinheit.**
- **Erfahrungskurve:** Dem Modell der Erfahrungskurve liegt ein umfassenderes Konzept zugrunde. Es besagt, dass sowohl die Preise als auch die Kosten pro hergestellte Produktionseinheit mit zunehmender Erfahrung sinken. Als Mass für die gewonnene Erfahrung dient die **kumulierte Produktionsmenge.** Ursachen für Kostenreduzierungen sind beispielsweise Rationalisierungsmassnahmen bei Fertigungsverfahren, bei Organisationsformen der Fertigung und bei der Distribution sowie tiefere Personalkosten durch Lerneffekte bei zunehmender Produktionsmenge.

Beiden Konzepten ist gemeinsam, dass bei steigender Produktionsmenge eine Stückkostendegression eintritt.

Hinweis: In letzterer Zeit hat sich ein neues Konzept entwickelt, das von den Überlegungen zu den Economies of Scale und zur Erfahrungskurve ausgeht und sie auf andere Bereiche der Unternehmung anwendet. Man spricht in diesem Zusammenhang von den «Economies of Scope» (Verbundersparnissen). Sie liegen vor, wenn das auf unterschiedlichen Märkten erworbene Wissen konzentriert oder Ressourcen gemeinsam genützt werden (z.B. Zugang zu den Finanzmärkten, Turnaround-Know-how, Distributionskanäle).

L 42 Die verwendeten Symbole:

k_x = Stückkosten für das x-te Stück
k_1 = Stückkosten für das 1. Stück
x = kumulierte Produktionsmenge
λ = Kostenelastizität

a) Die Formel zur Berechnung von k_x lautet:

$$k_x = k_1 x^{-\lambda}$$

In einem ersten Schritt lässt sich aus den vorhandenen Angaben die konstante Kostenelastizität λ berechnen und in einem zweiten Schritt erhält man die Durchschnittskosten der 2500 Motoren.

Durch Logarithmieren und Umformen der Ausgangsgleichung ergibt sich:

$$\lambda = \frac{\log k_1 - \log k_x}{\log x} = \frac{\log 400\,000 - \log 360\,000}{\log 3} = 0{,}0959$$

Damit werden die Durchschnittskosten berechnet:

$$k_x = k_1 x^{-\lambda}$$

$$k_{10\,000} = 400\,000 \cdot 2\,500^{-0{,}0959} = \mathbf{188\,885\ Fr.}$$

b) Aus der nach λ aufgelösten Gleichung erhält man durch Umformen und anschliessendes Potenzieren:

$$x = 10^{\frac{\log k_1 - \log k_x}{\lambda}} = 10^{\frac{\log 400\,000 - \log 200\,000}{0{,}0959}} = 1377{,}2$$

Die Firma muss somit **1378 Einheiten** verkaufen.

c) Die Formel zur Berechnung des Cash-flows (CF) in Prozenten lautet:

$$\text{CF (in \%)} = \frac{\text{Einnahmenüberschüsse (= Cash-flow)}}{\text{Produktions- und Betriebskosten}} \cdot 100 - 100$$

$$= \frac{2\,500 \cdot 210\,000}{2\,500 \cdot 188\,885 + 25\,000\,000} \cdot 100 - 100 = \mathbf{5{,}6\%}$$

d) Die Berechnung beinhaltet folgende Annahmen:

- **Gleichbleibende Kosten:** Kostensteigerungen wie Lohnerhöhungen, höhere Materialeinkaufspreise etc. werden vernachlässigt.
- **Konstante Kostenelastizität:** Die gemäss Untersuchungen festgestellte Tatsache, dass die Kostenelastizität ziemlich konstant ist, bedeutet nicht, dass diese Kostendegression automatisch eintritt. Sie muss im Gegenteil durch entsprechende Massnahmen wie etwa Rationalisierungen, Produktionsanpassungen oder neue Fertigungstechniken verwirklicht werden.
- Die kalkulierte Menge kann auch wirklich abgesetzt werden.

L 50 a) Nach Porter sind die folgenden Wettbewerbskräfte für die Unternehmung wichtig:

- Verhandlungsstärke der Abnehmer,
- Verhandlungsmacht der Lieferanten,
- Bedrohung durch Ersatzprodukte,
- Bedrohung durch neue Konkurrenten,
- Rivalität unter den bestehenden Unternehmungen.

b) Die Panorama AG betreibt bereits eine Nischenstrategie in bezug auf ihre bisherigen Produkte. Da mit dem neuen Produkt gemäss den Marktuntersuchungen nur mit einem Marktanteil von ungefähr 5 % zu rechnen ist und die Unternehmung bereits im Marktsegment «Erkältungsmittel» tätig ist, bietet sich eine **Nischenstrategie** für das neue Produkt in diesem Segment an. Dabei dürfte sie eine Strategie der Differenzierung wählen, da der 5%ige Marktanteil kaum die Realisierung von Economies of Scale und damit der Kostenführerschaft erlaubt. Weitere Gründe wie z.B. kartellähnliche Strukturen in der Medikamentenbranche oder Imageprobleme erschweren eine Strategie der Kostenführerschaft zusätzlich.

c) Für erste Marktabklärungen dürfte sich die Firma auf ausserbetriebliche Quellen wie Mitteilungen des Branchenverbandes, Datenbanken und Veröffentlichungen von Marktforschungsinstituten abgestützt haben (sekundäre Marktforschung). Zur Durchführung einer detaillierten Marktuntersuchung wird die Unternehmung eine Ad-hoc-Umfrage durchgeführt haben. Diese Erhebungstechnik eignet sich gut für spezifische Problemstellungen und liefert eine hohe Prognosegenauigkeit.

d) Die wichtigsten Überlegungen sind:

- eigene Kostenstruktur,
- Marktpreise ähnlicher Produkte,
- Marktpositionierung des Produktes,
- Nutzenerwartung des Konsumenten,
- Image bei Konsumenten und Händlern,
- Abnahmebedingungen für den Zwischenhandel,
- Gewinnmöglichkeiten des Endverkäufers.

In der Pharmabranche ist eine Preisstrategie, die in ihrem Verlauf mit Preisvergünstigungen arbeitet, beinahe unmöglich. Das würde die Seriosität und das Image eines Medikamentes stark herabsetzen. Zudem weist die Branche in der Schweiz stark kartellähnliche Strukturen auf. Marktuntersuchungen haben ferner gezeigt, dass mit grosser Wahrscheinlichkeit ein Überschreiten eines 5 %igen Marktanteils nicht möglich ist. Diese Überlegungen schliessen Penetrations- oder Abschöpfungsstrategien aus. Mit ihrem geschätzten Marktanteil befindet sich die Panorama AG mit ihrem neuen Produkt unter den Marktleadern und sie ist ohnehin in einem hochpreisigen Markt tätig, was ihr eine offensive Preisstrategie mit relativ hohen Preisen erlaubt. Es ist deshalb anzunehmen, dass sie Prämienpreise festsetzen wird, die sich zusätzlich an dem in der Branche herrschenden Preisniveau orientieren werden. Der zu realisierende Preis dürfte an der oberen Grenze des in der Branche üblichen Preisbandes liegen. Den anfänglich festgelegten Preis kann sie im Laufe der Zeit, der allgemeinen Preisentwicklung folgend, anheben.

e) Eine Preisdifferenzierung ist in relativ kleinen Märkten wie der Schweiz unmöglich, weil die Markttransparenz grösstenteils gewährleistet ist. Sie lässt sich hingegen auf Auslandmärkten verwirklichen.

L 51 a) Produkt-Portfoliomatrix

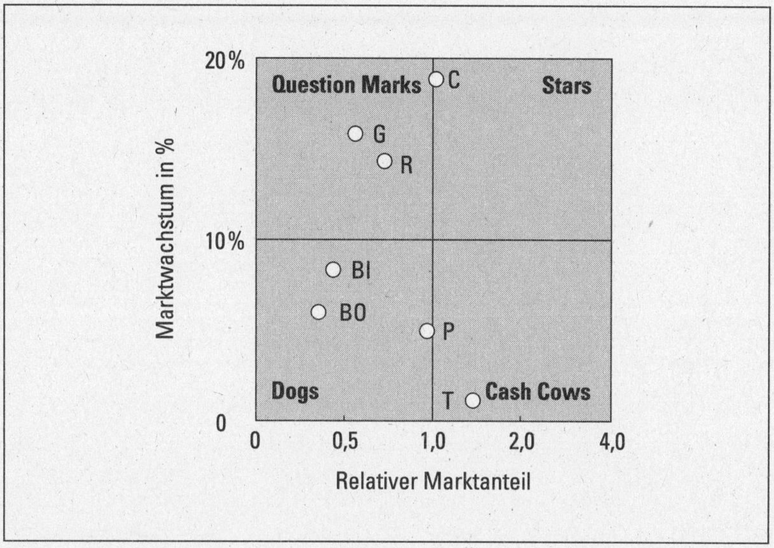

Die verwendeten Abkürzungen sind:
T = Tafelschokolade
R = Riegel
P = Pralinés
BO = Bonbons
BI = Biskuits
C = Confiserie
G = Getreideriegel

b) Zusammenhang Produkt-Portfolio und Produktlebenszyklen

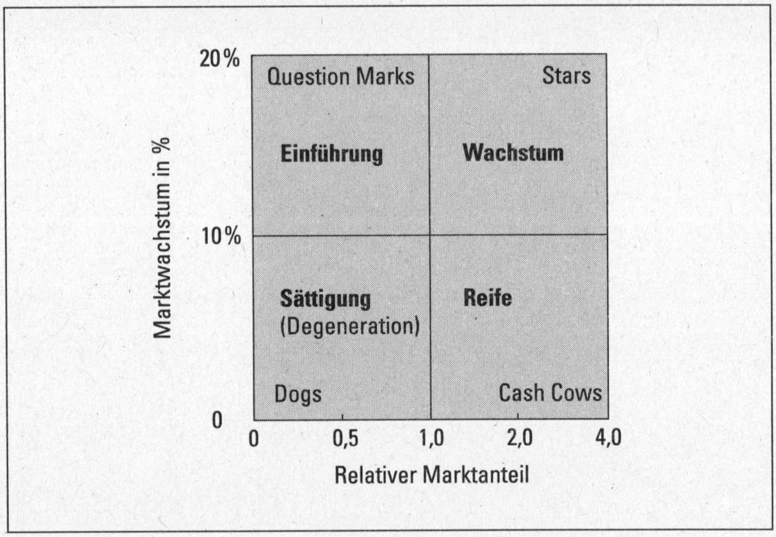

c) Zusammenhang ROI und relativer Marktanteil (PIMS-Studie)

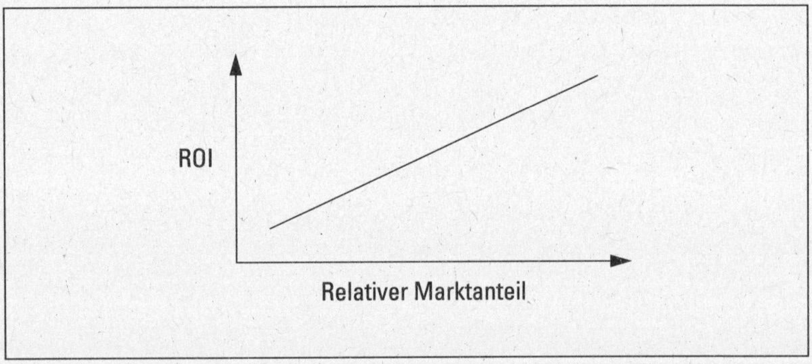

Die Tatsache, dass der ROI mit steigendem relativen Marktanteil ebenfalls zunimmt, stützt sich auf die Überlegungen, dass eine konsequente Ausnützung der «Economies of Scale»[1] und der Erfahrungskurve zu einer beträchtlichen Kostenreduzierung führt. Gleichzeitig hat eine Unternehmung mit einem hohen relativen Marktanteil eine beträchtliche Nachfragemacht, die sie ebenfalls zu Kosteneinsparungen ausnützen kann. Dies führt zu

---

1 Unter «Economies of Scale» versteht man die Tatsache, dass bei zunehmender Produktionsmenge der Fixkostenanteil pro Stück automatisch sinkt, da sich die Fixkosten auf eine grössere Menge verteilen. Den Zusammenhang zwischen den Economies of Scale und der Erfahrungskurve erklärt die Lösung zu Aufgabe 40.

einer grösseren Gewinnspanne. Diese Überlegungen werden durch die PIMS-Studien tendenziell bestätigt. Sie haben gezeigt, dass sich die Stärke der Wettbewerbsposition (hoher Marktanteil) sowohl auf den Gewinn als auch auf den Cash-flow positiv auswirkt.

d) Zusammenhang ROI und relativer Marktanteil[1] (nach Porter)

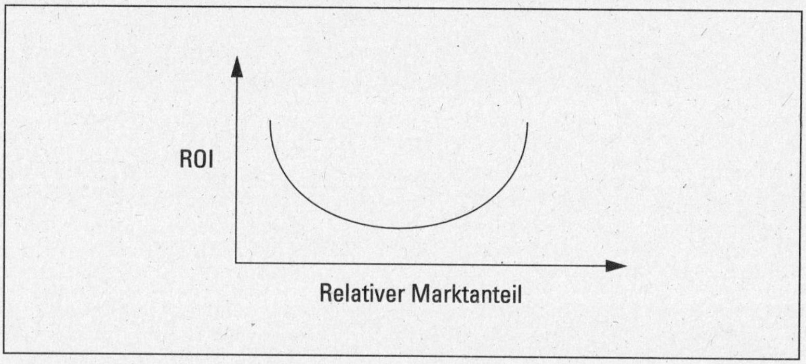

Nach Porter können 3 alternative Strategietypen, die einer Unternehmung offen stehen, unterschieden werden. Es sind dies die Kostenführerschaft und die Differenzierung, wenn die Unternehmung branchenweit tätig ist und die Konzentration auf eine dieser beiden Verhaltensweisen für Unternehmungen, die eine Nischenpolitik betreiben. Porter begründet seine Darstellung des Verhältnisses zwischen dem relativen Marktanteil und dem ROI folgendermassen: «Die drei Strategietypen sind alternative, gangbare Möglichkeiten, mit den Wettbewerbskräften fertigzuwerden. Das bedeutet umgekehrt, dass ein Unternehmen, dem es nicht gelingt, seine Strategie zumindest in eine dieser Richtungen zu entwickeln – das also ‹zwischen den Stühlen sitzt› – in einer äusserst schlechten strategischen Situation ist. Für die Kostenführerschaft fehlen diesem Unternehmen der Marktanteil, Kapitalinvestitionen und zudem die nötige Entschlossenheit; um aber die Notwendigkeit niedriger Kosten zu umgehen, mangelt es ihm an der branchenweiten Differenzierung; und um einen Kostenvorsprung oder eine Differenzierung im Hinblick auf ein begrenztes Marktsegment zu schaffen, fehlt ihm die nötige Konzentration.
Einem Unternehmen ‹zwischen den Stühlen› ist eine niedrige Rentabilität fast sicher. Es verliert entweder die grossen Mengenabnehmer, die niedrige Preise fordern, oder es muss auf seine Gewinne verzichten, um diese Aufträge nicht an Billiganbieter zu verlieren. Es verliert aber zugleich die besonders profitablen Aufträge – die Crème – an diejenigen Unternehmen, die sich auf hochprofitable Objekte spezialisiert oder die sich insgesamt

1 Vgl. dazu Porter, Michael E.: Wettbewerbsstrategie (Competitive Strategy). Zürich 1987, S. 71 ff.

differenziert haben. Schliesslich leidet das Unternehmen zwischen den Stühlen wahrscheinlich auch an einer verschwommenen Unternehmenskultur und an einem inkonsistenten Organisations- und Motivationssystem.»[1]

Allerdings gilt es zu beachten, dass die beiden Konzepte nicht ohne weiteres miteinander verglichen werden können, da Porter bei seiner Definition unter dem Markt die gesamte Branche versteht, während das Erfahrungskurvenkonzept von einer engeren Umschreibung des Begriffes Markt ausgeht.

e) Zusammenfassung des Berichtes in tabellarischer Form:

Produkte	Strategie	Finanzierung	Produktion
Tafelschokolade/ Pralinés	Defensivstrategie: Halten des Marktanteils	Finanzbedarf klein, finanziert die «Star»-Produkte	punktuelle Verbesserungen
Riegel/ Getreideriegel	Offensivstrategie: Steigerung des Marktanteils	Finanzbedarf gross	grosse Investitionen
Bonbons/Biskuits	1. Nischenpolitik 2. Relaunching	1. Finanzbedarf klein 2. Finanzbedarf gross	1. punktuelle Verbesserungen 2. neue Investitionen
Confiserie	Investitionsstrategie	Finanzbedarf gross	neue Investitionen

L 52[2] a) Feld 1: Defensivstrategie
Feld 2: Gleichgewichtsstrategie
Feld 3: Gleichgewichtsstrategie
Feld 4: Offensivstrategie

Grundsätzlich lässt sich sagen, dass die Unternehmung immer bemüht ist, die Stellung im Feld 2 zu erreichen, wo sie sowohl eine starke Absatz- als auch Beschaffungsmarktposition hat. Dies wird mit den folgenden **Zielsetzungen** der verschiedenen Strategien versucht:

- **Feld 1: Defensivstrategie**
  - Erhalten bisheriger Lieferanten,
  - Abschluss langfristiger Verträge,
  - Know-how-Austausch,

1 Porter, Michael E.: Wettbewerbsstrategie (Competitive Strategy). Zürich 1987, S. 71.

2 Die Lösung stützt sich auf Seiler, Heinz: Einkaufsstrategien in der Praxis. In: Weilenmann, P./Fickert, R. (Hrsg.): Materialwirtschaft in der Schweiz – Anspruch und Wirklichkeit. SVME-Schriftenreihe zur Materialwirtschaft, Band 3, Aarau 1985.

- gemeinsame Entwicklungen,
- Nachahmung von Branchenleadern,
- Kapitalbeteiligungen.

- **Feld 4: Offensivstrategie**
  - Angebotszersplitterung:
    - Suchen neuer Lieferanten,
    - Verstärken der Importe,
    - Ausnützen der Konkurrenz unter Lieferanten.
  - Nachfragekonzentration:
    - zentraler Einkauf, um grosse Bestellmengen zu erreichen,
    - Zusammenschluss in Verbraucherverbänden.

- **Feld 2 und 3: Gleichgewichtsstrategie**
  In beiden Feldern geht es in erster Linie darum, das bisher Erreichte zu bewahren und einzelne Ziele selektiv zu fördern. In Feld 3 muss sich die Unternehmung aber die Frage stellen, ob ein längerfristiges Verbleiben im Markt sinnvoll ist oder ob man sich aus dem Markt zurückziehen soll. Eine Unternehmung, die sich im Feld 2 befindet, wird hingegen versuchen, die Marktstellung sowohl auf der Absatz- als auch der Beschaffungsseite weiter zu verbessern.

b) Wichtigste strategische Zielsetzung ist die Sicherung der Versorgung. Dadurch ist die Unternehmung gezwungen, auf der Beschaffungsseite eher defensiv aufzutreten. Als mittelgrosse Schweizer Unternehmung ist ihre Position auf dem Absatzmarkt kaum sehr stark. Deshalb positioniert sie sich im Feld 3 und verfolgt eine Gleichgewichtsstrategie, wobei einzelne Elemente je nach Situation selektiv gefördert werden.

c) Massnahmen zur Verwirklichung der Einkaufsstrategie:

- Sparmassnahmen zur Reduktion der Verbrauchsmenge,
- Versorgung vertraglich mittel- bis langfristig sichern,
- aktive Suche neuer Lieferanten, um
  - gegen Lieferausfälle besser geschützt zu sein,
  - den Abhängigkeitsgrad von bisherigen Lieferanten zu mindern, und
  - günstigere Einkaufspreise zu erhalten,
- aktive Förderung neuer Energieträger,
- vertragliche Absicherung des notwendigen Lieferumfanges,
- Vorräte anlegen.

d) Eine besondere Einkaufsstrategie lohnt sich für folgende Güter:

- **A-** und **B-Güter:** Sie haben einen hohen wertmässigen Anteil an den Lagerbeständen.
- **Kritische Güter:** Diese können in qualitäts- und versorgungskritische Güter unterteilt werden. Es versteht sich von selbst, dass auf die Beschaffung dieser Güter speziell geachtet werden muss.

Comensoli 90

Spezielle Gebiete des Managements

Unternehmensethik

L 7 a)

- Auf der Ebene des **Individuums** kann folgendes festgehalten werden: Bei einer materiellen Betrachtung besteht der Sinn der Arbeit zuerst in der Existenzsicherung für sich und die Familie. Dann folgt die Befriedigung weiterer Bedürfnisse wie Konsumwünsche, Prestige- und Machtbedürfnisse, soziale Bedürfnisse (Geselligkeit etc.) und Sicherheitsbedürfnisse. Bei einer immateriellen Betrachtung kommen wir zur Frage über den Sinn der menschlichen Existenz. In dieser Anschauung ist die Arbeit ein Teil dieser Existenz und soll zur Entfaltung der geistigen und physischen Fähigkeiten jedes Individuums beitragen. Sie ist ein wesentlicher Bestandteil der Selbstverwirklichung. In diesem Zusammenhang kann – trotz aller Kritik an diesem Modell – auf die Maslow-Pyramide verwiesen werden, welche diesen Sachverhalt zum Ausdruck bringt.
- Die **Unternehmungen** bilden wichtige Institutionen der Gesellschaft. Als solche übernimmt sie die Aufgabe, Bedürfnisse zu befriedigen. Primär handelt es sich dabei um die Bedürfnisse ihrer Kunden, aber auch um die Ansprüche anderer Bezugsgruppen wie beispielsweise der Kapitalgeber, des Personals, der Lieferanten, staatlicher Stellen oder der Anwohner und Anwohnerinnen. Sinn unternehmerischen Handelns ist somit die Befriedigung von Bedürfnissen verschiedener Interessengruppen, die allerdings sehr widersprüchlich sein können.

- Auf der Ebene der **Gesellschaft** geht es darum, das wirtschaftliche Handeln sämtlicher Wirtschaftssubjekte so zu steuern, dass der Wohlstand und die Wohlfahrt eines Landes und letztlich der ganzen Weltbevölkerung dauerhaft gefördert wird (z.B. durch Gesetze, Steuern, Subventionen). Grundlegende gesellschaftliche Ziele sind beispielsweise: Vollbeschäftigung, stabile Preise, gerechte Einkommensverteilung, umweltverträgliches Wirtschaften und angemessenes qualitatives Wachstum.

b) Anita Roddick spricht in diesem Zitat die geistige Dimension des Gewinnes an. Nebst eines möglichst hohen Gewinnes ist die Entfaltung der Menschen und der Gesellschaft, in der die Unternehmung tätig ist, als gleichwertiges Ziel zu beachten. Wenn die Unternehmung langfristig überleben will, muss sie sich den jeweils vorherrschenden Werten und Normen einer Gesellschaft anpassen können. Durch verschiedene Anspruchsgruppen der Gesellschaft werden soziale Verantwortung und umweltbewusstes Verhalten an die Unternehmung herangetragen. Diesen Ansprüchen hat sie mit glaubwürdigem Handeln zu begegnen. Ausserdem gilt es zu beachten, dass eine kurzfristige Gewinnmaximierung selten mit einer langfristigen übereinstimmt. Oder, wie es James Burke, ehemaliger CEO (Chief Executive Officer) der Firma Johnson & Johnson einmal ausgedrückt hat: «Wenn die Kunden, die Mitarbeiter und die Gesellschaft gut befriedigt werden, dann fährt auch der Aktionär langfristig am besten».

Tabelle A: Abzinsungsfaktor $v = \frac{1}{(1+i)^t} = (1+i)^{-t}$

Jahre	Zinssatz p (%) 1	2	3	4	5	6	7	8	9	10	12	14	16	18	20	22	24	26	28	30
1	0,990	0,980	0,971	0,962	0,952	0,943	0,935	0,926	0,917	0,909	0,893	0,877	0,862	0,847	0,833	0,820	0,806	0,794	0,781	0,769
2	0,980	0,961	0,943	0,925	0,907	0,890	0,873	0,857	0,842	0,826	0,797	0,769	0,743	0,718	0,694	0,672	0,650	0,630	0,610	0,592
3	0,971	0,942	0,915	0,889	0,864	0,840	0,816	0,794	0,772	0,751	0,712	0,675	0,641	0,609	0,579	0,551	0,524	0,500	0,477	0,455
4	0,961	0,924	0,888	0,855	0,823	0,792	0,763	0,735	0,708	0,683	0,636	0,592	0,552	0,516	0,482	0,451	0,423	0,397	0,373	0,350
5	0,951	0,906	0,863	0,822	0,784	0,747	0,713	0,681	0,650	0,621	0,567	0,519	0,476	0,437	0,402	0,370	0,341	0,315	0,291	0,269
6	0,942	0,888	0,837	0,790	0,746	0,705	0,666	0,630	0,596	0,564	0,507	0,456	0,410	0,370	0,335	0,303	0,275	0,250	0,227	0,207
7	0,933	0,871	0,813	0,760	0,711	0,665	0,623	0,583	0,547	0,513	0,452	0,400	0,354	0,314	0,279	0,249	0,222	0,198	0,178	0,159
8	0,923	0,853	0,789	0,731	0,677	0,627	0,582	0,540	0,502	0,467	0,404	0,351	0,305	0,266	0,233	0,204	0,179	0,157	0,139	0,123
9	0,914	0,837	0,766	0,703	0,645	0,592	0,544	0,500	0,460	0,424	0,361	0,308	0,263	0,225	0,194	0,167	0,144	0,125	0,108	0,094
10	0,905	0,820	0,744	0,676	0,614	0,558	0,508	0,463	0,422	0,386	0,322	0,270	0,227	0,191	0,162	0,137	0,116	0,099	0,085	0,073
11	0,896	0,804	0,722	0,650	0,585	0,527	0,475	0,429	0,388	0,350	0,287	0,237	0,195	0,162	0,135	0,112	0,094	0,079	0,066	0,056
12	0,887	0,788	0,701	0,625	0,557	0,497	0,444	0,397	0,356	0,319	0,257	0,208	0,168	0,137	0,112	0,092	0,076	0,062	0,052	0,043
13	0,879	0,773	0,681	0,601	0,530	0,469	0,415	0,368	0,326	0,290	0,229	0,182	0,145	0,116	0,093	0,075	0,061	0,050	0,040	0,033
14	0,870	0,758	0,661	0,577	0,505	0,442	0,388	0,340	0,299	0,263	0,205	0,160	0,125	0,099	0,078	0,062	0,049	0,039	0,032	0,025
15	0,861	0,743	0,642	0,555	0,481	0,417	0,362	0,315	0,275	0,239	0,183	0,140	0,108	0,084	0,065	0,051	0,040	0,031	0,025	0,020

Tabelle B: Abzinsungssummenfaktor $a_{\overline{n}|} = \sum_{t=1}^{n} \frac{1}{(1+i)^t} = \frac{(1+i)^n - 1}{i(1+i)^n}$

Jahre	1	2	3	4	5	6	7	8	9	10	12	14	16	18	20	22	24	26	28	30
1	0,990	0,980	0,971	0,962	0,952	0,943	0,935	0,926	0,917	0,909	0,893	0,877	0,862	0,847	0,833	0,820	0,806	0,794	0,781	0,769
2	1,970	1,942	1,913	1,886	1,859	1,833	1,808	1,783	1,759	1,736	1,690	1,647	1,605	1,566	1,528	1,492	1,457	1,424	1,392	1,361
3	2,941	2,884	2,829	2,775	2,723	2,673	2,624	2,577	2,531	2,487	2,402	2,322	2,246	2,174	2,106	2,042	1,981	1,923	1,868	1,816
4	3,902	3,808	3,717	3,630	3,546	3,465	3,387	3,312	3,240	3,170	3,037	2,914	2,798	2,690	2,589	2,494	2,404	2,320	2,241	2,166
5	4,853	4,713	4,580	4,452	4,329	4,212	4,100	3,993	3,890	3,791	3,605	3,433	3,274	3,127	2,991	2,864	2,745	2,635	2,532	2,436
6	5,795	5,601	5,417	5,242	5,076	4,917	4,767	4,623	4,486	4,355	4,111	3,889	3,685	3,498	3,326	3,167	3,020	2,885	2,759	2,643
7	6,728	6,472	6,230	6,002	5,786	5,582	5,389	5,206	5,033	4,868	4,564	4,288	4,039	3,812	3,605	3,416	3,242	3,083	2,937	2,802
8	7,652	7,325	7,020	6,733	6,463	6,210	5,971	5,747	5,535	5,335	4,968	4,639	4,344	4,078	3,837	3,619	3,421	3,241	3,076	2,925
9	8,566	8,162	7,786	7,435	7,108	6,802	6,515	6,247	5,995	5,759	5,328	4,946	4,607	4,303	4,031	3,786	3,566	3,366	3,184	3,019
10	9,471	8,983	8,530	8,111	7,722	7,360	7,024	6,710	6,418	6,145	5,650	5,216	4,833	4,494	4,192	3,923	3,682	3,465	3,269	3,092
11	10,368	9,787	9,253	8,760	8,306	7,887	7,499	7,139	6,805	6,495	5,938	5,453	5,029	4,656	4,327	4,035	3,776	3,543	3,335	3,147
12	11,255	10,575	9,954	9,385	8,863	8,384	7,943	7,536	7,161	6,814	6,194	5,660	5,197	4,793	4,439	4,127	3,851	3,606	3,387	3,190
13	12,134	11,348	10,635	9,986	9,394	8,853	8,358	7,904	7,487	7,103	6,424	5,842	5,342	4,910	4,533	4,203	3,912	3,656	3,427	3,223
14	13,004	12,106	11,296	10,563	9,899	9,295	8,745	8,244	7,786	7,367	6,628	6,002	5,468	5,008	4,611	4,265	3,962	3,695	3,459	3,249
15	13,865	12,849	11,938	11,118	10,380	9,712	9,108	8,559	8,061	7,606	6,811	6,142	5,575	5,092	4,675	4,315	4,001	3,726	3,483	3,268

Comensoli 89

VERSUS

Dieses «Übungsbuch Betriebswirtschaftslehre» ergänzt die dreibändige «Betriebswirtschaftslehre» des gleichen Autors:

Jean-Paul Thommen
Betriebswirtschaftslehre
Band 1: Unternehmung und Umwelt, Marketing, Material- und Produktionswirtschaft
Band 2: Rechnungswesen, Finanzierung, Investition
Band 3: Personal, Organisation, Führung, Spezielle Gebiete des Managements
606/400/480 Seiten · Fr. 138.– · 4. Auflage · Versus Verlag · Zürich 1996 · ISBN 3 908143 40 3

Weitere Literatur zu Spezialgebieten im Versus Verlag:

Guido Fischer
Ökologie und Management: Eine Einführung für Praxis und Studium
163 Seiten · Fr. 48.– ISBN 3 908143 35 7

Aldo C. Schellenberg
Rechnungswesen: Grundlagen · Zusammenhänge · Interpretationen
3., überarbeitete und erweiterte Auflage
ca. 480 Seiten · Fr. 78.– ISBN 3 908143 73 X

Leo Staub
Unternehmungsführung und Recht: Management von Recht als Führungsaufgabe
301 Seiten · Fr. 78.– ISBN 3 908143 31 4

Jean-Paul Thommen
Glaubwürdigkeit: Die Grundlage unternehmerischen Denkens und Handelns
149 Seiten · Fr. 67.– ISBN 3 908143 27 6

Rudolf Volkart
Finanzmanagement: Beiträge zu Theorie und Praxis
7., erweiterte Auflage
Band I: 346 Seiten · Fr. 80.–
ISBN 3 908143 55 1
Band II: 314 Seiten · Fr. 80.–
ISBN 3 908143 56 X
Band I und II · Fr. 120.–
ISBN 3 908143 57 8